Convenção de Viena e Resolução Contratual

Convenção de Viena e Resolução Contratual

2022

Maria Beatriz Rizzo Delamuta

ALMEDINA

CONVENÇÃO DE VIENA E RESOLUÇÃO CONTRATUAL

AUTOR: Maria Beatriz Rizzo Delamuta

DIRETOR ALMEDINA BRASIL: Rodrigo Mentz
EDITORA JURÍDICA: Manuella Santos de Castro
EDITOR DE DESENVOLVIMENTO: Aurélio Cesar Nogueira
ASSISTENTES EDITORIAIS: Isabela Leite e Larissa Nogueira
ESTAGIÁRIA DE PRODUÇÃO: Laura Roberti

DIAGRAMAÇÃO: Almedina
DESIGN DE CAPA: Roberta Bassanetto

ISBN: 9786556275710
Julho, 2022

Dados Internacionais de Catalogação na Publicação (CIP)
(Câmara Brasileira do Livro, SP, Brasil)

Delamuta, Maria Beatriz Rizzo
Convenção de Viena e resolução contratual / Maria Beatriz Rizzo Delamuta. -- São Paulo, SP : Almedina, 2022.

Bibliografia
ISBN 978-65-5627-571-0

1. Comércio internacional 2. Contratos (Direito internacional) 3. Convenção de Viena 4. Tratados. I. Título.

22-108550 CDU-341.24:347.7

Índices para catálogo sistemático:

1. Convenção de Viena : Contratos de compra e venda de mercadorias : Direito do comércio internacional 341.24:347.7

Eliete Marques da Silva - Bibliotecária - CRB-8/9380

Coleção IDiP
Coordenador Científico: Francisco Paulo De Crescenzo Marino

Este livro segue as regras do novo Acordo Ortográfico da Língua Portuguesa (1990).

EDITORA: Almedina Brasil
Rua José Maria Lisboa, 860, Conj. 131 e 132, Jardim Paulista | 01423-001 São Paulo | Brasil
editora@almedina.com.br
www.almedina.com.br

Para Dirceu, Clara e André,
minha alegria e minha paz.

AGRADECIMENTOS

Este trabalho é o resultado dos meus estudos na pós-graduação da Universidade de São Paulo, sob a orientação do Professor Cristiano de Sousa Zanetti. Assim, de início, agradeço a ele a confiança que em mim depositou e a oportunidade de desenvolver essa pesquisa. Registro, ainda, meu agradecimento pela precisa orientação, dedicação e disponibilidade ao longo da redação desse trabalho, que fazem dele um verdadeiro professor.

Aos Professores José Fernando Simão e Francisco Paulo de Crescenzo Marino, agradeço pelas valiosas observações feitas por ocasião da banca de qualificação, muito úteis para o melhor enquadramento do tema objeto da pesquisa. Aos membros da banca de exame dessa dissertação, Professora Véra Maria Jacob de Fradera, Professora Renata C. Steiner Reisdorfer e Professor José Fernando Simão, meu agradecimento pelas contribuições, críticas e provocações, que orientaram a revisão do trabalho.

À minha família, na pessoa da minha mãe, Maysa Rizzo, pelo amor, dedicação e incentivo à educação que recebi ao longo da vida.

Aos amigos que a São Francisco, a advocacia e a vida me deram, agradeço o apoio, as conversas e a convivência, que certamente tornam a vida mais leve.

A Dirceu, companheiro de vida, pelo apoio e incentivo constantes. A Clara e André, por me ensinarem tantas coisas simplesmente preciosas sobre a vida.

REGRAS DE CITAÇÃO

Nas notas de rodapé, os autores são citados pelas iniciais, acompanhados do sobrenome que melhor os identifica, grafado em caixa alta. A seguir, vêm as referências da obra. O título está grafado em itálico e é seguido da indicação do volume, da edição, do local de publicação, da editora, da data e, quando oportuno, da página, todos separados por vírgulas. Exemplo: A. Alvim, *Da inexecução das obrigações e suas consequências*, 5ª ed., São Paulo, Saraiva, 1980, p. 80. Os patronímicos são considerados como sobrenome principal. Exemplo: F. C. Pontes de Miranda, *Tratado de Direito Privado*, t. XXII, 3ª ed., São Paulo, RT, 1984, p. 86.

Nos trabalhos coletivos, seguiu-se à indicação do autor, o nome do capítulo ou volume por ele escrito, o nome do coordenador e, em seguida, a referência completa da obra na forma indicada acima. Nesse caso, a preposição latina "in" é grafada em letras normais e não em itálico de maneira a não ser confundida com os títulos das obras. Exemplo: J. Martins-Costa, *Comentários ao novo Código Civil – Do inadimplemento das obrigações*, in S. F. Teixeira (coord.), *Comentários ao novo Código Civil*, v. V, t. II, 2ª ed., Rio de Janeiro, Forense, p. 249.

Nas referências a teses, foram indicados o nome e o prenome do autor, seguidos da instituição na qual foram defendidas, da data e das páginas consultadas. Exemplo: R. C. Steiner, *Interesse positivo e interesse negativo: a reparação de danos no Direito Privado brasileiro*, Tese, São Paulo, USP, 2016, p. 260.

Os artigos publicados em revistas foram citados em itálico, seguidos pela indicação do periódico no qual ocorreu a publicação, também em itálico, do número do volume de circulação e do ano, este entre parêntesis. Quando pertinente, indica-se também o número das páginas consultadas. Novamente, a preposição latina "in" é grafada em letras normais e não em itálico.

Exemplo: A. Becker, *A doutrina do adimplemento substancial no Direito brasileiro e em perspectiva comparativista*, in *Revista da Faculdade de Direito da UFRGS* 133 (1996).

Na bibliografia final, os prenomes foram indicados por extenso e pospostos aos respectivos sobrenomes. Exemplo: Pontes de Miranda, Francisco Cavalcanti. *Tratado de Direito Privado*, t. XXII, 3ª ed., São Paulo, RT, 1984.

Por comodidade expositiva, todas as referências bibliográficas são citadas de modo completo sempre que a elas se recorre no texto.

As decisões judiciais de tribunais nacionais foram citadas de acordo com o tribunal, o tipo de feito, o órgão julgador, o relator e a data do julgamento. Exemplo: TJSP, 11ª Câmara de Direito Privado, Ap. Cível nº 0255541-19.2009.8.26.0002, rel. Maria Cláudia Bedotti, j. 16.6.2016. Já as decisões de tribunais estrangeiros referentes à aplicação da CISG, foram citadas de acordo com o órgão judicial ou arbitral responsável pelo julgamento, o número do feito, a classificação do caso nas bases de dados CISG-online ou CLOUT (Case Law on UNCITRAL Texts) e a data do julgamento. Ao final da citação, foram indicados os links de acesso para cada uma das decisões, quando disponíveis *on line*, bem como a data da consulta. Exemplo: Cour de Cassation 12-23998, CISG-online nº 2478, j. 17.12.2013. Disponível em <http://www.cisg.fr/decision.html?lang=fr&date=13-12-17>, consultado em 25.10.2015. Todos os julgados consultados podem ser conferidos ao final deste trabalho, no item "Relação de julgados consultados", organizado em ordem cronológica.

As transcrições de obras doutrinárias ou julgados são feitas em aspas duplas e, em sua maioria, em notas de rodapé. As palavras em idioma estrangeiro são citadas em itálico. Os artigos de lei mencionados são transcritos uma vez em cada capítulo, na primeira nota de rodapé em que citados. As referências seguintes a tais artigos de lei são feitas sem a respectiva transcrição. Todas as transcrições de artigos de lei, obras doutrinárias ou julgados em língua estrangeira foram seguidas da respectiva tradução. Na maioria das vezes, as traduções foram feitas de modo livre pela autora.

O estudo divide-se em duas partes, indicadas por algarismos romanos em negrito e redigidos em letras maiúsculas. Os capítulos estão indicados em algarismos arábicos e os respectivos títulos redigidos em negrito e letras maiúsculas. Os títulos são precedidos por algarismos arábicos também em negrito, mas redigidos em caracteres normais e estão indicados de maneira crescente. Alguns dos títulos apresentam subdivisões. Estas são indicadas pelo número do título, seguida da indicação crescente em ordem alfabética, tudo grafado em itálico. O índice abaixo reproduzido permite conferir a divisão da obra.

PREFÁCIO

O contraste afina a compreensão.

Creio que essa seja a grande virtude da comparação jurídica: pôr em evidência características de certos corpos normativos que não raro nos escapam, seja por as considerarmos naturais, seja por nunca lhes termos dedicado suficiente atenção.

Embora esteja à raiz da formação do direito privado brasileiro, cujo primeiro Código Civil adveio da pena de um professor de legislação comparada, estudos dedicados a confrontar distintos regimes legais ainda são menos frequentes entre nós do que seria desejável.

Talvez isso se deva à dificuldade da tarefa. A boa comparação depende de combinação de esforço com sutileza, de rigor com criatividade, de prudência com coragem.

Tudo isso o leitor poderá encontrar na obra que ora tem diante dos olhos.

Na primeira parte do trabalho, a autora se dedica a precisar o regime da *fundamental breach* no âmbito da Convenção de Viena para a Compra e Venda Internacional de Mercadorias. Nesse momento, toda a energia é voltada a pôr em ordem o abundante material disponível mundo afora, para que as regras próprias a tal diploma legal sejam bem compreendidas. Chama a atenção, nessa altura, o refinamento com que a autora trata as muitas decisões que discute, cuja consideração se presta tanto a ilustrar a aplicação do regramento em que se fundam, como a evidenciar seu sentido e seus limites. Na primeira parte do trabalho, o esforço e a sutileza se encontram.

Na segunda parte do trabalho, a autora se ocupa do direito comum brasileiro. O desafio, agora, é outro. Não obstante as regras legais pertinentes façam parte do nosso ordenamento há bastante tempo, permanecem ingentes dificuldades a serem enfrentadas, nomeadamente a propósito da caracterização do inadimplemento definitivo e das consequências que dele decorrem. Nada disso escapa à autora que, inclusive, logra criar grupos de casos a partir de julgados relativos à compra e venda de mercadorias regidas pelo nosso direito comum, passíveis de servirem de baliza para incontáveis outras decisões. Isso se deve ao encontro entre rigor e criatividade, próprio à segunda parte do trabalho.

Do cotejo entre o regime especial para a compra venda internacional de mercadorias com o regime comum, emergem importantes pontos de contato e de distanciamento entre as figuras da *fundamental breach* e do inadimplemento definitivo, cujos pressupostos de aplicação são compreensivelmente distintos, tendo em vista os diferentes âmbitos operativos das normas que os preveem. Isso se encontra exposto com especial clareza na conclusão do trabalho e é fruto da combinação da prudência, decorrente da escolha de um tema manejável, com a coragem para enfrentá-lo por inteiro, com todas as dificuldades que lhe são inerentes.

O leitor não deverá se surpreender, portanto, se, ao ler um livro que se dedica à Convenção de Viena, acabar por aprender mais sobre o regime comum do que poderia imaginar.

Por suas muitas qualidades, trata-se de trabalho que serve não apenas para nos ilustrar sobre o tema de que se ocupa, mas também para ser empregado como modelo em futuras comparações que tanto beneficiariam o nosso direito privado.

Um trabalho mesmo formidável, esse que Maria Beatriz Rizzo Delamuta, por meio da prestigiosa editora Almedina, ora oferece à comunidade jurídica brasileira.

São João da Boa Vista, Páscoa de 2022

Cristiano Zanetti
Professor Associado da Faculdade de Direito da USP

SUMÁRIO

INTRODUÇÃO

O objetivo deste estudo é o de empreender uma análise comparativa entre o regime da resolução contratual por inadimplemento estabelecido na Convenção de Viena das Nações Unidas sobre Contratos de Compra e Venda Internacional de Mercadorias[1] e aquele vigente no direito comum brasileiro[2].

A primeira parte do trabalho se dedica à CISG e, de modo mais específico, à figura da chamada *fundamental breach of contract*[3], prevista em seu artigo 25[4] e cuja materialização possibilita a resolução do contrato. O estudo do tema principia pelo histórico legislativo que precedeu a redação do artigo 25 da CISG tal qual hoje se encontra em vigor.

[1] Doravante designada apenas CISG.

[2] Considerando que, desde 1º de abril de 2014, a CISG está em vigor no Brasil e, portanto, também integra o direito brasileiro, optou-se por fazer referência à disciplina estabelecida pelo Código Civil como direito comum brasileiro.

[3] Por não encontrar correspondente exato no direito comum brasileiro, optou-se por se referir à figura pelo seu nome em inglês.

[4] "Article 25: A breach of contract committed by one of the parties is fundamental if it results in such detriment to the other party as substantially to deprive him of what he is entitled to expect under the contract, unless the party in breach did not foresee and a reasonable person of the same kind in the same circumstances would not have foreseen such a result."

"Artigo 25: A violação ao contrato por uma das partes é considerada como essencial se causar à outra parte prejuízo capaz de privá-la, substancialmente, do resultado que poderia esperar do contrato, salvo se a parte inadimplente não tiver previsto e uma pessoa razoável da mesma condição e nas mesmas circunstâncias não pudesse prever tal resultado" (tradução livre para o português).

A análise do caminho percorrido durante os vários anos em que o texto internacional foi debatido é rica e pode auxiliar o intérprete a solucionar dúvidas porventura existentes na aplicação prática da *fundamental breach*.

Na sequência, busca-se traçar um panorama teórico do regime da resolução por inadimplemento na CISG. Com esse propósito em mente, são analisados, primeiro, os pressupostos e a finalidade da *fundamental breach* no sistema da CISG e, depois, o impacto da concessão de período de graça para cura do inadimplemento, ou *Nachfrist*, sobre a possibilidade de resolver o contrato.

A essa exposição teórica seguem-se dois capítulos dedicados ao estudo de grupo de casos. O primeiro volta-se a análise das hipóteses de *fundamental breach* por comportamento imputável ao vendedor; o segundo trata das situações em que o inadimplemento é praticado pelo comprador. Em ambos os casos, o objetivo da pesquisa foi o de extrair critérios que possam orientar o intérprete a identificar a ocorrência de *fundamental breach* e, consequentemente, da possibilidade de resolução do contrato por inadimplemento, ainda que como orientação geral.

Concluído o estudo do regime da CISG, tem início a segunda parte do trabalho, dedicada ao direito comum brasileiro. Nesse ponto, o texto inicia com a apresentação da dicotomia do inadimplemento contratual, dividido em mora e inadimplemento definitivo. São, assim, estudadas cada uma dessas figuras, bem como as consequências decorrentes de sua materialização. Tendo em vista que o trabalho se volta ao estudo da resolução contratual, maior atenção é dispensada ao inadimplemento definitivo, com o propósito de extrair critérios para sua configuração em certas hipóteses concretas.

A pesquisa segue com o estudo das consequências decorrentes do inadimplemento contratual, seja na modalidade de mora, seja de inadimplemento definitivo. Nesse passo são, então, estudadas as figuras da execução forçada da obrigação, o cumprimento pelo equivalente e, por fim, da resolução contratual e seus limites.

Uma vez exposto o plano teórico da resolução por inadimplemento no direito comum brasileiro, o trabalho volta-se, novamente, ao estudo de grupo de casos, agora com foco mais intenso na compra e venda de mercadorias. Também aí, como no restante do curso do texto, a busca por critérios que possam orientar a disciplina da resolução por inadimplemento foi a tônica que orientou a pesquisa.

Diante dos dados obtidos com cada uma das duas grandes partes da pesquisa, procurou-se traçar pontos de contatos e diferenças entre a disciplina da resolução por inadimplemento prevista na CISG e o regime estabelecido no direito comum brasileiro. Ao final, investiga-se se os pressupostos necessários à resolução em um e outro regime, especialmente no que diz respeito à qualificação do inadimplemento praticado, são ou não coincidentes e, se o são, em que medida.

PARTE I
CISG

CAPÍTULO 1
HISTÓRICO LEGISLATIVO

1. Introdução

A CISG é fruto de cerca de meio século de esforços visando à unificação do direito da compra e venda internacional de mercadorias. O início dessa empreitada remonta a meados de 1930 quando o Instituto Internacional para Unificação do Direito Privado (UNIDROIT), em Roma, lançou-se no desafio de elaborar uma lei uniforme para regular a matéria, a ser apresentada ainda sob os auspícios da extinta Liga das Nações. Esses trabalhos iniciais, suspensos no período de 1939 a 1951 em razão da Segunda Guerra Mundial, resultaram na elaboração de duas convenções internacionais: a Lei Uniforme sobre a Venda Internacional de Mercadorias[5] (LUVI) e a Lei Uniforme sobre a Formação dos Contratos de Venda Internacional de Mercadorias[6] (LUF), ambas aprovadas durante conferência diplomática em Haia no ano de 1964[7], já sob a supervisão da Organização das Nações Unidas.

[5] Cf. *Hague Uniform Law on the International Sales of Goods (ULIS)*. Disponível em <https://iicl.law.pace.edu/cisg/convention-relating-uniform-law-international-sale-goods-ulis>, consultado em 23.3.2022.

[6] Cf. *Hague Uniform Law on the Formation of Contracts for the International Sale of Goods (ULF)*. Disponível em <https://iicl.law.pace.edu/cisg/convention-relating-uniform-law-formation-contracts-international-sale-goods-1964-ulf>, consultado em 23.3.2022.

[7] Cf. Nota explicativa da Secretaria da UNCITRAL sobre a Convenção das Nações Unidas sobre Contratos de Compra e Venda Internacional de Mercadorias. Texto oficial no idioma inglês disponível em <https://uncitral.un.org/sites/uncitral.un.org/files/media-documents/uncitral/en/19-09951_e_ebook.pdf>, consultado em 23.3.2022. Tradução não oficial para o

Com a criação da Comissão das Nações Unidas sobre o Direito do Comércio Internacional (UNCITRAL) em 1966, maior atenção passou a se dispensar à LUVI e à LUF, em especial no que diz respeito ao nível de aceitação de tais instrumentos junto à comunidade internacional. À época, apenas três países haviam ratificado essas convenções, as quais, portanto, ainda não estavam em vigor[8].

Assim, a primeira providência tomada na ocasião foi apurar o interesse da comunidade internacional em ratificar as convenções de 1964. A despeito de alguns posicionamentos favoráveis nesse sentido, a impressão geral era negativa. Acreditava-se que a LUVI e a LUF eram excessivamente dogmáticas, complexas, pouco claras e muito vinculadas às tradições do direito continental europeu, o que inviabilizava sua absorção generalizada. Ainda contra esses instrumentos pesava o fato de não ostentarem uma efetiva representatividade em termos internacionais já que, durante sua elaboração, América Latina, Ásia e África contaram com apenas um representante cada (respectivamente, Colômbia, Japão e Egito)[9].

Nesse contexto, em meados de 1968, a UNCITRAL decidiu pela criação do Grupo de Trabalho para a Venda Internacional de Mercadorias cujo objetivo era analisar a possibilidade de as convenções de 1964 serem modificadas de modo a angariar maior número de adeptos e, com isso, contribuir para a promoção da harmonização e da unificação do direito do comércio internacional, finalidade principal daquele órgão. O Grupo de Trabalho deveria se ocupar não apenas de modificar os textos normativos naquilo que se mostrasse necessário, mas também investigar as formas mais adequadas para elaboração e promoção do novo texto a ser projetado, com o especial objetivo de garantir sua representatividade cultural e ampla aceitação.

idioma português disponível em <https://www.cisg-brasil.net/_files/ugd/932f9c_04cb6f3488764980b6007e6fdbc9094e.pdf>, consultado em 23.3.2022.

[8] De acordo com o artigo X(1), da LUVI e artigo VIII(1), da LUF, as convenções de 1964 apenas entrariam em vigor seis meses após o depósito do quinto instrumento de ratificação ou adesão a esses instrumentos.

[9] Cf. K. Sono, *The Vienna Sales Convention – History and perspective*, in P. Sarcevic – P. Volken (orgs.), *International Sale of Goods – Dubrovnik Lectures*, Oceana, 1986, pp. 1-3. Disponível em <https://iicl.law.pace.edu/cisg/scholarly-writings/vienna-sales-convention-history-and-perspective>, consultado em 23.3.2022.

Aproximadamente doze anos depois, o esforço de unificação normativa retomado pela UNCITRAL em 1968 viria a resultar na CISG. As deliberações, propostas e discussões que se verificaram ao longo desse período são relevantes para aquele que busca se dedicar ao seu estudo. As informações extraídas dos *travaux préparatoires* são ricas, ilustrativas e, muitas vezes, decisivas para a solução de questionamentos relevantes ou aparentes omissões do texto normativo[10].

No que toca à *fundamental breach of contract*, o recurso ao histórico legislativo do instituto no âmbito dos trabalhos de redação da CISG é de particular relevância, já que este suscitou intensos debates durante todas as etapas que antecederam a conclusão do texto final. A existência de tantas discussões é atribuída tanto ao papel de central importância que o conceito de *fundamental breach* desempenha no sistema da CISG, como ao seu caráter essencialmente jurídico e cheio de nuances que, nesse ponto, distancia-se do espírito que animou a redação da norma internacional, isto é, a produção de um texto claro, prático e de fácil compreensão por comerciantes em geral[11].

Por todas essas razões[12], convém examinar o histórico legislativo que permeia a redação do artigo 25 da CISG e o conceito de *fundamental breach* nele existente[13]. A análise será feita em duas etapas cronológicas dis-

[10] Cf. J. Honnold, *Uniform Laws for International Trade – Early 'care and feeding' for uniform growth*, in *International Trade and Business Law Journal* 1 (1995), pp. 3-4. Disponível em <https://iicl.law.pace.edu/cisg/scholarly-writings/uniform-laws-international-trade--early-care-and-feeding-uniform-growth>, consultado em 23.3.2022.

[11] Cf. K. Sono, *The Vienna Sales Convention – History and perspective*, in P. Sarcevic – P. Volken (orgs.), *International Sale of Goods – Dubrovnik Lectures*, Oceana, 1986, p. 3. Disponível em <https://iicl.law.pace.edu/cisg/scholarly-writings/vienna-sales-convention-history--and-perspective>, consultado em 23.3.2022.

[12] Vale lembrar também que o recurso ao histórico legislativo e aos trabalhos preparatórios de tratados e convenções internacionais é um dos métodos oficiais de interpretação estabelecido pela Convenção de Viena sobre Direito dos Tratados de 1969, conforme estabelecido em seu artigo 32. No direito brasileiro, tal Convenção foi promulgada pelo Decreto nº 7.030/2009.

[13] A importância e dificuldade do tema são destacadas pela doutrina: "O teor do artigo 25 da Lei Internacional sobre Vendas, acima transcrito, é de interpretação complexa e controvertida, a começar pela expressão inadimplemento fundamental (*fundamental breach*), desconhecida em muitas ordens jurídicas, mas deveras importante para o sistema de reparação da Convenção. O artigo 25 da Lei Internacional sobre vendas, tal como está redigido, resul-

tintas, considerando-se, de início, os trabalhos que precederam a conferência diplomática de 1980 e, após, as discussões travadas no âmbito desta, na qual se chegou à redação final da CISG[14].

2. Período pré-conferência diplomática de 1980 (1970-1978)

O início do histórico legislativo da CISG remonta ao Grupo de Trabalho estabelecido pela UNCITRAL para avaliação da LUVI e da LUF. Como já mencionado, tais leis uniformes, embora frutos de cerca de trinta anos de trabalho e de autoria de juristas especializados em direito privado[15], eram tidas como pouco práticas, de maneira que sua aplicação generalizada não era vista com entusiasmo.

No total, o Grupo de Trabalho se reuniu por nove vezes durante os anos de 1970 a 1977 para analisar, discutir e buscar soluções para os obstáculos normalmente apontados à aplicação da LUVI e da LUF. Ao final deste processo, apresentou à UNCITRAL dois novos projetos de leis uniformes para regulamentar a compra e venda internacional, um voltado à formação do contrato e outro à sua execução e extinção, mantendo a estrutura formal seguida pela LUVI e pela LUF, portanto.

tou de incontáveis propostas e um sem número de esboços, tendo como objetivo a busca de precisão dos termos utilizados na definição. Apesar de tudo, a definição, tal como está redigida não parece ser de fácil aplicação, tanto pelas partes, como por juízes, pois expressões nela existentes, v.g., previsibilidade, podem dar lugar a interpretações divergentes e contínuas mudanças de ponto de vista sobre o assunto. A meditação sobre vocábulos como 'fundamental', 'substancial', 'previsível' nunca tem fim, diz o Professor Doutor Michael Will, nem tão pouco a controvérsia em torno de seu significado." (cf. V. M. J. Fradera, *O conceito de inadimplemento fundamental do contrato no artigo 25 da lei internacional sobre vendas, da Convenção de Viena de 1980*, in *Revista da Faculdade de Direito da Universidade Federal do Rio Grande do Sul* 2 (1994)).

[14] As referências aos documentos oficiais elaborados durante o processo de redação da CISG seguirão a nomenclatura e metodologia adotadas pela UNCITRAL, quando pertinente, conforme exposto em J. Honnold, *UNCITRAL documents – Research sources, style, citation*, in *American Journal of Comparative Law* 27 (1979), pp. 217-221. Disponível em <https://iicl.law.pace.edu/cisg/bibliography/honnold-john-o-us-15>, consultado em 23.3.2022.

[15] Cf. J. Honnold, *Documentary history of the Uniform Law for International Sales – The Studies, deliberations and decisions that led to the 1988 United Nations Convention*, Deventer, Kluwer, 1989, p. 1.

Especificamente no que diz respeito ao conceito de *fundamental breach*, o Grupo de Trabalho partiu daquilo que dispunha o artigo 10 da LUVI, segundo o qual:

> "For the purposes of the present Law, a breach of contract shall be regarded as fundamental wherever the party in breach knew, or ought to have known, at the time of the conclusion of the contract, that a reasonable person in the same situation as the other party would not have entered into the contract if he had foreseen the breach and its effect."[16]

A revisão do mencionado dispositivo legal suscitou discussões desde a segunda reunião do Grupo de Trabalho, em dezembro de 1970. A primeira intervenção foi feita pelo representante da então União das Repúblicas Socialistas Soviéticas (URSS), para quem a referência a uma *pessoa razoável na mesma situação* da parte prejudicada pelo inadimplemento era por demais genérica. A proposta então apresentada buscava especificar que a previsibilidade do inadimplemento e seus efeitos deveria ter como parâmetro não uma *pessoa razoável na mesma situação*, mas sim o conhecimento e experiência de um comerciante engajado no comércio internacional[17], o que traria mais concretude para a ideia de *fundamental breach*, em especial porque a ideia de razoabilidade poderia variar de acordo com os parâmetros adotados pelas cortes ou tribunais arbitrais de cada país. Com a proposta do representante da extinta URSS, o dispositivo apresentaria a seguinte redação:

> "For the purposes of the present Law, a breach of contract shall be regarded as fundamental *in all cases when it has been provided so, as well as in those cases when* the party in breach knew, or ought to have known, at the time of the conclusion of the contract that a *merchant engaged in international*

16 "Para os propósitos desta Lei, o inadimplemento contratual será tido por fundamental sempre que a parte inadimplente soubesse, ou devesse saber, ao tempo da celebração do contrato, que uma pessoa razoável, na mesma situação que a outra parte, não teria celebrado o contrato se tivesse previsto o inadimplemento e seus efeitos" (tradução livre para o português).

17 Cf. *Analysis of comments and proposals relating to articles 1-17 of the Uniform Law on International Sale of Goods (ULIS) 1964 – note by the Secretary General, UNCITRAL Yearbook II (1971), A/CN.9/WG.2/WP.6*, p. 47. Disponível em <https://documents-dds-ny.un.org/doc/UNDOC/LTD/V21/034/49/PDF/V2103449.pdf?OpenElement>, consultado em 23.3.2022.

commerce, being in the same situation as the other party, *and in the same circumstances* would not have entered into the contract if he had foreseen the breach and its effects."[18]

A proposta não foi bem aceita pelos demais membros do Grupo de Trabalho, tendo os representantes do Reino Unido e da França manifestado expressamente sua oposição. Para estes, a proposta do representante da antiga URSS não levava em conta os casos em que a parte lesada pelo inadimplemento não tivesse contratado na condição de comerciante, o que inviabilizaria sua adoção. Para o representante francês, a proposta também tornava muito restrito o *standard* de razoabilidade trazido pelo dispositivo normativo analisado, o que não seria desejável.

O representante do Reino Unido ainda apontou que o conceito de *fundamental breach of contract* trazido pelo artigo 10 da LUVI não portava qualquer dificuldade de intelecção ou aplicação por juristas da *common law*, de modo que sua alteração não seria necessária. Não obstante, caso mudanças fossem implementadas, seus contornos gerais deveriam ser mantidos, isto é, a necessidade de um teste objetivo para determinar se o inadimplemento é ou não fundamental, bem como a liberdade das partes em alçar, no negócio, determinados descumprimentos à categoria de fundamentais[19].

A opinião manifestada pelo representante do Reino Unido não foi, contudo, partilhada pelas demais delegações que compunham o Grupo de Trabalho, para as quais o conceito de *fundamental breach* não era assim

[18] "Para os propósitos desta Lei, o inadimplemento contratual será tido por fundamental nos casos em que esta consequência tiver sido prevista, bem como nos casos em que a parte inadimplente soubesse, ou devesse saber, ao tempo da celebração do contrato, que um comerciante envolvido no comércio internacional, estando na mesma situação que a parte prejudicada e observadas as mesmas circunstâncias, não teria celebrado o contrato se tivesse previsto o inadimplemento e seus efeitos" (tradução livre para o português).

[19] Cf. *Analysis of comments and proposals relating to articles 1-17 of the Uniform Law on International Sale of Goods (ULIS) 1964 – note by the Secretary General, UNCITRAL Yearbook II (1971), A/CN.9/WG.2/WP.6*, p. 47. Disponível em <https://documents-dds-ny.un.org/doc/UNDOC/LTD/V21/034/49/PDF/V2103449.pdf?OpenElement>, consultado em 23.3.2022.

de tão fácil aplicação prática e, pelo contrário, apresentava nuances bastante complexas[20].

Uma derradeira proposta de alteração foi apresentada pela delegação de Gana, pela qual a configuração da *fundamental breach* ficaria vinculada à frustração do objetivo principal vislumbrado pelo contrato, o que só poderia ser determinado por meio de decisão judicial ou arbitral em cada caso concreto[21]:

> "For the purposes of the present law, a breach of contract shall be regarded as *a major one when such breach substantially derogates from the attainment or the main purpose of the contract, as objectively determined by the Court.*"[22]

Essa proposta também não teve ampla aceitação e, diante da inexistência de consenso acerca de premissas básicas para definição da *fundamental breach*[23], bem como em razão da complexidade e relevância da matéria, intimamente ligada a outros aspectos substanciais do texto internacional que ainda pendiam de discussão (*e.g.*, resolução do contrato, indenização etc.), o Grupo de Trabalho decidiu postergar sua análise, deixando de deliberar sobre a modificação ou manutenção da redação do artigo 10 da LUVI naquela oportunidade[24].

O tema foi retomado, de forma específica, apenas na quinta sessão do Grupo de Trabalho, em 1974. Naquela ocasião, o Grupo de Trabalho

[20] Cf. *Report of the Second Session of the Working Group, UNCITRAL Yearbook II (1971), A/CN.9/52*, p. 59. Disponível em <https://documents-dds-ny.un.org/doc/UNDOC/GEN/NL7/100/14/PDF/NL710014.pdf?OpenElement>, consultado em 23.3.2022.

[21] Cf. *Analysis of comments and proposals relating to articles 1-17 of the Uniform Law on International Sale of Goods (ULIS) 1964 – note by the Secretary General, UNCITRAL Yearbook II (1971), A/CN.9/WG.2/WP.6*, p. 47. Disponível em <https://documents-dds-ny.un.org/doc/UNDOC/LTD/V21/034/49/PDF/V2103449.pdf?OpenElement>, consultado em 23.3.2022.

[22] "Para os propósitos desta lei, o inadimplemento contratual será tido por significativo quando tal inadimplemento substancialmente implicar na impossibilidade de consecução do objetivo principal do contrato, o que deverá ser objetivamente determinado pelo órgão julgador" (tradução livre para o português).

[23] Cf. J. Honnold, *Documentary history of the Uniform Law for International Sales – The Studies, deliberations and decisions that led to the 1988 United Nations Convention*, Deventer, Kluwer, 1989, p. 55.

[24] Cf. *Report of the Second Session of the Working Group, UNCITRAL Yearbook II (1971), A/CN.9/52*, p. 59. Disponível em <https://documents-dds-ny.un.org/doc/UNDOC/GEN/NL7/100/14/PDF/NL710014.pdf?OpenElement>, consultado em 23.3.2022.

convidou os Estados membros das Nações Unidas, bem assim os demais Estados e organizações internacionais que acompanhavam, na condição de observadores, suas atividades, a formular propostas e sugestões relativas aos pontos do texto que ainda pendiam de análise e deliberação[25], dentre os quais o conceito de *fundamental breach*. As propostas apresentadas seriam então analisadas na sexta sessão do Grupo de Trabalho, em 1975.

No que diz respeito à *fundamental breach*, o representante da delegação da Bulgária reiterou que a redação do artigo 10 da LUVI era excessivamente complexa, embora o conceito a ela subjacente fosse satisfatório. Propôs, então, que a redação do dispositivo voltado a conceituar a *fundamental breach* fosse simplificada, sugerindo a seguinte estrutura[26]:

> "A breach of contract shall be fundamental wherever a reasonable person (normally a merchant) would not have concluded the contract if he had supposed at the time of its conclusion that the party in breach would commit that breach."[27]

A outra proposta de alteração apresentada quanto à regulamentação da *fundamental breach* veio da delegação do México. O representante mexicano expôs que a previsão contida no artigo 10 da LUVI era insatisfatória, já que excessivamente calcada em aspectos subjetivos e hipotéticos, como a razoabilidade da parte prejudicada pelo inadimplemento e a previsibilidade deste e de suas consequências, bem assim a compro-

[25] Cf. *Text of comments and proposals of representatives on the revised text of a uniform law on the international sale of goods as approved or deferred for further consideration by the Working Group at its first five sessions, UNCITRAL Yearbook VI (1975), A/CN.9/100, annex II*, p. 70. Disponível em <https://uncitral.un.org/sites/uncitral.un.org/files/media-documents/uncitral/en/vol6-p70-87-e.pdf>, consultado em 23.3.2022.

[26] Cf. *Text of comments and proposals of representatives on the revised text of a uniform law on the international sale of goods as approved or deferred for further consideration by the Working Group at its first five sessions, UNCITRAL Yearbook VI (1975), A/CN.9/100, annex II*, p. 72. Disponível em <https://uncitral.un.org/sites/uncitral.un.org/files/media-documents/uncitral/en/vol6-p70-87-e.pdf>, consultado em 23.3.2022.

[27] "O inadimplemento do contrato será fundamental sempre que se demonstrar que uma pessoa razoável (normalmente um comerciante) não teria celebrado o negócio se tivesse previsto, no momento de sua conclusão, que a parte inadimplente praticaria tal descumprimento" (tradução livre para o português).

vação de que a parte inocente não celebraria o contrato se antevisse o descumprimento. Segundo apontado na ocasião, esse conceito não trazia qualquer definição concreta do que seria a *fundamental breach* e, ao ingressar tão a fundo no campo das intenções das partes no momento da celebração do contrato, abria espaço para a discricionariedade de juízes e árbitros. Assim, com o objetivo de dar maior concretude ao conceito de *fundamental breach*, a delegação mexicana propôs que este fosse vinculado à frustração dos direitos adquiridos pela parte com a celebração do contrato[28]:

> "For the purposes of the present Law, a breach of contract shall be regarded as fundamental wherever *non-performance of any obligation by either of the parties alters substantially (or to a significant extent) the scope or content of the rights which are possessed by the other party and which are derived from the contract or from this Law.*"[29]

Antes da submissão de tais propostas à sexta sessão do Grupo de Trabalho, estas foram objeto de relatório elaborado pelo Secretário-Geral da UNCITRAL para facilitar sua posterior discussão. Na ocasião, destacou-se que a proposta mexicana de fato trazia maior concretude para o conceito de *fundamental breach*, mas que a menção à frustração de direitos adquiridos pelo contrato não era tecnicamente correta, já que o inadimplemento de qualquer das partes não modifica os direitos já detidos pela outra. O mais adequado, assim, seria se falar na frustração de interesses econômicos. Com base em tais considerações, a redação proposta no relatório do Secretário-Geral apresentava o seguinte conteúdo[30]:

28 Cf. *Text of comments and proposals of representatives on the revised text of a uniform law on the international sale of goods as approved or deferred for further consideration by the Working Group at its first five sessions, UNCITRAL Yearbook VI (1975), A/CN.9/100, annex II*, pp. 77-78. Disponível em <https://uncitral.un.org/sites/uncitral.un.org/files/media-documents/uncitral/en/vol6-p70-87-e.pdf>, consultado em 23.3.2022.

29 "Para os propósitos desta Lei, o inadimplemento contratual será tido por fundamental sempre que o descumprimento de qualquer obrigação por qualquer das partes alterar substancialmente (ou em extensão significativa) o escopo ou o conteúdo dos direitos detidos pela outra parte, derivados do contrato ou desta Lei" (tradução livre para o português).

30 Cf. *Report of the Secretary-General: pending questions with respect to the revised text of a uniform law on the international sale of goods, UNCITRAL Yearbook VI (1975), annex III*, pp. 94-95. Dis-

> "For the purposes of the present Law, a breach of contract shall be regarded as fundamental wherever *such breach substantially [to a significant extent] impairs the value of the performance required by the contract and the present Law.*"[31]

Todas essas propostas de redação foram levadas ao conhecimento do Grupo de Trabalho em sua sexta sessão. Após diversas deliberações, decidiu-se pela adoção do texto elaborado em conjunto por representantes da Índia, do México e da Câmara de Comércio Internacional de Paris[32] que, partindo da proposta mexicana já mencionada, correspondia a:

> "A breach committed by one of the parties to the contract shall be regarded as fundamental *if it results in substantial detriment to the other party and the party in breach had reason to foresee such a result.*"[33]

O Grupo de Trabalho ainda se reuniu por mais três sessões, porém o conceito de *fundamental breach* não foi mais discutido em profundidade. A redação do dispositivo voltado à sua definição sofreu apenas um pequeno ajuste na sétima sessão do Grupo de Trabalho[34] cuja versão final, naquele momento, passou a ser a seguinte:

ponível em <https://uncitral.un.org/sites/uncitral.un.org/files/media-documents/uncitral/en/vol6-p88-110-e.pdf>, consultado em 23.3.2022.

[31] "Para os propósitos desta Lei, o inadimplemento contratual será tido por fundamental sempre que substancialmente [em uma extensão significativa] prejudicar o valor da prestação ajustada no contrato e na presente Lei" (tradução livre para o português).

[32] Cf. *Report of the Sixth Session of the Working Group, UNCITRAL Yearbook VI (1975), A/CN.9/100*, p. 58. Disponível em <https://documents-dds-ny.un.org/doc/UNDOC/GEN/NL7/502/07/PDF/NL750207.pdf?OpenElement>, consultado em 23.3.2022.

[33] "O inadimplemento contratual praticado por uma das partes será tido por fundamental se causar, em detrimento da outra parte, prejuízo substancial e se a parte inadimplente tiver razão para prever tal resultado" (tradução livre para o português).

[34] Cf. *Draft Convention on the International Sale of Goods, UNCITRAL Yearbook VII (1976), A/CN.9/116, annex I*, p. 90. Disponível em <https://uncitral.un.org/sites/uncitral.un.org/files/media-documents/uncitral/en/vol7-p89-96-e.pdf >, consultado em 23.3.2022.

"A breach committed by one of the parties to the contract is fundamental if it results in substantial detriment to the other party and the party in breach *foresaw or* had reason to foresee such a result."[35]

Foi esta, assim, a redação que constou do artigo 9º do projeto de lei uniforme sobre a compra e venda de mercadoria internacional elaborado pelo Grupo de Trabalho e submetido à análise do Comitê Plenário[36] da UNCITRAL no ano de 1977, em conjunto com a proposta de lei uniforme voltada à formação do contrato de compra e venda[37]. Durante os anos de 1977 e 1978, o Comitê Plenário analisou os projetos apresentados pelo Grupo de Trabalho, modificando sua redação quando pertinente e, ao final, decidindo pela compilação destes em um único corpo normativo.

No âmbito das discussões travadas no Comitê Plenário, a primeira crítica à redação do artigo 9º do projeto veio da delegação das Filipinas e se referia à questão do ônus da prova na demonstração da existência de *fundamental breach*. Segundo se entendeu na oportunidade, tal como formulado pelo Grupo de Trabalho, o dispositivo impunha à parte prejudicada o ônus de provar que a parte inadimplente previra, ou deveria ter previsto, as consequências do descumprimento contratual, o que não se considerou adequado, já que a comprovação da imprevisibilidade da situação deveria ser atribuída ao contratante faltoso.

A crítica apresentada pela delegação filipina foi acompanhada pela delegação norte-americana[38]. Como forma de promover essa alteração na distribuição do ônus da prova, as duas delegações apresentaram, em

[35] "O inadimplemento contratual praticado por uma das partes é fundamental quando causar, em detrimento da outra parte, prejuízo substancial e se a parte inadimplente previu ou tinha razão para prever tal resultado" (tradução livre para o português).

[36] Committee of the Whole I.

[37] Tais propostas são normalmente referidas pelos estudiosos da CISG como "*Sales draft*" e "*Formation draft*", respectivamente.

[38] Cf. R. Koch, *The concept of fundamental breach of contract under the United Nations Convention on Contracts for the International Sales of Goods (CISG)*, in *Review of the Convention on Contracts for the International Sale of Goods (CISG) 1998*, Netherlands, Kluwer Law International, 1999, pp. 272-273. Disponível em <https://iicl.law.pace.edu/sites/default/files/cisg_files/koch.html>, consultado em 28.3.2022.

conjunto, a seguinte proposta para alteração da parte final do artigo 9º do projeto[39]:

> "A breach committed by one of the parties to the contract is fundamental if it results in substantial detriment to the other party, *unless the party in breach did not foresee and had no reason to foresee such a result.*"[40]

Também se apontou que, diferente do artigo 10 da LUVI e, aliás, diferente das várias propostas feitas durante as sessões do Grupo de Trabalho, o dispositivo normativo que acabou por ser apresentado ao Comitê Plenário não indicava o momento de referência para se aferir a previsibilidade das consequências do inadimplemento: a celebração do negócio (como indicado no artigo 10 da LUVI) ou o descumprimento contratual. Decidiu-se, na ocasião, que a especificação dessa informação não seria necessária[41], o que, como será melhor abordado adiante, impacta o estudo da matéria, já que a questão se tornou objeto de controvérsia entre os estudiosos.

À época, o Comitê Plenário também rejeitou sugestão de redação que vinculava a configuração da *fundamental breach* à existência de proposta da parte inadimplente para remediar o descumprimento[42], o que igualmente tem impacto sobre as discussões doutrinárias atuais do assunto, como também será discutido neste trabalho. O conteúdo da proposta rejeitada correspondia a:

> "A breach committed by one of the parties to the contract is fundamental if, *under all the circumstances, including a reasonable offer to cure,* it results in

[39] Cf. *Report of the Committee of the Whole on the 'Sales Draft', UNCITRAL Yearbook VIII (1977), A/32/17, annex I*, p. 31. Disponível em <https://documents-dds-ny.un.org/doc/UNDOC/GEN/N77/159/70/PDF/N7715970.pdf?OpenElement>, consultado em 23.3.2022.

[40] "O inadimplemento contratual praticado por uma das partes é fundamental quando causar, em detrimento da outra parte, prejuízo substancial, a menos que a parte inadimplente não tenha previsto, e não tivesse razão para prever, tal resultado" (tradução livre para o português).

[41] Cf. *Report of the Committee of the Whole on the 'Sales Draft', UNCITRAL Yearbook VIII (1977), A/32/17, annex I*, p. 31. Disponível em <https://documents-dds-ny.un.org/doc/UNDOC/GEN/N77/159/70/PDF/N7715970.pdf?OpenElement>, consultado em 23.3.2022.

[42] Cf. *Report of the Committee of the Whole on the 'Sales Draft', UNCITRAL Yearbook VIII (1977), A/32/17, annex I*, p. 31. Disponível em <https://documents-dds-ny.un.org/doc/UNDOC/GEN/N77/159/70/PDF/N7715970.pdf?OpenElement>, consultado em 23.3.2022.

substantial detriment to the other party and the party in breach foresaw or had reason to foresee such a result."[43]

O Comitê Plenário da UNCITRAL, portanto, acabou por adotar a redação com a proposta de modificação apresentada em conjunto pelas delegações das Filipinas e dos Estado Unidos, que veio a se tornar o artigo 23[44] da versão preliminar de 1978 da CISG[45]. Foi com base nessa versão preliminar que a Assembleia-Geral das Nações Unidas convocou a Conferência Diplomática de 1980, na qual a CISG viria a ser aprovada[46].

3. A Conferência Diplomática de 1980

Na primeira reunião plenária da Conferência Diplomática de 1980, delegou-se ao chamado Primeiro Comitê a análise dos artigos 1 a 82 do texto projetado de 1978. O Primeiro Comitê se reuniu por 38 sessões durante o período de 10 de março a 7 de abril de 1980 e, ao final, submeteu suas sugestões de redação ao plenário da Conferência Diplomática.

O artigo 23 da versão preliminar de 1978 da CISG passou a ser discutido a partir da 12ª reunião do Primeiro Comitê e sua redação foi objeto de importantes propostas de alteração. É interessante notar que, a despeito dos cerca de sete anos de deliberações que precederam a Conferência Diplomática, as críticas e incertezas quanto ao conceito de *fundamental breach* permaneceram essencialmente as mesmas, ou seja, a

[43] "O inadimplemento contratual praticado por uma das partes é fundamental quando, consideradas todas as circunstâncias, inclusive uma proposta razoável para remediar o descumprimento, causar, em detrimento da outra parte, prejuízo substancial e a parte inadimplente previu ou tinha razão para prever tal resultado" (tradução livre para o português).

[44] Cf. *Report of the United Nations Commission on International Trade Law on the work of its eleventh session, UNCITRAL Yearbook IX (1978), A/33/17,* pp. 14-21. Disponível em <https://daccess-ods.un.org/tmp/4538056.2543869.html>, consultado em 23.3.2022.

[45] O projeto de 1978, ao qual usualmente se refere como *1978 Sales Draft*, foi integramente comentado pela Secretaria da UNCITRAL. O chamado *Secretariat Commentary* é o que existe de mais próximo a um comentário oficial da CISG, porém não se mostra de grande valia quanto a dispositivos que sofreram alterações relevantes em sua redação durante a Conferência Diplomática, como é o caso do então artigo 23 do texto projetado.

[45] Cf. J. Honnold, *Documentary history of the Uniform Law for International Sales – The Studies, deliberations and decisions that led to the 1988 United Nations Convention*, Deventer, Kluwer, 1989, p. 3.

subjetividade atrelada à figura; o momento relevante para aferir a previsibilidade do dano; sua relação com a existência de uma proposta para remediar o inadimplemento etc.

Considerando as várias propostas debatidas na ocasião, bem assim o fato de que as discussões no âmbito do Primeiro Comitê não foram tão lineares como se verificou no Grupo de Trabalho, as sugestões apresentadas pelas delegações nacionais serão, por comodidade expositiva, abordadas na forma dos subitens que seguem.

3.A. Proposta da antiga Tchecoslováquia

Na 12ª reunião do Primeiro Comitê, a delegação da antiga Tchecoslováquia, ecoando antigas críticas ao conceito de *fundamental breach*, apontou que a redação do então artigo 23 do texto projetado pecava pela falta de precisão, na medida em que o conceito de *prejuízo substancial* e *previsibilidade do dano* eram por demais subjetivos. Essa falta de objetividade, argumentou-se na ocasião, geraria problemas especialmente quando a parte inadimplente desejasse exercer seu direito de requerer a entrega de bens substitutos (possibilidade que só existe, no âmbito da CISG, se configurada a *fundamental breach*), já que teria de aguardar até que tivesse sofrido *prejuízo substancial* para poder se valer de tal prerrogativa[47]. Com o objetivo de remediar essas críticas, a delegação da antiga Tchecoslováquia apresentou a proposta de alteração transcrita abaixo:

> "A breach of contract is fundamental if the party in breach knew or ought to have known, in the light of the reasons for the conclusion of the contract, or any information disclosed at any time before or at the conclusion of the contract, that the other party would not be interested in performance in case of such a breach."[48]

[47] Cf. *Summary records of meetings of the First Committee, 12th meeting, A/CONF.97/C.1/SR.12*, pp. 295-296. Disponível em <https://uncitral.un.org/sites/uncitral.un.org/files/media-documents/uncitral/en/a-conf-97-19-ocred-eng.pdf>, consultado em 23.3.2022; R. Koch, *The concept of fundamental breach of contract under the United Nations Convention on Contracts for the International Sales of Goods (CISG)*, in *Review of the Convention on Contracts for the International Sale of Goods (CISG) 1998*, Netherlands, Kluwer Law International, 1999, pp. 274.

[48] "O inadimplemento contratual é fundamental quando a parte inadimplente soubesse, ou devesse saber, à luz das razões que levaram à conclusão do contrato, ou de qualquer informação disponibilizada a qualquer tempo, antes ou até o momento da celebração do

Embora tenha recebido o apoio de alguns, a proposta em questão foi objeto de diversas críticas. A delegação mexicana, por exemplo, apontou que a redação sugerida era por demais restritiva, ao vincular a configuração da *fundamental breach* à total perda de interesse da parte lesada na execução do contrato. Na mesma linha, a delegação francesa indicou que, a prevalecer a proposta então analisada, o direito de resolver o contrato na CISG ficaria extremamente limitado. A delegação dinamarquesa, por sua vez, apontou que o conceito subjacente à proposta de alteração seria de difícil aplicação prática[49].

No curso dessas discussões, debateu-se também a necessidade de se estabelecer o momento a ser levado em conta para aferir a previsibilidade das consequências do inadimplemento contratual para fins de configuração da *fundamental breach*. Enquanto parte dos membros presentes indicou que essa questão deveria ficar a cargo do julgador, outros expressaram a opinião de que essa definição seria necessária[50], especialmente para evitar que um dos contratantes, com base em informações transmitidas apenas no curso da execução do negócio, alterasse unilateralmente a natureza do contrato e, via de consequência, o limite para existência da *fundamental breach*[51].

Tal questão, contudo, não foi objeto de propostas de alteração ou deliberações específicas. A proposta apresentada pela antiga Tchecoslo-

contrato, que a outra parte não teria interesse na prestação caso tal inadimplemento viesse a se materializar" (tradução livre para o português).

49 Cf. *Summary of records of meetings of the First Committee, 12th meeting, A/CONF.97/C.1/SR.12*, pp. 296-298. Disponível em <https://uncitral.un.org/sites/uncitral.un.org/files/media-documents/uncitral/en/a-conf-97-19-ocred-eng.pdf>, consultado em 23.3.2022.

50 Cf. *Summary of records of meetings of the First Committee, 12th meeting, A/CONF.97/C.1/SR.12*, p. 297. Disponível em <https://uncitral.un.org/sites/uncitral.un.org/files/media-documents/uncitral/en/a-conf-97-19-ocred-eng.pdf>, consultado em 23.3.2022.

51 Seria o caso, por exemplo, das partes que, celebrando um contrato, estabelecem apenas que a entrega da mercadoria deverá ocorrer no mês de março. Quando o negócio está em avançada execução, o comprador informa o vendedor de que necessita das mercadorias, impreterivelmente, no primeiro dia útil do mês, caso contrário, não terá mais possibilidade de revendê-las. O vendedor informa não ter condições de entregar as mercadorias logo no primeiro dia útil e o comprador, então, busca resolver o contrato invocando a existência de uma *fundamental breach*. Essa alteração unilateral da obrigação pactuada e, via de consequência, o recurso à *fundamental breach* não podem ser vistos como lícitos.

váquia, de outro lado, foi submetida à votação na própria 12ª reunião do Primeiro Comitê e foi rejeitada.

3.B. Proposta do Egito

Ainda na 12ª reunião do Primeiro Comitê, a delegação egípcia apontou que o critério estabelecido pelo artigo 23 do texto projetado era excessivamente subjetivo ao vincular a existência de *fundamental breach* à previsão do dano pela parte inadimplente. Isso, porque sempre que a parte faltosa alegasse que não previra as consequências de seu descumprimento contratual, a parte lesada estaria impossibilitada de invocar a existência de uma *fundamental breach* e as consequências que dela decorrem.

A proposta apresentada pelo representante do Egito buscava, assim, contornar essa excessiva subjetividade e, ainda, colocar sobre a parte inadimplente o ônus de provar a imprevisibilidade das consequências do descumprimento, nos seguintes termos:

> "A breach committed by one of the parties is fundamental if it results in substantial detriment to the other party unless the party in breach *proves that he* did not foresee such a result and *that a reasonable person of the same kind in the same circumstances would not have foreseen it.*"[52]

A introdução de um padrão de conduta objetivo para aferir a previsibilidade das consequências do inadimplemento, com base no que razoavelmente se pode esperar de um comerciante inserido em determinado nicho de mercado, foi vista com bons olhos por diversas delegações[53]. A menção ao ônus da prova, contudo, foi rechaçada, seja por se entender que a CISG não deveria regulamentar questões de natureza processual, seja por se entender que tal previsão seria supérflua, existindo relativa

[52] "O inadimplemento contratual praticado por uma das partes é fundamental quando causar, em detrimento da outra, prejuízo substancial, a menos que a parte inadimplente prove que não previu esse resultado e que uma pessoa razoável do mesmo meio e nas mesmas circunstâncias também não o teria previsto" (tradução livre para o português).

[53] Cf., a propósito, as manifestações das delegações da Noruega, México, Grécia, dentre outras: *Summary of records of meetings of the First Committee, 12th meeting, A/CONF.97/C.1/SR.12*, p. 297. Disponível em <https://uncitral.un.org/sites/uncitral.un.org/files/media-documents/uncitral/en/a-conf-97-19-ocred-eng.pdf>, consultado em 23.3.2022.

clareza para os membros do Primeiro Comitê de que, invocada a existência de uma *fundamental breach*, cabe à parte inadimplente demonstrar que não poderia prever o resultado do descumprimento contratual[54].

Diante de tais considerações, a proposta formulada pela delegação egípcia foi oralmente revisada para excluir a menção à palavra *provar*[55] e submetida à votação, oportunidade na qual foi aprovada e encaminhada ao Comitê Redator, responsável pela consolidação e redação final dos textos normativos.

3.C. Proposta do Paquistão

Também na 12ª reunião do Primeiro Comitê, a delegação paquistanesa apresentou proposta de alteração do texto projetado de 1978 com o objetivo de melhor delimitar o que seria prejuízo substancial capaz de ensejar a configuração de uma *fundamental breach*[56]. Tal proposta foi formulada nesses termos:

> "A breach committed by one of the parties to the contract is fundamental if *it results in such detriment to the other party as would basically change the terms of the transaction,* unless the party in breach did not foresee and had no reason to foresee such a result."[57]

[54] Cf., a propósito, as manifestações das delegações da Noruega, México, Dinamarca, França, Hungria, dentre outras: *Summary of meetings of the First Committee, 12th meeting, A/CONF.97/C.1/SR.12,* pp. 296-298. Disponível em <https://uncitral.un.org/sites/uncitral.un.org/files/media-documents/uncitral/en/a-conf-97-19-ocred-eng.pdf>, consultado em 23.3.2022.

[55] O texto revisado da proposta egípcia correspondia a: "A breach committed by one of the parties is fundamental if it results in substantial detriment to the other party unless the party in breach did not foresee such a result and that a reasonable person of the same kind in the same circumstances would not have foreseen it." Em tradução livre para o português: o inadimplemento contratual praticado por uma das partes é fundamental quando causar, em detrimento da outra, prejuízo substancial, a menos que a parte não tenha previsto esse resultado e que uma pessoa razoável do mesmo meio e nas mesmas circunstâncias também não o teria previsto.

[56] Cf. *Summary of records of meetings of the First Committee, 12th meeting, A/CONF.97/C.1/SR.12,* p. 299. Disponível em <https://uncitral.un.org/sites/uncitral.un.org/files/media-documents/uncitral/en/a-conf-97-19-ocred-eng.pdf>, consultado em 23.3.2022.

[57] "O inadimplemento contratual praticado por uma das partes é fundamental quando causar, em detrimento da outra parte, prejuízo capaz de alterar os termos básicos da transação, a menos que a parte não tenha previsto esse resultado e que uma pessoa razoável do

A redação proposta pela delegação do Paquistão foi criticada no sentido de que o inadimplemento de qualquer das partes em nenhuma hipótese poderia levar a uma alteração dos termos do pacto, de modo que a proposta se revelava incorreta do ponto de vista técnico. Não obstante, a ideia de conferir maior concretude à noção de prejuízo substancial foi apoiada pelos demais membros do Primeiro Comitê, com a ressalva de que outra definição, diferente daquela sugerida pela delegação paquistanesa, deveria ser adotada.

Nesse sentido, deliberou-se pela formação de um grupo de trabalho *ad hoc* cuja função era a de reescrever proposta paquistanesa, mantendo a ideia a ela subjacente, mas empregando linguagem mais técnica[58]. O resultado dos trabalhos desse grupo será abordado mais adiante.

3.D. Proposta da Alemanha

A delegação alemã também apresentou, na 12ª reunião do Primeiro Comitê, proposta de alteração do artigo 23 do projeto de 1978, novamente com o objetivo de conferir maior definição ao conceito de *fundamental breach*, ao vincular sua ocorrência aos termos explícitos e implícitos do contrato[59]:

> "A breach committed by one of the parties is fundamental if, *having regard to all express and implied terms of the contract*, the breach results in substantial detriment to the other party unless the party in breach did not foresee and had no reason to foresee such a result."[60]

mesmo meio e nas mesmas circunstâncias também não teria previsto" (tradução livre para o português).

[58] Cf. *Summary of records of meetings of the First Committee, 12th meeting, A/CONF.97/C.1/SR.12*, pp. 299-300. Disponível em <https://uncitral.un.org/sites/uncitral.un.org/files/media-documents/uncitral/en/a-conf-97-19-ocred-eng.pdf>, consultado em 23.3.2022.

[59] Cf. *Summary of records of meetings of the First Committee, 12th meeting, A/CONF.97/C.1/SR.12*, p. 300. Disponível em <https://uncitral.un.org/sites/uncitral.un.org/files/media-documents/uncitral/en/a-conf-97-19-ocred-eng.pdf>, consultado em 23.3.2022.

[60] "O inadimplemento contratual praticado por uma das partes é fundamental quando, à luz de todos os termos expressos e implícitos do contrato, causar, em detrimento da outra parte, prejuízo substancial, a menos que a parte inadimplente não tenha previsto e não tivesse razão para prever tal resultado" (tradução livre para o português).

A proposta alemã dividiu as opiniões dos membros do Primeiro Comitê. De um lado, algumas das delegações criticaram-na, argumentando que a referência aos termos expressos e implícitos do contrato limitaria a noção de *fundamental breach*, já que o intérprete estaria proibido de tomar em consideração eventuais outras circunstâncias relevantes de cada caso concreto que pudessem revelar, por exemplo, a previsibilidade das consequências do dano decorrente do descumprimento contratual. De outro lado, diversas das delegações presentes manifestaram seu apoio a essa proposta, em especial porque colocava em evidência a liberdade contratual das partes, ao conectar a *fundamental breach* aos termos do contrato. Em contraposição às críticas feitas, a delegação alemã esclareceu que a menção aos termos expressos e implícitos do negócio não impedia a análise de quaisquer outras circunstâncias pertinentes para o caso, mas apenas dava maior destaque ao que havia sido de fato pactuado entre as partes[61].

Em razão do apoio expressivo que a ideia subjacente à proposta alemã recebeu, mas considerando os vários apontamentos feitos pelos membros do Primeiro Comitê e o reconhecimento de que esta deveria sofrer alterações em sua estrutura, decidiu-se por submetê-la ao mesmo grupo de trabalho *ad hoc* que analisaria a proposta paquistanesa[62], cujos resultados serão abordados adiante.

3.E. Propostas do Reino Unido

Na 13ª reunião do Primeiro Comitê, a delegação do Reino Unido apresentou duas propostas de alteração ao texto projetado do artigo 23. A primeira dessas propostas visava especificar que o momento da celebração do contrato deveria ser relevante para aferir a previsibilidade das consequências do inadimplemento para fins de configuração de uma *fundamental breach*, debate que já se verificara quando das reuniões do

[61] Cf. *Summary of records of meetings of the First Committee, 12th meeting, A/CONF.97/C.1/SR.12*, pp. 300-301. Disponível em <https://uncitral.un.org/sites/uncitral.un.org/files/media-documents/uncitral/en/a-conf-97-19-ocred-eng.pdf>, consultado em 23.3.2022.

[62] Cf. R. Koch, *The concept of fundamental breach of contract under the United Nations Convention on Contracts for the International Sales of Goods (CISG)*, in *Review of the Convention on Contracts for the International Sale of Goods (CISG) 1998*, Netherlands, Kluwer Law International, 1999, pp. 277-278. Disponível em <https://iicl.law.pace.edu/sites/default/files/cisg_files/koch.html>, consultado em 28.3.2022.

Grupo de Trabalho da UNCITRAL (v. item 2, *supra*). A segunda proposta estabelecia uma vinculação entre a existência de prejuízo substancial e a impossibilidade de reparar a parte lesada apenas com o pagamento de indenização[63]. O texto então proposto apresentava a seguinte estrutura:

> "A breach committed by one of the parties is fundamental if it results in substantial detriment to the other party, unless *at the time when the contract was concluded* the party in breach did not foresee and had no reason to foresee such a result. *A breach does not result in substantial detriment to the other party if damages would be an adequate remedy for him.*"[64]

Considerando inicialmente a primeira proposta, o representante do Reino Unido argumentou que o momento da celebração do contrato seria o mais adequado para analisar a questão da previsibilidade das consequências do inadimplemento, já que, ao menos em tese, àquela altura as partes deveriam manifestar o que entendem por prejuízo substancial no âmbito de sua relação contratual específica. Essa proposta foi duramente rechaçada pelos representantes da Noruega, Finlândia e Hungria que apontaram que, por vezes, informações trocadas entre as partes durante a execução do contrato podem impactar na previsibilidade das consequências do inadimplemento e, por essa razão, a redação do dispositivo normativo em tela deveria contar com certa dose de flexibilidade. A delegação do Reino Unido retirou essa primeira proposta que, assim, não chegou a ser objeto de votação e maiores discussões.

A segunda proposta do Reino Unido também foi objeto de duras críticas por várias das delegações presentes na reunião, em especial porque invertia a sistemática da *fundamental breach*, tirando da parte lesada

[63] Cf. *Summary of records of meetings of the First Committee, 13th meeting, A/CONF.97/C.1/SR.13*, p. 302. Disponível em <https://uncitral.un.org/sites/uncitral.un.org/files/media-documents/uncitral/en/a-conf-97-19-ocred-eng.pdf>, consultado em 23.3.2022.

[64] "O inadimplemento contratual praticado por uma das partes é fundamental quando causar, em detrimento da outra parte, prejuízo substancial, a menos que, considerando o momento da celebração do contrato, a parte inadimplente não tenha previsto, e não tivesse razão para prever, tal resultado. O inadimplemento não causa prejuízo substancial para a parte lesada quando o pagamento de indenização se revelar como um remédio adequado" (tradução livre para o português).

a prerrogativa contratual de escolher entre a resolução do contrato ou sua manutenção com o pagamento de indenização. A proposta, segundo os debates da época, ainda tornava muito restrito o campo de incidência da *fundamental breach*, já que são raros os casos em que o pagamento de indenização se mostra inadequado por completo. A prevalecer essa proposta, a resolução contratual na CISG não seria um remédio de último recurso, mas tão restrita que praticamente impossível. Essa segunda proposta também foi retirada pela delegação do Reino Unido sem ser formalmente submetida à votação[65].

3.F. Propostas da Índia e Turquia

Na 13ª reunião do Primeiro Comitê, a delegação da Índia propôs que no texto do artigo 23 do texto projetado fosse incluída a referência a uma *pessoa razoável* para fins de análise da previsibilidade das consequências do inadimplemento. Como essa ideia já estava presente na proposta egípcia aprovada na 12ª reunião, a nova sugestão não foi objeto de maiores deliberações, tampouco submetida à votação[66].

Na mesma ocasião, a delegação turca apresentou proposta de redação para que, ao invés de constar apenas a palavra *inadimplemento* no texto do artigo 23, fosse inserida a expressão *inadimplemento do contrato*. Dado o caráter meramente formal da proposta, esta foi encaminhada ao Comitê Redator sem outras deliberações.

3.G. Proposta do grupo de trabalho ad hoc e ajustes finais de redação

Na 18ª reunião do Primeiro Comitê, o grupo de trabalho constituído para analisar e reformatar as propostas formuladas pelo Paquistão e pela Alemanha (v. itens 3.C e 3.D, *supra*), voltadas à definição do conceito de prejuízo substancial, apresentou o resultado de suas deliberações.

[65] Cf. *Summary of records of meetings of the First Committee, 13th meeting, A/CONF.97/C.1/SR.13*, pp. 302-303. Disponível em <https://uncitral.un.org/sites/uncitral.un.org/files/media-documents/uncitral/en/a-conf-97-19-ocred-eng.pdf>, consultado em 23.3.2022.

[66] Cf. *Summary of records of meetings of the First Committee, 13th meeting, A/CONF.97/C.1/SR.13*, p. 302. Disponível em <https://uncitral.un.org/sites/uncitral.un.org/files/media-documents/uncitral/en/a-conf-97-19-ocred-eng.pdf>, consultado em 23.3.2022.

A redação então sugerida, já contemplando a proposta egípcia adotada na 12ª reunião, correspondia a[67]:

> "A breach of contract committed by one of the parties is fundamental *if it results in such detriment to the other party as will substantially impair his expectations under the contract*, unless the party did not foresee such a result and that a reasonable person of the same kind in the same circumstances would not have foreseen it."[68]

A proposta do grupo de trabalho *ad hoc* também dividiu as opiniões dos membros do Primeiro Comitê. Parte deles entendeu que o objetivo do grupo do trabalho, isto é, o de esclarecer a noção de prejuízo substancial, não havia sido atingido, na medida em que a redação proposta se revelava mais confusa que aquela empregada no artigo 23 do texto projetado. Diversos dos integrantes do Primeiro Comitê, contudo, entenderam que a proposta era louvável, já que vinculava a existência de prejuízo substancial a um parâmetro claro: o contrato e as expectativas geradas em razão de sua celebração. Segundo as justificativas apresentadas pelo grupo de trabalho *ad hoc*, a ideia subjacente à proposta de fato era evidenciar que o contrato e os interesses por ele tutelados eram os elementos mais relevantes na análise da *fundamental breach*.

Colocada em votação, a proposta do grupo de trabalho de *ad hoc* foi aprovada por maioria de votos e encaminhada ao Comitê Redator da CISG. Neste âmbito, novas discussões foram travadas, especialmente por conta da menção às expectativas das partes na aludida proposta de redação. Enquanto os juristas filiados à tradição da *common law* não enxergavam problemas nessa definição, representantes dos países liga-

[67] Cf. *Summary of records of meetings of the First Committee, 18th meeting, A/CONF.97/C.1/SR.18*, p. 329. Disponível em <https://uncitral.un.org/sites/uncitral.un.org/files/media-documents/uncitral/en/a-conf-97-19-ocred-eng.pdf>, consultado em 23.3.2022.

[68] "O inadimplemento contratual praticado por uma das partes é fundamental se causar, em detrimento da outra parte, prejuízo a ponto de substancialmente impedir a materialização das expectativas a que faz jus em razão do contrato, a menos que a parte inadimplente não tenha previsto esse resultado e que uma pessoa razoável do mesmo meio e nas mesmas circunstâncias também não o teria previsto" (tradução livre para o português).

dos à *civil law* preferiam que o dispositivo mencionasse a existência de interesses jurídicos decorrentes do contrato e não expectativas[69].

Diante de tais debates, o Comitê Redator, com o objetivo de conciliar os membros desses dois sistemas, propôs o que acabou por se tornar a redação final do artigo 25 da CISG, nos seguintes termos:

> "A breach of contract committed by one of the parties is fundamental if it results in such detriment to the other party as substantially to deprive him of what he is entitled to expect under the contract, unless the party in breach did not foresee and a reasonable person of the same kind in the same circumstances would not have foreseen such a result."[70]

Analisado o histórico legislativo que culminou na atual redação do artigo 25 da CISG, convém, agora, estudar os pressupostos da *fundamental breach of contract*, bem assim sua aplicação prática, o que será feito nos capítulos que seguem.

[69] Cf. R. Koch, *The concept of fundamental breach of contract under the United Nations Convention on Contracts for the International Sales of Goods (CISG)*, in *Review of the Convention on Contracts for the International Sale of Goods (CISG) 1998*, Netherlands, Kluwer Law International, 1999, pp. 364-366. Disponível em <https://iicl.law.pace.edu/sites/default/files/cisg_files/koch.html>, consultado em 28.3.2022.

[70] "A violação ao contrato por uma das partes é considerada como essencial se causar à outra parte prejuízo capaz de privá-la, substancialmente, do resultado que poderia esperar do contrato, salvo se a parte inadimplente não tiver previsto e uma pessoa razoável da mesma condição e nas mesmas circunstâncias não pudesse prever tal resultado" (tradução livre para o português).

CAPÍTULO 2
A RESOLUÇÃO POR INADIMPLEMENTO NA CISG

1. Introdução

No âmbito da CISG, o direito de resolver o contrato por inadimplemento é excepcional. Conforme já se teve a oportunidade de precisar, o campo restrito de incidência da resolução por inadimplemento justifica-se quando se tem em conta a natureza da compra e venda internacional e os custos e peculiaridades nela envolvidos. O recurso excessivo à resolução contratual nesse contexto teria como consequência a elevação dos custos do comércio internacional, além de torná-lo mais complexo e pouco prático.

A resolução contratual na CISG pode se dar por duas vias distintas. A primeira é através da *fundamental breach*. A segunda tem lugar quando a parte inocente fixa um período de graça, ou a chamada *Nachfrist*, para o cumprimento de determinadas obrigações e, ainda assim, o contratante faltoso segue inadimplente. Ambas as alternativas, seus pressupostos e consequências serão analisadas a seguir.

2. O papel da fundamental breach of contract na CISG

A *fundamental breach of contract* desempenha papel dos mais relevantes na sistemática contratual da CISG, em razão das várias consequências que dela decorrem e da intersecção do artigo 25[71-72] com outros dispositivos

[71] Por comodidade expositiva, os artigos de lei serão transcritos uma vez em cada capítulo no qual forem mencionados. Após, será feita apenas referência ao número do dispositivo, como esclarecido no tópico dedicado às regras de citação empregadas neste trabalho.

[72] "Article 25: A breach of contract committed by one of the parties is fundamental if it results in such detriment to the other party as substantially to deprive him of what he is

do texto internacional. De fato, embora o artigo 25, por si só, não preveja qualquer consequência para o inadimplemento do contrato, dada sua redação meramente conceitual, a noção de *fundamental breach* é o pivô do sistema de remédios e prerrogativas que se colocam à disposição da parte prejudicada pelo descumprimento.

De mais importante, deve-se ter em mente que é apenas a partir da configuração de uma *fundamental breach* que nasce para o contratante prejudicado pelo inadimplemento a possibilidade de resolver o contrato, de acordo com o que preveem os artigos 49(1)(a)[73], 51(2)[74], 64(1)(a)[75],

entitled to expect under the contract, unless the party in breach did not foresee and a reasonable person of the same kind the in the same circumstances would not have foreseen such a result."

"Artigo 25: A violação ao contrato por uma das partes é considerada como essencial se causar à outra parte prejuízo capaz de privá-la, substancialmente, do resultado que poderia esperar do contrato, salvo se a parte inadimplente não tiver previsto e uma pessoa razoável da mesma condição e nas mesmas circunstâncias não pudesse prever tal resultado" (tradução livre para o português).

[73] "Article 49: (1) The buyer may declare the contract avoided: (a) if the failure by the seller to perform any of his obligations under the contract or this Convention amounts to a fundamental breach of contract".

"Artigo 49: (1) O comprador poderá declarar o contrato resolvido: (a) se o descumprimento, pelo vendedor, de qualquer das obrigações que lhe atribui o contrato ou esta Convenção constituir violação essencial do contrato" (tradução livre para o português).

[74] "Article 51: (2) The buyer may declare the contract avoided in its entirety only if the failure to make delivery completely or in conformity with the contract amounts to a fundamental breach of the contract."

"Artigo 51: (2) O comprador poderá declarar resolvido o contrato apenas se a entrega parcial ou a desconformidade constituir violação essencial do contrato" (tradução livre para o português).

[75] "Article 64: (1) The seller may declare the contract avoided: (a) if the failure by the buyer to perform any of his obligations under the contract or this Convention amounts to a fundamental breach of contract".

"Artigo 64: (1) O vendedor poderá declarar resolvido o contrato se: (a) o descumprimento pelo comprador de qualquer das obrigações que lhe atribui o contrato ou esta Convenção configurar violação essencial do contrato" (tradução livre para o português).

72(1)[76] e 73(1)(2)[77] da CISG. Além disso, sua existência é também imprescindível para que o vendedor possa exercer a prerrogativa de requerer a entrega de mercadorias substitutas, na hipótese de as inicialmente entregues não se revelarem conformes ao contrato, na forma do artigo 46(2)[78]. Ainda, a materialização de uma *fundamental breach* faz com que todos os remédios disponíveis ao comprador (*i.e.*, resolução do negócio, perdas e danos, requerimento de entrega de bens substitutos)

[76] "Article 72: (1) If prior to the date for performance of the contract it is clear that one of the parties will commit a fundamental breach of contract, the other party may declare the contract avoided."
"Artigo 72: (1) Se antes da data do adimplemento tornar-se evidente que uma das partes incorrerá em violação essencial do contrato, poderá a outra parte declarar a resolução deste" (tradução livre para o português).

[77] "Article 73: (1) In the case of a contract for delivery of goods by instalments, if the failure of one party to perform any of his obligations in respect of any instalment constitutes a fundamental breach of contract with respect to that instalment, the other party may declare the contract avoided with respect to that instalment.
(2) If one party's failure to perform any of his obligations in respect of any instalment gives the other party good grounds to conclude that a fundamental breach of contract will occur with respect to future instalments, he may declare the contract avoided for the future, provided that he does so within a reasonable time."
"Artigo 73: (1) Nos contratos que previrem a entrega de mercadorias em parcelas, se o inadimplemento de uma das partes com relação a qualquer das parcelas configurar violação essencial do contrato, a outra parte poderá declarar o contrato resolvido com relação àquela parcela específica" (tradução livre para o português).
(2) Se o descumprimento, por uma das partes, de suas obrigações relativas a qualquer das parcelas der à outra parte fundados motivos para concluir que haverá violação essencial do contrato com relação a futuras entregas, esta poderá declarar o contrato resolvido com relação ao futuro, desde que o faça dentro de prazo razoável" (tradução livre para o português).

[78] "Article 46: (2) If the goods do not conform with the contract, the buyer may require delivery of substitute goods only if the lack of conformity constitutes a fundamental breach of contract and a request for substitute goods is made either in conjunction with notice given under article 39 or within a reasonable time thereafter."
"Artigo 46: (2) Se as mercadorias não forem conformes ao contrato, o comprador poderá exigir a entrega de mercadorias substitutas apenas se a desconformidade configurar violação essencial do contrato e o pedido de substituição de mercadorias for formulado no momento da comunicação da desconformidade a que se refere o artigo 39, ou dentro de um prazo razoável a contar desse momento" (tradução livre para o português).

permaneçam intactos mesmo após o risco de perecimento da mercadoria já lhe ter sido transferido pelo vendedor[79], como prevê o artigo 70[80].

Como logo se percebe, a opção da CISG quanto à resolução contratual é bastante clara: esta há de ser sempre o último recurso disponível para a parte lesada pelo inadimplemento. Fora da hipótese de *fundamental breach*, o negócio segue vinculando os contratantes, abrindo-se à parte inocente a possibilidade de pleitear reparação pelos prejuízos decorrentes do inadimplemento não fundamental[81].

Essa escolha faz sentido no contexto de aplicação da CISG, já que o término do contrato de compra e venda internacional usualmente leva à necessidade de se proceder à devolução das mercadorias ao vendedor, gerando custos adicionais que devem ser evitados na maior extensão possível (*v.g.*, transporte e seguro internacional, armazenamento etc.)[82]. É a partir dessa mesma ótica que se justifica a limitação do direito do comprador de requerer a substituição de mercadorias aos casos nos

[79] Cf. U. G. SCHROETER, *Part III. Chapter I. General Provisions*, in P. SCHLECHTRIEM – I. SCHWENZER, *Commentary on the UN Convention on the International Sale of Goods (CISG)*, 3ª ed., Nova Iorque, Oxford University Press, 2010, pp. 399-402.

[80] "Article 70: If the seller has committed a fundamental breach of contract, articles 67, 68 and 69 do not impair the remedies available to the buyer on account of the breach."
"Artigo 70: Se o vendedor houver cometido violação essencial do contrato, as disposições dos artigos 67, 68 e 69 não prejudicarão as ações de que dispõe o comprador em razão de tal violação" (tradução livre para o português).

[81] O regime geral de indenização da CISG está previsto em seu artigo 74, segundo o qual: "Damages for breach of contract by one party consist of a sum equal to the loss, including loss of profit, suffered by the party as a consequence of the breach. Such damages may not exceed the loss which the party in breach foresaw or ought to have foreseen at the time of the conclusion of the contract, in the light of the facts and matters of which he then knew or ought to have known, as a possible consequence of the breach of contract."
"Artigo 74: As perdas e danos decorrentes de violação do contrato por uma das partes consistirão no valor equivalente ao prejuízo sofrido, inclusive lucros cessantes, suportados pela outra parte em consequência do descumprimento. A indenização não pode exceder a perda que a parte inadimplente previu ou deveria ter previsto, como possível consequência do descumprimento do contrato, no momento da celebração do negócio" (tradução livre para o português).

[82] Cf. U. G. SCHROETER, *Part III. Chapter I. General Provisions*, in P. SCHLECHTRIEM – I. SCHWENZER, *Commentary on the UN Convention on the International Sale of Goods (CISG)*, 3ª ed., Nova Iorque, Oxford University Press, 2010, p. 403.

quais a não conformidade represente uma *fundamental breach* e implique sua completa inutilização pelo comprador.

Embora conceitos semelhantes, mas nunca idênticos, sejam adotados por algumas legislações nacionais modernas, bem como por outros projetos de unificação do direito dos contratos[83], adverte-se que o estudo da *fundamental breach* deve se conduzir de forma autônoma, a partir da interpretação da própria CISG e não pelo recurso a previsões de outros sistemas normativos[84], justamente por conta das peculiaridades que motivaram a redação do artigo 25[85], inspirado exclusivamente no artigo 10 da LUVI e não em legislações domésticas. É a partir dessa premissa que se passam a analisar os pressupostos da *fundamental breach* e outras particularidades pertinentes ao estudo.

3. Pressupostos da fundamental breach

3.A. Inadimplemento obrigacional

O primeiro e mais elementar requisito para a configuração de uma *fundamental breach* é o inadimplemento de uma obrigação assumida pelas partes no contrato ou a elas imposta pela CISG e desde que tal descumprimento não esteja abarcado pelas hipóteses exoneratórias previstas em seu artigo 79[86].

[83] É o caso, por exemplo, da atual lei de compra e venda escandinava, do Código das Obrigações da Estônia, dos Princípios UNIDROIT, dos Princípios de Direito Contratual Europeu e do Projeto de Quadro Comum de Referência, cf. U. G. Schroeter, *Part III. Chapter I. General Provisions*, in P. Schlechtriem – I. Schwenzer, *Commentary on the UN Convention on the International Sale of Goods (CISG)*, 3ª ed., Nova Iorque, Oxford University Press, 2010, p. 399-400.

[84] Como, de resto, orienta o artigo 7º da CISG.

[85] Cf. A. Bjöklund, *Part III. Chapter I. General Provisions*, in S. Kröll – L. Mistelis – M. P. Perales Viscasillas, *UN Convention on the International Sale of Goods (CISG)*, 2ª ed., Munique, Beck/Hart, 2011, p. 335.

[86] "Article 79: (1) A party is not liable for a failure to perform any of his obligations if he proves that the failure was due to an impediment beyond his control and that he could not reasonably be expected to have taken the impediment into account at the time of the conclusion of the contract or to have avoided or overcome it or its consequences.
(2) If the party's failure is due to the failure by a third person whom he has engaged to perform the whole or part of the contract, that party is exempt from liability if: (a) he is exempt under the preceding paragraph; and (b) the person whom he has so engaged would be so exempt if the provisions of that paragraph were applied to him.

O artigo 25 da CISG não especifica qual ou quais tipos de obrigações, uma vez inadimplidas, podem dar ensejo à resolução do contrato com base na existência de uma *fundamental breach*, o que não é fortuito. Isso porque, para fins de invocação desse instituto, pouco releva se a obrigação descumprida é principal, acessória ou mesmo um dever secundário de conduta, assumindo maior relevância o resultado do inadimplemento (isto é, o prejuízo dele decorrente) do que este próprio, isoladamente considerado.

Assim, a *fundamental breach* pode decorrer do inadimplemento de obrigações expressamente pactuadas pelas partes no contrato ou a elas impostas pelo texto da CISG, sejam elas principais ou acessórias. Enquanto o inadimplemento de obrigações principais da compra e venda internacional não provoca grandes discussões quanto à sua iden-

(3) The exemption provided by this article has effect for the period during which the impediment exists.
(4) The party who fails to perform must give notice to the other party of the impediment and its effect on his ability to perform. If the notice is not received by the other party within a reasonable time after the party who fails to perform knew or ought to have known of the impediment, he is liable for damages resulting from such non-receipt.
(5) Nothing in this article prevents either party from exercising any right other than to claim damages under this Convention."
"Artigo 79: (1) Nenhuma das partes será responsável pelo inadimplemento de qualquer de suas obrigações se provar que tal fato se deveu a impedimento fora de seu controle e que dela não se poderia razoavelmente esperar que o impedimento em tela fosse levado em consideração quando da celebração do contrato ou evitado ou superadas suas consequências.
(2) Se o inadimplemento da parte decorrer de falta praticada por terceiro por ela contratado para executar total ou parcialmente o contrato, a responsabilidade desta será afastada se: (a) for exonerado nos termos do parágrafo anterior; e (b) o terceiro contratado fosse exonerado caso as disposições do parágrafo anterior fossem a ele aplicadas.
(3) A exoneração prevista neste artigo terá efeito no período pelo qual durar o impedimento.
(4) A parte inadimplente deve dar notícia à outra parte do impedimento e de seus efeitos sobre sua habilidade de cumprir as obrigações assumidas. Se a comunicação não for recebida pela outra parte dentro de um período razoável após o momento em que a parte inadimplente tomou ou deveria ter tomado conhecimento do impedimento em questão, será responsável pelos danos decorrentes do não recebimento da comunicação.
(5) As disposições deste artigo não impedem nenhuma das partes de exercer qualquer direito além de requerer indenização nos termos desta Convenção" (tradução livre para o português).

tificação (via de regra, entrega da mercadoria e da documentação a esta pertinente, pagamento do preço etc.), o descumprimento de obrigações acessórias deu origem a precedentes interessantes e que iluminam a sistematização do estudo da matéria.

Nesse sentido, é digno de nota caso envolvendo um comprador suíço e um vendedor austríaco, tendo por objeto o fornecimento de fertilizantes químicos na Ucrânia. Além de pagar o preço, o comprador se obrigou a entregar ao fornecedor ucraniano do vendedor as embalagens que acondicionariam as mercadorias, para o que deveria contar com as instruções do vendedor quanto a eventuais especificidades técnicas em vigor na Ucrânia. O vendedor deixou de instruir adequadamente o comprador com relação a esse ponto e ele, por sua vez, entregou ao fornecedor ucraniano embalagens que não atendiam as exigências daquele país. Como consequência, o fornecimento não pôde ser realizado e considerou-se que o inadimplemento do vendedor quanto à obrigação acessória de transmitir ao comprador instruções para confecção das embalagens configurava uma *fundamental breach*[87].

[87] "D'après l'article 49(1)(a) de la Convention, l'acheteur peut déclarer le contrat résolu si le vendeur n'exécute pas ses obligations et si ce défaut d'exécution constitue une contravention essentielle au contrat. La contravention essentielle au contrat est définie à l'article 25 de la Convention (...) Il est reproché au défendeur plusieurs contraventions essentielles au contrat au sens des articles 49(1)(a) et 25 de la Convention. D'après la déclaration du directeur général [du fournisseur], les sacs fournis par le demandeur au défendeur n'étaient pas conformes aux normes techniques et de production utilisées dans l'industrie chimique en Ukraine. Aussi, ils n'ont pu être remplis par [le fournisser] (...). L'une des obligations essentielles du défendeur était de donner des instructions qui auraient permis au demandeur de fabriquer des sacs qui pouvaient être remplis par le [fournisseur de l'engrais chimique]. Le défendeur a violé cette obligation." (cf. ICC International Court of Arbitration 8128/1995, CISG-online nº 526, j. 1º.1.1995. Disponível em <https://cisg-online.org/search-for-cases?caseId=6493>, consultado em 28.3.2022).
"De acordo com o artigo 49(1)(a) da Convenção, o comprador pode declarar o contrato resolvido se o vendedor não executar suas obrigações e se o inadimplemento constituir uma violação essencial ao contrato. A violação essencial ao contrato é definida no artigo 25 da Convenção (...). É vedado ao requerido cometer diversas violações essenciais ao contrato nos termos do artigo 49(1)(a) e 25 da Convenção. De acordo com a declaração do diretor geral [do fornecedor], as embalagens fornecidas pelo requerente ao requerido não eram conformes às normas técnicas e de produção aplicáveis à indústria química na Ucrânia. Ademais, estes não puderam ser preenchidos [pelo fornecedor] (...). Uma das obrigações essenciais do requerido era a de fornecer as instruções que permitiriam ao requerido fabri-

O *shoes case*, célebre na jurisprudência da CISG, também é outro exemplo de *fundamental breach* decorrente do descumprimento de obrigações acessórias. Um vendedor italiano pactuou com um comprador alemão o fornecimento de 130 pares de sapatos. As mercadorias deveriam ser manufaturadas de acordo com determinadas especificações passadas pelo comprador, além de ostentar a marca da qual este era licenciado. Os sapatos foram manufaturados, porém o vendedor exibiu algumas das unidades em uma feira de comércio pública. O comprador notificou o vendedor para que este deixasse de exibir as mercadorias, o que, contudo, não foi atendido. O comprador, então, alegou ter perdido interesse na execução do contrato e invocou a existência de uma *fundamental breach* em razão da violação de obrigações acessórias de confidencialidade e proteção à propriedade intelectual, o que foi acolhido pela Corte de Apelação de Frankfurt[88].

Nessa mesma esteira, outro exemplo frequente no contexto da CISG é a invocação de uma *fundamental breach* pelo descumprimento da obrigação acessória de não comercializar as mercadorias objeto do contrato em determinados países. Nesse sentido, a Corte de Apelação de Grenoble[89] julgou interessante caso envolvendo um contrato para fornecimento de calças *jeans* celebrado entre um vendedor francês e um comprador norte-americano que, durante as negociações preliminares para

car embalagens que pudessem ser preenchidas pelo [fornecedor de fertilizante químico]. O requerido violou esta obrigação" (tradução livre para o português).

[88] "The seller's exhibition of the goods at the trade fair breached a secondary obligation under the contract, namely buyer's exclusive right to market and sell the shoes with the 'M' designation. Though a breach of an implied secondary obligation, this nonetheless, constituted a fundamental breach of contract because the exhibition communicated to the public that these shoes could be purchased from the seller" (cf. OLG Frankfurt 5 U 164/90, CISG-online nº 28, j. 17.9.1991. Disponível em <https://cisg-online.org/search-for-cases?caseId=6010>, consultado em 28.3.2022).

"A exibição das mercadorias pelo vendedor na feira comercial violou uma obrigação acessória assumida sob o contrato, designadamente o direito do comprador de comercializar com exclusividade os sapatos que ostentavam a marca 'M'. Ainda que a violação tenha recaído sobre uma obrigação secundária, esta representou uma violação fundamental, pois a exibição dos sapatos comunicou ao público que estes poderiam ser adquiridos do vendedor" (tradução livre para o português).

[89] Cf. CA Grenoble 93/3275, CISG-online nº 151, j. 22.2.1995. Disponível em <https://cisg-online.org/search-for-cases?caseId=6129>, consultado em 28.3.2022.

conclusão do negócio, bem como no curso de sua execução, declarou que os produtos seriam revendidos na América do Sul e na África. Os fornecimentos foram feitos, porém, passado algum tempo, o vendedor veio a descobrir que parte das mercadorias tinha sido comercializada na Espanha, o que o levou a resolver o contrato com base na existência de uma *fundamental breach*. Segundo o vendedor francês, este já atuava no mercado espanhol, por meio de parceria com outros revendedores, e entendia lhe ser prejudicial o exercício de uma atividade comercial paralela com os mesmos produtos. A Corte de Grenoble acolheu o pedido do vendedor, reconhecendo a existência de *fundamental breach* no caso.

De outro lado, parece não haver dúvidas entre os estudiosos de que a *fundamental breach* pode ter lugar também fora das hipóteses de descumprimento de obrigações, principais ou acessórias, expressamente assumidas no contrato. Não se questiona, assim, que a violação de práticas estabelecidas entre as partes ou de usos comerciais comuns em determinado nicho de mercado pode levar à existência de uma *fundamental breach*[90], valendo lembrar que tais práticas são vinculantes por força do artigo 9ª da CISG[91].

Discute-se também se a violação a deveres de natureza extracontratual ou, ainda, aos chamados deveres de proteção criados pela doutrina

[90] Cf. F. Ferrari, *Fundamental breach of contract under the UN Sales Convention – 25 years of article 25 CISG*, in *Journal of Law and Commerce* 25 (2006), p. 492. Disponível em <https://iicl.law.pace.edu/sites/default/files/cisg_files/ferrari14.html>, consultado em 28.3.2022. Tal entendimento foi aplicado no seguinte julgado italiano: Tribunal de Forli 2280/2007, CISG-online nº 1729, j. 11.12.2008. Disponível em <https://cisg-online.org/search-for--cases?caseId=7647>, consultado em 28.3.2022.

[91] "Article 9: (1) The parties are bound by any usage to which they have agreed and by any practices which they have established between themselves. (2) The parties are considered, unless otherwise agreed, to have impliedly made applicable to their contract or its formation a usage of which the parties knew or ought to have known and which in international trade is widely known to, and regularly observed by, parties to contracts of the same type involved in the particular trade concerned."
"Artigo 9: (1) As partes se vinculam aos usos e costumes a que tiverem consentido e às práticas que tiverem estabelecido entre si. (2) Salvo acordo em sentido contrário, presume-se que as partes consideraram tacitamente aplicáveis ao contrato, ou à sua formação, usos ou costumes geralmente reconhecidos e regularmente observado no comércio internacional, em contratos de mesmo tipo no mesmo ramo de comércio, de que tinham ou devessem ter conhecimento" (tradução livre para o português).

alemã poderia dar ensejo à caracterização da *fundamental breach*. Muito embora não sejam frequentes as manifestações doutrinárias e jurisprudenciais a propósito, entende-se que isto é possível apenas nos casos em que as partes tiverem, de alguma maneira, incorporado tais deveres ao contrato, seja na forma de obrigações, seja por práticas entre elas estabelecidas[92]. Sem que haja, portanto, um liame mínimo entre tais deveres e o contrato, não parece ser possível se falar em *fundamental breach*. Nesse particular, a análise do intérprete deve também se nortear pelo impacto do descumprimento de tais deveres frente à execução do negócio jurídico. Se o inadimplemento destes for suficiente para privar o contratante lesado de seu interesse contratual, será possível cogitar de *fundamental breach*, do contrário, não.

Ainda no que diz respeito ao inadimplemento obrigacional capaz de levar à *fundamental breach*, é importante ter em mente que, no âmbito operativo da CISG, a intenção da parte inadimplente não é relevante. Tratando-se de um conceito objetivo, é desnecessário investigar se o contratante agiu com culpa ou dolo, bastando que os requisitos do artigo 25 estejam presentes para que haja *fundamental breach*[93].

Por fim, não se poderá cogitar de inadimplemento contratual suficiente para a existência de uma *fundamental breach* sempre que a parte acusada de haver cometido uma falta contratual estiver autorizada a suspender a execução de sua prestação. É o caso, por exemplo, da hipótese de inadimplemento antecipado prevista nos artigos 71(1)[94], 72(1) e 73(1) e (2) da CISG ou, ainda, da concorrência, omissiva ou comissiva,

[92] Cf. U. G. Schroeter, *Part III. Chapter I. General Provisions*, in P. Schlechtriem – I. Schwenzer, *Commentary on the UN Convention on the International Sale of Goods (CISG)*, 3ª ed., Nova Iorque, Oxford University Press, 2010, p. 407.

[93] Cf. U. G. Schroeter, *Part III. Chapter I. General Provisions*, in P. Schlechtriem – I. Schwenzer, *Commentary on the UN Convention on the International Sale of Goods (CISG)*, 3ª ed., Nova Iorque, Oxford University Press, 2010, p. 408.

[94] "Article 71: (1) A party may suspend the performance of his obligations if, after the conclusion of the contract, it becomes apparent that the other party will not perform a substantial part of his obligations as a result of: (a) a serious deficiency in his ability to perform or in his creditworthiness; or (b) his conduct in preparing to perform or in performing the contract."

"Artigo 71: (1) Qualquer das partes pode suspender a execução de suas obrigações se, após a celebração do contrato, ficar claro que a outra parte não executará parte substancial das obrigações assumidas em decorrência de: (i) séria deficiência em sua habilidade de exedo credor para a materialização do descumprimento, regulada em seu artigo 80[95].

3.B. Prejuízo substancial

Ao lado do inadimplemento contratual, para que haja *fundamental breach* é necessário que a parte lesada pelo descumprimento demonstre que este lhe acarretou prejuízo substancial, privando-a daquilo que poderia esperar da execução do contrato. O texto do artigo 25 da CISG, contudo, não define de modo mais preciso o que seria prejuízo substancial.

Os comentários da Secretaria da UNCITRAL ao texto projetado de 1978 também não são especialmente esclarecedores, já que apenas indicam que a análise quanto à existência ou não de prejuízo substancial deve ser feita à luz das circunstâncias de cada caso concreto[96]. O intérprete, contudo, não pode se contentar com essa pretensa solução, mas deve buscar critérios a partir dos quais seja possível emprestar limites mais bem definidos à noção de prejuízo substancial na CISG.

O primeiro desses critérios pode ser extraído do histórico da redação do artigo 25, ao qual se dedicou o capítulo precedente. As diversas alterações propostas ao texto do dispositivo em tela, bem como as discus-

cutar o contrato ou em seu crédito; ou (b) sua conduta com relação a atos preparatórios de execução do contrato ou na própria execução deste" (tradução livre para o português).

[95] "Article 80: A party may not rely on a failure of the other party to perform, to the extent that such failure was caused by the first party's act or omission."
"Artigo 80: Uma parte não pode suscitar o inadimplemento da outra quando este for causado por ação ou omissão dela mesma" (tradução livre para o português).

[96] "The basic criterion for a breach to be fundamental is that '*it results in substantial detriment to the injured party*.' The determination whether the injury is substantial must be made in the light of the circumstances of each case, e.g., the monetary value of the contract, the monetary harm caused by the breach, or the extent to which the breach interferes with other activities of the injured party." (cf. *The Secretariat Commentary on the 1978 Draft article 23*. Disponível em <https://uncitral.un.org/sites/uncitral.un.org/files/media-documents/uncitral/en/a-conf-97-19-ocred-eng.pdf>, consultado em 28.3.2022).
"O critério básico para uma violação ser fundamental é o de que 'resulte em detrimento substancial para a parte prejudicada.' A determinação quanto ao prejuízo ser ou não substancial deve ser feita à luz das circunstâncias de cada caso, e.g., o valor monetário do contrato, o prejuízo monetário ocasionado pelo descumprimento, ou até que ponto a violação interfere nas demais atividades exercidas pela parte prejudicada" (tradução livre para o português).

sões travadas antes de se chegar à redação final, revelam que a existência de prejuízo substancial não está, necessariamente, ligada à existência de prejuízo monetário. Não é a extensão de eventual perda financeira, portanto, o que deve nortear a análise da substancialidade do prejuízo sofrido. O que se deve levar em consideração é, na realidade, a relevância do interesse violado pelo inadimplemento do contrato e a possibilidade de seguir com a execução do negócio, tal qual inicialmente vislumbrado pelas partes, ou não.

A partir dessa constatação, é possível extrair o segundo critério que deve guiar o intérprete na análise da substancialidade do prejuízo decorrente do inadimplemento, que é o próprio conteúdo do contrato e a maneira como as partes dispuseram as obrigações nele assumidas. Cabe às partes indicar a relevância dos vários direitos e obrigações que compõem o feixe contratual e, via de consequência, o impacto que o seu inadimplemento tem sobre a relação negocial[97]. Assim, é imprescindível a atenta e precisa análise dos termos do contrato, pois, no mais das vezes, a essencialidade da obrigação e, portanto, do prejuízo decorrente de seu descumprimento, podem ser dali extraídas[98].

[97] Cf. U. G. Schroeter, *Part III. Chapter I. General Provisions*, in P. Schlechtriem – I. Schwenzer, *Commentary on the UN Convention on the International Sale of Goods (CISG)*, 3ª ed., Nova Iorque, Oxford University Press, 2010, p. 409.

[98] No que toca à definição de prejuízo substancial, importa conferir a lição de V. M. J. Fradera: "A caracterização de um dano como substancial ou não, dependerá do juiz e da interpretação do caso concreto, mas ligado às expectativas da parte prejudicada, levando em consideração não os sentimentos das partes, sim os termos do contrato. Um aspecto nessa matéria é o fato de que as normas contratuais são fixas, enquanto o comércio segue sempre o seu curso, sofrendo alterações devidas aos mais diversos fatores, sendo esse curso, geralmente, imprevisível. As circunstâncias, muitas vezes cambiantes, poderiam, em casos excepcionais, transformar um aparentemente dano substancial, em um dano pouco relevante. Como exemplo de uma situação desse tipo, poder-se-ia imaginar o seguinte: um vendedor, desatento à obrigação de bem embalar a mercadoria, a fim de ser enviada ao comprador, não toma os cuidados que seriam necessários, mas, não obstante, a mercadoria chega intacta às mãos do destinatário. Houve descumprimento de uma obrigação fundamental, mas não resultou em prejuízo para o comprador. Se, contudo, o comprador tivesse perdido uma oportunidade de revenda do bem, ou tivesse perdido um cliente, então, sim, teria ocorrido o denominado prejuízo substancial, a que se refere o artigo 25 da Lei Internacional sobre venda." (*O conceito de inadimplemento fundamental do contrato no artigo 25 da lei internacional sobre vendas, da Convenção de Viena de 1980*, in *Revista da Faculdade de Direito da Universidade Federal do Rio Grande do Sul* 2 (1994)).

A autonomia privada tem, assim, especial prestígio nesse aspecto da CISG, já que a essencialidade do prejuízo se relaciona, diretamente, com as expectativas que a parte prejudicada nutriu, sejam elas declaradas ou presumíveis a partir do contexto no qual o negócio foi celebrado[99].

Embora idealmente as partes devessem estipular as obrigações essenciais do contrato de modo claro e preciso, a prática mostra que isso nem sempre ocorre. Nessas situações, a natureza do negócio em questão pode servir como um terceiro vetor interpretativo de relevância na análise da matéria, revelando se o descumprimento de determinada obrigação pode ou não gerar prejuízo substancial. É o caso, por exemplo, do descumprimento da obrigação de entrega de documentos completos e adequados no caso de uma compra e venda de mercadoria documentada, ou da obrigação de cumprir determinado prazo quando se sabe que a mercadoria foi comprada, por exemplo, para fins de revenda em feira de comércio a se realizar em uma data específica. Ainda que as partes não indiquem expressamente que o não atendimento de tais obrigações levará à existência de prejuízo substancial, semelhante conclusão pode ser extraída das particularidades do negócio.

O emprego dos critérios acima elencados pode auxiliar o intérprete a identificar se o inadimplemento de uma das partes causou à outra prejuízo substancial de modo a privá-la daquilo que esperava com a execução do contrato. É fácil perceber que o parâmetro para determinar a essencialidade do prejuízo decorrente do inadimplemento é rígido[100], já que

[99] Nesse particular, é esclarecedora a seguinte lição doutrinária: "Thus, what is substantial is based on the expectation of the injured party. Those expectations are not entirely subjective; they may involve the injured party's hopes or inner expectations but they must be borne out by the terms of the contract. The most important question is what the parties themselves have made important in their contract." (cf. A. Bjöklund, *Part III. Chapter I. General Provisions*, in S. Kröll – L. Mistelis – M. P. Perales Viscasillas, *UN Convention on the International Sale of Goods (CISG)*, 2ª ed., Munique, Beck/Hart, 2011, p. 338).
"Assim, o que é substancial está baseado nas expectativas da parte prejudicada. Essas expectativas não são inteiramente subjetivas; podem envolver as esperanças e expectativas internas da parte prejudicada, mas devem ser extraídas dos termos do contrato. A questão mais importante é o que as próprias partes tornaram relevante em seu contrato" (tradução livre para o português).

[100] Cf. A. Bjöklund, *Part III. Chapter I. General Provisions*, in S. Kröll – L. Mistelis – M. P. Perales Viscasillas, *UN Convention on the International Sale of Goods (CISG)*, 2ª ed., Munique, Beck/Hart, 2011, p. 337.

envolve a própria frustração do propósito vislumbrado com a celebração do negócio, o que faz sentido diante da opção normativa da CISG de qualificar a *fundamental breach* como o último recurso disponível.

Embora a análise de casos concretos seja objeto dos capítulos seguintes, releva mencionar que a noção de prejuízo substancial vem sendo bem delineada e explicada em determinados precedentes jurisprudenciais, o que também pode vir em auxílio daqueles que buscam trazer maior concretude a este conceito. Nesse sentido, recorre-se novamente ao *shoes case*, no qual a Corte de Apelação de Frankfurt entendeu que há prejuízo substancial quando o propósito do contrato é colocado em risco de tal maneira que o interesse da parte lesada pelo inadimplemento na execução do negócio deixa de existir[101]. Em outro precedente, envolvendo a compra e venda de algodão egípcio entre um italiano e um suíço, a Suprema Corte Federal da Suíça indicou que, para haver *fundamental breach*, o prejuízo decorrente do inadimplemento deve estar ligado à própria essência do contrato, da mercadoria comercializada ou do preço pactuado pelas partes[102].

[101] "A breach of contract is fundamental when the purpose of the contract is endangered so seriously that, for the concerned party to the contract, interest in the fulfillment of the contract ceases to exist as a consequence of the breach of the contract." (cf. OLG Frankfurt 5 U 164/90, CISG-online nº 28, j. 17.9.1991. Disponível em <https://cisg-online.org/search-for-cases?caseId=6010>, consultado em 28.3.2022).
"Uma violação ao contrato é fundamental quando o propósito deste é colocado em xeque de maneira tão séria que a parte lesada pelo inadimplemento deixa de ter interesse na execução do negócio, como consequência do descumprimento contratual praticado" (tradução livre para o português).

[102] "La violation doit concerner le contenu essentiel du contrat, soit la merchandise ou le paiement du prix, et entraîner une atteinte grave au but économique poursuivi par les parties. L'importance de la violation n'est pas déterminante, seules l'étant les conséquences de celle-ci pour la partie lésée. Ce qui précède signifie qu'une obligation principale doit avoir été violée de façon telle que le but économique du contrat ne puisse être atteint, la partie lésée n'ayant plus d'intérêt à l'exécution." (cf. BGer Suíça 4C.105/2000, CISG-online nº 770, j. 15.9.2000. Disponível em <https://cisg-online.org/search-for-cases?caseId=6698>, consultado em 28.3.2022).
"A violação deve se referir ao conteúdo essencial do contrato, seja quanto à mercadoria ou ao pagamento do preço, e representar um atentado grave ao fim econômico perseguido pelas partes. A importância da violação não é determinante, mas sim as consequências destas para a parte lesada. Daí segue que uma obrigação principal deve ser violada de maneira

Invocada a existência de uma *fundamental breach* e, portanto, manifestada a intenção de resolver o negócio, cabe à parte que se diz lesada pelo inadimplemento provar não apenas o descumprimento obrigacional, mas também que este lhe causou prejuízo substancial, frustrando aquilo que esperava a partir da execução do contrato[103].

3.C. Previsibilidade das consequências do inadimplemento

O último dos pressupostos da *fundamental breach* é a previsibilidade das consequências do inadimplemento. Ou seja, deve ficar demonstrado que a parte inadimplente sabia, ou deveria saber, que o descumprimento contratual por ela praticado teria como resultado o prejuízo substancial suportado pela parte lesada.

É interessante lembrar que o artigo 10 da LUVI, ponto de partida do atual artigo 25 da CISG, também trazia em seu bojo a noção de previsibilidade. Naquele caso, entretanto, o que a parte inadimplente deveria prever era a não celebração do negócio pelo contratante lesado caso este antevisse o inadimplemento[104] e não as consequências do descumprimento contratual como se verifica na atual redação do artigo 25. O histórico da redação desse dispositivo revela que essa alteração teve em mira tornar mais objetivo o critério a partir do qual o requisito da previsibilidade deveria ser encarado, já que investigar se a parte lesada celebraria ou não o negócio seria por demais subjetivo.

Ainda na tentativa de tornar a análise desse requisito mais objetivo é que se optou também por introduzir a referência a "*uma pessoa razoável da mesma condição e nas mesmas circunstâncias*" para aferir se o resultado do inadimplemento poderia ou não ser previsto[105], de modo a evitar

que o fim econômico do contrato não possa mais ser atingido, não havendo mais a parte lesada interesse na execução" (tradução livre para o português).

[103] Cf. A. Bjöklund, *Part III. Chapter I. General Provisions*, in S. Kröll – L. Mistelis – M. P. Perales Viscasillas, *UN Convention on the International Sale of Goods (CISG)*, 2ª ed., Munique, Beck/Hart, 2011, p. 338.

[104] De fato, o artigo 10 da LUVI trabalhava com a ideia de que "a parte inadimplente sabia, ou devia saber, ao tempo da celebração do contrato, que uma pessoa razoável, na mesma situação que a outra parte, não teria celebrado o contrato se tivesse previsto o inadimplemento e seus efeitos" (tradução livre para o português).

[105] Cf. a proposta apresentada pela delegação do Egito durante a Conferência Diplomática de 1980 (v. item 3.B, *supra*).

difíceis investigações quanto ao estado subjetivo da parte inadimplente no momento do descumprimento contratual. Nesse sentido, o *standard* para se aferir a previsibilidade das consequências do inadimplemento é concreto e não abstrato, já que se deve levar em consideração a conduta usual de um comerciante na mesma situação.

A previsibilidade, assim, opera como uma espécie de limitador à configuração da *fundamental breach*, já que, ainda que haja inadimplemento contratual e mesmo que a consequência deste seja a existência de prejuízo substancial para a parte lesada, a possibilidade de resolver o contrato, ou requerer a substituição das mercadorias, só se fará presente quando ficar demonstrado que a parte inadimplente previu, ou deveria ter previsto, o resultado de sua conduta faltosa, à luz do negócio celebrado entre as partes.

Nesse sentido, a vinculação da *fundamental breach* à previsibilidade das consequências do inadimplemento relaciona-se com a própria limitação do risco assumido no contrato, já que, se o resultado do descumprimento for imprevisível, estará fora da álea do negócio e, portanto, não poderá levar à responsabilização das partes. É interessante notar que o mesmo critério é empregado no artigo 74 da CISG, que limita a indenização por inadimplemento ao que "a parte inadimplente tinha ou devesse ter previsto no momento da conclusão do contrato, levando em conta os fatos dos quais tinha ou devesse ter tido conhecimento naquele momento, como consequência possível do descumprimento do contrato".

A análise da previsibilidade das consequências do inadimplemento assume especial relevância nos casos em que as partes não tiverem indicado, seja no próprio contrato, seja nas negociações preliminares que precederam a sua celebração[106], as obrigações que, se descumpridas, darão lugar a uma *fundamental breach*. Afinal, havendo previsão contratual expressa nesse sentido, ou podendo extrair-se das negociações preliminares que o cumprimento de determinada obrigação era essencial para a outra parte, ao contratante inadimplente será sensivelmente mais

[106] Cf. U. G. Schroeter, *Part III. Chapter I. General Provisions*, in P. Schlechtriem – I. Schwenzer, *Commentary on the UN Convention on the International Sale of Goods (CISG)*, 3ª ed., Nova Iorque, Oxford University Press, 2010, pp. 414-415.

difícil alegar e provar que não tinha meios de prever a gravidade das consequências de seu descumprimento.

Questão das mais controversas diz respeito ao momento relevante para se analisar a previsibilidade do resultado do inadimplemento, diante do silêncio do artigo 25 da CISG a propósito. Nesse ponto, vale lembrar que o artigo 10 da LUVI previa, claramente, que a previsibilidade deveria ser analisada tomando-se em consideração o conhecimento detido pela parte inadimplente "*ao tempo da celebração do contrato*".

A análise do histórico legislativo do artigo 25 revela que essa questão foi discutida ao menos em três momentos até que se chegasse à redação final do dispositivo em tela. Primeiro, quando da submissão do texto elaborado pelo Grupo de Trabalho ao Comitê Plenário da UNCITRAL. Naquela oportunidade, o Comitê Plenário notou o silêncio do texto do então artigo 9º nesse particular, porém decidiu que a especificação dessa questão no texto do dispositivo legal não seria necessária[107]. O assunto veio à tona também durante os trabalhos da Conferência Diplomática de 1980, com a proposta da delegação alemã que buscava explicitar que a existência de prejuízo substancial deveria ser analisada tomando-se por base os termos, implícitos ou explícitos, do contrato[108], o que

[107] A propósito, vale conferir os registros elaborados na ocasião: "It was noted that the proposed text did not deal with the point of time at which it was possible to foresee the result. It was pointed out that article 10 of ULIS referred to 'the time of the conclusion of the contract'. According to another view, it would be fairer to refer to the time at which the breach was actually committed rather than the time at which the contract was concluded. The Committee, after deliberation, did not consider it necessary to specify at what moment the party in breach should have foreseen or had reason to foresee the consequences of the breach." (cf. *Report of the Committee of the Whole on the 'Sales Draft', UNCITRAL Yearbook VIII (1977), A/32/17, annex I*, p. 31. Disponível em <https://documents-dds-ny.un.org/doc/UNDOC/GEN/N77/159/70/PDF/N7715970.pdf?OpenElement>, consultado em 29.3.2022).

"Notou-se que o texto proposto não lidava com o momento no tempo quando deveria ser possível prever o resultado. Apontou-se que o artigo 10 da ULIS fazia referência ao 'momento da conclusão do contrato'. De acordo com outra visão, seria mais justo se referir ao momento no qual o descumprimento foi efetivamente praticado, ao invés do momento no qual o contrato foi concluído. O Comitê, após deliberação, não considerou ser necessário especificar o momento no qual a parte inadimplente deve prever ou ter razão para prever as consequências do inadimplemento" (tradução livre para o português).

[108] Vale lembrar o conteúdo de tal proposta, já abordada no capítulo 2 deste trabalho: "A breach committed by one of the parties is fundamental if, *having regard to all express and*

acabaria por consolidar o momento da celebração do negócio como o relevante para aferir a previsibilidade das consequências do inadimplemento. Tal proposta, como já se teve oportunidade de precisar, dividiu os delegados, sendo criticada por aqueles que entendiam que esta redação limitava excessivamente o âmbito operativo da *fundamental breach*, já que vedava ao intérprete a consideração de eventuais outras circunstâncias que pudessem apontar para a previsibilidade do dano, como informações trocadas durante a execução do contrato. Os que apoiavam a proposta, de outro lado, argumentavam que esta conferia desejável destaque aos termos do pacto, fixando ali o ponto de relevância para a interpretação do inadimplemento e suas consequências. Embora encaminhada ao grupo de trabalho *ad hoc* para consideração, a proposta alemã acabou por não se refletir na redação final do artigo 25. A primeira das duas propostas formuladas pelo Reino Unido também tratava do assunto[109], indicando expressamente que a previsibilidade deveria ser aferida tomando-se por base o momento da celebração do contrato. Após críticas dos representantes da Noruega, da Finlândia e da Hungria,

implied terms of the contract, the breach results in substantial detriment to the other party unless the party in breach did not foresee and had no reason to foresee such a result." (cf. *Summary of records of meetings of the First Committee, 12th meeting, A/CONF.97/C.1/SR.12,* p. 300. Disponível em <https://uncitral.un.org/sites/uncitral.un.org/files/media-documents/uncitral/en/a-conf-97-19-ocred-eng.pdf>, consultado em 23.3.2022).
"O inadimplemento contratual praticado por uma das partes é fundamental quando, à luz de todos os termos expressos e implícitos do contrato, causar, em detrimento da outra parte, prejuízo substancial, a menos que a parte inadimplente não tenha previsto e não tivesse razão para prever tal resultado" (tradução livre para o português).

[109] Novamente, por comodidade expositiva, vale rememorar o texto da referida proposta, já abordada no capítulo 2 deste trabalho: "A breach committed by one of the parties is fundamental if it results in substantial detriment to the other party, unless *at the time when the contract was concluded* the party in breach did not foresee and had no reason to foresee such a result." (cf. *Summary of records of meetings of the First Committee, 13th meeting, A/CONF.97/C.1/SR.13,* p. 302. Disponível em <https://uncitral.un.org/sites/uncitral.un.org/files/media-documents/uncitral/en/a-conf-97-19-ocred-eng.pdf>, consultado em 23.3.2022).
"O inadimplemento contratual praticado por uma das partes é fundamental quando causar, em detrimento da outra parte, prejuízo substancial, a menos que, considerando o momento da celebração do contrato, a parte inadimplente não tenha previsto, e não tivesse razão para prever, tal resultado. O inadimplemento não causa prejuízo substancial para a parte lesada quando o pagamento de indenização se revelar como um remédio adequado" (tradução livre para o português).

para quem informações trocadas após a celebração do negócio deveriam ser consideradas, a delegação do Reino Unido retirou a proposta, que não chegou sequer a ser votada, de modo que não é possível saber como se posicionariam os demais delegados presentes na Conferência Diplomática com relação a esse ponto específico.

Diante do silêncio do artigo 25, a questão segue dividindo a opinião dos estudiosos da CISG. De um lado, colocam-se aqueles que, representando a maioria, defendem que apenas as informações reveladas até o momento da celebração do contrato devem ser levadas em consideração para fins de análise da previsibilidade das consequências do inadimplemento[110]. De outra parte, há aqueles que defendem que informações trocadas após a celebração do negócio devem ser consideradas em determinados casos, como, por exemplo, quando assim determinar a boa-fé objetiva ou na hipótese de haver dúvida quanto à previsibilidade dos danos decorrentes do inadimplemento[111]. Por fim, há também quem defenda que toda e qualquer informação que chegue ao conhecimento das partes após a celebração do contrato é determinante e impacta a análise da questão[112].

De nossa parte, acompanhamos a posição doutrinária majoritária de que a previsibilidade das consequências do inadimplemento deve ser analisada a partir das informações trocadas pelas partes até a celebração do contrato, sendo, no mais das vezes, irrelevantes os dados dispo-

[110] Cf., dentre outros, U. G. SCHROETER, *Part III. Chapter I. General Provisions*, in P. SCHLECHTRIEM – I. SCHWENZER, *Commentary on the UN Convention on the International Sale of Goods (CISG)*, 3ª ed., Nova Iorque, Oxford University Press, 2010, p. 415; A. BJÖKLUND, *Part III. Chapter I. General Provisions*, in S. KRÖLL – L. MISTELIS – M. P. PERALES VISCASILLAS, *UN Convention on the International Sale of Goods (CISG)*, 2ª ed., Munique, Beck/Hart, 2011, p. 342; U. MAGNUS, *Beyond the Digest – Part III (Articles 25-34, 45-52)*, in F. FERRARI – H. FLECHTNER – R. BRAND, *The Draft UNCITRAL Digest and Beyond – Cases, Analysis and Unresolved Issues in the UN Sales Convention*, 1ª ed., European Law Publishers, 2003, p. 324.

[111] Nesse sentido, cf. levantamento feito em F. FERRARI, *Fundamental breach of contract under the UN Sales Convention – 25 years of article 25 CISG*, in *Journal of Law and Commerce* 25 (2006), pp. 498-499 e n. 87. Disponível em <https://iicl.law.pace.edu/sites/default/files/cisg_files/ferrari14.html>, consultado em 28.3.2022.

[112] Nesse sentido, cf. levantamento feito em U. G. SCHROETER, *Part III. Chapter I. General Provisions*, in P. SCHLECHTRIEM – I. SCHWENZER, *Commentary on the UN Convention on the International Sale of Goods (CISG)*, 3ª ed., Nova Iorque, Oxford University Press, 2010, p. 415 e n. 121.

nibilizados posteriormente. É no momento da celebração do contrato que as partes devem circunscrever os respectivos interesses e, a partir disso, sopesar o risco envolvido no negócio, decidindo pela sua aceitação ou não[113]. Admitir o contrário é abrir caminho para possíveis tentativas de alterações unilaterais do pacto, já que, após a celebração do negócio, uma das partes poderia, a pretexto de transmitir informações à sua contraparte, modificar o que constou originalmente do contrato[114], incluindo, por exemplo, uma inédita data para entrega das mercadorias, esclarecendo de que forma as mercadorias devem ser acondicionadas etc., o que pode impactar o risco contratual e, em casos limites, a própria decisão de contratar.

Por fim, discute-se também de quem seria o ônus de provar que as consequências do inadimplemento eram ou não previsíveis. Embora não haja divergência doutrinária quanto ao entendimento de que cabe à parte que invoca a existência da *fundamental breach* a prova da existência do inadimplemento, bem assim do prejuízo substancial dele decor-

[113] A justificativa apresentada pela delegação britânica quando da submissão da proposta de alteração que visava explicitar esse ponto é particularmente esclarecedora: "As indicated in the Secretariat's commentary, article 23 as drafted did not specify at what moment the party in breach should have foreseen the consequences of the breach, so that in case of dispute, the decision must be made by the tribunal. His delegation believed that the article itself should be more specific: the moment when the contract was concluded, i.e. when its scope was clearly defined by the parties, was the point at which the foresight clause should become effective, since it was at that point that the parties should determine, in their mutual interest, what would constitute substantial detriment." (cf. *Summary of records of meetings of the First Committee, 13th meeting, A/CONF.97/C.1/SR.13*, p. 302. Disponível em <https://uncitral.un.org/sites/uncitral.un.org/files/media-documents/uncitral/en/a-conf-97-19-ocred-eng.pdf>, consultado em 23.3.2022).
"Como indicado nos comentários da Secretaria, o artigo 23, como redigido, não especifica o momento no qual a parte inadimplente deve prever as consequências do descumprimento, de maneira que, em caso de disputa, a questão deve ser decidida pelo tribunal. Sua delegação acreditava que o artigo em questão deveria ser mais específico: o momento no qual o contrato foi concluído, i.e. quando seu escopo foi claramente definido pelas partes, era o momento no qual a cláusula de previsibilidade deveria incidir, já que as partes então deveriam determinar, considerado o interesse mútuo, o que poderia representar prejuízo substancial" (tradução livre para o português).

[114] A expressão empregada na língua inglesa para explicar essa situação é particularmente feliz. Fala-se em *upgrade* de uma ou mais obrigações após a celebração do negócio, de maneira que seu descumprimento poderia passar a configurar *fundamental breach*.

rente, dividem-se os estudiosos a respeito de quem seria o responsável por demonstrar que as consequências do descumprimento poderiam ou não ser previstas – se a parte inadimplente[115] ou se a parte que se diz lesada[116].

O recurso ao histórico da redação do artigo 25 é de particular ajuda nesse ponto. Se rememorarmos a proposta feita pela delegação egípcia[117], veremos que dois eram os seus objetivos. O primeiro era a vinculação da previsibilidade não apenas à parte inadimplente, mas ao que uma pessoa razoável, atuante no mesmo mercado e sob as mesmas circunstâncias seria capaz de prever. Ou seja, a previsibilidade não se encerra no que a parte sabia, mas compreende também aquilo que deveria saber. O segundo objetivo da proposta era o de estabelecer, de forma expressa, que o ônus de provar que as consequências do inadimplemento não eram previsíveis recaía sobre a parte inadimplente. Essa parte da proposta gerou inúmeras discussões durante a Conferência Diplomática, já que a maioria das delegações presentes entendia que a CISG não deveria se dedicar a assuntos de natureza processual, o que acabou por levar à exclusão da palavra *provar* da proposta que, de resto, foi aceita e está refletida na redação final do artigo 25.

[115] Cf. A. Garro, *Cases, analyses and unresolved issues in Articles 25-34, 45-52*, in F. Ferrari – H. Flechtner – R. Brand, *The Draft UNCITRAL Digest and Beyond – Cases, Analysis and Unresolved Issues in the UN Sales Convention*, 1ª ed., Munique, European Law Publishers, 2003, p. 364; A. Kritzer, *Guide to practical applications of the United Nations Convention on Contracts for the International Sale of Goods*, 1ª ed., Deventer, Kluwer Law and Taxation, 1989, p. 205; A. Bjöklund, *Part III. Chapter I. General Provisions*, in S. Kröll – L. Mistelis – M. P. Perales Viscasillas, *UN Convention on the International Sale of Goods (CISG)*, 2ª ed., Munique, Beck/Hart, 2011, p. 340.

[116] Cf. U. G. Schroeter, *Part III. Chapter I. General Provisions*, in P. Schlechtriem – I. Schwenzer, *Commentary on the UN Convention on the International Sale of Goods (CISG)*, 3ª ed., Nova Iorque, Oxford University Press, 2010, pp. 416-417.

[117] Conforme abordado no capítulo 1, o texto da proposta era o seguinte: "A breach committed by one of the parties is fundamental if it results in substantial detriment to the other party unless the party in breach *proves that he* did not foresee such a result and *that a reasonable person of the same kind in the same circumstances would not have foreseen it.*" (v. item 3.B, supra).

"O inadimplemento contratual praticado por uma das partes é fundamental quando causar, em detrimento da outra, prejuízo substancial, a menos que a parte inadimplente prove que não previu esse resultado e que uma pessoa razoável do mesmo meio e nas mesmas circunstâncias também não o teria previsto" (tradução livre para o português).

A despeito da exclusão à referência ao ônus da prova do texto do artigo, quando a proposta apresentada pela delegação egípcia foi analisada e debatida, os membros presentes na Conferência Diplomática não se opuseram ao conceito subjacente à ideia, ou seja, o de que a prova da imprevisibilidade das consequências do descumprimento caberia à parte inadimplente. Pelo contrário, considerando que a proposta egípcia foi elogiada e aceita por evitar que o contratante inadimplente pudesse simplesmente alegar que não previu as consequências do inadimplemento, com base em aspectos apenas subjetivos, parece-nos que estava claro para os membros da Conferência Diplomática que o ônus de provar que uma pessoa razoável, nas mesmas circunstâncias e habituada ao mesmo mercado igualmente não as teria previsto, recaía sobre a parte faltosa[118].

Realmente, considerar que o ônus dessa prova é da parte à qual se imputa o inadimplemento parece fazer mais sentido. Não apenas porque é ela quem tem melhores condições de produzir essa prova, seja apresentando dados que indiquem que não tinha conhecimento de determinados fatos capazes de influenciar seu julgamento, seja demonstrando particularidades do mercado que apontem para a imprevisibilidade das consequências, mas também devido à própria função desse terceiro pressuposto da *fundamental breach*. De fato, tendo em mira que a previsibilidade opera como uma espécie de limitador à materialização da *fun-*

[118] No mesmo sentido: "Article 25 CISG does not expressly address the burden of proof, but its wording and even more so its legislative history indicate rather clearly that the formulation 'unless the party in breach...' was meant to shift the burden of proof for the fact that the effects of a breach were unforeseeable to the shoulders of the party in breach. This is clear because, in order to achieve that allocation of burden of proof, the prior ambiguous formulation was changed." (cf. A. Garro, *Cases, analyses and unresolved issues in Articles 25-34, 45-52*, in F. Ferrari – H. Flechtner – R. Brand, *The Draft UNCITRAL Digest and Beyond – Cases, Analysis and Unresolved Issues in the UN Sales Convention*, 1ª ed., European Law Publishers, 2003, p. 325).
"O Artigo 25 da CISG não trata expressamente do ônus da prova, mas sua redação e, sobretudo o histórico legislativo, indicam de maneira bastante clara que a frase 'a menos que a parte inadimplente...' pretendeu transferir o ônus de provar a imprevisibilidade para a parte inadimplente. Isso é claro porque, para ultimar tal alocação do ônus da prova, a redação ambígua anterior foi alterada" (tradução livre para o português).

damental breach, faz sentido que a parte interessada em afastar sua aplicação seja a responsável pela produção dessa prova[119].

Examinados os pressupostos da *fundamental breach of contracts*, o tópico subsequente cuidará da segunda via capaz de levar à resolução contratual na CISG, a *Nachfrist*.

4. Concessão de período de graça (*Nachfrist*)

Quando a existência dos pressupostos endereçados nos itens pretéritos não estiver de todo clara, assumem relevância as disposições contidas nos artigos 47[120] e 63[121] da CISG, que autorizam a parte lesada pelo

[119] A lição contida nos comentários de S. Kröll – L. Mistelis – M. P. Perales Viscasillas é objetiva e esclarecedora: "The burden of proving substantial deprivation lies on the parte camping too chave been Ahmed. Once he has established substantial deprivation, the burden will shift to the breaching party to show that the extent of the harm was not foreseeable." (cf. A. Bjöklund, *Part III. Chapter I. General Provisions*, in *UN Convention on the International Sale of Goods (CISG)*, 2ª ed., Munique, Beck/Hart, 2011, p. 340).
"O ônus de provar a frustração substancial recai sobre a parte que alega ter sido prejudicada. Uma vez que a frustração substancial tenha sido provada, o ônus da prova será transferido para a parte inadimplente, para que esta demonstre em que medida o prejuízo não era previsível" (tradução livre para o português).

[120] "Article 47: (1) The buyer may fix an additional period of time of reasonable length for performance by the seller of his obligations. (2) Unless the buyer has received notice from the seller that he will not perform within the period so fixed, the buyer may not, during that period, resort to any remedy for breach of contract. However, the buyer is not deprived thereby of any right he may have to claim damages for delay in performance."
"Artigo 47: (1) O comprador pode fixar prazo suplementar razoável para que o vendedor cumpra suas obrigações. (2) Salvo se tiver recebido comunicação do vendedor no sentido de que não cumprirá suas obrigações no prazo fixado, o comprador não pode recorrer, dentro desse período, a qualquer dos remédios disponíveis para os casos de inadimplemento contratual. Todavia, o comprador não fica privado de exigir indenização pelo atraso no cumprimento do contrato" (tradução livre para o português).

[121] "Article 63: (1) The seller may fix an additional period of time of reasonable length for performance by the buyer of his obligations. (2) Unless the seller has received notice from the buyer that he will not perform within the period so fixed, the seller may not, during that period resort to any remedy for breach of contract. However, the seller is not deprived thereby of any right he may have to claim damages for delay in performance."
"Artigo 63: (1) O vendedor pode fixar prazo suplementar razoável para que o comprador cumpra suas obrigações. (2) Salvo se tiver recebido comunicação do comprador no sentido de que não cumprirá suas obrigações no prazo fixado, o vendedor não pode recorrer, dentro desse período, a qualquer dos remédios disponíveis para os casos de inadimplemento

inadimplemento a fixar um prazo adicional para que a parte inadimplente cumpra suas obrigações. Trata-se do chamado período de graça, ao qual também se refere como *Nachfrist*, em atenção a instituto semelhante, ainda que não idêntico, existente no direito alemão.

A concessão de período de graça é subespécie das medidas extrajudiciais voltadas à execução específica da obrigação na CISG, previstas nos artigos 47(1) e 63(1) do texto internacional. Trata-se de opção que se abre exclusivamente às partes, de maneira que julgadores, estatais ou arbitrais, não estão autorizados a concedê-la ao apreciar determinado caso concreto[122].

Na hipótese de a existência de uma *fundamental breach* não estar evidenciada de modo inequívoco, isto é, caso a parte lesada não esteja certa quanto à essencialidade da obrigação descumprida ou a substancialidade do prejuízo sofrido, o que tornaria incerta a resolução do negócio com fundamento nos artigos 49(1)(a) e 64(1)(a), é de grande a utilidade a fixação da *Nachfrist*. Isso, porque, se descumprido o prazo adicional concedido, a parte poderá se valer dos artigos 49(1)(b) e 64(1)(b) para desfazer o negócio.

A situação não é de pouca relevância, já que o contratante que deseja resolver o negócio deve ter elementos sólidos para justificar a medida, dado o âmbito restrito dessa possibilidade na CISG. Do contrário, a ele será atribuída a prática de um ilícito contratual. Pela concessão da *Nachfrist*, a parte tem como se certificar de que o inadimplemento inicialmente praticado, após a inobservância do prazo adicional para cumprimento, passou a ser uma *fundamental breach* (caso já não o fosse)[123].

contratual. Todavia, o vendedor não fica privado de exigir indenização pelo atraso no cumprimento do contrato" (tradução livre para o português).

122 Cf. M. P. PERALES VISCASILLAS, *The Nachfrist Remedy* in *Celebrating Success: 25 years United Nations Convention on Contracts for the International Sale of Goods – Collation of papers at UNCITRAL-SIAC Conference 22-23 September 2005*, Singapura, Singapore International Arbitration Centre, 2005, pp. 89-90. Disponível em <https://iicl.law.pace.edu/sites/default/files/cisg_files/perales6.html>, consultado em 29.3.2022.

123 "In order to understand the practical effect of the *Nachfrist* remedy, it is necessary to explain that under the CISG the avoidance of the contract is only possible in two situations: (a) when the breach is considered to be fundamental, and (b) when the additional period of time granted is not complied with. It is thus clear that by way of the breach of a *Nachfrist*, the party who wants to avoid the contract is sure that the initial breach – fundamental or not at the time – is now fundamental, and therefore entitles the party to avoid

É interessante notar que não há limitação quanto ao número de vezes que a parte interessada pode conceder à outra período adicional para cumprimento das obrigações contratuais. Nesse sentido, a *Nachfrist* é final apenas para a parte inadimplente e não para o contratante que busca a execução do contrato, já que este não está obrigado a desfazer o negócio após o escoamento do prazo adicional sem cumprimento, podendo insistir na prestação enquanto reputá-la útil, até mesmo após a clara existência de uma *fundamental breach* no caso.

Uma questão bastante oportuna que se coloca com relação a esse assunto é a de saber quais tipos de descumprimentos contratuais estão sujeitos à fixação da *Nachfrist*. Devido ao conteúdo dos artigos 49(1)(b)[124] e 64(1)(b)[125] da CISG, parte da doutrina afirma que a concessão

the contract." (cf. M. P. Perales Viscasillas, *The Nachfrist Remedy* in *Celebrating Success: 25 years United Nations Convention on Contracts for the International Sale of Goods – Collation of papers at UNCITRAL-SIAC Conference 22-23 September 2005*, Singapura, Singapore International Arbitration Centre, 2005, pp. 90-91. Disponível em <https://iicl.law.pace.edu/sites/default/files/cisg_files/perales6.html>, consultado em 29.3.2022).

"Para entender o efeito prático do remédio do *Nachfrist*, é necessário explicar que, no âmbito da CISG, a resolução do contrato só é possível em duas situações: (a) quando o descumprimento é tido por fundamental, e (b) quando um período de graça não é respeitado. Resta claro, portanto, que, através de uma *Nachfrist*, a parte que pretende resolver o contrato pode se certificar de que a violação inicial – fundamental ou não à época de sua ocorrência – é agora fundamental e, como tal, pode dar azo à resolução do contrato" (tradução livre para o português).

[124] "Article 49: (1) The buyer may declare the contract avoided: (...) (b) in case of non-delivery, if the seller does not deliver the goods within the additional period of time fixed by the buyer in accordance with paragraph (1) of article 47 or declares that he will not deliver within the period so fixed."

"Artigo 49: (1) O comprador poderá declarar o contrato resolvido: (...) (b) no caso de atraso na entrega se o vendedor não entregar as mercadorias dentro do prazo suplementar concedido pelo comprador, conforme o parágrafo (1) do artigo 47, ou se declarar que não efetuará a entrega dentro de tal prazo" (tradução livre para o português).

[125] "Article 64: (1) The seller may declare the contract avoided: (...) (b) if the buyer does not, within the additional period of time fixed by the seller in accordance with paragraph (1) of article 63, perform his obligation to pay the price or take delivery of the goods, or if he declares that he will not do so within the period so fixed."

"Artigo 64: (1) O vendedor poderá declarar resolvido o contrato se: (...) (b) o comprador não cumprir a obrigação de pagar o preço ou receber as mercadorias dentro do prazo suplementar concedido pelo vendedor, conforme o parágrafo (1) do artigo 63, ou se declarar que não o fará dentro de tal prazo" (tradução livre para o português).

do período de graça está limitada aos casos nos quais o vendedor descumpre o prazo de entrega da mercadoria ou quando o comprador não paga o preço pactuado ou se recusa a receber os bens objeto do negócio. Fora dessas hipóteses, segundo se afirma, não seria possível a fixação da *Nachfrist*[126].

Outra corrente doutrinária, contudo, sustenta que a *Nachfrist* pode ser concedido diante do inadimplemento de qualquer obrigação contratual, na medida em que os artigos 47(1) e 63(1), que preveem sua fixação, não fazem diferenciação nesse sentido. Outra coisa, entretanto, seriam as consequências decorrentes do descumprimento da *Nachfrist* pela parte inadimplente (ou de sua declaração antecipada no sentido de que não remediará seu descumprimento no prazo fixado), já que, aí sim, a possibilidade de resolver o contrato está restrita aos casos de atraso na entrega das mercadorias, falta de pagamento do preço e recusa no recebimento dos bens. Ou seja, embora a *Nachfrist* possa ser fixada em qualquer situação, seu descumprimento apenas poderá ensejar a pronta resolução do negócio nessas três hipóteses[127].

Afirmar isto, entretanto, não significa que a concessão do período de graça é de pouca relevância fora das hipóteses antes mencionadas. Muito embora de fato não crie um caminho direto para o término do negócio, a fixação da *Nachfrist* nessas outras situações (*e.g.*, descumprimento da obrigação de entregar as mercadorias acompanhadas de determinados documentos; inobservância do local ajustado para entrega; entrega de mercadorias em desconformidade com o contrato etc.) pode, por exemplo, servir ao propósito de revelar a real intenção da parte inadimplente quanto à continuidade do negócio. O descumprimento de um ou mais períodos de graça também pode evidenciar o caráter essencial e reiterado do inadimplemento, vindo em auxílio do contratante que deseja provar a existência de uma *fundamental breach* e resolver o contrato

[126] Cf. U. G. Schroeter, *Part III. Chapter I. General Provisions*, in P. Schlechtriem – I. Schwenzer, *Commentary on the UN Convention on the International Sale of Goods (CISG)*, 3ª ed., Nova Iorque, Oxford University Press, 2010, pp. 426-427.

[127] Cf. M. P. Perales Viscasillas, *The Nachfrist Remedy* in *Celebrating Success: 25 years United Nations Convention on Contracts for the International Sale of Goods – Collation of papers at UNCITRAL-SIAC Conference 22-23 September 2005*, Singapura, Singapore International Arbitration Centre, 2005, pp. 92-94. Disponível em <https://iicl.law.pace.edu/sites/default/files/cisg_files/perales6.html>, consultado em 29.3.2022).

(nesse caso, com fundamento no artigo 49(1)(a) e não no artigo 49(1)(b))[128]. O descumprimento da *Nachfrist*, nessas situações, pode alçar um descumprimento contratual que inicialmente não ensejaria o término do negócio à categoria de *fundamental breach* e, com isso, abrir a via resolutória.

De nossa parte, entendemos que a segunda linha de argumentação exposta é a mais coerente e rente ao texto da CISG que, de fato, não nos parece limitar a fixação da *Nachfrist* a uma ou outra espécie de descumprimento contratual, mas somente suas consequências, reservando apenas para os casos de atraso na entrega, não pagamento do preço ou recusa de receber as mercadorias, a alternativa de resolução direta do negócio, com fundamento no artigo 49(1)(b) da Convenção.

No que diz respeito à forma, seguindo a orientação geral do artigo 8 da CISG, a concessão do período de graça pode se dar tanto por escrito como oralmente. Quanto ao seu conteúdo, este deve ser expresso, seja no que diz respeito à fixação de uma data final para cumprimento da obrigação, seja no que se refere à eventual possibilidade de resolução automática do contrato uma vez escoado o período de graça[129]. Nesse particular, a doutrina aponta que a manifestação de um simples desejo

128 A propósito, é esclarecedora a seguinte lição: "Certainly, doing so does not grant him any right to avoid the contract if this period passes without success; however, when assessing the fundamental nature of the breach of contract, the circumstance can be taken into account that the seller did not perform an obligation that is important to the buyer despite a demand for performance and the fixing of an additional period of time." (cf. M. Müller-Chen, *Part. III. Chapter II. Obligations of the Seller*, in P. Schlechtriem – I. Schwenzer, *Commentary on the UN Convention on the International Sale of Goods (CISG)*, 3ª ed., Nova Iorque, Oxford University Press, 2010, pp. 730-731).
"Certamente, proceder dessa maneira não lhe garante nenhum direito de resolver o contrato se tal período transcorrer sem sucesso; no entanto, quando a natureza fundamental do inadimplemento estiver sob análise, essa circunstância pode ser levada em consideração, qual seja, a de que o vendedor não cumpriu uma obrigação relevante para o comprador não obstante um pedido nesse sentido e a fixação de um período adicional de graça" (tradução livre para o português).

129 Cf. M. P. Perales Viscasillas, *The Nachfrist Remedy* in *Celebrating Success: 25 years United Nations Convention on Contracts for the International Sale of Goods – Collation of papers at UNCITRAL-SIAC Conference 22-23 September 2005*, Singapura, Singapore International Arbitration Centre, 2005, pp. 95-96. Disponível em <https://iicl.law.pace.edu/sites/default/files/cisg_files/perales6.html>, consultado em 29.3.2022)).

da parte do credor de que o devedor cumpra a prestação não é suficiente à configuração da *Nachfrist*, sendo imprescindível a indicação concreta de que esta está sendo concedida e findará em determinada data[130].

Esse cuidado com relação à transparência do período adicional para cumprimento da obrigação se justifica na medida em que, em determinados casos, o não atendimento deste poderá ensejar a resolução do contrato, razão pela qual não pode haver dúvidas entre as partes quanto às possíveis consequências decorrentes dessa situação.

Por fim, para que a concessão do período de graça seja regular é necessário também que o prazo adicional conferido seja razoável e suficiente para que a parte inadimplente de fato possa cumprir a obrigação, considerando-se, em especial, a distância entre os países do vendedor e do comprador.

Estudado o regime da resolução por inadimplemento na CISG, é hora de analisar como se dá sua aplicação na prática, investigando em quais situações é possível cogitar da existência de uma *fundamental breach*.

[130] A doutrina internacional exemplifica que expressões como "*I need the goods*" ("preciso das mercadorias") ou "*we hope very much that performance can be made by July 1*" ("esperamos muito que a performance da obrigação seja feita até 1º de julho") não são precisas o suficiente para caracterização da *Nachfrist* (cf. M. P. Perales Viscasillas, *The Nachfrist Remedy* in *Celebrating Success: 25 years United Nations Convention on Contracts for the International Sale of Goods – Collation of papers at UNCITRAL-SIAC Conference 22-23 September 2005*, Singapura, Singapore International Arbitration Centre, 2005, pp. 95-96. Disponível em <https://iicl.law.pace.edu/sites/default/files/cisg_files/perales6.html>, consultado em 29.3.2022).

CAPÍTULO 3
FUNDAMENTAL BREACH DA PARTE DO VENDEDOR

1. Introdução

O estudo dos *travaux préparatoires* da CISG, bem assim a análise dos pressupostos da *fundamental breach*, revelam que a busca por concretude sempre foi a tônica que marcou os debates em torno dessa figura e a própria sistemática de resolução contratual por inadimplemento estabelecida pela CISG. Como já se teve a oportunidade de demonstrar, os requisitos estabelecidos pelo artigo 25 são abertos e conceituais, o que faz com que a existência ou não de *fundamental breach* dependa em grande medida da análise das circunstâncias do caso concreto.

Afirmar isso, entretanto, não significa que o intérprete está liberado de investigar critérios que possam balizar o estudo da matéria. Pelo contrário, é justamente nas áreas em que o conhecimento se mostra mais amplo que o estudioso deve, a partir da análise sistemática dos casos concretos, tentar construir uma bússola que possa lhe orientar na aplicação do instituto. É somente dessa forma que a aplicação do direito adquire previsibilidade e, via de consequência, segurança jurídica.

O estudo da casuística, como outrora apontado[131], serve a dois propósitos principais: o primeiro é o de revelar que tipo de conflito vem sendo submetido à apreciação de juízes e árbitros; o segundo é o de esclarecer os fundamentos adotados como razão de decidir. A partir daí, torna-se possível ao intérprete classificar os vários casos concretos existentes em diferentes grupos, tomando por base os pontos de contato que levaram

[131] Cf. C. S. Zanetti, *Responsabilidade pela ruptura das negociações*, 1ª ed., São Paulo, Juarez de Oliveira, 2005, p. 176.

a uma ou outra solução. O exercício aprimora o raciocínio por aproximação que pode ser utilizado em novos casos concretos, de maneira a tornar mais previsível o desfecho que eventualmente lhe será dado pelo respectivo julgador.

Por essas razões, os capítulos que seguem se dedicarão à análise mais detalhada de casos concretos e dos critérios que vêm iluminando as cortes estatais e arbitrais na interpretação e aplicação do artigo 25 da CISG. Foram examinados e classificados todos os precedentes registrados junto à UNCITRAL que direta ou indiretamente analisam a aplicabilidade do artigo 25[132], bem como os precedentes destacados pelo referido órgão no *Digest of Case Law*[133] referentes aos artigos 25, 35, 46, 49, 51 e 64 da CISG[134].

A sistematização dos julgados em grupos de casos, tanto neste como no próximo capítulo, foi feita, primeiro, a partir da espécie de inadimplemento discutida pelas partes[135] (*e.g.*, atraso na entrega das mercadorias; entrega de mercadorias desconformes; atraso no pagamento do preço etc.) e, depois, já dentro de cada subgrupo, pela fundamentação invocada pelo órgão julgador para concluir pela existência ou pela inexistência de *fundamental breach* em cada situação concreta. Nem todos os

[132] Aproximadamente 350 julgados oriundos de cortes estatais e arbitrais de distintos países, compilados pela Pace Law School Institute of International Commercial Law (<https://iicl.law.pace.edu/cisg/search/cases>), bem como na base de dados CISG-online (<https://cisg-online.org/search-for-cases>).

[133] Neste trabalho, analisou-se a edição de 2012 do *UNCITRAL Digest of Case Law on the United Nations Convention on Contracts for the International Sale of Goods*, a mais recente à altura de sua redação. Disponível em <https://uncitral.un.org/sites/uncitral.un.org/files/media-documents/uncitral/en/mal-digest-2012-e.pdf>, consultado em 29.3.2022.

[134] Nesse particular, cabe esclarecer que a autora analisou precedentes redigidos nas línguas, inglesa, francesa e espanhola. Precedentes registrados em outras línguas foram analisados apenas quando sua tradução para o inglês estava disponível nas respectivas bases de dados.

[135] Foram analisados casos referentes aos descumprimentos contratuais mais relevantes e frequentes no âmbito da Convenção, isto é, atraso na entrega das mercadorias; entrega de mercadorias desconformes; atraso no pagamento do preço e descumprimento da obrigação de receber as mercadorias. Por representarem um menor número de casos e não suscitarem discussões tão ricas, casos referentes ao descumprimento da obrigação de entrega de documentos (art. 34 da Convenção), bem como inadequação das embalagens das mercadorias (artigo 35(1) da Convenção) não foram estudados neste trabalho.

julgados analisados foram citados no texto, tendo a autora selecionado aqueles que julgava mais interessantes para ilustrar a base de dados coletada.

Assim, este terceiro capítulo analisará os possíveis descumprimentos contratuais da parte do vendedor que podem ou não resultar em *fundamental breach*, à luz dos pressupostos mais gerais detalhados no capítulo precedente. Na sequência, o quinto capítulo cuidará de examinar as hipóteses de *fundamental breach* passíveis de cometimento pelo comprador.

A opção por se passar diretamente à análise de casos concretos, sem antes examinar quais são, em tese, as possíveis formas de descumprimento contratual da parte do vendedor ou do comprador que podem levar à *fundamental breach* tem em mira evitar generalidades e tornar o texto mais objetivo. O impacto do inadimplemento e a possibilidade de resolver o contrato sempre dependerão da importância que as partes atribuírem a cada uma das obrigações. Desse modo, embora fosse possível dedicar algumas páginas a demonstrar que a entrega de mercadorias em desconformidade com o contrato ou o atraso no pagamento do preço, por exemplo, podem dar ensejo à resolução do contrato, a conclusão seria sempre a mesma: a de que isto dependerá da relevância do cumprimento pontual destas obrigações em cada situação específica.

Para dar o passo seguinte, portanto, seria sempre necessário recorrer à análise da casuística a propósito do tema. Daí porque se optou por passar diretamente ao estudo dos casos concretos. Sempre que aportes teóricos se mostrarem necessários, estes serão realizados em conjunto com a análise dos casos concretos pertinentes.

2. Atraso na entrega das mercadorias

Como é intuitivo, a inobservância do prazo de entrega das mercadorias por parte do vendedor pode ou não configurar *fundamental breach*, a depender da importância que os contratantes tiverem atribuído ao cumprimento pontual da obrigação. Essa importância pode tanto estar expressa nos termos do contrato, o que torna a investigação certamente mais fácil, como decorrer da natureza do negócio ou do nicho de mercado no qual as partes operam.

Deve ser possível, entretanto, concluir que o atraso na entrega dos bens gera ao comprador prejuízo substancial capaz de privá-lo daquilo que buscou com a contratação, ou seja, para o comprador deve acabar por ser mais vantajoso não receber as mercadorias que recebê-las fora do prazo[136]. Não é, portanto, o simples atraso na entrega que, em todo e qualquer caso, representará uma *fundamental breach*.

Além do artigo 25[137], os principais dispositivos que devem orientar a análise casos de atraso na entrega das mercadorias, são os artigos 33[138], 49(1)(b)[139] e 49(2)(a)[140] da CISG. Os primeiros casos a serem analisa-

[136] Cf. U. G. SCHROETER, *Part. III. Chapter I. General Provisions*, in P. SCHLECHTRIEM – I. SCHWENZER, *Commentary on the UN Convention on the International Sale of Goods (CISG)*, 3ª ed., Nova Iorque, Oxford University Press, 2010, p. 418.

[137] "Article 25: A breach of contract committed by one of the parties is fundamental if it results in such detriment to the other party as substantially to deprive him of what he is entitled to expect under the contract, unless the party in breach did not foresee and a reasonable person of the same kind in the same circumstances would not have foreseen such a result."

"Artigo 25: A violação ao contrato por uma das partes é considerada como essencial se causar à outra parte prejuízo capaz de privá-la, substancialmente, do resultado que poderia esperar do contrato, salvo se a parte inadimplente não tiver previsto e uma pessoa razoável da mesma condição e nas mesmas circunstâncias não pudesse prever tal resultado" (tradução livre para o português).

[138] "Article 33: The seller must deliver the goods: (a) if a date is fixed by or determinable from the contract, on that date; (b) if a period of time is fixed by or determinable from the contract, at any time within that period unless circumstances indicate that the buyer is to choose a date; of (c) in any other case, within a reasonable time after the conclusion of the contract."

"Artigo 33: O vendedor deve entregar as mercadorias: (a) se uma data houver sido fixada no contrato ou puder dele ser extraída, naquela data; (b) se um certo período houver sido fixado no contrato ou puder dele ser extraído, naquele período, salvo se as circunstâncias indicarem que cabe ao comprador a escolha da data; ou (c) em qualquer outro caso, em um período razoável a contar da data de conclusão do contrato" (tradução livre para o português).

[139] "Article 49: (1) The buyer may declare the contract avoided: (...) (b) In case of non-delivery, if the seller does not deliver the goods within the additional period of time fixed by the buyer in accordance with paragraph (1) of article 47 or declares that he will not deliver within the period so fixed."

"Artigo 49: (1) O comprador poderá declarar o contrato resolvido: (...) (b) no caso de atraso na entrega se o vendedor não entregar as mercadorias no prazo suplementar concedido pelo comprador, conforme o parágrafo (1) do artigo 47, ou se declarar que não efetuará a entrega em tal prazo" (tradução livre para o português).

[140] "Article 49: (2) However, in cases where the seller has delivered the goods, the buyer loses the right to declare the contract avoided unless he does so: (a) in respect of late delivery, within a reasonable time after he has become aware that delivery has been made".

dos são aqueles nos quais se decidiu pela existência de uma *fundamental breach*.

2.A. Inobservância do prazo de entrega e materialização da fundamental breach

A pesquisa identificou ao menos quatro grupos de casos nos quais a inobservância do prazo de entrega ajustado levou à caracterização da *fundamental breach*, sendo eles: (1) casos nos quais o comprador revela que depende da entrega tempestiva para honrar obrigações assumidas com terceiros; (2) casos nos quais a mercadoria comercializada se reveste de natureza sazonal, de forma que sua comercialização em outro período se revela desvantajosa; (3) casos nos quais o comprador reforçou a importância de que a entrega fosse feita rapidamente; e (4) casos nos quais o valor de mercado da mercadoria é volátil. Nessas situações, a existência de prazos ou períodos de entrega fixos milita em favor da conclusão de que a observância do termo ajustado é essencial.

No primeiro grupo de casos, o precedente inicial envolve um contrato de compra e venda celebrado entre uma empresa canadense e uma empresa norte-americana, em agosto de 2002, pelo qual esta se obrigou a fornecer àquela painéis de isolamento à vácuo. Durante a contratação, a compradora explicitou que as mercadorias seriam utilizadas para a construção de seis sistemas especiais de fornecimento de energia encomendados pelo Departamento de Defesa Nacional do Canadá e que seriam, posteriormente, instalados no Ártico durante o período do verão.

A compradora efetuou o pagamento integral do preço no momento da emissão do pedido de compra, também em agosto de 2002, e a vendedora se obrigou a fornecer os painéis de isolamento até o dia 30 de julho de 2003, o que, contudo, não foi feito. Verificado o atraso na entrega das mercadorias, a compradora, invocando a existência de uma *fundamental breach*, declarou o contrato resolvido. Considerando que o verão na região ártica dura apenas quatro semanas, o atraso na entrega

"Artigo 49: (2) Todavia, se o vendedor tiver entregado as mercadorias, o comprador perde o direito de declarar o contrato resolvido se não o fizer: (a) no caso de atraso na entrega, em prazo razoável após tomar conhecimento de que a entrega foi efetuada" (tradução livre para o português).

dos painéis inviabilizava a construção dos sistemas de energia, sua entrega ao Departamento de Defesa Nacional e sua oportuna instalação naquele continente.

A controvérsia foi levada, em última instância, à Corte Suprema de Justiça de Ontário, no Canadá, que entendeu que o descumprimento do prazo de entrega dos painéis de fato representava uma *fundamental breach*, já que privava a compradora daquilo que vislumbrara quando da celebração do contrato, reconhecendo, portanto, a regularidade da resolução contratual operada pela compradora canadense[141].

O segundo caso cuida do fornecimento de cerca de quarenta toneladas de algodão egípcio *in natura* de um vendedor suíço para um comprador italiano, o que foi acordado pela celebração de dois contratos distintos, em 2 de março e 14 de abril de 1994. Na ocasião, o vendedor assumiu a obrigação de despachar as mercadorias em maio e agosto daquele ano, respectivamente. No início do mês de junho, contudo, o vendedor informou ao comprador que não seria capaz de cumprir os prazos de entrega acordados. O comprador, então, prontamente informou que o atraso na entrega das mercadorias lhe impedia de cumprir obrigações assumidas perante seus clientes e questionou quando o vendedor de fato poderia disponibilizar os fardos de algodão comprados.

O vendedor ignorou a comunicação encaminhada pelo comprador e seguiu inadimplente com a obrigação de entrega das mercadorias, o que acabou por levar à resolução do contrato por parte do comprador e ao ajuizamento de demanda na qual este buscava o pagamento de indenização pelos prejuízos decorrentes do descumprimento contratual. Em sede de defesa, o vendedor alegou que o atraso na entrega não caracterizou *fundamental breach*, de maneira que ao comprador não era dado terminar o contrato.

Tanto em primeira, como em segunda instância, a ação foi julgada procedente para reconhecer a regularidade da resolução contratual em razão da existência da *fundamental breach*. Segundo se entendeu, o vendedor não poderia ignorar que a observância da data de entrega das mercadorias era relevante para o comprador, seja porque os contratos

[141] Cf. Supreme Court of Justice of Ontário 03-CV-23776 SR, CISG-online nº 1436, j. 6.10.2003. Disponível em <https://cisg-online.org/search-for-cases?caseId=7357>, consultado em 29.3.2022.

previam datas fixas para o cumprimento dessa obrigação, seja porque o comprador indicou, de forma expressa, que necessitava das mercadorias para cumprir compromissos assumidos perante terceiros. Além disso, segundo constou do julgado, o fato de o algodão ter sido vendido *in natura* revelava que o comprador teria que receber a mercadoria e submetê-la a tratamentos específicos para, só então, poder revendê-la a terceiros, o que corroborava a essencialidade do prazo de entrega acordado[142].

O terceiro caso examinado envolve o fornecimento da substância química ferro molibdênio por um vendedor alemão a um comprador inglês. Celebrado o contrato em outubro de 1994, o vendedor obrigou-

[142] "La notion de contravention essentielle telle qu'elle est définie par l'art. 25 CVIM doit être interpréte de maniére restrictive et, en cas de doute, il y a lieu de considérer que les conditions d'une telle contravention ne sont pas réalisées (...). Un retard dans la livraison de la marchandise constitue une contravention essentielle au contrat si les parties ont prevu que la livraison devait être effectuée à une date fixe, que ce jour était déterminant du point de vue de l'intérêt de l'acheteur à l'exécution du contrat et que le vendeur le savait (...). En l'espéce, on doit considérer que le terme final prévu pour la livraison du coton, soit le 5 juin 1994, constituait une date fixe qui était déterminante pour l'acheteur lequel, le jour en question, devait disposer de cette matiére premiére pour pouvoir ensuite la traiter en la transformant et la livrer à ses propres clients. Sous cet angle, les délais prévus pour la livraison avaient trait au contenu essentiel du contrat, dés l'instant où l'absence de livraison en temps utile a empéché la réalisaton du but économique du contrat pour la demanderesse" (cf. BGer Suíça 4C.105/2000, CISG-online nº 770, j. 15.9.2000. Disponível em <https://cisg-online.org/search-for-cases?caseId=6698>, consultado em 29.3.2022).
"A noção de contravenção essencial tal como ela está definida pelo artigo 25 CVIM deve ser interpretada de forma restritiva e, em caso de dúvida, é o caso de considerar que as condições de uma tal contravenção não se realizaram (...). Um atraso na entrega da mercadoria constitui uma contravenção essencial ao contrato se as partes tiverem previsto que a entrega deveria ser efetuada numa data fixa, que esse dia era determinante do ponto de vista do interesse do comprador para a execução do contrato e que o vendedor sabia disso (...). No caso em espécie, devemos considerar que o termo final previsto para a entrega do algodão, qual seja, no dia 5 de junho de 1994, constituía uma data fixa que era determinante para o comprador, o qual, no dia em questão deveria ter a matéria prima para poder em seguida tratá-la, transformando-a, e entregá-la aos seus próprios clientes. Sob esse ângulo, os prazos previstos para a entrega estavam ligados ao conteúdo essencial do contrato, a partir do momento em que a ausência de entrega em tempo útil impediu a realização do objetivo econômico do contrato para a requerente" (tradução livre para o português).

-se a despachar as mercadorias até o dia 15 de novembro daquele mesmo ano.

No dia 3 de novembro de 1994, contudo, o vendedor revelou que não poderia atender o prazo fixado pelas partes. O comprador, ainda que relutante, concedeu uma extensão de prazo até o dia 30 de novembro, ressaltando que a entrega até aquela data era imprescindível, uma vez que já se comprometera a revender a mercadoria para terceiros. O novo prazo fixado decorreu e apenas em 13 de dezembro o vendedor informou ao comprador que o fornecedor de quem encomendara o ferro molibdênio não tinha disponibilidade para atendê-lo, oportunidade na qual requereu nova extensão do prazo para cumprimento de sua obrigação, o que foi negado.

O comprador então ingressou com demanda judicial para se ver indenizado pelos prejuízos decorrentes do inadimplemento, especialmente os valores que teve de desembolsar para compra de ferro molibdênio no mercado, de modo a assegurar o cumprimento da obrigação assumida junto a terceiros. A Corte de Apelação de Hamburgo, na Alemanha, acolheu o pedido do comprador por entender, dentre outros fundamentos, que o atraso na entrega das mercadorias configurou *fundamental breach* e que, portanto, a resolução do contrato era medida de rigor, o que, a seu turno, justificava a pretensão indenizatória formulada[143].

[143] "The Seller had not fulfilled its obligation to deliver under the sales contract of 12 October 1994, on time at the time the cover purchase was concluded on 11 January 1995. Not fulfilling the obligation to deliver on time has to be regarded as a fundamental breach of contract in the sense of Art. 49(1)(a), Art. 25 CISG. A delay does not generally amount to a fundamental breach, but only, if the exact compliance with the delivery date is of special interest for the Buyer and if the Seller could recognize this at the time of contract conclusion (...) This special interest can be inferred from the use of the Incoterm "CIF" which makes clear that the contract was a contract for delivery by a fixed date (...) under which timely delivery is a fundamental obligation. Moreover, a fundamental breach is also given because the Seller stated by fax of 14 December 1994 that it was negotiating with its supplier about contract fulfilment or damages and therefore needed time. By this statement, the Seller left the Buyer in complete uncertainty as to whether and when it would comply with its obligation to deliver" (cf. OLG Hamburg 1 U 167/95, CISG-online nº 395, j. 28.2.1997. Disponível em <https://cisg-online.org/search-for-cases?caseId=6367>, consultado em 29.3.2022).
"O Vendedor não cumpriu sua obrigação de entrega no prazo, segundo o contrato de compra e venda datado de 12 de outubro de 1994, no momento da conclusão da operação de

Como se anunciou, o ponto de contato dos três casos ora examinados reside no fato de que, em todos eles, além de uma data ou período fixo de entrega haver sido acordado, o comprador revelou ter assumido obrigações específicas perante terceiros e cujo cumprimento dependia da tempestiva entrega das mercadorias encomendadas junto ao vendedor[144]. Essa circunstância foi tida como relevante para caracterizar a essencialidade do termo ajustado entre as partes.

substituição em questão em 11 de janeiro de 1995. O não cumprimento da obrigação de entrega no prazo deve ser considerado como uma violação contratual fundamental nos termos do Art. 49(1)(a), Art. 25 do CISG. De modo geral, um atraso não constitui uma violação fundamental, mas somente se o cumprimento exato da data de entrega for de interesse especial da Compradora e se o Vendedor puder reconhecê-lo no momento da conclusão do contrato (...) Esse interesse especial pode ser inferido a partir do uso do Incoterm "CIF", o qual deixa claro que o contrato era um contrato que previa uma data de entrega fixa (...) segundo o qual a entrega tempestiva era uma obrigação fundamental. Ademais, uma violação fundamental também se dá devido ao fato de o Vendedor ter declarado por fax, em 14 de dezembro de 1994, que estava negociando com seu fornecedor com relação ao cumprimento do contrato ou pagamento de indenização e, portanto, precisava de prazo. Por meio dessa declaração, o Vendedor deixou a Compradora na mais completa incerteza quanto a se e quando ele cumpriria sua obrigação de entrega" (tradução livre para o português).

144 O mesmo raciocínio foi empregado em caso envolvendo o fornecimento de materiais gráficos entre um vendedor austríaco e um comprador suíço. O comprador se recusou a pagar parte do preço pactuado sob o argumento de que o atraso na entrega das mercadorias lhe causara elevados prejuízos, já que o impedira de cumprir prazos acordados com seus próprios clientes. Embora tal argumento seja aceitável, o comprador não foi capaz de fazer prova de tais fatos em juízo, de modo que a Corte Comercial dos Cantões da Suíça afastou a existência de uma *fundamental breach* no caso concreto e acolheu o pedido do vendedor para que lhe fosse paga a quantia em aberto do preço acordado entre as partes (cf. Handelsgericht des Kantons Zürich HG 050430/U/ei, CISG-online nº 1564, j. 25.6.2007. Disponível em <https://cisg-online.org/search-for-cases?caseId=7483>, consultado em 29.3.2022). Há, ainda, diversos outros precedentes nos quais o dado relevante para a configuração da *fundamental breach* foi a existência de obrigações assumidas perante terceiros, cf.: LG Köln 88 O 57/11, CISG-online nº 2476, j. 29.5.2012. Disponível em <https://cisg-online.org/search-for-cases?caseId=8390>, consultado em 29.3.2022; Foreign Trade Court of Arbitration to the Serbian Chamber of Commerce T-8/06, CISG-online nº 1793, j. 1.10.2007. Disponível em <https://cisg-online.org/search-for-cases?caseId=7711>, consultado em 29.3.2022; China International Economic and Trade Arbitration Commission (CIETAC) CISG/2006/05, CISG-online nº 1928, j. 1º.12.2006. Disponível em <https://cisg-online.org/search-for-cases?caseId=7845>, consultado em 29.3.2022; China International Economic and Trade Arbitration Commission (CIETAC) CISG/2006/21, CISG-online nº

Já fora desse grupo, outro caso interessante envolve o fornecimento de artigos de roupa de lã entre um vendedor chinês e um comprador italiano. O contrato celebrado entre as partes previa um prazo fixo de entrega das mercadorias, de modo a possibilitar que o comprador comercializasse as roupas de lã em sua liquidação de final de ano, durante o inverno italiano. A despeito disso, o vendedor deixou que o prazo de entrega acordado escoasse sem apresentar justificativa[145], o que levou o comprador a ingressar em juízo requerendo a sustação liminar do cheque que emitira para pagamento das mercadorias, bem como a resolução do contrato.

Em primeira instância, o Tribunal de Milão, na Itália, afastou o pedido do comprador, por entender que este não teria demonstrado que o cumprimento do prazo de entrega era essencial para a satisfação de seus interesses. Em grau de recurso, contudo, a Corte de Apelação de Milão reformou o julgamento, por entender que, ao impedir o comprador de comercializar as mercadorias em sua liquidação de inverno de final de ano, o inadimplemento do vendedor representava uma *fundamental breach*[146].

2002, j. 1º.4.2006. Disponível em <https://cisg-online.org/search-for-cases?caseId=7919>, consultado em 29.3.2022.

145 No texto do julgado não consta a data exata de entrega acordada entre as partes, tampouco quanto tempo se passou entre esta e a resolução do contrato pelo comprador. Está indicado, contudo, que o contrato foi de extrema curta duração, o que faz pressupor que a janela temporal para entrega das mercadorias era também pequena.

146 "Article 33 of the United Nations Convention on Contracts for the International Sale of Goods (CISG) applies here. According to this provision, the seller must deliver the goods on the date fixed in the contract, and as a consequence of a failure to perform this obligation (like the breach of any other obligation), the [buyer] has the right to ask the Court to declare the avoidance of the contract if failure to comply with the fixed time for delivery constitutes a fundamental breach of contract (articles 45 and 49(1)). This does not seem refutable according to that which is said below. In the pending case, even though the contract was of extremely short duration, taking into account clarifications between the parties in the days following the agreement, there is no doubt that the agreed time of delivery was a fundamental term and that the contract turned on the availability of the goods just before [buyer's] end of the year sales. However, the seller let the fixed time pass without any excuse; this behavior is unjustifiable." (cf. CA Milano, número do processo indisponível, CISG-online nº 348, j. 20.3.1998. Disponível em <https://cisg-online.org/search-for-cases?caseId=6320>, consultado em 29.3.2022).

Nesse precedente, portanto, a importância do descumprimento do prazo acordado e a consequente materialização da *fundamental breach* estavam ligadas à própria característica da mercadoria, que não poderia ser comercializada (ao menos não como imaginado pelo comprador quando da celebração do contrato) em outras oportunidades. O ponto de relevância, portanto, foi a sazonalidade do bem objeto do fornecimento, o que também foi destacado em outros precedentes nos quais a CISG foi aplicada[147] e pode servir como um segundo critério interpretativo para aferir a essencialidade do termo ajustado.

"O Artigo 33 da Convenção das Nações Unidas sobre Contratos para a Venda Internacional de Mercadorias (CISG) será aplicável aqui. De acordo com esta disposição, o vendedor deverá entregar as mercadorias na data fixa no contrato, e, como consequência do não cumprimento dessa obrigação (tal como a violação de qualquer outra obrigação), a [compradora] terá o direito de requerer que a Corte declare a anulação do contrato se o não cumprimento da data de entrega fixa constituir uma violação contratual fundamental (artigos 45 e 49(1)). Esse caso não parece ser refutável de acordo com as declarações expostas abaixo. No caso pendente, mesmo que o prazo do contrato tenha sido extremamente curto, levando em consideração os esclarecimentos entre as partes nos dias posteriores ao acordo, não há dúvidas de que o prazo de entrega acordado era um prazo fundamental e que o contrato gravitava em torno disponibilidade das mercadorias imediatamente antes das vendas de final de ano da [compradora]. Contudo, o vendedor permitiu a prescrição do prazo fixado sem fornecer quaisquer justificativas; esse comportamento é injustificável" (tradução livre para o português).

[147] A ideia de que o caráter sazonal da mercadoria revela a essencialidade do prazo de entrega acordado pelas partes também é mencionada, ainda que *en passant*, em outros precedentes, como, por exemplo, em caso no qual se discutia a compra e venda de sapatos entre um produtor italiano e um comprador alemão e no qual apenas parte das mercadorias encomendadas foi entregue no tempo acordado. Nesse caso, a Corte de Apelação de Düsseldorf apontou que: "In the present case, a delayed delivery occurred during the settlement of the contract of 24 October 1994 as the [seller] did not carry out the partial delivery of 243 pairs of shoes at the designated date of delivery in November 1994 respectively in 1995. This non-compliance with the delivery deadline, however, does not constitute a fundamental breach of contract. According to Art. 25 CISG, a fundamental breach can only be established where the violation caused a detriment to the affected party, namely that the buyer prefers not to receive delivery at all than receiving delayed delivery and that this is apparent for the seller at the conclusion of the contract (...) The particular importance of the date of delivery can result from the contract itself, as for example in the case of a transaction where time is of the essence, as well as from the circumstances, e.g. in the case of delivery of seasonal items (...) In the case at issue, it is obvious that the parties did not agree upon a transaction where time is of the essence. Neither was the subject of the contract of

O terceiro grupo compreende, como se adiantou, casos nos quais a existência da *fundamental breach* foi reconhecida com base no fato de o comprador ter informado, durante as negociações ou durante a execu-

sale a seasonal item, the delivery of which would be of no interest to the [buyer] after the end of season." (cf. OLG Düsseldorf 6 U 87/96, CISG-online nº 385, j. 24.4.1997. Disponível em <https://cisg-online.org/search-for-cases?caseId=6357>, consultado em 29.3.2022.
"No presente caso, ocorreu um atraso na entrega durante a liquidação do contrato datado de 24 de outubro de 1994, visto que o [vendedor] não realizou a entrega parcial de 243 pares de sapato na data de entrega designada em novembro de 1994, respectivamente, em 1995. Essa não conformidade com o prazo de entrega, contudo, não constitui violação contratual fundamental. De acordo com o Art. 25 do CISG, uma violação fundamental somente pode ser estabelecida em casos em que a violação tiver causado danos à parte afetada, a saber, em casos em que a compradora prefere não receber de nenhuma forma a entrega a ter que recebê-la em atraso e isso for aparente ao vendedor quando da conclusão do contrato (...) A importância específica da data de entrega pode resultar do próprio contrato, como, por exemplo, no caso de uma operação em que o prazo é condição essencial, bem como das circunstâncias, por exemplo, no caso de entrega de itens sazonais (...) No caso em questão, está claro que as partes não acordaram uma operação em que o prazo é condição essencial, tampouco o objeto do contrato de compra e venda era um item sazonal, cuja entrega após o final da estação não seria de interesse da [compradora]" (tradução livre para o português).
Colocações semelhantes quanto à sazonalidade de mercadorias e o atraso em sua entrega foram feitas também nos seguintes julgados: OLG Hamm 13 U 102/01, CISG-online nº 1430, j. 12.11.2001 ("[Buyer] asserts that memory modules cannot be compared with seasonal goods, in which a delayed delivery causes a loss of marketability of the goods as a whole." Em tradução livre para o português: "O [Comprador] alega que módulos de memória não podem ser comparados a bens sazonais, com relação aos quais o atraso na entrega afeta a comercialidade dos bens como um todo."). Disponível em <https://cisg-online.org/search-for-cases?caseId=7352>, consultado em 29.3.2022; BGer Suíça 4C.105/2000, CISG-online nº 770, j. 15.9.2000 ("Un retard dans la livraison de la marchandise constitue une contravention essentielle au contrat si les parties ont prévu que la livraison devait être effectuée à une date fixe, que ce jour était déterminant du point de vue de l'intérêt de l'acheteur à l'exécution du contrat et que le vendeur le savait, notamment lorsqu'il s'agit d'articles de saison." Em tradução livre para o português: "Um atraso na entrega das mercadorias constitui uma *fundamental breach* se as partes decidirem que a entrega deve ser feita em uma data específica, se isso for determinante sob a perspective do interesse do comprador na execução do contrato e o vendedor disso estiver ciente, especialmente em casos envolvendo mercadorias sazonais."). Disponível em <https://cisg-online.org/search-for-cases?caseId=6698>, consultado em 29.3.2022.

ção do contrato[148], que a rapidez na entrega das mercadorias era essencial para a satisfação do interesse contratual, de maneira que o cumprimento do prazo acordado se mostrava imprescindível.

Esse foi o principal argumento adotado pela Corte de Parma, na Itália, ao julgar caso envolvendo o fornecimento de carteiras, malas e mochilas de um fabricante suíço para um comprador italiano. Por ocasião da celebração do contrato, as partes acordaram que a entrega deveria ser feita no prazo de 10 a 15 dias, tendo o comprador enfatizado, por meio de comunicações trocadas entre as partes nesse período, a importância de receber as mercadorias rapidamente. Essa necessidade foi reiterada em contatos telefônicos mantidos entre as partes para tratar de condições de pagamento, qualidade e cores das mercadorias.

A despeito dessas colocações, passados dois meses da celebração do negócio, e após alegar falsamente que havia despachado as mercadorias, o vendedor não entregou os produtos encomendados, o que levou à propositura de demanda judicial na qual o comprador cobrava o ressarcimento do preço já pago, bem como indenização pelos prejuízos decorrentes do inadimplemento. A Corte de Parma reconheceu a existência da *fundamental breach* e condenou o vendedor à devolução da quantia paga pelo comprador, acrescida de correção monetária e juros moratórios. O pedido indenizatório, contudo, foi afastado sob o argumento de que o comprador não provou a existência de qualquer dano material adicional em razão do descumprimento[149].

[148] Muito embora, como já se viu, o ideal, a nosso ver, não seja considerar informações trocadas após a celebração do contrato para considerar a existência de uma *fundamental breach*, isso é frequente em diversos dos precedentes que tratam da matéria.

[149] "By summons and complaint served on 13 March 1989, Foliopack AG [buyer], located in Widen, Switzerland, commenced an action before this Court against Daniplast S.p.A. [seller], located in Fidenza, Italy, stating that, on 8 February 1988 [buyer] ordered from [seller] more than 500 pieces of [seller's] new line of products called 'Air Bubble' (bags, knapsacks and plastic-wallets). [Buyer] expressly asked to have the goods delivered within 10-15 days. By communications sent during the following weeks, the [buyer] emphasized the importance of a quick delivery. First of all, referring to the time of performance of both obligations, the Court considers the time limit by which the [seller] should have sent the goods to the [buyer] of fundamental importance. This can also be deduced from the correspondence between the parties before the signing of the contract. The constant element in all of the negotiations was that [buyer] explicitly stated that it was essential for [buyer] to have the goods as soon as possible after the (signing) conclusion of the contract. The fact

Raciocínio semelhante foi empregado em caso envolvendo o fornecimento de telefones celulares para automóveis entre um vendedor e um comprador israelense. No momento da confirmação do pedido e da celebração do negócio, em 28 de junho de 2000, o vendedor declarou que entregaria as mercadorias "prontamente", tão logo recebesse o pagamento do sinal. Como tinha a necessidade de receber as mercadorias rapidamente, o comprador efetuou o pagamento em questão já no dia 29 de junho, porém as mercadorias não foram despachadas. Em mensagem eletrônica enviada em 30 de junho, o vendedor se desculpa por ainda não ter encaminhado as mercadorias e indica que o fará "até a próxima segunda-feira". Como tal prazo também não foi cumprido, o comprador resolveu o contrato e ingressou com demanda judicial para cobrar o ressarcimento do sinal pago.

that the [seller] was aware of this can be deduced from his communications to the [buyer] in which he stated his capability to deliver all of the goods within a period of time. Nevertheless, two months after signing the contract, [seller] still had not performed his obligation to deliver the goods to the [buyer]." (cf. Pretura di Parma-Fidenza 77/89, CISG-online nº 316, j. 24.11.1989. Disponível em <https://cisg-online.org/search-for-cases?caseId=6288>, consultado em 29.3.2022).

"Por meio de citações e inicial entregues em 13 de março de 1989, a Foliopack AG [compradora], localizada em Widen, Suíça, instaurou um processo perante este Tribunal contra Daniplast S.p.A. [vendedora], localizada em Fidenza, Itália, declarando que, em 8 de fevereiro de 1988, a [compradora] fez a [vendedora] um pedido de mais de 500 peças da nova linha de produtos do [vendedor] denominada *'Air Bubble'* (bolsas, mochilas e pastas). A [Compradora] solicitou expressamente que as mercadorias fossem entregues dentro de 10-15 dias. Por meio de comunicações enviadas durante as semanas seguintes, a [compradora] enfatizou a importância de uma entrega rápida. Primeiramente, com relação ao prazo de cumprimento de ambas as obrigações, o Tribunal considera o limite de prazo até o qual a [vendedora] deveria ter entregado as mercadorias à [compradora] de extrema importância. Também é possível chegar a essa conclusão a partir da correspondência trocada entre as partes antes da celebração do contrato. O elemento constante em todas as negociações era que a [compradora] explicitamente declarou que era essencial para ela obter as mercadorias tão logo possível após a (assinatura) conclusão do contrato. O fato de que a [vendedora] estava ciente disso pode ser deduzido de suas comunicações com a [compradora], nas quais ela declarou sua capacidade de entregar todas as mercadorias dentro de um prazo. Contudo, dois meses após a assinatura do contrato, a [vendedora] ainda não havia cumprido sua obrigação de entregar as mercadorias à [compradora]" (tradução livre para o português).

Em primeira instância, o pedido foi afastado sob o fundamento de que o descumprimento do prazo de entrega não teria sido comprovado. Em grau de recurso, entretanto, a Corte de Apelação de Düsseldorf, na Alemanha, reformou o julgamento e acolheu o pedido do comprador, por entender que as circunstâncias em torno do caso, nomeadamente o fato de o vendedor haver declarado que necessitava das mercadorias "*prontamente*", a agilidade com que o pagamento foi feito, bem assim a mensagem na qual o vendedor reconhecia estar atrasado com o envio das mercadorias, eram suficientes para respaldar a conclusão de que a pronta entrega dos bens era essencial para que o comprador tivesse seus interesses contratuais satisfeitos. Reconheceu-se, assim, a existência de *fundamental breach* e a consequente legalidade da resolução do contrato[150].

[150] "The [Seller] not only assured to effect the delivery 'promptly' in its order confirmation which is undisputedly in accordance with the agreement made during the preceding telephone conversations. In addition, in the order confirmation, the [Seller] even assured that it would dispatch and release the goods immediately after it has received payment. It is undisputed that the goods should be dispatched, contrary to the wording of the order confirmation not after the receipt of the whole payment, but after the receipt of 20% of the purchase price. The [Seller] already received the partial payment on 29 June 2000. Therefore, it has been obvious to the [Seller] that immediate delivery was of fundamental importance to the [Buyer]. The fact that the [Seller] was aware of that can especially be discerned from the behavior of Mr. Goldstein acting for the [Seller]. It was Mr. Goldstein who apologized for the delay by e-mail of 30 June 2000 and confirmed that they had agreed to have the goods delivered earlier. At the same time he promised to deliver the goods to the forwarding agent Hellman next Monday." (cf. OLG Düsseldorf 15 U 88/03, CISG-online 915, j. 21.4.2004. Disponível em <https://cisg-online.org/search-for-cases?caseId=6840>, consultado em 29.3.2022.

"O [Vendedor] não apenas garantiu que efetuaria a entrega "imediatamente" em sua confirmação do pedido, fato esse que é incontestável em conformidade com o acordo feito durante as conversas telefônicas anteriores, como também garantiu, na confirmação do pedido, que enviaria e liberaria as mercadorias imediatamente após ele ter recebido o pagamento. O fato de que as mercadorias deveriam ter sido enviadas após o recebimento de 20% do preço de compra, e não após o pagamento integral, como constou da confirmação do pedido, é incontestável. O [Vendedor] já recebeu o pagamento parcial em 29 de junho de 2000. Portanto, estava claro ao [Vendedor] que a entrega imediata era de extrema importância à [Compradora]. O fato de que o [Vendedor] estava ciente disso pode ser identificado principalmente pelo comportamento do Sr. Goldstein, o qual atua em nome do [Vendedor]. Foi o Sr. Goldstein que pediu desculpas pelo atraso por e-mail datado de 30 de junho de 2000 e confirmou que a entrega das mercadorias estava acordada para uma data ante-

Por fim, a volatilidade dos preços praticados no respectivo nicho de mercado no qual tais produtos serão comercializados também pode ser empregada como critério para aferir a caracterização da *fundamental breach*.

Embora não tenham sido identificados precedentes nos quais a parte interessada tenha sido capaz de provar essa circunstância particular no caso concreto, é possível extrair de determinados julgados que, em tese, essa seria uma linha de argumentação aceitável[151]. Assim, se eventual-

rior. Nessa mesma data, ele prometeu entregar as mercadorias ao despachante, Hellman, na segunda-feira seguinte" (tradução livre para o português).

[151] Essa conclusão foi alcançada no caso do algodão egípcio, citado na nota de rodapé nº 12: "Un retard dans la livraison de la marchandise constitue une contravention essentielle au contrat si les parties ont prevu que la livraison devait être effectuée à une date fixe, que ce jour était déterminant du point de vue de l'intérêt de l'acheteur à l'exécution du contrat et que le vendeur le savait, notamment lorsqu'il s'agit d'articles de saison. Les circonstances déterminent s'il doit en être sans autre de même pour la livraison à date fixe de biens dont le cours varie quotidiennement sur le marché. Tel est le cas quand on a affaire à un revendeur et que les prix chutent soudainement et considérablement. En présence de variations mineures des prix, la résolution du contrat dépend de la fixation d'un délai supplémentaire de courte durée selon l'art. 49 al. 1 let. B CVIM. Face à um retard considérable dans l'exécution qui constitue une violation essentielle du contrat au sens de l'art. 25 CVIM, l'acheteur est fondé à mettre immédiatement fin à la vente sans avoir préalablement fixé un délai supplémentaire" (cf. BGer Suíça 4C.105/2000, CISG-online nº 770, j. 15.9.2000. Disponível em <https://cisg-online.org/search-for-cases?caseId=6698>, consultado em 29.3.2022).
"Um atraso na entrega da mercadoria constitui uma contravenção essencial ao contrato se as partes tiverem previsto que a entrega deveria ser efetuada numa data fixa, que esse dia era determinante do ponto de vista do interesse do comprador para a execução do contrato e que o vendedor sabia disso, em especial quando se trata de artigos sazonais. As circunstâncias determinarão se é o caso também para a entrega na data fixa de bens cujo curso varia cotidianamente no mercado. Este é o caso quanto se negociam com um revendedor e que os preços caem repentinamente e consideravelmente. Na presença de variações mínimas de preço, a resolução do contrato depende da fixação de um prazo suplementar de curto prazo de acordo com o art. 49 al. 1 letra B da CVIM. Diante de um atraso considerável na execução que constitui uma violação essencial do contrato no sentido do art. 25 da CVIM, o comprador tem condições de pôr fim imediatamente à venda sem fixar previamente um prazo suplementar" (tradução livre para o português).
Em caso envolvendo o fornecimento de nafta entre um fornecedor finlandês e um comprador norte-americano (para posterior mistura com outros elementos e produção de gasolina) também se aceitou, em tese, que a flutuação do mercado poderia fazer com que um atraso quanto ao prazo de entrega representasse uma *fundamental breach*, porém não

naquele caso concreto: "Valero [comprador] introduced evidence concerning the volatility of petroleum product prices. Stuart Burt described the complex calculations which he undertakes to establish the price he will pay for the various components of the blend that he proposes to prepare from the various component products. Valero produced evidence supporting its contention that Greeni's [vendedor] failure to deliver naphtha either within the original window or by September 24 caused Valero to sell 87 RFG into the cash market. Valero faced a falling price, and the delay pushed its sale of the mix from the September market into the October market resulting in a heavy loss. If that were all that were to the scenario, that is, that Greeni's non-delivery caused these loses, Greeni's breach would be deemed fundamental. It would have resulted in such detriment to Valero as to deprive it of what it was entitled to expect under the contract, and Greeni and a reasonable person in the petroleum industry would have foreseen such a result. But the foregoing does not reflect what actually happened in this case. The delay attributable to Greeni did not stretch on into September and October. Rather, the delay attributable to Greeni is at most a two day delay. (...) Valero could have commenced mixing and using the supplies of naphtha it already had on hand; the naphtha on Bear G [embarcação contratada pelo vendedor] would have been available almost immediately thereafter; and Valero could have comfortably introduced its 87 RFG into the September market. Confirmation of this conclusion is found in the fact that Valero was willing to take delivery as late as September 24, albeit at a somewhat reduced price." (cf. Corte Distrital de New Jersey Civ. 01-5254 (DRD), CISG-online nº 1216, j. 4.4.2006. Disponível em <https://cisg-online.org/search-for-cases?caseId=7139>, consultado em 29.3.2022).

"Valero [compradora] apresentou prova com relação à volatilidade dos preços de produto petrolífero. Stuart Burt descreveu os cálculos complexos que ele realiza para estabelecer o preço que pagará pelos vários componentes da mistura que ele propõe preparar a partir dos vários produtos do componente. Valero apresentou prova que consubstancia seu argumento de que a não entrega de nafta pelo [vendedor] Greeni dentro do intervalo original nem até 24 de setembro fez com que a Valero vendesse 87 RFG no mercado à vista. Valero enfrentou uma redução de preço, e o atraso fez com a venda da mistura de setembro atrasada para o mês de outubro, o que resultou em uma perda significativa. Se o cenário se resumisse ao acima exposto, ou seja, o fato de que a não entrega pela Greeni causou essas perdas, a violação da Greeni seria considerada fundamental. Isso teria resultado em detrimento à Valero, de forma a privá-la do que ela teria o direito de esperar segundo o contrato, e a Greeni e uma pessoa razoável no setor de petróleo teria previsto esse resultado; entretanto, o acima exposto não reflete o que realmente aconteceu nesse caso. O atraso atribuível à Greeni não se estendeu até setembro e outubro. Na realidade, o atraso atribuível à Greeni é um atraso de no máximo dois dias. (...) Valero poderia ter começado a misturar e usar os suprimentos de nafta que já estavam em seu poder; a nafta no Bear G [embarcação contratada pelo vendedor] teria sido disponibilizada quase imediatamente depois disso; e Valero poderia ter introduzido confortavelmente seu 87 RFG ao mercado de setembro. A confirmação dessa conclusão é encontrada no fato de que Valero estava disposta a aceitar a entrega no máximo mente comprovado que o atraso na entrega impactou de maneira significativa o valor de mercado dos bens objeto da transação, seria possível ao comprador buscar a resolução do contrato sob o argumento de que essa redução drástica no preço da mercadoria acaba por privá-lo daquilo que buscou com o negócio.

É importante notar, entretanto, que essa não é uma linha de argumentação aceita sem restrições, valendo ressaltar a existência de interessante precedente da Corte de Hamm, na Alemanha, no qual se afirma que a flutuação dos preços praticados no mercado pode operar em favor do comprador, de modo que o atraso na entrega das mercadorias poderia, no limite, lhe ser benéfico[152]. Por essa razão, tal critério não seria o mais adequado para apurar se o descumprimento do prazo configura ou não *fundamental breach*, já que acabaria por ser excessivamente casuístico.

De acordo com a análise feita a partir dos grupos de casos elencados acima, é possível extrair quatro critérios que apontam para a caracterização da *fundamental breach* em razão do descumprimento do prazo de entrega pactuado no contrato de compra e venda: (1) existência de obrigações assumidas pelo comprador perante terceiros, e conhecidas pelo vendedor, que dependam da pontualidade da entrega; (2) sazonalidade das mercadorias; (3) destaque, pelo comprador, da essencialidade do prazo; e (4) volatilidade do valor das mercadorias.

ainda no dia 24 de setembro, ainda que a um preço um tanto reduzido" (tradução livre para o português).

[152] No caso em tela, discutia-se o fornecimento de módulos de memória para computadores, tendo o comprador alegado que a flutuação de preço neste mercado era intensa, razão pela qual teria suportado prejuízos decorrentes do atraso na entrega: "In contrast to seasonal goods, a failure to comply with a time for delivery of goods that undergo strong price fluctuations does not necessarily imply a loss of their marketability or reduced marketability. It is possible that a delayed delivery results in an advantage for the buyer if the market prices have increased in the meantime." (cf. OLG Hamm 13 U 102/01, CISG-online nº 1430, j. 12.11.2001. Disponível em <https://cisg-online.org/search-for-cases?caseId=7352>, consultado em 29.3.2022).

"Ao contrário das mercadorias sazonais, o não cumprimento de um prazo com relação à entrega de mercadorias que passarem por fortes flutuações de preço não implica necessariamente perda de sua comercialização ou comercialização reduzida. É possível que um atraso na entrega resulte em uma vantagem para a compradora se ocorrer um aumento nos preços de mercado nesse meio tempo" (tradução livre para o português).

Como é natural, o simples fato de um determinado caso concreto se encaixar em uma dessas categorias não significa que exista *fundamental breach*, seja porque os demais pressupostos da figura também devem estar presentes (*i.e.*, prejuízo substancial que prive a parte lesada daquilo que buscou com o contrato e previsibilidade desse resultado pela parte inadimplente), seja porque é sempre possível que variáveis peculiares existam em um determinado caso particular.

A ideia de organizar os casos concretos em grandes grupos evidentemente não tem a pretensão de resolver, *a priori*, toda e qualquer controvérsia que possa surgir relativa ao atraso na entrega de bens, mas a de sistematizar possíveis linhas de raciocínio e, com isso, conferir maior previsibilidade e segurança jurídica à matéria.

Estudados, assim, os casos concretos nos quais o descumprimento do prazo de entrega atinge os limites da *fundamental breach*, passemos às situações nas quais a inobservância dessa obrigação não gera consequências tão graves.

2.B. Inobservância do prazo de entrega e ausência de fundamental breach

A análise de casos nos quais se concluiu que o atraso na entrega das mercadorias não poderia dar ensejo ao término do contrato com base em uma *fundamental breach* é relevante por dois motivos principais. Em primeiro lugar, para auxiliar a desenhar os limites dos casos nos quais de fato há *fundamental breach*, abordados no tópico anterior, a partir de comparações e raciocínios *a contrario sensu*. Em segundo lugar, porque o estudo desses casos revela a importância da leitura conjugada dos artigos 49(1)(a) e 49(1)(b)[153] da CISG, bem assim o papel desempenhado pela *Nachfrist*.

[153] "Article 49: (1) The buyer may declare the contract avoided: (a) if the failure by the seller to perform any of his obligations under the contract or this Convention amounts to a fundamental breach of contract; or (b) in case of non-delivery, if the seller does not deliver the goods within the additional period of time fixed by the buyer in accordance with paragraph (1) of article 47 or declares that he will not deliver within the period so fixed."
"Artigo 49: (1) O comprador poderá declarar o contrato resolvido: (a) se o descumprimento, pelo vendedor, de qualquer das obrigações que lhe atribui o contrato ou esta Convenção constituir violação essencial do contrato; ou (b) no caso de atraso na entrega, se o vendedor não entregar as mercadorias no prazo suplementar concedido pelo comprador,

A pesquisa identificou ao menos três grupos de casos nos quais a *fundamental breach* é de difícil caracterização, sendo eles: (1) casos nos quais a existência de pequeno atraso não tira do comprador a possibilidade de comercializar as mercadorias como inicialmente planejado, a despeito da existência de um prazo ou período fixo de entrega no negócio; (2) casos nos quais as partes empregaram linguagem aberta e genérica para determinar o prazo ou período de entrega dos bens; e (3) casos nos quais se identificou que o mercado em geral, bem como as próprias partes em possíveis relações pretéritas, toleravam atrasos na entrega.

No primeiro grupo de casos, o primeiro precedente a ser analisado cuida do fornecimento de roupas de verão entre um vendedor francês e um comprador italiano, tendo o respectivo contrato sido celebrado em 21 de março de 1989. Na ocasião, acordou-se que as mercadorias deveriam ser entregues no período de 1º a 15 de julho de 1989, registrando-se no respectivo pedido a observação, em francês, "Livraison: 1-15/07/89 FIXE.O.N."

As mercadorias foram entregues ao comprador com quatro dias de atraso, em 19 de julho de 1989. Passadas diversas semanas, em 20 de outubro de 1989, o comprador notifica o vendedor informando-o de que nenhuma das roupas objeto daquele pedido havia sido comercializada, em razão de supostos problemas com suas medidas. O comprador, então, informa o vendedor que aceitaria ficar com as mercadorias, desde que lhe fosse concedido um desconto de 30% sobre o preço pactuado, além disso, afirma que o vendedor inadimpliu o contrato ao descumprir o prazo fixo de entrega acordado pelas partes. O vendedor, então, ingressou com demanda judicial para pleitear o pagamento do preço integral ajustado, acrescido de juros de mora.

Ao apreciar o caso, a Corte Distrital de Ludwigsburg, na Alemanha, além de reconhecer que o comprador perdera o prazo para se manifestar quanto a eventual desconformidade das mercadorias ou descumprimento do prazo de entrega, nos termos do artigo 49(2)(a) da Convenção, entendeu que não haveria *fundamental breach* no caso[154], já que

conforme o parágrafo (1) do artigo 47, ou se declarar que não efetuará a entrega dentro de tal prazo" (tradução livre para o português).

[154] "Having exceeded the firmly stipulated date of delivery by two days (handing the goods to the carrier being decisive), [Seller] did not commit a fundamental breach of contract in

o atraso de dois dias na entrega das roupas de verão não impediu que o comprador as colocasse à venda logo no início da estação, a despeito da previsão de um período fixo de entrega no contrato. O comprador foi, então, condenado a pagar o saldo devido ao vendedor, acrescido de juros.

Nessa mesma linha de raciocínio, o segundo precedente examinado também trata do fornecimento de roupas femininas de verão de um vendedor italiano para um comprador alemão. No contrato, as partes acordaram que as mercadorias deveriam ser entregues no período compreendido entre o início do mês de fevereiro e o dia 10 de abril, já que seriam comercializadas durante a liquidação de verão. O comprador recebeu a maior parte das roupas no período fixado no negócio, porém uma pequena parcela dos bens foi entregue apenas no dia 11 de abril. O comprador, então, passou a alegar a existência de uma *fundamental breach* e buscou resolver o contrato.

A Corte Distrital de Oldenburg, na Alemanha, afastou a existência da *fundamental breach*, por entender que o mero atraso de um dia na entrega de apenas uma pequena parte dos bens objeto da compra e venda não gerava ao comprador prejuízo substancial a ponto de frustrar seu objetivo de comercializar as roupas durante o período de liquidação. Ademais, o fato de o comprador haver, de início, recebido as mercadorias

terms of Art. 25 CISG. The goods did not lose any of their value by virtue of the delay. The fact that it could be offered to [Buyer]'s consumers only with a delay of two days has only a minor bearing on [Buyer]'s interests. [Buyer]'s argument that due to the delay the goods became 'useless' is unsubstantiated, not supported by factual evidence and therefore irrelevant." (cf. AG Ludwigsburg 4 C 549/90, CISG-online nº 17, j. 21.12.1990. Disponível em <https://cisg-online.org/search-for-cases?caseId=5999>, consultado em 29.3.2022).
"Ao exceder a data de entrega estipulada firmemente em dois dias (com a entrega das mercadorias à transportadora sendo decisiva), o [Vendedor] não cometeu uma violação contratual fundamental de acordo com os termos do Art. 25 do CISG. As mercadorias não perderam seu valor em virtude do atraso. O fato de que poderiam ser oferecidas aos clientes da [Compradora] somente com um atraso de dois dias tem apenas uma pequena influência sobre os interesses da [Compradora]. O argumento da [Compradora] de que, devido ao atraso, as mercadorias 'perderam sua utilidade' não tem fundamento, não é consubstanciado por comprovação fática e, portanto, é irrelevante" (tradução livre para o português).

sem suscitar qualquer irregularidade quanto ao prazo de entrega, corroboraria a ausência de prejuízo no caso[155].

Embora semelhantes ao caso das roupas julgado pela Corte de Apelação de Milão, abordado no tópico anterior, estes precedentes foram julgados de maneira distinta. De fato, naquele caso, entendeu-se que o atraso na entrega das mercadorias representava uma *fundamental breach*, na medida em que impedia que o comprador colocasse as roupas à venda durante o período das liquidações de final de ano. Nos últimos dois casos, entretanto, isso não ocorreu.

Os casos tiveram destinos diferentes devido ao impacto do atraso na possibilidade de o comprador comercializar as mercadorias no intervalo temporal por ele desejado. Enquanto as liquidações de final de ano costumam durar poucas semanas e, por vezes, até dias, além de ser um período de intensas ofertas por parte de todos os concorrentes, o verão

[155] "The performance period is provided for in Art. 33. [Buyers]' submission that several items of goods were not delivered, delivered unreliably or delivered too late, thus, they could no longer be used for the clearance sale, is not founded. Summer goods were ordered on 9 September 1989 on the condition that they must be delivered in the period between February, March and 10 April. This is exactly what happened. Delivering a small amount of clothing items with a one-day delay did not cause any harm because [Buyers] kept the goods and did not return them, as it would have been required to in case of an absolutely fixed transaction. Thus, this circumstance must be evaluated in accordance with Arts. 49 and 25. [Buyers] could have enforced a claim for damages or their right of avoidance. However, lacking further provisions in the contract, a one-day delivery does not qualify as a fundamental breach." (cf. LG Oldenburg 12 O 2541/95, CISG-online nº 188, j. 27.3.1996. Disponível em <https://cisg-online.org/search-for-cases?caseId=6163>, consultado em 29.3.2022).
"O prazo de execução é previsto pelo Art. 33. A alegação da [Compradora] de que vários artigos das mercadorias não foram entregues, foram entregues em caráter duvidoso ou entregues com muito atraso, e, por isso, não poderiam mais ser usados para a queima total de estoque, não tem fundamento. As mercadorias de verão foram encomendadas em 9 de setembro de 1989 sob a condição de que deveriam ser entregues no período entre fevereiro, março e 10 de abril. Foi exatamente isso que aconteceu. A entrega de uma quantidade menor de artigos de vestuário com um dia de atraso não causou nenhum prejuízo, visto que a [Compradora] manteve as mercadorias e não as devolveu, o que teria sido necessário em caso de uma operação absolutamente fixa. Sendo assim, essa circunstância deve ser avaliada em conformidade com os Artigos 49 e 25. A [Compradora] poderia ter pleiteado indenização ou a resolução do contrato. Contudo, na ausência de disposições adicionais no contrato, a entrega com um dia de atraso não se qualifica como uma violação fundamental" (tradução livre para o português).

se prolonga por meses, de maneira que um atraso de apenas dois dias dificilmente poderia tornar a comercialização das roupas impraticável, frustrando o interesse do credor. Quanto ao último caso, referente às liquidações de verão, o dado relevante parecer ser o de que o comprador recebeu parte significativa das mercadorias no prazo acordado e apenas uma pequena porção um dia após este, o que não inviabilizou sua comercialização no período de ofertas.

Já no segundo grupo, tem-se caso envolvendo o fornecimento de sapatos de um vendedor italiano para um comprador alemão, no qual a Corte Distrital de Nordhorn, na Alemanha, também afastou a existência de uma *fundamental breach* em razão do alegado descumprimento do prazo de entrega das mercadorias. Quando da celebração do contrato, as partes ajustaram que a entrega deveria ocorrer antes das férias ("*prima ferie non dopo*", foi a expressão utilizada), o que, para o mercado de sapatos italiano significava antes do mês de agosto. No respectivo pedido, constava a informação de que a data de entrega era apenas aproximada e, como tal, não vinculante ("*Consegna approssimativa senza impegno*").

Parte das mercadorias foi entregue no dia 5 de agosto, porém o restante apenas em 24 de setembro. Nesse ínterim, o comprador resolveu o contrato invocando a existência de uma *fundamental breach* e, na sequência, o vendedor ingressou em juízo para cobrar o pagamento do preço que ainda estava em aberto. A alegação de *fundamental breach* foi afastada no caso concreto, por se entender que a maneira pela qual as partes fixaram o prazo de entrega era ambígua e aberta, além de terem indicado seu caráter não vinculante, o que revelava que a tempestividade da entrega das mercadorias não era essencial nesse negócio[156].

156 "The Court does not need to decide whether the clause would also find application to a time bargain. The remark 'before the holidays, no later' does not constitute a fixed delivery date. Such a fixed date could only be assumed if the transaction was supposed to 'stand and fall' with a delivery by that date. This was not the intention of the parties. Firstly, the wording is ambiguous. Secondly, the [buyer]'s conduct after the expiry of that date shows that a fixed delivery date was not intended. The [buyer], on the one hand, still accepted a delivery made on 5 August 1993 and, on the other hand, failed to refuse an additional period of time for performance by the [seller] of its obligations until 10 September 1993, as required by Art. 48(2) and (3) CISG." (cf. AG Nordhorn 3 C 75/94, CISG-online nº 259, j. 14.6.1994. Disponível em <https://cisg-online.org/search-for-cases?caseId=6233>, consultado em 29.3.2022).

A falta de precisão na linguagem empregada para estipular o prazo de entrega também foi o fundamento empregado pela Corte de Hamm, na Alemanha, para afastar a existência de uma *fundamental breach* no já mencionado caso envolvendo o fornecimento de módulos de memória para computadores de um vendedor chinês para um comprador alemão. Em 3 de janeiro de 2000, o comprador encomendou 1000 unidades dos referidos módulos, via fax, com a observação de que a entrega deveria ocorrer "assim que possível".

As partes já haviam celebrado negócios anteriores e o comprador possuía uma espécie de linha de crédito junto ao vendedor. No entanto, como o pagamento por um pedido pretérito ainda constava em aberto, o comprador, naquele momento, estava sem crédito. O vendedor aguardou a confirmação de quitação do débito pretérito, no dia 4 de janeiro de 2000, para então encaminhar as mercadorias à empresa transportadora que, por sua vez, realizou a entrega ao comprador no dia 7 de janeiro de 2000. No mesmo dia, o comprador retransmitiu o fax inicialmente enviado ao vendedor, mas, desta vez, a expressão entrega "assim que possível" estava rasurada e, em seu lugar, estava escrito "cancelado". Na sequência, o comprador providenciou a devolução das mercadorias para a alfândega alemã, em clara demonstração de resolução do negócio.

Diante disso, e após tentativas de composição amigável entre as partes, o comprador ingressou em juízo para demandar o pagamento dos valores em aberto pelo fornecimento dos módulos de memória. Em sua defesa, o comprador alegou que, em linha com os demais negócios celebrados entre as partes no passado, o vendedor deveria realizar a entrega das mercadorias no prazo máximo de dois a três dias. Ao não respeitar esse prazo, segundo o comprador, o vendedor praticou *fundamental bre-*

"O Tribunal não precisa decidir se a cláusula também encontraria aplicação a uma negociação de prazo. A anotação 'antes das festas, não depois' não constitui uma data de entrega fixa. Essa data fixa somente poderia ser presumida se o 'êxito ou fracasso' da operação dependesse dessa entrega pontual. Essa não era a intenção das partes. Em primeiro lugar, a redação é ambígua. Em segundo lugar, a conduta da [compradora] após a expiração dessa data revela que uma data de entrega fixa não era pretendida. Por um lado, a [compradora] mesmo assim aceitou uma entrega feita em 5 de agosto de 1993 e, por outro lado, não recusou um prazo adicional para o cumprimento, pelo [vendedor], de suas obrigações até 10 de setembro de 1993, conforme exigido pelo Art. 48(2) e (3) do CISG" (tradução livre para o português).

ach, já que o preço dos módulos de memória é volátil e sofre variações diárias, de maneira que a tempestividade da entrega seria essencial no caso concreto.

A Corte de Hamm afastou as alegações do comprador e acolheu o pedido de pagamento do vendedor, por entender que, ainda que em negócios prévios a entrega tenha sido mais rápida, as partes não haviam pactuado um prazo de entrega fixo e improrrogável, de modo que não seria possível se falar em *fundamental breach* no caso. Segundo se apontou no julgado em tela, a expressão "assim que possível" não era suficiente para atribuir tanta importância à entrega expedita[157]. Conclusão semelhante foi alcançada em caso envolvendo o fornecimento de madeira para construção de um vendedor belga para um comprador alemão[158].

[157] "The parties have not designated any firm date; even on the basis of [Buyer]s submissions, neither in the contract at hand nor in previous contracts would they have expressly agreed that compliance with a time limit for delivery be crucial for the existence of the contract as a whole. The formulation 'as soon as possible' as contained in [Buyer]'s order does not point towards a firm deal, as well. Other than, *e.g.*, the term 'at the latest', it does not sufficiently indicate the importance of delivery in time." (cf. OLG Hamm 13 U 102/01, CISG-online nº 1430, j. 12.11.2001. Disponível em <https://cisg-online.org/search-for--cases?caseId=7352>, consultado em 29.3.2022).
"As partes não designaram qualquer data específica; mesmo com base nas alegações da [Compradora], nem no contrato em tela nem em quaisquer contratos anteriores foi por elas acordado expressamente que o cumprimento de um prazo de entrega seria crucial para a existência do contrato como um todo. Tampouco a formulação "assim que possível" que consta no pedido da [Compradora] indica uma negociação firme. À exceção, por exemplo, do termo 'até, no máximo', a formulação acima não indica suficientemente a importância da entrega no prazo" (tradução livre para o português).

[158] Por ter se entendido que as datas de entrega constantes do negócio eram meras previsões, a Corte de Apelação da Antuérpia afastou a existência de uma *fundamental breach* no caso: "According to the [Buyer], binding terms for the three shipments were determined, namely, November, December 1999 and January 2000 and the first judge wrongly decided that these were merely 'expected dates of shipment'. We agree with the first judge that no binding dates for delivery were agreed on in the contract. The general conditions state: 'expected shipment. November/December/January 2000)'. Further, article 3.0 of the general conditions of the [Seller] states that: 'Unless the indicated date for shipment is explicitly guaranteed, prior information on the date of shipment is merely an estimate, based on the assessment by the seller at that moment.' (...) The [Buyer] thus incorrectly defends that the late deliveries by the [Seller] constitute a breach of article 33(b) CISG in which it stated that goods have to be delivered within the agreed terms. There is no proof of a breach concerning the timely delivery of goods, neither on the basis of the contract of 4 October 1999,

Por fim, no terceiro grupo, é digno de nota interessante caso envolvendo o fornecimento de peças de frango congeladas de um vendedor norte-americano para um comprador romeno. As mercadorias objeto do contrato foram divididas em quatro pedidos distintos com datas de entrega também distintas, que poderiam ser estendidas em até duas semanas[159], sendo que o prazo de entrega mais avançado findava em 29 de maio de 2006.

Mesmo após o escoamento do prazo adicional, as mercadorias não foram entregues, o que, entretanto, não foi objeto de reclamação ou qualquer tipo de impugnação da parte do comprador. No início do mês de junho, o governo romeno editou decreto pelo qual proibia a entrada de qualquer derivado de frango no país que não fosse registrado pelas autoridades aduaneiras até o dia 7 de junho, no máximo, devido a um surto de gripe aviária que se alastrou por diversos países. O vendedor não foi capaz de registrar todas as mercadorias até o prazo estipulado no decreto romeno, o que impossibilitou que os frangos congelados, objeto do contrato, fossem entregues ao comprador.

No caso, dentre outros assuntos, discutiu-se se o atraso no envio das mercadorias deu ensejo a uma *fundamental breach*, pois, no limite, impos-

nor in the CISG." (cf. Corte de Apelação da Antuérpia 2002/AR/2087, CISG-online nº 1258, j. 24.4.2006. Disponível em <https://cisg-online.org/search-for-cases?caseId=7181>, consultado em 29.3.2022).

"De acordo com a [Compradora], os termos vinculativos referentes aos três embarques foram determinados, a saber: novembro e dezembro de 1999 e janeiro de 2000, e o primeiro juiz decidiu erroneamente que essas eram apenas 'datas de embarque previstas'. Concordamos com o primeiro juiz que não foram acordadas quaisquer datas vinculativas de entrega no contrato. As condições gerais dispõem: 'embarque esperado: novembro/dezembro/janeiro de 2000)'. Além disso, o artigo 3.0 das condições gerais do [Vendedor] prevê que: 'A menos que a data indicada para o embarque seja expressamente garantida, informações anteriores sobre a data de embarque são apenas uma estimativa, com base na avaliação, pelo vendedor, naquele momento'. (...) Dessa forma, a [Compradora] defende incorretamente que o atraso nas entregas, pelo [Vendedor], constitui uma violação do artigo 33(b) do CISG, afirmando que as mercadorias deveriam entregues de acordo com os termos acordados. Não há qualquer comprovação de uma violação com relação à entrega tempestiva das mercadorias, nem com base no contrato datado de 4 de outubro de 1999 nem com base no CISG" (tradução livre para o português).

[159] Os pedidos foram registrados da seguinte maneira: No. 38268-38297: 4/24/06 +1-2 weeks / No. 38298-30297: 5/1/06 + 1-2 weeks etc.

sibilitou sua entrega ao comprador. O tribunal arbitral responsável pelo julgamento do conflito, que tramitou perante a American Arbitration Association, entendeu que o fato de nesse mercado específico atrasos serem tolerados com frequência, circunstância que também se verificava entre as partes, seja nessa relação, já que o comprador não objetou ao atraso em qualquer momento, seja em negócios pretéritos, apontava para a inexistência de *fundamental breach*[160], a despeito da posterior frustração do negócio com a emissão do decreto romeno. Não obstante, segundo indicou o tribunal arbitral, para afastar a configuração da *fundamental breach*, a parte inadimplente deve provar tais pontos de maneira exaustiva[161].

[160] Argumentação semelhante também foi empregada no já mencionado precedente da Corte de New Jersey envolvendo o fornecimento de nafta, cf. Corte Distrital de New Jersey Civ. 01-5254 (DRD), CISG-online nº 1216, j. 4.4.2006. Disponível em <https://cisg-online.org/search-for-cases?caseId=7139>, consultado em 29.3.2022.

[161] "Evidence at hearing established that in the normal course of dealing within the industry, as well as between the two parties to this proceeding, some flexibility in delivery was allowed at times, albeit with industry players utilizing somewhat different (rather than uniform) purchase order language on shipment terms. (...) While Buyer did become more insistent regarding prompt delivery as the month of May progressed, Buyer did not formally claim breach; nor did Buyer set another delivery date prior to the issuance of a decree by the Romanian government, which established a chicken product importation ban with virtually no notice. (...) Under a strict reading of the CISG provisions above and the language on the face of the Contracts, Seller breached the Contracts upon the expiration of the additional two weeks expressly granted in the Contracts beyond the fixed delivery date. The lapse in time between the contractual shipment periods and the Romanian government's blockage of imports was a matter of weeks or days, depending upon the particular Contract. However, this delay in performance did not amount to a fundamental breach for several reasons. As explained below, first, the parties' prior course of dealing and industry practice allowed for some flexibility in the delivery date – a flexibility that was shown in Buyer's responses here, at least at the onset of the delivery delay. Second, the Buyer and Seller appear to have revised the contract as to shipment dates as a matter of law under the CISG, at least for a limited period, through their continued dealing, based on the email chains reflected in the evidentiary record. Third, even if the breach could have been considered fundamental, Buyer failed to notify Seller of Buyer's avoidance, which is legally significant" (cf. AAA 50181T 0036406, CISG-online nº 1645, j. 23.10.2007. Disponível em <https://cisg-online.org/search-for-cases?caseId=7564>, consultado em 29.3.2022).
"As provas produzidas na audiência estabeleceram que, no curso normal de negociação no setor, bem como entre as duas partes desse processo, em alguns momentos se permitia uma flexibilidade na entrega, ainda que os *players* do setor utilizem termos relativamente dife-

Como anunciado no início deste tópico, a pesquisa, portanto, identificou três critérios que, via de regra, irão sugerir ausência de *fundamental breach* decorrente do atraso na entrega das mercadorias, sendo eles: (1) pequeno atraso que não tira do comprador a possibilidade de comercializar as mercadorias como inicialmente planejado; (2) emprego de linguagem aberta e genérica para determinar o prazo ou período de entrega dos bens; e (3) tolerância do mercado em geral ou das próprias partes com relação a atrasos.

Em todos esses casos, constatado o atraso na entrega das mercadorias e não estando clara, de plano, a existência de uma *fundamental breach*, o comprador pode fixar uma *Nachfrist* para que o vendedor cumpra sua obrigação[162], em conformidade com os artigos 47(1)[163] e 49(1)(b) da

rentes (e não uniformes) no que se refere às condições de embarque. (...) Embora a Compradora tenha se tornado mais insistente com relação à entrega imediata no decorrer do mês de maio, a Compradora não suscitou formalmente uma violação do contrato; tampouco a Compradora estabeleceu outra data de entrega antes da emissão de um decreto pelo governo romeno estabelecendo a proibição de importação de produtos de frango sem praticamente qualquer aviso. (...) Segundo uma leitura estrita das disposições da CISG e da linguagem empregada nos Contratos, o Vendedor violou os Contratos após a expiração das duas semanas adicionais expressamente concedidas nestes após a data de entrega fixa. O decurso de prazo entre os períodos de embarque previstos nos contratos e o bloqueio de importações pelo governo romeno foi uma questão de semanas ou dias, dependendo do Contrato específico. Contudo, esse atraso no cumprimento não constitui uma violação fundamental por vários motivos. Conforme explicado acima, em primeiro lugar, as negociações anteriores das partes, bem como a praxe do mercado permitiam certa flexibilidade na data de entrega – uma flexibilidade que foi revelada nas respostas da Compradora aqui, pelo menos quanto ao início do atraso na entrega. Em segundo lugar, a Compradora e o Vendedor parecem ter revisado o contrato com relação às datas de embarque nos termos da CISG, pelo menos por um período de tempo limitado, por meio de sua contínua negociação, com base nas cadeias de e-mails constantes do conjunto probatório. Em terceiro lugar, mesmo que a violação pudesse ser considerada fundamental, a Compradora não notificou o Vendedor quanto à sua intenção de resolver o contrato, o que é juridicamente significativo" (tradução livre para o português).

[162] Cf. U. G. Schroeter, *Part III. Chapter I. General Provisions*, in P. Schlechtriem – I. Schwenzer, *Commentary on the UN Convention on the International Sale of Goods (CISG)*, 3ª ed., Nova Iorque, Oxford University Press, 2010, p. 420.

[163] "Article 47: (1) The buyer may fix an additional period of time of reasonable length for performance by the seller of his obligations."

"Artigo 47: (1) O comprador pode fixar prazo suplementar para que o vendedor cumpra suas obrigações" (tradução livre para o português).

CISG e como abordado no item 4, *supra*. Somente após o escoamento de tal prazo sem cumprimento do acordado, ou na hipótese de o vendedor declarar antecipadamente que não cumprirá a obrigação, é que se abrirá ao comprador a possibilidade de resolver o contrato por inadimplemento.

A conjugação dos critérios estudados no item 3, *supra*, com os agora identificados forma um conjunto orientativo de valor na análise de casos que versem a respeito do atraso na entrega de mercadorias, auxiliando o intérprete a desvendar em quais casos a inobservância do termo pactuado é essencial e pode levar à existência de *fundamental breach*.

3. Entrega de mercadorias em desconformidade com o contrato

Para cumprir o pactuado, o vendedor deve entregar ao comprador mercadorias que se mostrem conformes ao contrato. No âmbito da CISG, o conceito de conformidade envolve tanto aspectos quantitativos[164] como qualitativos, além de compreender também a forma de acondicionamento dos bens nas respectivas embalagens.

Ao contrário do que se verifica em muitos sistemas nacionais, inclusive no brasileiro, no âmbito da CISG, a entrega de mercadorias distintas daquelas descritas no contrato, seja sob o aspecto quantitativo, seja sob o qualitativo, não implica o descumprimento da obrigação de entrega propriamente dita, sendo a questão analisada sob a ótica da desconformidade apenas. Nesse sentido, considera-se que a obrigação de entregar os bens objeto do contrato foi cumprida, porém de maneira desconforme ao pactuado pelas partes[165].

164 Na Convenção, a entrega de mercadorias em quantidade diversa daquela acordada pelas partes é vista como um problema de desconformidade dos bens e não de descumprimento da obrigação de entregá-los propriamente dita (cf. *The Secretariat Commentary on the 1978 Draft article 33*. Disponível em <https://uncitral.un.org/sites/uncitral.un.org/files/media-documents/uncitral/en/a-conf-97-19-ocred-eng.pdf>, consultado em 29.3.2022).

165 Nesse sentido, vale conferir os esclarecimentos contidos nos comentários da Secretaria da UNCITRAL ao art. 35 da Convenção: "This article differs from ULIS in one important respect. Under ULIS the seller had not fulfilled his obligation to 'deliver the goods' where he handed over goods which failed to conform to the requirements of the contract in respect of quality or description. However, under this Convention, if the seller has handed over or placed at the buyer's disposal goods which meet the general description of the contract, he has 'delivered the goods' even though those goods do not conform in respect of quantity or quality. It should be noted, however, that, even though the goods have been

'delivered', the buyer retains his remedies for the non-conformity of the goods." (cf. *The Secretariat Commentary on the 1978 Draft article 35*. Disponível em <https://uncitral.un.org/sites/uncitral.un.org/files/media-documents/uncitral/en/a-conf-97-19-ocred-eng.pdf>, consultado em 29.3.2022).

"Este artigo difere da ULIS [Lei Uniforme sobre Venda Internacional de Mercadorias] em um aspecto importante. Segundo a ULIS, o vendedor não cumpria sua obrigação de 'entregar as mercadorias' ao entregar mercadorias que não estavam em conformidade com as exigências do contrato quanto à sua qualidade ou descrição. Entretanto, segundo essa Convenção, se o vendedor entregou ou colocou à disposição do comprador mercadorias que atendam à descrição geral do contrato, ele 'entregou as mercadorias', mesmo que elas não estejam em conformidade quanto à quantidade ou qualidade. Deve-se observar, entretanto, que, mesmo que as mercadorias tenham sido 'entregues', a compradora mantém a possibilidade de recorrer a remédios em razão de sua desconformidade" (tradução livre para o português).

E, ainda: "In Article 35 all cases of non-conformity of the goods are regarded as defective performance of the delivery obligation. Thus, the Convention has avoided the various distinctions still acknowledged in domestic laws between conditions and warranties [English law], and specially the difficult [civil law] distinction between delivery of goods of a different kind (*aliud pro alio*) and defects or lack of qualities. Article 35 replaces these distinctions with the unique notion of breach of contract (...). Now the major distinction underlying the Convention is between fundamental and non-fundamental breach." (cf. C. M. Bianca, *Bianca-Bonell Commentary on the International Sales Law*, Giuffrè, Milão, 1987, p. 269).

"No Artigo 35, todos os casos de não conformidade das mercadorias são considerados como cumprimento defeituso da obrigação de entrega. Dessa forma, a Convenção evitou as diversas distinções que ainda são reconhecidas nas leis domésticas entre condições e garantias [*common law*], e, especificamente, a difícil distinção [*civil law*] entre a entrega de mercadorias de natureza diferente (*aliud pro alio*) e defeitos ou falta de qualidades. O Artigo 35 substitui essas distinções com uma única noção de violação de contrato (...). Agora a principal distinção subjacente à Convenção é entre uma violação fundamental e não fundamental" (tradução livre para o português).

"Art. 35 is based on a wide concept of non-conformity which has to be interpreted broadly and autonomously from comparable national concepts. (...) As a consequence of this uniform concept of non-conformity, there is no need and no justification for the subtle distinctions between the various forms of deviations that exist under many national laws. In principle, Art. 35 does not distinguish between the delivery of 'defective goods' and the delivery of 'different goods', *i.e.* between *peius* and *aliud* or different types of *aliud* (capable and incapable of being approved by the buyer)" (cf. S. Kröll, *Part III. Chapter II. Obligations of the Seller*, in S. Kröll – L. Mistelis – P. Perales Viscasillas, *UN Convention on the International Sale of Goods (CISG)*, 2ª ed., Munique, Beck/Hart, 2011, p. 492).

"O Art. 35 é baseado em um conceito amplo de não conformidade que deve ser interpretado de forma abrangente e autônoma de conceitos nacionais semelhantes. (...) Como con-

O ponto de partida e a pedra angular para avaliar a conformidade das mercadorias é, naturalmente, o próprio texto contratual[166], como previsto no artigo 35(1) da CISG[167]. Nesse sentido, o vendedor está obrigado a fornecer bens na quantidade, com a qualidade e embalados como previsto no negócio celebrado entre as partes. Na hipótese de o contrato ser omisso a propósito, o intérprete deve recorrer ao artigo 35(2)[168], que

sequência desse conceito uniforme de não conformidade, não há qualquer necessidade nem justificativa para se recorrer às sutis distinções entre as várias formas de desvio que existem nas diversas leis nacionais. Em princípio, o Art. 35 não faz distinção entre a entrega de 'mercadorias defeituosas' e a entrega de 'mercadorias distintas', ou seja, entre *peius* e *aliud* ou diferentes tipos de *aliud* (que podem ou não ser aprovados pela compradora)" (tradução livre para o português).

[166] "Here the parties do not derogate from the Convention, but, according to its provision, fix the content of the seller's obligation. It is up to the parties, indeed, to determine their obligations, and therefore the Convention's criteria have only a suppletive role in respect to the parties' agreements (...) Accordingly, the criteria of Article 35 are to be applied only in the absence of an express or implied contractual provision. Thus, one must first seek the proper content of the seller's obligations through interpretation of the contract" (cf. C. M. Bianca, *Bianca-Bonell Commentary on the International Sales Law*, Giuffrè, Milão, 1987, p. 271). No mesmo sentido, cf. P. Schlechtriem, *Uniform Sales Law – The UN-Convention on Contracts for the International Sale of Goods*, Vienna, Manz, 1986, p. 66.
"Aqui as partes não derrogam da Convenção, mas, de acordo com disposição desta, fixam o conteúdo da obrigação do vendedor. De fato, fica a critério das partes determinar suas obrigações, e, portanto, os critérios da Convenção têm apenas um papel supletivo com relação aos acordos das partes (...) Consequentemente, os critérios do Artigo 35 serão aplicáveis somente na ausência de disposição contratual expressa ou tácita. Sendo assim, deve-se, primeiramente, buscar o conteúdo adequado das obrigações do vendedor por meio de interpretação do contrato" (tradução livre para o português).

[167] "Article 35: (1) The seller must deliver goods which are of the quantity, quality and description required by the contract and which are contained or packaged in the manner required by the contact."
"Artigo 35: (1) O vendedor deve entregar bens que correspondam à quantidade, qualidade e descrição previstas no contrato, acondicionadas ou embaladas na forma nele estabelecida" (tradução livre para o português).

[168] "Article 35: (2) Except where the parties have agreed otherwise, the goods do not conform with the contract unless they: (a) are fit for the purposes for which goods of the same description would ordinarly be used; (b) are fit for any particular purpose expressly or impliedly made known to the seller at the time of the conclusion of the contract, except where the circumstances show that the buyer did not rely, or that it was unreasonable for him to rely, on the seller's skill and judgement; (c) possess the qualities of goods which the seller has held out to the buyer as a sample or model; (d) are contained or packaged in the

traz elementos subsidiários para informar a análise da conformidade das mercadorias[169]. Nesse particular, assumem relevância as práticas usuais do mercado no qual atuam as partes e os usos do comércio internacional, que representam os requisitos mínimos de qualidade das mercadorias. A investigação hermenêutica deve sempre se pautar pelo uso ordinário atribuído aos bens objeto do contrato no mercado relevante[170] ou por qualquer uso particular expressa ou implicitamente revelado pelo comprador por ocasião da celebração do negócio.

Constatada qualquer desconformidade nas mercadorias objeto do contrato, cabe ao comprador dar notícia desta ao vendedor em um "*período razoável*" desde que dela tomou, ou devesse ter tomado, conhecimento, sob pena de se ver impedido de recorrer aos remédios previstos na CISG para aplacar esta espécie de inadimplemento[171]. Como regra geral, o comprador possui o prazo máximo de dois anos para sus-

manner usual for such goods or, where there is no such manner, in a manner adequate to preserve and protect the goods."

"Artigo 35: (2) Salvo se as partes houverem acordado de outro modo, as mercadorias não serão conformes ao contrato a menos que: (a) sejam adequadas ao uso para o qual mercadorias do mesmo tipo normalmente se destinam; (b) sejam adequadas a algum uso especial que, expressa ou implicitamente, tenha sido informado ao vendedor por ocasião da conclusão do contrato, salvo se as circunstâncias revelarem que o comprador não confiou na competência e no julgamento do vendedor ou que não era razoável fazê-lo; (c) possuam as qualidades de amostras ou modelos de mercadorias que o vendedor tenha apresentado ao comprador; (d) estejam embaladas ou acondicionadas na forma habitual para tais mercadorias ou, à falta desta, de modo apropriado à sua conservação e proteção" (tradução livre para o português).

[169] Cf. I. Schwenzer, *Part III. Chapter II. Obligations of the Seller*, in P. Schlechtriem – I. Schwenzer, *Commentary on the UN Convention on the International Sale of Goods (CISG)*, 3ª ed., Nova Iorque, Oxford University Press, 2010, p. 575.

[170] Cf. I. Schwenzer, *Part III. Chapter II. Obligations of the Seller*, in P. Schlechtriem – I. Schwenzer, *Commentary on the UN Convention on the International Sale of Goods (CISG)*, 3ª ed., Nova Iorque, Oxford University Press, 2010, p. 575 e 578.

[171] "Article 39: (1) The buyer loses the right to rely on a lack of conformity of the goods if he does not give notice to the seller specifying the nature of the lack of conformity within a reasonable time after he has discovered it or ought to have discovered it."

"Artigo 39: (1) O comprador perde o direito de alegar a desconformidade das mercadorias se não der notícia desta ao vendedor, especificando sua natureza, num prazo razoável a partir do momento em que a constatar ou devesse tê-la constatado" (tradução livre para o português).

citar qualquer espécie de desconformidade, a menos que tal prazo seja incompatível com garantias contratuais porventura existentes[172].

Na hipótese de a desconformidade das mercadorias ser relevante a ponto de representar uma *fundamental breach*, ao comprador abrem-se duas alternativas: resolver o contrato, nos termos do artigo 49(1) ou exigir a substituição das mercadorias desconformes, como previsto no artigo 46(2)[173]. A possibilidade de recorrer a tais remédios apenas em casos de *fundamental breach* justifica-se pela opção dos legisladores do texto internacional de apenas admitirem a resolução contratual como última medida, bem como pela necessidade de se evitar o trânsito desnecessário de mercadorias no comércio internacional.

Caso a desconformidade não configure *fundamental breach*, o comprador pode exigir que o vendedor promova o reparo das mercadorias (artigo 46(3)[174]), o abatimento proporcional do preço contratado

[172] "Article 39: (2) In any event, the buyer loses the right to rely on a lack of conformity of the goods if he does not give the seller notice thereof at the latest within a period of two years from the date on which the goods were actually handed over to the buyer, unless this time limit is inconsistent with a contractual period of guarantee."
"Artigo 39: (2) Em qualquer caso, o comprador perde o direito de alegar a desconformidade se não comunicá-la ao vendedor no prazo máximo de dois anos a partir da data em que as mercadorias efetivamente passarem à sua posse, salvo se tal prazo for incompatível com eventual período de garantia previsto no contrato" (tradução livre para o português).

[173] "Article 46: (2) If the goods do not conform with the contract, the buyer may require delivery of substitute goods only if the lack of conformity constitutes a fundamental breach of contract and a request for substitute goods is made either in conjunction with notice given under article 39 or within a reasonable time thereafter."
"Artigo 46: (2) Se as mercadorias não forem conformes ao contrato, o comprador pode exigir a entrega de mercadorias substitutas, desde que a desconformidade represente uma violação essencial do contrato e o pedido de substituição de mercadorias seja feito no momento da comunicação de desconformidade a que se refere o artigo 39 ou num prazo razoável a contar desse momento" (tradução livre para o português).

[174] "Article 46: (3) If the goods do not conform with the contract, the buyer may require the seller to remedy the lack of conformity by repair, unless this is unreasonable having regard to all the circumstances. A request for repair must be made either in conjunction with notice given under article 39 or within a reasonable time thereafter."
"Artigo 46: (3) Se as mercadorias não forem conformes ao contrato, o comprador pode exigir que o vendedor as repare para sanar a desconformidade, salvo se isto não for razoável tendo em vista as circunstâncias do caso. O requerimento de reparo das mercadorias deve

(artigo 50[175]) ou, ainda, reclamar perdas e danos (artigo 74[176]), cumulativamente ou não, a depender do caso concreto.

Em termos teóricos, a desconformidade das mercadorias representará uma *fundamental breach* sempre que for suficiente para privar o comprador daquilo que este buscou com a celebração do contrato ou, de forma mais específica, quando tornar os bens impróprios para o uso revelado no contrato ou habitualmente a eles atribuído, seja porque os bens são defeituosos, seja porque são distintos daquilo que foi contratado, seja, ainda, porque foram acondicionados de maneira imprópria.

O tema não é de menor relevância, já que, no âmbito da CISG, a maior parte dos conflitos entre compradores e vendedores versa, jus-

ser feito em conjunto com a comunicação de desconformidade a que se refere o artigo 39 ou num prazo razoável a contar desse momento" (tradução livre para o português.

[175] "Article 50: If the goods do not conform with the contract and whether or not the price has already been paid, the buyer may reduce the price in the same proportion as the value that the goods actually delivered had at the time of the delivery bears to the value that conforming goods would have had at that time. However, if the seller remedies any failure to perform his obligations in accordance with article 37 or article 48 or if the buyer refuses to accept performance by the seller in accordance with those articles, the buyer may not reduce the price."
"Artigo 50: Se as mercadorias não forem conformes ao contrato, independentemente de o preço já ter sido pago, o comprador pode reduzir o preço proporcionalmente à diferença existente entre o valor das mercadorias entregues, no momento da entrega, e o valor que teriam mercadorias conformes ao contrato nesse momento. Todavia, se o vendedor remediar qualquer descumprimento de suas obrigações de acordo com o artigo 37 ou com o artigo 48, ou se o comprador se recusar a aceitar a execução da prestação pelo vendedor de acordo com tais artigos, o comprador não poderá reduzir o preço" (tradução livre para o português).

[176] "Article 74: Damages for breach of contract by one party consist of a sum equal to the loss, including loss of profit, suffered by the other party as a consequence of the breach. Such damages may not exceed the loss which the party in breach foresaw or ought to have foreseen at the time of the conclusion of the contract, in the light of the facts and matters of which he then knew or ought to have known, as a possible consequence of the breach of contract."
"Artigo 74: As perdas e danos decorrentes de violação do contrato por uma das partes consistirão no valor equivalente ao prejuízo sofrido, inclusive lucros cessantes, suportados pela outra parte em consequência do descumprimento. A indenização não pode exceder a perda que a parte inadimplente previu ou deveria ter previsto, como possível consequência do descumprimento do contrato, no momento da celebração do negócio" (tradução livre para o português).

tamente, sobre a conformidade dos bens entregues com o negócio celebrado entre as partes, como aponta a doutrina[177] e revelou a pesquisa jurisprudencial realizada neste trabalho. A questão, naturalmente, é objeto de divergências acadêmicas especialmente quanto à extensão da desconformidade que pode levar à *fundamental breach* e à possibilidade de o inadimplemento ser curado pelo vendedor[178], na forma do artigo 48(1)[179] da CISG.

[177] Cf. J. Honnold, *Uniform Law for International Sales under the 1980 United Nations Convention*, 3ª ed., Haia, Kluwer Law International, 1999, p. 251.

[178] *"How defective must the seller's performance be in order to amount to a 'fundamental breach'?* Separating the scenario of a seller's fundamental breach, as opposed to a buyer's, I would place at the top of the list of unresolved issues one concerning delivery of non-conforming goods. There is consensus that there can be no fundamental breach on the part of the seller – hence no right to avoid on the part of the buyer – as long as the buyer can use or resell the goods without much inconvenience. (...) *Should the possibility of cure or repair to remove a defect, or of delivering substitutes, be taken into account in determining whether a breach is 'fundamental'?* The clash between the seller's right to cure or repair, that is, to have a second chance to perform, and the buyer's right to avoid the contract for fundamental breach should also be listed as an unresolved issue, for there are those who privilege one right over the other." (cf. A. Garro in F. Ferrari – H. Flechtner – R. Brand, *The Draft UNCITRAL Digest and Beyond – Cases, Analysis and Unresolved Issues in the UN Sales Convention*, 1ª ed., Munique, European Law Publishers, 2003, pp. 365-366).

"Quão defeituoso deve ser o cumprimento do vendedor para que constitua uma 'violação fundamental'? Separando o cenário de uma violação fundamental pelo vendedor, em oposição à do comprador, eu colocaria no topo da lista de questões não solucionadas a referente à entrega de mercadorias não conformes. Há um consenso de que não pode haver qualquer violação fundamental por parte do vendedor – consequentemente, nenhum direito de resolução por parte do comprador – na medida em que o comprador puder usar ou revender as mercadorias sem muito inconveniente. (...) *A possibilidade de reparação ou remediação para curar um defeito, ou de entrega de mercadorias substituta, devem ser consideradas ao determinar se uma violação é 'fundamental'?* O conflito entre o direito do vendedor de reparar ou remediar, ou seja, de ter uma segunda chance para cumprir a obrigação, e o direito do comprador de resolver o contrato devido à violação fundamental também deve ser listado como uma questão não solucionada, já que há quem privilegie um direito em detrimento ao outro" (tradução livre para o português).

[179] "Article 48: (1) Subject to article 49, the seller may, even after the date for delivery, remedy at his own expense any failure to perform his obligations, if he can do so without unreasonable delay and without causing the buyer unreasonable inconvenience or uncertainty of reimbursement by the seller of expenses advanced by the buyer. However, the buyer retains any right to claim damages as provided for in this Convention."

Com o objetivo de melhor delinear as hipóteses nas quais isto pode ocorrer, nos tópicos subsequentes serão analisados e agrupados casos concretos que versam sobre a matéria. Primeiro serão estudados os precedentes que tratam de desconformidades de ordem qualitativa e, em seguida, os casos que tratam de desconformidades quantitativas.

3.A. Desconformidade qualitativa e fundamental breach

No que diz respeito à desconformidade qualitativa das mercadorias, a pesquisa identificou ao menos três grupos de precedentes nos quais esta usualmente leva à caracterização da *fundamental breach*, sendo eles: (1) casos nos quais foram desrespeitadas disposições contratuais reputadas essenciais pelas partes quanto à qualidade dos bens comercializados; (2) casos nos quais mercadorias alimentícias se tornaram impróprias para consumo humano e, portanto, imprestáveis para o comprador; (3) casos nos quais a desconformidade acabou por impedir a revenda das mercadorias pelo comprador; e (4) casos nos quais a desconformidade frustrou o propósito do comprador com a celebração do contrato.

No primeiro grupo de casos, o precedente inicial envolve a compra e venda de rolos de alumínio de um vendedor norte-americano para um comprador chinês. Com a mercadoria em questão, o comprador fabricaria latas de bebidas e, posteriormente, as venderia para seu cliente final. Nos termos do contrato celebrado entre as partes, para atender às especificações indicadas pelo cliente final do comprador, os rolos de alumínio deveriam, necessariamente, ter espessura de 0,0125 polegadas.

Recebidas as mercadorias, o comprador constatou que os rolos de alumínio possuíam espessura de 0,0118 polegadas, em desacordo, portanto, com as especificações constantes do contrato. Na ocasião, o comprador chegou a sugerir que o vendedor entregasse novas mercadorias, dessa vez compatíveis com o contrato, porém este não aceitou a proposta, o que acabou por levar à instauração do procedimento arbitral.

"Artigo 48: (1) Observado o que dispõe o artigo 49, o vendedor pode, mesmo após a data estipulada para a entrega, remediar, por conta própria, qualquer inadimplemento contratual, desde que isso não implique atraso não razoável, inconveniente para o comprador ou incerteza quanto ao reembolso de despesas adiantadas por este. Contudo, o comprador mantém o direito de exigir indenização, nos termos desta Convenção" (tradução livre para o português).

Ao analisar o caso, o tribunal arbitral entendeu que o comprador estava autorizado a resolver o contrato por inadimplemento, já que as mercadorias se mostravam desconformes ao negócio celebrado entre as partes, em violação ao artigo 35(1) da CISG. No caso concreto, segundo o julgamento em questão, a situação era tanto mais evidente porque o comprador deixara claro, quando do fechamento do negócio, que a espessura dos rolos de alumínio era essencial para cumprir o compromisso assumido junto ao seu cliente final[180].

[180] "[Buyer] alleged that before the contract was concluded, [buyer] had told [seller] twice, on July 10 and 16, 1990 that the quality of the roll aluminum and its thickness were very important to [buyer] because if the roll aluminum did not meet the specifications, [buyer's] end user could not use it in its factory. [Buyer] further alleged that [seller] had provided untruthful receipts and thereby defrauded the bank by opening the letter of credit of the purchase price. [Buyer] alleged that because the goods did not comply with the contract specifications, the goods were not produced in the place called for in the contract, which resulted in [buyer's] end user – the Mu Danjiang Material Beverage Can Factory – being unable to use the goods. (...) The Tribunal finds that the thickness of the roll aluminum delivered by [seller] was 0.0118 inches and did not comply with the specifications in the contract that called for 0.0125 inches. The roll aluminum was certified as such in the Examination Report issued by Heilongjiang Import and Export Goods Examination Bureau on November 29, 1990, and neither party disputes the report. At the time [seller] signed the contract, [seller] knew that if the goods did not comply with the specifications in the contract, [buyer's] end user's factory would not be able to use it. Thus, according to CISG Article 25, the Tribunal concludes that [seller] materially breached the contract." (cf. China International Economic and Trade Arbitration Commission – CIETAC CISG/1991/04, CISG-online nº 842, j. 30.10.1991. Disponível em <https://cisg-online.org/search-for-cases?caseId=6768>, consultado em 29.3.2022).
"A [Compradora] alegou que, antes da conclusão do contrato, a [compradora] havia dito ao [vendedor] duas vezes, em 10 e 16 de julho de 1990, que a qualidade do rolo de alumínio e sua espessura eram muito importantes para a [compradora] porque, se o rolo de alumínio não atendesse às especificações, o cliente final da [compradora] não poderia usá-lo em sua fábrica. A [Compradora] alegou, ainda, que o [vendedor] forneceu recibos inverídicos e, por causa disso, defraudou o banco ao abrir a carta de crédito do preço de compra. A [Compradora] alegou que devido ao fato de as mercadorias não estarem em conformidade com as especificações do contrato, já que elas não eram produzidas no local designado no contrato, o cliente final da [compradora]– a Fábrica de Latas para Bebidas de MuDanjiang – não pudesse usar as mercadorias. (...) O Tribunal observou que a espessura do rolo de alumínio entregue pelo [vendedor] era de 0,0118 polegadas e não cumpria as especificações no contrato, o qual estabelecia uma espessura de 0,0125 polegadas. O rolo de alumínio foi certificado como tal no Relatório de Análise emitido pelo Departamento de Análise de

Em um segundo caso, envolvendo a venda de produtos à base de soja de um vendedor belga para um comprador suíço, a Corte de Apelação de Basel-Stadt, na Suíça, chegou a conclusões semelhantes ao interpretar o artigo 35(1) da CISG.

Nesse caso, o contrato celebrado entre as partes previra que as mercadorias a serem fornecidas deveriam ser livres de grãos de soja geneticamente modificados. Após o recebimento das mercadorias, o comprador tomou conhecimento de que tal restrição não havia sido respeitada pelo vendedor, já que os produtos de fato continham soja geneticamente modificada, ainda que em diminuta quantidade. À época dos fatos, vigorava na Suíça certa legislação que proibia a comercialização de grãos geneticamente modificados, o que tornava a situação tanto mais grave.

Em sua defesa, o vendedor alegou que a quantidade de grãos de soja transgênicos era mínima e, ainda, que o essencial, à luz do contrato, era a entrega dos produtos à base de soja e não a inexistência de grãos geneticamente modificados. A Corte de Basel-Stadt não acolheu os argumentos de defesa do vendedor por entender que o descumprimento contratual em tela de fato configurava *fundamental breach*, já que os produtos entregues não seguiam as especificações expressamente colocadas no contrato[181].

Mercadorias de Importação e Exportação de Heilongjiang em 29 de novembro de 1990, e nenhuma parte contesta o relatório. No momento em que o [vendedor] assinou o contrato, o [vendedor] sabia que se as mercadorias não cumprissem as especificações do contrato, a fábrica do cliente final da [compradora] não poderia usá-las. Sendo assim, de acordo com o Artigo 25 do CISG, o Tribunal conclui que o [vendedor] violou substancialmente o contrato" (tradução livre para o português).

[181] "Furthermore, the previous instance rightly affirmed the presence of a *fundamental breach* of contract by the [Seller] in accordance with Art. 25 CISG. The [Seller] asserts that, at the beginning of its contractual obligations, it was not possible to foresee the consequences of an unavoidable feature of the goods, utterly impossible to be proven at the time of the conclusion of the contract, and hardly worth to be considered due to its small amount'. Furthermore, from 4 June 1997, genetically modified RR soy beans, subject to a correct declaration, were allowed to be imported, processed and sold in Switzerland. Fundamental to the agreement of the parties was the delivery of the substance *Food Shaper*, whereby the GMO-freedom was only a peripheral matter. This opinion cannot be followed in view of the fact that, according to an expert report dated 26 January 2001, even the smallest contamination in the first quarter of 1997 was to be legally objected to and further

Já o terceiro caso envolve a celebração de um contrato verbal entre um vendedor dinamarquês e um comprador francês, para o fornecimento de 1.000 a 1.200 unidades de árvores de Natal da espécie *Nordmann*. Segundo acordado entre as partes, 40% das árvores deveriam ser de primeira qualidade e 60% de qualidade inferior. Todas as árvores deveriam ser volumosas, sem defeitos relevantes e apresentar altura entre 1,70m e 2,20m.

Recebidas as mercadorias, o comprador passou a sustentar que estas não apresentavam as características acordadas entre as partes, razão pela qual as submeteu a exames de ordem técnica. Tais exames apontaram que 37% das árvores eram inferiores a 1,70m e que, dessas árvores, 75% eram de primeira qualidade e 25% de segunda qualidade. Dentre as árvores que apresentavam altura superior a 1,70m, apenas 25% eram

processing in Switzerland was not permitted. It is also evident from the correspondence of the parties, in particular the declaration of guarantee of the [Seller] dated 31 October 1996, that fundamental significance was attached to a GMO-free product. It can therefore be assumed – as the previous instance did – that a fundamental breach of contract was committed by the [Seller] and the [Buyer] was thereby entitled, under Art. 49(1)(a) CISG to avoid the contract concluded with the [Seller]." (cf. Appellationsgericht Basel-Stadt 33/2002/SAS/so, CISG-online nº 943, j. 22.8.2003. Disponível em <https://cisg-online.org/search-for-cases?caseId=6867>, consultado em 29.3.2022).

"Ademais, a instância anterior afirmou corretamente a presença de uma *fundamental breach* pelo [Vendedor] em conformidade com o Art. 25 do CISG. O [Vendedor] afirma que, no início de suas obrigações contratuais, não era possível prever as consequências de uma característica inevitável das mercadorias, absolutamente impossível de ser comprovada no momento da conclusão do contrato, e que não valia a pena ser considerada devido ao seu baixo valor'. Ademais, a partir de 4 de junho de 1997, soja do tipo RR geneticamente modificada, acompanhada de uma declaração correta, podia ser importada, beneficiada e vendida na Suíça. A entrega da substância *Food Shaper* era fundamental para o acordo das partes, enquanto que a exigência de que a soja não fosse geneticamente modificada era apenas periférica. Essa alegação não pode ser acompanhada, pois, de acordo com um laudo pericial datado de 26 de janeiro de 2001, mesmo a menor contaminação, durante o primeiro trimestre de 1997, seria legalmente contestada e o processamento da mercadoria na Suíça proibido. Também é evidente, a partir da correspondência das partes, especificamente da declaração de garantia do [Vendedor] datada de 31 de outubro de 1996, que a ausência de produtos geneticamente modificados era de fundamental relevância. Portanto, pode-se presumir – da mesma forma que a instância anterior presumiu – que uma *fundamental breach* foi cometida pelo [Vendedor], e a [Compradora] tinha, por conta disso, o direito de anular o contrato concluído com o [Vendedor], segundo o Art. 49(1)(a) do CISG" (tradução livre para o português).

de primeira qualidade, 50% de segunda qualidade e 25% de qualidade indeterminada.

Diante desse cenário, a Corte Regional de Randers, na Dinamarca, entendeu que as desconformidades apresentadas pelas árvores eram suficientes à caracterização de *fundamental breach*[182], já que parte significativa das mercadorias não apresentava as características pactuadas verbalmente pelas partes[183].

Em todos os três casos analisados acima, como se adiantou, a desconformidade das mercadorias foi analisada e reconhecida à luz das disposições contratuais pactuadas pelas partes[184]. Nesse sentido, como se

[182] Note-se que, a despeito de haver reconhecido a existência de *fundamental breach* dada a desconformidade das mercadorias, a Corte de Randers entendeu que o comprador não estava autorizado a resolver o contrato, mas apenas a pleitear a redução do preço das árvores. Isso porque, segundo se apontou por ocasião do julgado, o comprador demorou 8 dias para pleitear a resolução do negócio, o que, considerando a sazonalidade dos bens objeto do contrato, é demasiado.

[183] Cf. Randers Byret BS 9700016-4, CISG-online nº 1548, j. 4.11.1998. Disponível em <https://cisg-online.org/search-for-cases?caseId=7467>, consultado em 29.3.2022.

[184] No mesmo sentido vale conferir, ainda, caso envolvendo o fornecimento de calças *jeans* de um vendedor brasileiro para um comprador alemão, julgado pela Corte de Apelação de Hamburgo. No precedente em questão, reconheceu-se a prática de *fundamental breach* pelo vendedor, pois as vestimentas entregues eram desconformes à luz do contrato, já que possuíam defeitos em suas etiquetas e dimensões, além de alguns itens estarem manchados ou mofados: "More specifically, [buyer] is not obliged to pay the purchase price since the jeans showed defects. On the contrary, it is for this reason entitled to claim compensation for damages, which supersede the claim for the purchase price and which can be set-off against that claim. [Buyer] inspected the goods at random after delivery on 10 and 13 May 1993. The part examined turned out to be defective. These complaints were communicated by fax of 17 May 1993 (Exhibit B 3). The examination of the complete delivery of jeans took some time because every pair of jeans had to be re-measured. During this examination, it became clear that every single pair of jeans from both deliveries was defective. The paper labels with respect to size attached to each pair of jeans did not correspond with the textile size labels stitched into the jeans. All jeans were one size or two sizes too big or too small; 80 to 90% of the cartons were labelled in such a way that the size could not be determined, neither from the paper labels nor from the textile labels nor from the actual size; all legs were one or two sizes too long; and the other sizes, such as waist, turned out to be not in accordance with the contract specifications, so that the jeans could in total be classified as wrongfully cut. Moreover, some parts were affected by fungus/mould or were stained with bleach, so that these jeans would have to be disposed of anyway. (...) [Seller] has committed a fundamental breach of contract under articles 25, 35(1) CISG. The breach results from

adiantou, é possível agrupar, em um primeiro conjunto de precedentes, os casos nos quais, na linha do que prevê o art. 35(1) da CISG, as mercadorias não apresentam as características expressamente acordadas pelas partes no momento da celebração do contrato como necessárias à satisfação do interesse do credor.

Vale notar que, existindo previsão expressa no contrato a respeito da quantidade e da qualidade das mercadorias a serem entregues, a análise quanto à existência ou não de *fundamental breach* torna-se, essencialmente, uma questão de interpretação contratual. De modo geral, bastará que se comparem as características ostentadas pelas mercadorias disponibilizadas ao comprador com o que houver sido descrito no contrato para que se possa chegar a uma conclusão a respeito. Menos objetivos tendem a ser os casos nos quais inexiste previsão contratual a propósito, pois, então, será necessário recorrer aos critérios subsidiários previstos

the fact that the goods delivered by [seller] did not comply with the contractually agreed quality." (cf. OLG Hamburg 1 U 31/99, CISG-online nº 515, j. 26.11.1999. Disponível em <https://cisg-online.org/search-for-cases?caseId=6483>, consultado em 29.3.2022).

"Mais especificamente, a [compradora] não é obrigada a pagar o preço de compra, visto que as calças jeans eram defeituosas. Pelo contrário, é por esse motivo que ela tem o direito de reivindicar indenização pelos prejuízos sofridos, a qual supera a reivindicação pelo pagamento do preço e que pode ser com esta compensada. A [Compradora] inspecionou as mercadorias aleatoriamente após a entrega em 10 e 13 de maio de 1993. A parte analisada acabou se revelando defeituosa. Essas reclamações foram comunicadas por fax datado de 17 de maio de 1993 (Anexo B 3). A análise completa das calças jeans demorou um pouco, visto que cada calça jeans teve que ser medida novamente. Durante essa análise, ficou claro que cada uma das calças jeans de ambas as entregas era defeituosa. As etiquetas de papel referentes ao tamanho fixadas em cada calça jeans não correspondiam às etiquetas de tecido costuradas nas peças. Todas as calças jeans eram um número ou dois maiores ou menores; 80 a 90% das caixas foram rotuladas de uma forma que o tamanho não podia ser determinado nem pelas etiquetas de papel, nem pelas etiquetas têxteis, tampouco pelo seu tamanho efetivo; o comprimento de todas as calças era um tamanho ou dois maior; e as outras medidas, tais como cintura, acabaram não estando em conformidade com as especificações do contrato, de forma que as calças jeans não poderiam ser totalmente classificadas como 'corte errado'. Além disso, algumas partes foram afetadas por fungo/mofo ou estavam manchadas de alvejante, de maneira que tiveram que ser descartadas de qualquer forma. (...) O [Vendedor] cometeu uma *fundamental breach* segundo os artigos 25, 35(1) do CISG. A violação resulta do fato de que as mercadorias entregues pelo [vendedor] não apresentaram a qualidade acordada contratualmente" (tradução livre para o português).

no artigo 35(2) da CISG, com inevitável incursão nos fatos e provas atinentes ao caso concreto.

No segundo grupo de casos, o primeiro precedente analisado envolve a compra e venda de vinhos brancos e rosés de um comerciante italiano para um comprador alemão, pela celebração de um contrato no início da década de 1990. Conforme acordado pelas partes, as mercadorias foram entregues na Alemanha no dia 13 de julho de 1992.

Já no dia seguinte, amostras do vinho comercializado foram submetidas a exames laboratoriais, oportunidade na qual se descobriu que 9% de seu volume total era composto de água impropriamente adicionada à bebida. Considerando determinadas diretrizes em vigor na Comunidade Europeia, que proibiam a circulação de vinhos nessas condições, autoridades alemãs apreenderam e destruíram as mercadorias em questão.

Nessas condições, o comprador não pagou integralmente o valor pactuado pelas partes no contrato, o que levou o vendedor a ajuizar ação perante a Corte Distrital de Trier, na Alemanha, com o objetivo de receber tal montante. O comprador se defendeu alegando a desconformidade dos vinhos comercializados, bem assim a observância da regra constante do artigo 39(1) da CISG, já que tal fato foi tempestivamente noticiado ao vendedor.

A Corte de Trier afastou a pretensão de cobrança do vendedor e reconheceu a existência de *fundamental breach*, já que a desconformidade apresentada pelos vinhos tornava a bebida imprópria para consumo, consequentemente frustrando o propósito vislumbrado pelo comprador com a celebração do contrato[185].

[185] "The goods delivered by the [seller] did not conform to the contract as required by Art. 35 CISG as both the white and the rosé wines contained an additive of 9% water and consequently were not fit for circulation under Art. 73 in connection with Art. 15 and attachment VI of EC relation no. 822/87." (cf. LG Trier 7 HO 78/95, CLOUT case nº 170, j. 12.10.1995. Disponível em <https://www.uncitral.org/clout/clout/data/deu/clout_case_170_leg-1371.html>, consultado em 29.3.2022).
"As mercadorias entregues pelo [vendedor] não estavam em conformidade com o contrato, conforme exigido pelo Art. 35 do CISG, visto que ambos os vinhos branco e rosé continham um aditivo de 9% de água e, consequentemente, não eram adequados para comercialização segundo o Art. 73 com relação ao Art. 15 e anexo VI da relação EC nº 822/87" (tradução livre para o português).

Em um segundo caso, a Corte de Cassação francesa alcançou conclusão semelhante ao apreciar demanda instaurada por compradores franceses contra certa companhia italiana com o objetivo de ver declarada a resolução de contrato de compra e venda também de vinhos. De acordo com os compradores, os vinhos em questão haviam sido adulterados pela adição de açúcar no processo de fermentação das uvas, o que não apenas impactava sua qualidade, como também os tornava impróprios para consumo, já que, como resultado, estes haviam se transformado em vinagre. A Corte de Cassação, na linha da decisão da Corte de Trier, acatou o argumento, reconhecendo a existência de *fundamental breach* e declarando a resolução do negócio por inadimplemento[186].

O terceiro caso a ser estudado envolve o fornecimento de carne de cordeiro *sous vide* de um produtor neozelandês para um comprador francês. Celebrado o contrato em abril de 2006, o vendedor despachou a mercadoria por meio de três contêineres distintos, recebidos pelo comprador em 26 de abril, 7 e 13 de junho de 2006.

Após o recebimento dos contêineres, o comprador constatou que as carnes contidas em dois deles revelavam-se desconformes à luz do contrato. Isso, porque exames laboratoriais demonstraram que as taxas de determinadas bactérias existentes nas carnes de cordeiro estavam significativamente acima do recomendável, o que tornava o alimento

[186] "Mais attendu que s'agissant d'une vente internationale de marchandises, à laquelle doit s'appliquer la convention de Vienne du 11 avril 1980, entrée en vigueur le 1er janvier 1988 entre la France et l'Italie, c'est en respectant les dispositions de ce traité – et spécialement son article 35 – que la cour d'appel a retenu qu'en livrant du vin chaptalisé la société S... n'avait pas exécuté son obligation de livrer une merchandise conforme au contrat; qu'ayant, en outre, souverainement estimé que que cette manipulation avait, à elle seule, rendu le vin impropre à la consommation, elle a légalement jusitifié sa décision" (cf. Cour de Cassation 173 P/B 93-16.542, CLOUT case nº 150, j. 23.1.1996. Disponível em <https://www.uncitral.org/clout/clout/data/fra/clout_case_150_leg-1351.html>, consultado em 29.3.2022).
"Considerando que se trata de uma venda internacional de mercadorias, à qual deve se aplicar a Convenção de Viena de 11 de abril de 1980, que entrou em vigor no dia 1º de janeiro de 1988 entre a França e a Itália, é respeitando as disposições desse tratado – e especialmente seu artigo 35 – que o tribunal de segunda instância sustentou que, entregando um vinho ao qual fora acrescentado açúcar antes da fermentação, a sociedade S... não havia executado sua obrigação de entregar uma mercadoria em conformidade com o contrato; que tendo, além disso, estimado soberanamente que essa manipulação havia, por si só, tornado o vinho impróprio ao consumo, ele justificou legalmente sua decisão" (tradução livre para o português).

impróprio para consumo humano. Por essa razão, clientes do comprador haviam, inclusive, devolvido a mercadoria, por considerá-la "*nauseabunda*".

Nesse contexto, o comprador ajuizou demanda com o objetivo de ver declarada a resolução do contrato por entender que a desconformidade em tela o privava daquilo que buscara com a celebração do negócio. A Corte de Cassação francesa acolheu os argumentos trazidos pelo comprador e reconheceu seu direito de ver resolvido o contrato em razão do inadimplemento do vendedor[187].

Por fim, o último precedente a ser analisado nesse segundo grupo de casos refere-se à compra e venda de bacalhau congelado de uma empresa espanhola para uma holandesa. O vendedor espanhol originalmente adquiriu as mercadorias de certo produtor chinês, razão pela qual estas foram despachadas do porto de Dalian para o porto de Rotterdam, em outubro de 2006, onde foram vendidas ao comprador holandês, em dezembro do mesmo ano.

Concluída a venda, o comprador providenciou a retirada do contêiner com as mercadorias, oportunidade na qual constatou que saía água de seu interior. Considerando que os certificados sanitários que acompanhavam o produto indicavam que o bacalhau deveria ser mantido à temperatura de -18ºC, as mercadorias foram submetidas a exame pericial que constatou que estas haviam sofrido forte deterioração e se tornado imprestáveis como consequência da inobservância da temperatura adequada.

Diante dessa situação, o comprador ajuizou demanda com o objetivo de discutir o descumprimento contratual praticado pelo vendedor. A ação foi julgada em última instância pela Corte Provincial de Pontevedra, na Espanha, que entendeu existir *fundamental breach* da parte do vendedor já que a irregularidade no armazenamento do bacalhau havia levado à perda total da mercadoria[188].

[187] Cf. Cour de Cassation 12-23998, CISG-online nº 2478, j. 17.12.2013. Disponível em <https://cisg-online.org/search-for-cases?caseId=8392>, consultado em 29.3.2022.

[188] "El incumplimiento esencial responde a la regla, traída del derecho anglosajón, del fundamental breach of contract, sin traducción exacta en los derechos continentales, y de él deriva un sistema de responsabilidad contractual que gira en torno a un criterio de imputación de tipo objetivo, pero atenuado por excepciones – que se identifican con lo que en el derecho interno conforman los supuestos de caso fortuito y la fuerza mayor – y por un pará-

É possível perceber que o ponto de contato dos quatro casos ora analisados reside no fato de que as desconformidades apresentadas pelas mercadorias, todas alimentícias, tornavam-nas impróprias para o consumo humano. Nesse sentido, reconheceu-se a existência de *fundamental breach* sempre que a desconformidade se revelou tão significativa que acabou por tornar as mercadorias imprestáveis, sem possibilidade de revenda pelo comprador ou reparo pelo vendedor[189].

metro de razonabilidad (artículo 25, in fine). (...) En el presente caso no existe duda de que nos encontramos ante un incumplimiento esencial, ya que se ha producido la pérdida total de la cosa vendida." (cf. Audiencia Provincial de Pontevedra 336058/2013, CISG-online nº 2576, j. 6.10.2014. Disponível em <https://cisg-online.org/search-for-cases?caseId=8490>, consultado em 29.3.2022).

"O descumprimento essencial responde à regra, originada no direito anglo-saxão, do *fundamental breach of contract*, sem tradução exata nos direitos continentais, e do mesmo deriva um sistema de responsabilidade contratual que gira em torno de um critério de imputação do tipo objetivo, mas atenuado por exceções – que se identificam com o que, no direito interno, caracterizam o caso fortuito e a força maior – e por um parâmetro de razoabilidade (artigo 25, in fine). (...) No presente caso não há dúvida que nos encontramos diante de um descumprimento essencial, já que se produziu a perda total da coisa vendida" (tradução livre para o português).

[189] Em sentido semelhante, cf., ainda: "According to Art. 35(1) CISG, goods (only) conform with a contract if they are of the quantity, quality and description required by the contract. If the parties have not agreed otherwise, the goods only conform with the contract if they are fit for the purposes for which goods of the same description would ordinarily be used (Art. 35(2)(a) CISG). In international wholesale and intermediate trade, an important part of being fit for the purposes of ordinary use is resaleability (tradeability) (...). In the case of foodstuffs intended for human consumption, resaleability includes that the goods are unobjectionable as to health, i.e., at least not hazardous to health." (cf. Suprema Corte Federal da Alemanha VIII ZR 67/04, CISG-online nº 999, j. 2.3.2005. Disponível em <https://cisg-online.org/search-for-cases?caseId=6923>, consultado em 29.3.2022).

"De acordo com o Art. 35(1) do CISG, as mercadorias (somente) são conformes se elas estiverem de acordo com a quantidade, qualidade e descrição exigidas pelo contrato. Se as partes não tiverem acordado de outra forma, as mercadorias somente são conformes ao contrato se forem adequadas para os fins para os quais mercadorias da mesma descrição seriam normalmente usadas (Art. 35(2)(a) do CISG). No mercado internacional, uma parte importante de ser adequada para os fins ordinários é a possibilidade de revenda das mercadorias (...). No caso de produtos alimentícios destinados ao consumo humano, 'capacidade de revenda' implica que as mercadorias não sejam objetáveis do ponto de vista da saúde, i.e., que, no mínimo, não sejam perigosas à saúde" (tradução livre para o português).

É interessante notar que os casos envolvendo produtos alimentícios parecem ser de mais fácil decisão, já que, uma vez que se tornam impróprios para o consumo humano, é razoável supor que o comprador terá frustrado seu interesse contratual e, portanto, poderá invocar a existência de *fundamental breach*, seja para requerer a entrega de mercadorias substitutas, seja para resolver o contrato, nos termos dos artigos 46(2) e 49(1)(a) da Convenção.

No terceiro grupo de casos, o primeiro precedente é oriundo da Corte Distrital de Forli, na Itália, e envolve o fornecimento de sapatos de um vendedor italiano para um comprador esloveno. Celebrado o contrato e recebidas as mercadorias no local de destino, o comprador aferiu que diversas delas apresentavam defeitos que impossibilitavam sua revenda para terceiros, como, por exemplo, diferenças na altura dos saltos e irregularidades nas costuras.

Constatadas as desconformidades, o comprador delas deu notícia ao vendedor e, na mesma ocasião, requereu a entrega de sapatos em substituição àqueles que se mostravam defeituosos. O vendedor não contestou a existência das desconformidades, porém informou só ser possível substituir parte dos itens, já que alguns dos modelos vendidos não estavam mais disponíveis. Questionado pelo comprador se poderia ser reembolsado pelo valor pago por tais itens, o vendedor respondeu que não, já que isto era incompatível com a política da empresa. O comprador, então, ajuizou demanda com o objetivo de discutir a resolução do contrato e obter ressarcimento pelo valor pago pelas mercadorias defeituosas.

A Corte de Forli, na Itália, acolheu a pretensão do comprador por entender que as desconformidades apresentadas pelas mercadorias eram suficientes à caracterização de *fundamental breach*. Nesse particular, apontou-se que as mercadorias conformes ao contrato representavam menos de 10% do valor total contratado e que, nesse contexto, era razoável supor que o comprador fora privado daquilo que buscara com o negócio[190].

[190] "The essentiality of the breach is based on the prejudice to the legitimate contractual expectations of the claiming party, because the latter paragraph of the cited article [25] requires that the breach has to be so serious as to deprive the party of his interest in the performance of the contract (...). This is also a general principle upon which the Conven-

tion is based; indeed, the Convention looks at the avoidance of the contract as the *extrema ratio*, provided only for fundamental breach (...). According to the jurisprudence, the seriousness of the prejudice has to be investigated in relation to specific cases and by looking objectively at the contractual expectations of the damaged party; such expectations can be inferred from the contract, from the practice established between the parties and from all surrounding circumstances existing until the contract was entered into, i.e., pre-contractual negotiations (...). Where, as in the present case, such investigation is not possible because no contractual document exists, reference can be made to circumstances that have been recognized and standardized by the jurisprudence. When, as in the case at issue, a substantial non-performance exists – it has to be noted that the value of the non-defective goods is less than one tenth of the overall value of the purchased goods – it is legitimate to consider that the damaged party has substantially been deprived of what he was entitled to expect; thus, the breach has to be regarded as fundamental under article 25. (...) Specifically, seller's delivery of items that do not conform to the contractual description amounts to a fundamental breach if the lack of conformity is so serious that damages or price reduction would not be an adequate remedy for the buyer (...) Again, this corresponds to the basic principle of the Convention, already mentioned, according to which contract avoidance should be regarded as *extrema ratio*. Therefore, delivery of goods that do not conform to the contract, where lack of conformity cannot be remedied by the seller (at all or within a reasonable time) or can only be remedied with serious inconvenience for the buyer will always be considered a fundamental breach (...)." (cf. Tribunale di Forli 2280/2007, CISG-online nº 1729, j. 11.12.2008. Disponível em <https://cisg-online.org/search-for-cases?caseId=7647>, consultado em 29.3.2022).
"O elemento essencial da violação baseia-se no prejuízo às expectativas contratuais legítimas da parte reclamante, visto que o último parágrafo do artigo [25] mencionado exige que uma violação seja tão grave a ponto de privar a parte de seu interesse no cumprimento do contrato (...). Esse também é um princípio geral no qual a Convenção se baseia; de fato, a Convenção vê a resolução do contrato como a extrema ratio, possível apenas diante de fundamental breach (...). De acordo com a jurisprudência, a gravidade do prejuízo deve ser investigada no caso concreto e a partir do exame das expectativas contratuais da parte prejudicada; essas expectativas podem ser inferidas do contrato, da prática estabelecida entre as partes e de todas as circunstâncias existentes até a celebração do contrato, ou seja, negociações pré-contratuais (...). Quando, como no presente caso, essa investigação não for possível devido à inexistência de documento contratual, poderá ser feita referência às circunstâncias que foram reconhecidas e categorizadas pela jurisprudência. Quando, como no presente caso, existir um não cumprimento substancial – deve ser observado que o valor das mercadorias não defeituosas é inferior a um décimo do valor geral das mercadorias adquiridas – é legítimo considerar que a parte prejudicada foi substancialmente privada do que ela tinha o direito de esperar; sendo assim, a violação deve ser considerada como fundamental segundo o artigo 25. (...) Especificamente, a entrega, pelo vendedor, de artigos que não estejam em conformidade com a descrição contratual constituirá uma fundamen-

O segundo caso a ser analisado envolve a compra e venda de peças de vestuário de alta costura de um vendedor italiano para um comprador alemão. Após a celebração do contrato, o vendedor entregou o primeiro lote de roupas ao comprador que, então, constatou que diversas das peças possuíam defeitos relevantes em seu corte e caimento. A título de exemplo, casacos de couro fornecidos pelo vendedor possuíam cavas muito pequenas para os braços de um adulto; calças também de couro possuíam modelagem tão pequena que, embora destinadas a adultos, serviam apenas em crianças; as blusas, por sua vez, eram tão justas na área do pescoço que sufocavam seu usuário, dentre outros problemas[191].

tal breach se a desconformidade for tão grave a ponto de fazer com que nem o pagamento de indenização, nem a redução do preço sejam remédios adequados para a compradora (...) Uma vez mais, isso corresponde ao princípio básico da Convenção, já mencionado, de acordo com o qual a resolução contratual deve ser considerada como extrema ratio. Assim, a entrega de mercadorias desconformes com relação ao contrato será considerada uma fundamental breach sempre que a desconformidade não puder ser remediada pelo vendedor (em absoluto ou dentro de um período razoável de tempo) ou apenas puder sê-lo com grave inconveniente para a compradora (...)" (tradução livre para o português).

[191] "The leather coat (J20735) has an armhole that is too tight, which even in case this should be based on a decision of the designer leads to the fact that the goods are in breach of contract in the meaning of Art. 35 CISG. This is because a feature of accoutrement, which is naturally presupposed in high-quality goods, is not given and the resale possibility is fundamentally impaired. According to all experience of life, a customer will hardly buy a garment, where it has to force itself into the armholes. The leather-TOP (020738) is so tight in the neckline that it cuts off the air. The leather-corsage (No. 0 20806), with regard to which the [Seller] already conceded a non-fitting size in size 38 by letter of 2 April 1999, misses 12-14 cm to close it. It is about three sizes too small and therefore corresponds to a child-size in the end. With the leather wound skirt (D20795), it might be a model-dependent decision of the designer that this skirt, due to a short under godet, unbars widely to the crotch when sitting. But that the hooks bar and that they are so tight that within the shortest time they will tear out and damage the skirt irreparably is merely and simply a mistake relating to handicraft. The wound skirt made out of silk (D20846) is, according to the evaluation of the private expert W, cut badly with the consequence that the fabric wafts in the area of the seat and the side pocket crumples. That this also leads to an unsaleability of high-quality and accordingly expensive goods is obvious. The blazer with corsage (J20781) is also three sizes to small and not wearable closed. This model is also cut badly, even if the shoulders, which are too broad in the opinion of the expert, might have been wanted. In any case, the armhole, which is also too tight here, is unacceptable. The same problems with the hooks as in the case of the leather wound skirt (D20795) exist in the case of the fabric wound skirt (D20811). On top of that, the under godet is about 6

cm shorter, even though in the case of the leather model the under and over godet are of the same length. The model is therefore cut badly, which – as can be clearly seen on the picture taken by the expert – has a very unattractive optical effect. The two trouser-models (A20756 and A20786) are also much too small in their fit and cut so unfavorably that strong transverse pleats form, which is regularly not accepted by customers of high-quality goods. The trouser-model A20756 is additionally cut so tight in the thigh area that it cannot be pulled up to the crotch area and eventually is not useable." (cf. OLG Köln 16 U 77/01, CISG-online nº 709, j. 14.10.2002. Disponível em <https://cisg-online.org/search-for-cases?caseId=6647>, consultado em 29.3.2022.

"O casaco de couro (J20735) tem uma cava que é muito apertada, o que faz com que as mercadorias violem o contrato na acepção do Art. 35 CISG, ainda que isso decorra de uma decisão do estilista. Isso porque a peça deixa de ter bom caimento, o que se pressupõe em pelas de alta qualidade, de maneira que a possibilidade de revenda é prejudicada de forma fundamental. A experiência indica que um cliente dificilmente comprará uma roupa se ele tiver que se esforçar para vestir a cava. O decote do top de couro (020738) é tão apertado que chega a provocar falta de ar. O corpete de couro (Nº 0 20806), com relação ao qual o [Vendedor] já reconheceu a falta de adequação do tamanho no nº 38, conforme carta datada de 2 de abril de 1999, não fecha, faltam 12-14 cm para que isso aconteça. Ele é cerca de três números menor e, portanto, seu tamanho corresponde à numeração de uma criança. Com relação à saia de couro (D20795) pode ser que o fato de a saia abrir muito quando a pessoa se senta, devido a um godê curto, seja uma decisão do estilista. Porém, o fato de que os ganchos travam e que são tão apertados que em pouco tempo irão rasgar e danificar a saia de forma irreparável é apenas e simplesmente um erro relacionado à confecção da peça. A saia rodada feita de seda (D20846) é, de acordo com a avaliação do perito privado W, mal cortada, o que faz com que o tecido deslize na parte de trás e o bolso lateral fique amarrotado. Isso também faz com que a peça não possa ser vendida nas mesmas condições de outras de alta qualidade. O blazer com corpete (J20781) também é três números menor e não tem como usá-lo fechado. Esse modelo também está mal cortado, ainda que o corte dos ombros, os quais são muito largos na opinião do perito, pudesse ter sido desejado. Em qualquer caso, a cava do braça, a qual também é muito apertada, é inaceitável. Os mesmos problemas com os ganchos, como no caso da saia de couro (D20795), existem no caso do tecido da saia rodada (D20811). Além disso, o godê da parte inferior é cerca de 6 cm menor, enquanto que, no caso do modelo de couro, o godê da parte inferior e superior tinham o mesmo comprimento. O modelo é, portanto, mal cortado, o que – como pode ser claramente observado na fotografia tirada pelo perito – tem um efeito visual pouco atraente. Os dois modelos de calças (A20756 e A20786) também são muito pequenos e estão cortados tão desfavoravelmente que formam fortes dobras transversais, o que usualmente não é aceito pelos clientes de peças de alta qualidade. O corte do modelo da calça A20756 também é tão apertado na área da coxa que não pode ser erguido até a área da virilha de maneira que não há condições de usá-la" (tradução livre para o português).

Noticiadas as desconformidades ao vendedor, este afirmou estar disposto a remediar os defeitos encontrados em parte das peças e, de modo genérico, que tentaria entregar bens em perfeitas condições ao comprador, sem, entretanto, indicar quando isso seria feito. Diante da falta de exatidão na resposta do vendedor, o comprador manifestou sua intenção de resolver o negócio, informando o vendedor que as mercadorias defeituosas estavam disponíveis para retirada e solicitando o reembolso dos valores já pagos.

O caso foi apreciado, em última instância, pela Corte de Apelação de Colônia, na Alemanha. No julgamento, entendeu-se que os defeitos apresentados pelas mercadorias eram de fato notáveis e extrapolavam o que poderiam ser estratégias de *design* das peças, ainda mais tendo em vista que as roupas destinavam-se ao mercado de alto padrão. Considerando que o próprio uso das roupas por eventuais consumidores foi prejudicado pelas desconformidades encontradas, a Corte de Colônia entendeu haver *fundamental breach* no caso e, portanto, a possibilidade de resolução do contrato pelo comprador. Segundo se apontou, a situação se agravara pelo fato de o vendedor não haver se prontificado a remediar todos os defeitos ou sequer informado quando poderia entregar mercadorias substitutas, o que impossibilitava o comprador de participar das vendas de verão[192].

[192] "Thus, almost all of the delivered goods prove to be unmerchantable in that condition. As this was only the first partial delivery, the [Buyer] was justified in having the apprehension that the same problems would arise with the goods still to be delivered and its trust in the efficiency of the [Seller]'s willingness to remedy the defects as announced by letter of 2 April 2002, especially as this only related to a part of the goods. In this respect, it has also to be regarded that the [Seller] did not mention a certain point of time for the subsequent delivery, but – apart from two models, where a subsequent delivery was promised without restrictions – only pronounced the intent to 'try' to deliver goods in a faultless fit or to find a solution. It was thus uncertain whether it would be possible to receive merchantable goods as soon as possible. In that regard, further consideration is to be had to the fact that all this is about fashion products for the summer season in the high price segment and that, in this market segment, the sale already starts at the beginning of May, when even faultless goods are only saleable with a discount." (cf. OLG Köln 16 U 77/01, CISG-online nº 709, j. 14.10.2002. Disponível em <https://cisg-online.org/search-for-cases?caseId=6647>, consultado em 29.3.2022).
"Dessa forma, quase todas as mercadorias entregues provaram não ser comercializáveis nessa condição. Por essa ter sido apenas a primeira entrega parcial, a [Compradora] tinha

Em ainda outro caso envolvendo a compra e venda de sapatos de um vendedor italiano para um comprador alemão, a Corte de Apelação de Koblenz, na Alemanha, também concluiu que a existência de defeitos nas mercadorias representava *fundamental breach* e, portanto, conferia ao comprador a faculdade de resolver o contrato por inadimplemento.

No caso em questão, o vendedor forneceu ao comprador 319 pares de botas de certa marca no período compreendido entre março e setembro de 2001. A partir do mês de julho daquele ano, um número crescente de consumidoras passou a reclamar da existência de defeitos nos sapatos, notadamente em suas costuras e solas[193]. Mais especificamente, 36 reclamações formais foram feitas, com a devolução dos produtos pelos respectivos consumidores. Diante dessa situação, o comprador manifes-

motivos para temer que as mercadorias que ainda seriam entregues apresentariam os mesmos problemas e para desconfiar da disposição efetiva do [Vendedor] de remediar os defeitos mencionados na carta datada de 2 de abril de 2002, principalmente pelo fato de isso estar relacionado apenas a uma parte das mercadorias. Nesse sentido, deve ser considerado o fato de que o [Vendedor] não especificou um momento para a entrega seguinte, mas – à exceção de dois modelos, para os quais uma entrega subsequente foi prometida sem restrições – apenas declarou a intenção de 'tentar' entregar mercadorias sem defeitos ou encontrar uma solução. Assim, era incerto se seria possível receber mercadorias comercializáveis tão logo possível. Nesse sentido, consideração adicional deve ser dada ao fato de que tudo isso está relacionado a produtos de moda para a estação do verão no seguimento de alto preço e que, nesse segmento de mercado, a liquidação já se inicia no começo do mês de maio, quando mesmo as mercadorias sem defeitos somente são comercializáveis com um desconto" (tradução livre para o português).

[193] "The individual complaints clearly specify the lack of conformity as can be seen from the copies of accompanying letter which have been submitted (p. 47 *et seq.*). They, e.g., state 'right boot dissolves on the side, insufficient leather', 'left boot front leather bulges, bothers while walking', 'boot dissolves on the right side, material insufficient, cannot be repaired' or 'right boot top in the middle, loose seam' (...)." (cf. OLG Koblenz 1 U 486/07, CISG-online nº 1733, j. 21.11.2007. Disponível em <https://cisg-online.org/search-for--cases?caseId=7651>, consultado em 29.3.2022).

"As reclamações individuais especificam claramente a falta de conformidade, conforme pode ser observado das cópias da carta anexa que foi apresentada (p. 47 *et seq.*). Elas indicam, por exemplo, que: 'o lado da bota direita se dissolve, couro insuficiente', 'o couro na parte da frente da bota esquerda incha, incomoda ao caminhar', 'a bota se dissolve do lado direito, material insuficiente, não pode ser reparado' ou 'a costura do meio da parte superior da bota direita está frouxa' (...)." (tradução livre para o português).

tou sua intenção de resolver o negócio. O vendedor, por sua vez, ajuizou ação pleiteando o pagamento integral do preço acordado pelas partes.

A Corte de Apelação de Koblenz fundamentou sua conclusão de que os defeitos apresentados pelos sapatos configuravam *fundamental breach* na suposição de que outros consumidores que viessem a adquirir as botas também apresentariam as mesmas reclamações, já que estas ou haviam sido feitas com material de baixa qualidade ou, então, manufaturadas de maneira insatisfatória. Nesse contexto, o receio do comprador de seguir com a venda de tais produtos era razoável e justificável, ainda mais considerando o tamanho diminuto de seu comércio e o impacto negativo que reclamações a respeito da qualidade dos itens vendidos poderia ter. Para a Corte de Koblenz, o número total de reclamações não foi um dado relevante (36 reclamações do total de 319 pares de sapatos objeto do contrato), mas sim o fato de que o vendedor não pode se ver obrigado a comercializar produtos de qualidade inferior a seus clientes[194].

[194] "In the present case, the goods were of poor material or were poorly manufactured. The customers of the [Buyer] complained about the boots regularly. From an objective point of view the [Buyer] had to fear that the remaining pairs of boots which had not yet been sold would as well be – at least partially – defective. Thus, a so-called latent defect was present in respect to the delivery in its entirety. The complaints which had already been received by the [Buyer] supported the fear that there would be a decline in sales, as a lack in quality can lead to a general loss of trust on behalf of one's customers. This particularly applies to the present case as the [Buyer] runs a small shoe shop even if the defective goods only form a small part of its range of goods. In contrast to big low price department store chains, the sale of defective shoes entails a severe loss of face for small shops, as negative experiences are usually spread by word of mouth and thus have an impact which exceeds the actual defect. The [Seller] knew that the goods that had been delivered to the [Buyer] were to be sold to consumers. As the [Buyer] cannot be denied the right to satisfy its customers, a delivery which led to 36 complaints constitutes a fundamental breach of contract. No specific quota is necessary in this respect. The crucial fact is that the [Buyer] had to fear further complaints in respect to this delivery." (cf. OLG Koblenz 1 U 486/07, CISG-online nº 1733, j. 21.11.2007. Disponível em <https://cisg-online.org/search-for-cases?caseId=7651>, consultado em 29.3.2022).

"No presente caso, as mercadorias tinham um material de qualidade inferior ou foram mal fabricadas. Os clientes da [Compradora] reclamavam das botas regularmente. De um ponto de vista objetivo, a [Compradora] tinha receio de que os pares de bota remanescentes, que ainda não tinham sido vendidos, também seriam – pelo menos parcialmente – defeituosos. Dessa forma, um 'vício latente' estava presente com relação a toda a entrega. As reclama-

Em todos esses precedentes, a conclusão de que o inadimplemento do vendedor era suficiente à configuração de *fundamental breach* fundou--se na impossibilidade de as mercadorias serem normalmente revendidas a terceiros, o que frustrava o propósito do comprador com a celebração do negócio[195]. Logo, emerge daí mais um critério para analisar casos

ções que já tinham sido recebidas pela [Compradora] contribuíram para o receio de que haveria uma redução nas vendas, visto que a falta de qualidade pode levar a uma perda geral de confiança por parte dos clientes. Isso se aplica especificamente ao presente caso, já que a [Compradora] opera uma pequena loja de sapatos, ainda que as mercadorias defeituosas corresponderem a somente uma pequena parte de sua gama de mercadorias. Em contraste com grandes cadeias de loja de departamento de preço baixo, a venda de sapatos defeituosos implica uma perda de prestígio substancial para pequenas lojas, uma vez que experiências negativas são espalhadas normalmente de boca em boca e, por isso, têm um impacto que supera o defeito efetivo. O [Vendedor] sabia que as mercadorias entregues à [Compradora] seriam vendidas aos clientes. Visto que não pode ser negado à [Compradora] o direito de satisfazer seus clientes, uma entrega que ocasionou 36 reclamações constitui uma *fundamental breach*. Nenhuma quota específica é necessária nesse sentido. O fato crucial é que a [Compradora] temia reclamações adicionais com relação a essa entrega" (tradução livre para o português).

195 Conclusões semelhantes foram alcançadas pela Corte Distrital de Landshut em caso envolvendo o fornecimento de roupas de ginástica que, após a primeira lavagem, encolhiam, tornando-se de 10 a 15% menores e, assim, impossibilitando a continuidade de seu uso pelos consumidores: "The [seller] did not comply with one of its obligations under the contract, Art. 45(1) in connection with Art. 35 CISG. The [seller] had to deliver goods of the quality and description required by the contract. By delivering goods that shrank by 10-15%, i.e., one to two sizes, the [seller] has breached its contractual obligations. This breach of contract also constitutes a fundamental breach of contract under Art. 25 CISG. The breach of contract resulted in such detriment to the [buyer] as substantially to deprive [buyer] of what it was entitled to expect under the contract. The clothes after having been washed did not become just negligibly smaller but had shrunk one to two sizes. As a result, the end customer could no longer wear these clothes after having washed them for the first time. The end customer, thus, would either complain to the retailer or would no longer buy goods from this retailer. Thereby, the retailer suffers a substantial detriment. The [buyer]'s interest in the contract are thus considerably affected. It also has to be taken into account that all the clothes shrink. Thus the entire delivery is defective." (cf. LG Landshut 54 O 644/94, CISG-online nº 193, j. 5.4.1995. Disponível em <https://cisg-online.org/search--for-cases?caseId=6168>, consultado em 29.3.2022).

"O [vendedor] não cumpriu uma de suas obrigações segundo o contrato, Art. 45(1), com referência ao Art. 35 do CISG. O [vendedor] tinha que entregar mercadorias da qualidade e descrição exigidas pelo contrato. Ao entregar mercadorias que encolheram em 10-15%, ou seja, de um a dois tamanhos, o [vendedor] violou suas obrigações contratuais. Essa violação

nos quais se discute a conformidade das mercadorias à luz da CISG, isto é, a possibilidade de estas serem revendidas a terceiros sem que isso acarrete prejuízos ou seja demasiadamente inconveniente para o comprador.

Por fim, no quarto e último grupo de casos selecionado neste trabalho, o precedente inicial envolve a venda de um pônei de um vendedor belga para um comprador sueco. Este administrava certa escola de equitação e dedicava-se à compra e venda de cavalos. Seu objetivo inicial era o de que o pônei em questão fosse utilizado por sua filha em competições de salto e, após, planejava vender o animal a terceiros.

Antes da celebração do negócio, a filha do comprador testou o pônei e entendeu que este atendia suas expectativas e necessidades. O comprador providenciou, ainda, que o animal fosse examinado por um veterinário dinamarquês que concluiu que este era saudável em todos os aspectos. O vendedor, por sua vez, declarou no contrato que o animal era perfeitamente adequado para participar em competições de salto.

Uma semana após a entrega, entretanto, o pônei passou a apresentar um péssimo desempenho, mostrando-se incapaz de atender os objetivos perseguidos pelo comprador quando da celebração do negócio. O comprador, então, solicitou que outro veterinário examinasse o animal, que constatou que o pônei apresentava um sério e incurável problema na cartilagem de uma de suas articulações.

Nesse cenário, o comprador resolveu o contrato e ajuizou demanda com o objetivo de se ver indenizado pelos prejuízos sofridos. Durante o processo, ficou provado que o problema na cartilagem do pônei era decorrente de um trauma que, dada sua extensão, ocorrera vários meses antes da compra e venda. A Corte de Copenhague, na Dinamarca, jul-

de contrato também constitui uma *fundamental breach* segundo o Art. 25 do CISG. A violação de contrato resultou em prejuízo tal ao [comprador] de forma a privar substancialmente o [comprador] do que ele tinha o direito de esperar segundo o contrato. As roupas, após terem sido lavadas, não ficaram apenas ligeiramente menores, mas reduziram de um a dois tamanhos. Como resultado, o cliente final não poderia mais usar essas roupas após lavá-las pela primeira vez. Dessa forma, o cliente final reclamaria com o varejista ou deixaria de comprar suas mercadorias. Assim sendo, o varejista sofre dano substancial e o interesse do [comprador] no contrato é consideravelmente afetado. Também deve ser levado em consideração que todas as roupas encolhem e que, portanto, toda a entrega é defeituosa" (tradução livre para o português).

gou a ação procedente por entender que, ao afirmar que o animal era perfeitamente adequado para os propósitos declarados pelo comprador, o vendedor garantira também que este era saudável, o que não correspondia à realidade[196].

Já o segundo caso trata da venda de 10.800 compressores para máquinas de ar-condicionado de uma empresa norte-americana para uma italiana, no final da década de 1980. A compradora tinha a intenção de usar os compressores em sua linha de ar-condicionado portátil, os quais seriam colocados à venda na primavera e no verão de 1988. Antes da celebração do contrato, a vendedora encaminhara à compradora um exemplar do compressor comercializado e especificações por escrito referentes ao desempenho destes.

Após o recebimento das mercadorias, a compradora constatou que estas apresentavam desconformidades relevantes. Mais especificamente, 93% dos compressores objeto do contrato foram rejeitados no controle de qualidade da compradora por apresentarem baixa capacidade de resfriamento e consumirem mais energia que o modelo enviado como exemplar e que as instruções que o acompanharam indicavam.

Diante disso, a compradora solicitou à vendedora que encaminhasse mercadorias em substituição aos compressores defeituosos, porém esta se negou a fazê-lo. Como resultado, a compradora não foi capaz de comercializar sua linha de ar-condicionado portátil justamente no período de vendas mais intenso e ajuizou demanda judicial na qual se discutiu a existência de fundamento para a resolução do contrato, bem como o pagamento de indenização por parte da vendedora.

A Corte de Apelação do Segundo Circuito, nos Estados Unidos, concluiu pela existência de *fundamental breach* e, portanto, pelo direito da compradora de resolver o contrato celebrado entre as partes. Segundo se apontou na ocasião, os defeitos apresentados pelas mercadorias eram relevantes e frustravam o propósito perseguido pelo comprador com a celebração do negócio[197].

[196] Cf. Corte Distrital de Copenhage BS 01-6B-2625/2005, CISG-online nº 2150, j. 19.10.2007. Disponível em <https://cisg-online.org/search-for-cases?caseId=8066>, consultado em 29.3.2022.

[197] "Judge Cholakis held that 'there is no question that [Rotorex's] compressors did not conform to the terms of the contract between the parties' and noted that '[t]here are ample admissions [by Rotorex] to that effect.' We agree. The agreement between Delchi and

Finalmente, o terceiro caso estudado envolve a compra e venda de páprica de um comerciante espanhol para um alemão. Na ação, o vendedor pleiteava o pagamento de parte do preço contratual, enquanto o comprador, em sede de reconvenção, buscava indenização por prejuízos decorrentes do fato de as mercadorias serem desconformes, relacionados à realização de uma operação de substituição no mercado.

As partes, que já haviam celebrado outros negócios anteriormente, pactuaram, em agosto de 1994, que o vendedor forneceria ao compra-

Rotorex was based upon a sample compressor supplied by Rotorex and upon written specifications regarding cooling capacity and power consumption. After the problems were discovered, Rotorex's engineering representative, Ernest Gamache, admitted in a May 13, 1988 letter that the specification sheet was 'in error' and that the compressors would actually generate less cooling power and consume more energy that the specifications indicated. (...) In granting summary judgment, the district court held that '[t]here appears to be no question that [Delchi] did not substantially receive that which [it] was entitled to expect' and that 'any reasonable person could foresee that shipping non-conforming goods to a buyer would result in the buyer not receiving that which he expected and was entitled to receive.' Because the cooling power and energy consumption of an air conditioner compressor are important determinants of the product's value, the district court's conclusion that Rotorex was liable for a fundamental breach of contract under the Convention was proper." (cf. United States Court of Appeals for the Second Circuit 95-7182, 95-7186, CISG-online nº 140, j. 6.12.1995. Disponível em <https://cisg-online.org/search-for-cases?caseId=6118>, consultado em 29.3.2022).
"O Juiz Cholakis concluiu que 'não há dúvidas de que os compressores da [Rotorex] não estavam em conformidade com os termos do contrato entre as partes e observou que há admissões amplas, [pela Rotorex], nesse sentido'. Nós concordamos. O acordo entre Delchi e Rotorex foi baseado em uma amostra de compressor fornecida pela Rotorex e em especificações escritas com relação à capacidade de resfriamento e consumo de energia. Após os problemas serem descobertos, o representante de engenharia da Rotorex, Ernest Gamache, admitiu, em uma carta datada de 13 de maio 1988, que a folha de especificação apresentava informações erradas e que os compressores geravam, na verdade, menos poder de resfriamento e consumiam mais energia do que as especificações indicavam. (...) Ao conceder julgamento sumário, a vara distrital concluiu que 'parece não haver dúvidas de que [Delchi] não recebeu substancialmente aquilo que [ela] tinha o direito de esperar' e que 'qualquer pessoa razoável poderia prever que o embarque de mercadorias não conformes a uma compradora resultaria em seu não recebimento daquilo que esperava e tinha o direito de receber'. Devido ao fato de a potência de resfriamento e consumo de energia de um compressor de ar condicionado serem fatores importantes do valor do produto, a conclusão da vara distrital de que a Rotorex era responsável por uma *fundamental breach* segundo a Convenção era pertinente" (tradução livre para o português).

dor páprica espanhola, tanto em pó, como em flocos. A entrega das mercadorias foi programada para ocorrer em diversos carregamentos distintos, sempre que o comprador o solicitasse via contato telefônico. Cada um dos carregamentos deveria ser acompanhado de certificados atestando a ausência de aflatoxinas e salmonela nas especiarias. Segundo se apurou por ocasião do julgamento do caso, o comportamento das partes indicava que estas concordaram que as mercadorias a serem fornecidas deveriam ser compatíveis com a legislação alemã sobre segurança alimentar.

Em novembro de 1994, o comprador recebeu do vendedor um carregamento contendo nove toneladas de páprica. Na oportunidade, a Associação Alemã da Indústria de Especiarias alertou o comprador de que a páprica oriunda da região de Murcia, na Espanha, fora testada e apresentara traços de óxido de etileno na proporção de 0,7mg/kg, enquanto as autoridades alemãs autorizavam apenas 0,02mg/kg. Diante dessa informação, o comprador providenciou o exame das mercadorias objeto do contrato, oportunidade na qual se constatou quantidades de óxido de etileno inferiores a 0,05mg/kg.

Ao analisar o caso, a Corte Distrital de Ellwangen, na Alemanha, entendeu que o comprador não estava obrigado a pagar preço cobrado já que a desconformidade das mercadorias impossibilitava o comprador de comercializá-las em território alemão e, portanto, frustrava seu objetivo com a celebração do negócio[198].

[198] "At the time of the delivery, the goods contained an amount of ethylene oxide which was not permissible under German Food Safety Law. The seller is, at least, cut off from relying on any claim that the amount did not exceed the admissible limit. [Seller] therefore did not deliver goods which were of the quality required by the contract (Art. 35(1) CISG). As the goods were not fit to be sold in Germany due to their high amount of ethylene oxide, the breach of contract was also fundamental: [buyer] was substantially deprived of what it was entitled to expect under the contract (...). At the time of the conclusion of the contract the parties were in agreement that the goods had to be fit to be sold according to German Food Safety Laws. This can be drawn from [seller]'s concessions in connection with [buyer]'s letter of 7 March 1994. [Seller] has a long-standing business relationship with the [buyer] and regularly exports goods to Germany (with the [seller's representative] acting as an agent). [Seller] had provided the [buyer] with spices already before the contract of August 1994." (cf. LG Ellwangen 1 KfH O 32/95, CISG-online nº 279, j. 21.8.1995. Disponível em <https://cisg-online.org/search-for-cases?caseId=6253>, consultado em 29.3.2022). "No momento da entrega, as mercadorias continham um valor de óxido de etileno que não era admitido segundo as Leis de Segurança Alimentar da Alemanha. O vendedor deve, no

Nesse último grupo de casos, o ponto de contato entre os precedentes analisados é a imprestabilidade da mercadoria para o uso pretendido pelo comprador em razão das desconformidades constatadas após a celebração do negócio. De fato, seja em razão de defeitos apresentados pelos bens, seja em razão de proibição de natureza regulamentar, o resultado foi a inutilidade da mercadoria para o comprador.

Analisados os casos nos quais se reconheceu a existência de *fundamental breach*, é oportuno o estudo pontual de precedentes nos quais tal alegação foi afastada sempre com o objetivo de afinar e ilustrar a compreensão do tema.

Nesse sentido, é digno de nota precedente da Suprema Corte da Alemanha envolvendo o fornecimento de cinco toneladas de sulfato de cobalto de um vendedor holandês para um comprador alemão, pela celebração de diversos negócios distintos. Nos referidos negócios, as partes fizeram constar, de maneira objetiva, informações a respeito da composição química das mercadorias, de sua qualidade, da forma de pagamento e dos documentos que deveriam ser entregues ao comprador, notadamente certificados de análise e origem[199]. Nada foi especificado, nos contratos, quanto à origem dos produtos. Nos documentos mercantis atinentes à venda, entretanto, estava indicado que o sulfato de cobalto a ser fornecido era de origem inglesa.

mínimo deixar de se basear em qualquer alegação de que o valor não era superior ao limite admissível. O [Vendedor], portanto, não entregou mercadorias da qualidade exigida pelo contrato (Art. 35(1) do CISG). Visto que as mercadorias não eram adequadas para venda na Alemanha devido ao seu alto valor de óxido de etileno, a violação de contrato também era fundamental: o [comprador] foi substancialmente impedido de obter aquilo que tinha o direito de esperar segundo o contrato (...). No momento da conclusão do contrato, as partes concordaram que as mercadorias tinham que ser adequadas para venda de acordo com as Leis de Segurança Alimentar da Alemanha. Isso pode ser estabelecido das concessões do [vendedor] com relação à carta do [comprador] datada de 7 de março de 1994. O [Vendedor] tem uma relação comercial de longa data com o [comprador] e exporta regularmente mercadorias à Alemanha (com o [representante do vendedor] atuando na qualidade de representante). O [Vendedor] tinha fornecido ao [comprador] especiarias logo antes do contrato datado de agosto de 1994" (tradução livre para o português).

[199] A descrição que constou dos contratos foi a seguinte: "Product: Cobalt Sulfate 21% Quality; ex. M. Payment: CAD [cash against documents] by cable transfer; Documents: Certificate of Analysis."

Após a disponibilização das mercadorias, o comprador tomou conhecimento da existência de certas discrepâncias nos certificados de análise e origem encaminhados pelo vendedor. De um lado, os documentos apresentavam duas informações distintas quanto à quantidade de zinco presente na composição do sulfato de cobalto, o que, posteriormente, esclareceu-se se dever apenas a um erro de digitação e, de outro, atestavam que as mercadorias haviam sido produzidas na União Europeia quando, na realidade, possuíam origem sul-africana.

Seguiu-se a troca de correspondências e contatos entre as partes e, ao final, o comprador manifestou, em mais de uma ocasião, seu desejo de resolver os contratos celebrados entre as partes. Na sua visão, as discrepâncias encontradas nos certificados de análise e origem, bem como o fato de o sulfato de cobalto não haver sido produzido na Inglaterra, como as partes haviam acordado, tampouco no âmbito de outro país da União Europeia, constituíam fundamentos suficientes para tanto. Por não concordar com a resolução dos negócios, o vendedor ajuizou demanda objetivando o pagamento do preço ajustado pelas mercadorias.

Ao apreciar o caso em última instância, a Suprema Corte alemã entendeu que não existia fundamento suficiente para a resolução dos contratos à luz da CISG, já que a origem inglesa ou, ao menos, europeia das mercadorias não havia sido pactuada pelas partes, tampouco apresentada pelo comprador como um elemento essencial da transação. Além disso, no curso do processo, o comprador não demonstrou que não poderia utilizar o sulfato de cobalto de origem sul-africana no curso normal de seus negócios, tampouco que não teria sucesso na revenda dos bens. Além disso, a Suprema Corte apontou que não havia nos autos prova de que o vendedor tinha conhecimento de que a origem inglesa do sulfato de cobalto era essencial para os fins perseguidos pelo comprador com a celebração dos contratos[200]. Tal decisão, vale notar, tornou-

[200] "The Court held that the [buyer]'s declaration of avoidance based on Art. 49(1)(a)(b) CISG does not prevail because there was no fundamental breach of contract in the meaning of Art. 25 CISG. Even if one assumed that the delivery of English goods had been stipulated and that cobalt sulfate was actually manufactured in England, goods produced in South Africa would admittedly constitute an *aliud*. However, such an *aliud* is treated under the Convention as a delivery of goods not in conformity with the contract, which in the present case does not cancel the [buyer]'s contractual interest. The [buyer] neither submitted that the goods were not usable in the normal course of business, nor that it could not be

-se célebre entre os estudiosos da CISG por ser destacada como tecnicamente correta e respeitar o elevado *standard* estabelecido pelo texto internacional para a resolução do contrato[201].

expected for it to attempt to resell the goods. As far as the [buyer] referred to export business with India and other countries in South East Asia with which the [buyer] would have had 'unforeseeable difficulties' due to the (then existing) embargo for goods from South Africa, [buyer]'s pleading was unsubstantiated. The [buyer] did not show that it would have been more difficult, possible only at lower prices, or completely impossible to sell the goods in other countries. The [buyer]'s allegation that [seller] deceived [buyer] about the origin of the goods also does not have any merit. It was not apparent that the [seller] knew or at least considered that an English origin of the goods was decisive for the [buyer]'s purchase. In particular, the [buyer] did not sufficiently disprove the [seller]'s allegation that firm M only distributed cobalt sulfate manufacture in South Africa and customarily affixes on these goods an English ('UK') Certificate of Origin; for this reason, the [buyer]'s orders were also to be understood in this sense." (cf. Bundesgerichtshof VIII ZR 51/95, CISG-online nº 135, j. 3.4.1996. Disponível em <https://cisg-online.org/search-for-cases?caseId=6113>, consultado em 29.3.2022).

"O Tribunal concluiu que a declaração de anulação da [compradora] baseada no Art. 49(1)(a)(b) do CISG não prevalece, visto que não houve qualquer *fundamental breach* na acepção do Art. 25 do CISG. Mesmo que se presumisse que a entrega das mercadorias inglesas foi estipulada e que o sulfato de cobalto tenha sido efetivamente fabricado na Inglaterra, as mercadorias produzidas na África do Sul constituiriam reconhecidamente um *aliud*. Contudo, esse *aliud* é tratado segundo a Convenção como uma entrega de mercadorias que não estão em conformidade com o contrato, o que, no presente caso, não cancela o interesse contratual do [comprador]. O [comprador] nem sequer alegou que as mercadorias não tinham condições de ser usadas no curso normal do negócio, nem que não podia se esperar que ele tentasse revendê-las. Quanto à referência a negócios de exportação com a Índia e outros países no Sudeste Asiático com os quais o [comprador] teria 'dificuldades imprevisíveis' devido ao embargo (existente na época) de mercadorias da África do Sul, a alegação do [comprador] era infundada. O [comprador] não demonstrou que teria sido mais difícil, possível apenas a preços baixos, ou completamente impossível vender as mercadorias em outros países. A alegação do [comprador] de que o [vendedor] o enganou sobre a origem das mercadorias também não tem qualquer mérito. Não ficou aparente que o [vendedor] sabia ou no mínimo considerava que a origem inglesa das mercadorias era decisiva para o [comprador]. No particular, o [comprador] não demonstrou ser inverídica a alegação do [vendedor] de que a empresa M distribui apenas sulfato de cobalto fabricado na África do Sul e normalmente afixa a essas mercadorias um Certificado de Origem do Reino Unido; por esse motivo, os pedidos de compra do [comprador] também deveriam ser interpretados nesse sentido" (tradução livre para o português).

[201] "The *Bundesgerichtshof* has respected this basic conception of restricted avoidability of the contract due to a lack of conformity of the goods and – differently than some for-

A Suprema Corte Suíça também afastou a existência de *fundamental breach* em caso envolvendo a compra e venda de carne de comerciantes alemães para um comprador suíço, cuja intenção era revender o produto no Egito e na Jordânia. A ação foi ajuizada pelos vendedores para pleitear o pagamento dos valores ajustados pelas partes para a venda das mercadorias, com o qual não honrou o comprador sob o argumento de que as carnes entregues pelos vendedores não ostentavam a qualidade ajustada no contrato.

Durante o curso do processo, ficou provado que as carnes valiam cerca de 23,5% menos que o valor fixado no negócio, por apresentarem quantidade excessiva de gordura, sangue e umidade. No entanto, do ponto de vista sanitário e de segurança alimentar, foram reputadas de boa qualidade.

Ao analisar se o comprador tinha o direito de declarar o contrato resolvido com base nas desconformidades apresentadas pelas mercadorias, a Suprema Corte da Suíça entendeu que não, pois os defeitos em tela não eram suficientes ao preenchimento dos pressupostos necessários à existência de *fundamental breach*. Isso, porque as mercadorias ainda poderiam ser revendidas no Egito e na Jordânia e o propósito vislum-

eign courts – has correctly set high demands to meet the avoidance threshold. In the well-known 'cobalt sulfate case', after careful consideration of the partially differing authorities in this respect, the Court did not allow an irreparable defect alone to be sufficient for the presumption of a fundamental breach of contract. Furthermore, the Court emphasized, once again quite correctly in my opinion, that it is primarily the responsibility of the parties to clearly specify in the contract the importance of certain qualities of the goods so that the absence of such qualities would amount to a fundamental breach of contract by the seller." (cf. P. Schlechtriem, *Uniform Sales Law in the Decisions of the* Bundesgerichtshof, tradução para o inglês por T. J. Fox. Disponível em <https://iicl.law.pace.edu/sites/default/files/cisg_files/schlechtriem3.html>, consultado em 29.3.2022).

"O *Bundesgerichtshof* tem respeitado esse conceito básico de restrita resolução contratual em razão de desconformidade das mercadorias e – diferentemente de alguns outros tribunais estrangeiros – estabeleceu corretamente altas exigências para atender ao limite da resolução. No conhecido 'caso do sulfato de cobalto', após cuidadosa consideração das diferentes posições quanto ao assunto, o Tribunal não permitiu que um defeito irreparável fosse, por si só, suficiente para fazer presumir uma *fundamental breach of contract*. Ademais, o Tribunal enfatizou, de novo de forma correta em minha opinião, que é responsabilidade primária das partes especificar claramente no contrato a importância de determinadas qualidades das mercadorias, de forma que a ausência dessas qualidades constituiria uma *fundamental breach* do vendedor" (tradução livre para o português).

brado pelo comprador alcançado, ainda que o preço praticado fosse inferior ao inicialmente imaginado. Assim, concluiu-se que o comprador tinha direito apenas a uma redução do preço contratual, para ajustá-lo ao real valor das mercadorias entregues pelos vendedores, nos termos do artigo 50 da Convenção[202].

Em caso envolvendo a compra e venda de globos nos quais o comprador pretendia projetar vídeos publicitários de sua empresa locadora de

[202] "If the breach of contract is based on a deviation from the contractual characteristics of the goods or any other deficiency of the goods, it must be determined whether a further processing or disposal of the goods in the usual course of business – even with a markdown or something alike – is possible without an unreasonable effort and is reasonable (...). Thereby, it must be kept in mind that the CISG establishes the preference of the preservation of the contract: in case of doubt, the contract shall also be preserved in case of disturbances, while the avoidance of the contract shall be exercised only under exceptional circumstances (...). The buyer shall primarily make use of the other remedies, namely price reduction and compensation, with the reversed transaction constituting the last recourse in reacting to the other party's breach of contract which is that essential that it deprives that party of its interest in the fulfilment of the contract (...). And this was exactly the case here. The deviation of quality was constituted by the excessive proportion of fat and too much wetness which leads to the loss of weight in the industrial processing which was provided for. A further detriment cannot be taken from the actual findings of the previous instance. Under these circumstances, the deviations from the contract are not that fundamental that the avoidance of the contract must be the adequate legal consequence." (cf. Bundesgericht 4C.179/1998/odi, CISG-online nº 413, j. 28.10.1998. Disponível em <https://cisg-online.org/search-for-cases?caseId=6384 >, consultado em 29.3.2022).
"Se a violação de contrato for baseada em um desvio das características contratuais das mercadorias ou em qualquer outra deficiência das mercadorias, deverá ser determinado se um processamento adicional ou alienação das mercadorias no curso normal do mercado – mesmo com um desconto ou algo nesse sentido – é possível sem um esforço não razoável e se é razoável (...). Assim, deve-se ter em mente que a CISG estabelece a preferência pela preservação do contrato: em caso de dúvidas, o contrato deverá ser preservado em caso de interferências, sendo que a anulação do contrato será exercida somente em circunstâncias excepcionais (...). O comprador deverá, em primeiro lugar, usar os outros recursos disponíveis, a saber: redução de preço e indenização, com a resolução constituindo o último recurso ao reagir à violação do contrato, que deve ser tão fundamental que prive a outra parte de seu interesse no cumprimento do contrato (...). E foi exatamente esse o caso aqui. O desvio de qualidade se deu em razão da proporção excessiva de gordura e pelo excesso de umidade que leva à perda de peso no processamento indústria realizado. A existência de um prejuízo adicional não pode ser extraída das provas produzidas na instância inferior. Nessas circunstâncias, os desvios do contrato não são fundamentais a ponto de fazer com que a resolução do contrato seja a consequência jurídica adequada" (tradução livre para o português).

automóveis, a Corte Distrital de Munique também afastou a existência de *fundamental breach*, porém por fundamentos distintos daqueles invocados nos dois precedentes estudados acima.

No caso em questão, o vendedor italiano obrigara-se a fornecer ao comprador alemão 119 globos para uso nas filiais de sua empresa de locação de automóveis. Depois de montados, os globos deveriam realizar movimentos de rotação semelhantes aos de um ventilador. Passados alguns dias da entrega das mercadorias, o comprador constatou que os globos não funcionavam de maneira adequada, já que não rotavam como deveriam e, em alguns casos, deixavam de se mover após poucas horas de uso.

Constatados tais defeitos, o comprador manifestou sua intenção de resolver o contrato celebrado com o vendedor. Este, por sua vez, reputou tal conduta inaceitável e passou a pleitear o pagamento do preço contratual em aberto. Nesse contexto, o caso foi levado à apreciação da Corte de Munique.

Durante o processo, descobriu-se que os defeitos apresentados pelos globos decorriam da má qualidade dos componentes utilizados pelo vendedor em sua fabricação, bem como da inadequação dos motores empregados, cuja capacidade era de apenas 5.000 horas, insuficiente, portanto, para suportar o uso dos globos diariamente nas filiais da empresa compradora.

Ao julgar o caso, a Corte de Munique, na Alemanha, entendeu que os defeitos dos globos não autorizavam a resolução do contrato pelo comprador, mas apenas a redução do preço contratual em 30%. Isso, porque, pela sua natureza, as falhas encontradas poderiam ser remediadas por meio da substituição dos motores por outros mais adequados. Além disso, ponderou-se que, mesmo com a rotação inadequada ou inexistente dos globos, o comprador ainda poderia projetar seus vídeos publicitários nas peças, ou seja, ainda poderia atingir o propósito vislumbrado com a celebração do contrato. Em suma, considerando que o comprador, a despeito das falhas encontradas, poderia se valer das mercadorias e destiná-las ao uso originalmente pretendido, a Corte de Munique concluiu pela não existência de *fundamental breach* no caso[203].

[203] "[Buyer 1] and [buyer 2] were, however, not in the position to fully object to the [seller]'s claim for payment of the remaining purchase price by virtue of [buyer 2]'s declaration

of avoidance of the sales contract. To the Court's conviction, there is not a fundamental breach of contract pursuant to Art. 49(1)(a) and Art. 25 CISG. It is hereby important that one of the underlying principles for the implementation of the CISG is that a declaration of avoidance of a sales contract should be the mere *ultima ratio*, i.e., last resort. Any declaration of avoidance leads to the restitution of the parties' performances under their sales contract. And such restitution may be always quite burdensome within the context of international trade. In the light of the aforementioned principle, the question has arisen, whether [buyer 1] and [buyer 2] received goods, which they could reasonably expect under their sales contract, pursuant to Art. 25 CISG, when they obtained Globes which are undervalued, defective and inappropriate for a multi-annual operation. The response to that question may be as follows: this kind of defect and lack of compliance is in principle remediable through the removal of the defective motors. Furthermore, the pivoting function of the Globes is compared to their mainly representative objectives as show object of a subordinate nature. Hence, [buyer 1] was able to show off advertisement video films even without such a pivoting function. That special rotation feature only amplifies any advertising and show effects of the Globes, but it is definitely not one of their key points and features. Even without such an additional pivoting feature of the Globes, they are indeed representative and functional parts of the showroom and its furniture; this the Court could learn during its inspection of the Globes on 31 January 2002. Therefore, [buyer 1] and [buyer 2] essentially obtained the goods they intended to receive: designed objects of high value matching with the image of their brand. If a buyer is able to use in any respect defective goods, one cannot assume a fundamental breach of contract (...)." (cf. LG München 5 HKO 3936/00, CISG-online nº 654, j. 27.2.2002. Disponível em <https://cisg-online.org/search-for-cases?caseId=6597>, consultado em 29.3.2022).

"O [Comprador 1] e o [comprador 2], contudo, não estavam em posição de se opor totalmente à demanda do [vendedor] para pagamento do preço de compra remanescente em virtude da declaração, pelo [comprador 2], de resolução do contrato de compra e venda. De acordo com a convicção da Corte, não há uma *fundamental breach* de acordo com o Art. 49(1)(a) e Art. 25 da CISG. É importante que um dos princípios subjacentes à implementação da CISG seja o da resolução como *ultima ratio*, i.e., último recurso. A resolução, em qualquer hipótese, leva à restituição das prestações cumpridas pelas partes no âmbito de seu contrato de compra e venda. E essa restituição poderá sempre ser um tanto quanto onerosa no contexto do comércio internacional. À luz do princípio acima exposto, surge a questão quanto a se o [comprador 1] e o [comprador 2] receberam as mercadorias que poderia razoavelmente esperar pelo contrato, nos termos do Art. 25 CISG, quando obtiveram Globos que eram subvalorizados, defeituosos e inapropriados para uma operação de vários anos. A resposta para essa pergunta pode ser a seguinte: esse tipo de defeito e desconformidade é, em princípio, remediável por meio da remoção dos motores defeituosos. Ademais, a função giratória dos Globos é comparada a um de seus objetivos principais, de projetar objetos. Consequentemente, o [comprador 1] era capaz de mostrar propagandas em vídeo mesmo sem essa função giratória. Essa função especial de rotação apenas amplifica qualquer pro-

Em precedente envolvendo o fornecimento de suco concentrado de maçã de um vendedor austríaco para um comprador alemão, a Corte de Apelação de Stuttgart, na Alemanha, também afastou a ocorrência de *fundamental breach* invocando fundamentação oportuna para o estudo e interpretação dessa questão à luz da CISG.

Em meados de 1997, o comprador encomendou ao vendedor cem toneladas de suco de maçã concentrado de origem polonesa que deveriam ser entregues diretamente à sua cliente final, uma companhia de bebidas. O vendedor estava ciente de que a mercadoria deveria ser pura, sem adição de qualquer outro componente que não a própria fruta. Recebido o produto concentrado, este foi misturado com outras substâncias e diluído para a produção de sucos de maçã para consumo humano.

Pouco tempo depois, o comprador tomou conhecimento, por meio de sua cliente, de que xarope de glucose fora misturado ao suco concentrado de maçã. Na ocasião, mais de 500.000 embalagens de 0,75 litros de suco de maçã já haviam sido produzidas, porém sua comercialização estava suspensa, dada a desconformidade recentemente descoberta. O comprador, então, pretendeu resolver o negócio sob o argumento de haveria *fundamental breach* e o vendedor, por sua vez, ingressou com ação judicial para pleitear o pagamento dos valores ajustados no negócio.

No curso da ação, foi demonstrado que os produtos acabaram por ser revendidos normalmente, apenas com a advertência, nas respectivas embalagens, de que poderiam conter açúcar. Essa foi a razão determinante para que a Corte de Stuttgart afastasse a existência de *fundamental breach*, apontando que, no âmbito da CISG, a entrega de mercadorias distintas daquelas descritas no contrato nem sempre priva o contratante

paganda e mostra os efeitos dos Globos, mas esse definitivamente não é um de seus principais pontos e funções. Mesmo sem essa função giratória adicional dos Globos, eles são de fato partes integrantes e funcionais do *showroom* e sua mobília; isso o Tribunal pôde aferir durante sua inspeção dos Globos em 31 de janeiro de 2002. Portanto, a [compradora 1] e a [compradora 2] obtiveram essencialmente as mercadorias que pretendiam receber: objetos de alto valor correspondentes à imagem de sua marca. Se um comprador puder usar de qualquer forma as mercadorias defeituosas, não se pode presumir uma *fundamental breach of contract* (...)" (tradução livre para o português).

daquilo que buscou com o negócio, como no caso, tendo em vista que as mercadorias puderam ser revendidas[204].

[204] "Regarding goods that do not conform to the specifications of the contract, the CISG does not distinguish between the delivery of defective goods and the delivery of different kinds of goods. The delivery of an *aliud* does in any case not constitute a non-delivery in the meaning of Art. 49(1)(b) CISG (...). Therefore, avoidance of contract can only be based on Art. 49(1)(a) CISG in the present case. In the Court's opinion, [Buyer] is not entitled to declare the contract avoided because there is no fundamental breach of contract in terms of Art. 49(1)(a) CISG. Following the definition in Art. 25 CISG, a breach of contract is fundamental if it results in such detriment to the other party as substantially to deprive it of what that party is entitled to expect under the contract, unless the party in breach did not foresee and a reasonable person of the same kind could not have foreseen such a result. The goods delivered by [Seller] had been mixed with glucose syrup and could therefore no longer be referred to as apple juice concentrate; drinks produced from it could not be traded as apple juice. Consequently, the goods did not conform to the contract. If the breach of contract – as in the present case – consists of a lack of conformity of the goods, it will be decisive whether the Buyer was without unreasonable expenditure able to process the goods differently or sell them in the normal course of business if only with a price discount, and if the Buyer could reasonably be expected to take such measures (...) It is true that [Buyer] submitted before the Court of First Instance that its customer, Company S., had been unable to use the delivered concentrate, so that the goods had to be destroyed. However, before the first hearing in the appellate proceedings, [Buyer]'s attorney in his brief of 6 April 2000 pleaded that the goods were in the end used – in a permissible way – for the production of apple fruit drinks after all [Translator's note: These drinks, in contrast to 'apple juice' may contain sugar additives]. It is the Court's opinion that the fact that [Buyer]'s customer did in the end process and trade the goods speak against assuming a fundamental breach of contract in the meaning of Art. 49(1)(a) CISG in the present case." (cf. OLG Stuttgart 5 U 216/99, CISG-online nº 841, j. 12.3.2001. Disponível em <https://cisg-online.org/search-for-cases?caseId=6767>, consultado em 29.3.2022).

"Com relação a mercadorias que não se revelem conformes às especificações do contrato, a CISG não distingue entre a entrega de mercadorias defeituosas e a entrega de mercadorias de diferente tipos A entrega de um *aliud* não constitui, em nenhum caso, falta de entrega na acepção do Art. 49(1)(b) do CISG (...). Portanto, a resolução do contrato pode ser baseada somente no Art. 49(1)(a) da CISG no presente caso. No entender do Tribunal, o [Comprador] não tem o direito de declarar o contrato resolvido, pois não há *fundamental breach* nos termos do Art. 49(1)(a) da CISG. Seguindo a definição no Art. 25 do CISG, a violação do contrato é fundamental se resultar em prejuízo tal para a outra parte que a prive de receber aquilo que tinha o direito de esperar segundo o contrato, a menos que a parte inadimplente não tenha previsto, e uma pessoa razoável do mesmo tipo não pudesse prever, esse resultado. As mercadorias entregues pelo [Vendedor] foram misturadas com xarope de glicose e, sendo assim, não poderiam mais ser consideradas como suco de maçã concen-

Por fim, a Suprema Corte da Alemanha também afastou a existência de *fundamental breach* no chamado "*caso dos mexilhões*", no qual um vendedor suíço, autor da demanda, e um comprador alemão discutiram a conformidade das mercadorias à luz do contrato, bem como o pagamento do preço pactuado pelas partes.

No caso em questão, entregues as mercadorias, o comprador descobriu que estas apresentavam concentração de cádmio na proporção de 0,5 a 1,0 mg/kg, o que excedia as recomendações das autoridades sanitárias alemãs, porém não tornava os mexilhões impróprios para consumo humano. Diante disso, o comprador pretendeu resolver o contrato.

O argumento, contudo, foi afastado pela Suprema Corte primeiro sob o fundamento de que as partes nada haviam pactuado quanto à concentração de cádmio nos mexilhões e que as regulamentações existentes no país do comprador não vinculam o vendedor, a menos que ajustado de outra forma[205]. Em segundo lugar, apontou-se que, embora de

trado; as bebidas produzidas a partir dela não poderiam ser comercializadas como suco de maçã. Consequentemente, as mercadorias não estavam em conformidade com o contrato. Se a violação de contrato – como no presente caso – consistir em falta de conformidade das mercadorias, será decisivo constatar se o Comprador podia, sem incorrer em despesas injustificadas, processar as mercadorias de um modo diferente ou vendê-las no curso normal do mercador, ainda que com um desconto no preço, bem como se seria razoável esperar que tomasse tais medidas (...) É verdade que o [Comprador] declarou perante a Corte de Primeira Instância que seu cliente, a Empresa S., não pôde usar o concentrado entregue, de forma que as mercadorias tiveram que ser destruídas. Contudo, antes da primeira audiência na fase de apelação do processo, o advogado da [Compradora], em suas contrarrazões datadas de 6 de abril de 2000, argumento que os bens foram, ao final usados – de forma aceitável – para a produção de bebidas de maçã [nota do Tradutor: Essas bebidas, ao contrário do 'suco de maçã', podem conter aditivos de açúcar]. No entender do Tribunal, o fato de que o cliente do [Comprador] acabou processando e comercializando as mercadorias depõe contra a existência de uma *fundamental breach* na acepção do Art. 49(1)(a) do CISG no presente caso" (tradução livre para o português).

205 A despeito de não ser pertinente aprofundar a discussão no âmbito deste trabalho, vale notar que existe certo debate no âmbito da Convenção quanto a se as mercadorias devem ser conformes à legislação do país do comprador ou do vendedor. O problema, evidentemente, somente se coloca se o contrato for silente a esse respeito e a questão sujeita ao art. 35(2) da Convenção. Embora ainda não exista consenso sobre o assunto, foram identificados diversos precedentes indicando que, nesse caso, o vendedor não pode ser obrigado a conhecer e respeitar a legislação do país do comprador ou do local no qual este pretende revender as mercadorias. A título de exemplo, cf.: Suprema Corte da Áustria 7

fato excedesse as recomendações sanitárias a propósito, o cádmio presente nos mexilhões não prejudicava seu consumo por seres humanos. Por fim, indicou-se, também, que as regulamentações sanitárias em tela eram apenas orientativas e preventivas e, portanto, não impediam a comercialização do produto em território alemão[206].

Ob 302/05w, CISG-online nº 1223, j. 25.1.2006. Disponível em <https://cisg-online.org/search-for-cases?caseId=7146>, consultado em 29.3.2022; Audiencia Provincial de Granada 546/1999, CISG-online nº 756, j. 2.3.2000. Disponível em <https://cisg-online.org/search-for-cases?caseId=6684>, consultado em 29.3.2022.

206 "The delivered mussels are not of inferior quality even if their cadmium content exceeds the examination results known so far. The reason for this is that the standard for cadmium content in fish, in contrast to the standard for meat, does not have a legally binding character but only an administratively guiding character. Even if the standard is exceeded by more than 100%, one cannot assume that the food is no longer suitable for consumption, because mussels, contrary to basic food, are usually not consumed in large quantities within a short period of time and, therefore, even 'peaks of contamination' are not harmful to one's health. That is why it is no longer relevant whether the public law provisions of those countries, to which an export was possible at the time of conclusion of the contract, have no influence on the conformity of the goods with the contract according to CISG Art. 35(2)(a). The fact that the standard was exceeded is similarly not relevant to the elements of CISG Art. 35(2)(b) (fitness for a particular purpose). There is no evidence that the parties implicitly agreed to comply with the ZEBS [central registration and evaluation office of the federal public health agency for environmental chemicals]-standards. Even if [seller] knew that [buyer] wanted to market the goods in Germany, one cannot make such an assumption, especially since the standards do not have legal character." (cf. Bundesgerichtshof VIII ZR 159/94, CISG-online nº 144, j. 8.3.1995. Disponível em <https://cisg-online.org/search-for-cases?caseId=6122>, consultado em 29.3.2022).

"Os mexilhões entregues não são de qualidade inferior mesmo se seu conteúdo de cádmio exceder os resultados da análise conhecidos até o momento. O motivo disso é que o padrão referente ao conteúdo do cádmio para peixes, ao contrário do padrão para carnes, não tem uma natureza legalmente vinculativa, mas somente uma natureza administrativamente orientativa. Mesmo se o padrão for excedido em mais de 100%, não se pode presumir que o alimento não é mais adequado para consumo, visto que os mexilhões, ao contrário de alimentos básicos, normalmente não são consumidos em grandes quantidades em um curto período de tempo e, portanto, mesmo 'picos de contaminação' não são prejudiciais à saúde. É por isso que não é mais pertinente saber se as disposições legais de ordem pública desses países, para os quais uma exportação era possível no momento da conclusão do contrato, tem qualquer influência sobre a conformidade das mercadorias com o contrato de acordo com o Art. 35(2)(a) da CISG. O fato de que o padrão foi excedido é igualmente irrelevante para os fins do Art. 35(2)(b) do CISG (adequação para uma finalidade específica). Não há qualquer comprovação de que as partes concordaram tacitamente em cumprir os padrões

A partir da sistematização de todos esses casos concretos, é possível extrair três critérios que sugerem a existência de uma *fundamental breach* quando se estiver diante desconformidades de ordem qualitativa: (1) inobservância de características expressamente acordadas pelas partes[207]; (2) impossibilidade de revenda das mercadorias pelo comprador[208];

da ZEBS [divisão de registro e avaliação da agência federal de saúde pública para produtos químicos relacionados ao meio-ambiente]. Mesmo se o [vendedor] soubesse que a [compradora] queria comercializar as mercadorias na Alemanha, não se pode presumir tal fato, principalmente levando em consideração que os padrões não têm natureza de lei" (tradução livre para o português).

[207] Nesse sentido, convém ter em mente as considerações constantes da Opinião nº 5 do Conselho Consultivo da CISG: "First and foremost, it is up to the parties to stipulate what they consider to be of the essence of the contract. Whether or not a contractual agreement is of the essence is a matter of interpretation under Art 8 CISG. (...) If the parties act accordingly, there is also no room for the seller to argue that he did not foresee the detriment to the buyer, if the goods do not conform to such express terms." (cf. CISG Advisory Opinion nº 5. Disponível em <http://www.cisgac.com/cisgac-opinion-no-5/>, consultado em 29.3.2022).

Em tradução livre para o português: "Primeiro e mais importante, cabe às partes estipular o que elas consideram ser da essência do contrato. Se determinada disposição contratual é ou não essencial é uma questão de interpretação, nos termos do Art. 8 CISG. (...) Se as partes assim estipularem, não há espaço para que o vendedor alegue que não previu o prejuízo do comprador, na hipótese de as mercadorias não serem conformes a disposições tão expressas."

[208] "Where the buyer himself is in the resale business, the issue of a potential resalability becomes relevant. There is also a fundamental breach here if the goods are not resalable at all, e.g., food not complying with national health regulations. If the defect of the goods do not hinder their resalability, still, it cannot be said that there is never a fundamental breach. The question then is whether resale can reasonably be expected from the individual buyer in his normal course of business. A wholesaler with broader access to markets in the business concerned has more opportunities to resell the goods than a retailer. A retailer cannot be expected to resell the goods at a discount price if, by doing so, he would be likely to damage his own reputation. In determining the likelihood of this, regard is to be had to the retailer's specific target group of customers. In all these cases, due regard should be had to the possibilities of the seller himself to dispose of the goods, thus balancing the possibilities and interests of the buyer and seller." (cf. CISG Advisory Opinion nº 5. Disponível em <http://www.cisgac.com/cisgac-opinion-no-5/>, consultado em 29.3.2022).

"Quando o comprador atua no mercado de varejo, a questão do potencial de revenda se torna relevante. Também há uma *fundamental breach* aqui se as mercadorias não forem passíveis de revenda de nenhuma forma, e.g., alimento em desconformidade com os regulamentos de saúde nacionais. Se o defeito das mercadorias não prejudicar sua capacidade de e (3) frustração do propósito do comprador com a sua aquisição, de maneira que não possa delas fazer o uso pretendido[209].

Em contrapartida, é possível concluir que não haverá *fundamental breach* quando a desconformidade (1) não impedir a revenda dos bens, desde que isso não represente um ônus injustificado para o comprador e ainda que a preço reduzido; (2) puder ser remediada pelo vendedor sem grande inconveniência para o comprador[210]; e (3) for irrelevante do ponto de vista do programa contratual[211].

revenda, ainda assim, não se pode dizer que nunca há uma *fundamental breach*. A questão, então, é se a revenda pode ser razoavelmente esperada do comprador no curso normal de seu negócio. Um atacadista com acesso mais amplo ao mercado consumidor em questão tem mais oportunidades de revender as mercadorias do que um varejista. Não se pode esperar que um varejista revenda as mercadorias com desconto se, ao fazê-lo, ele provavelmente causaria prejuízos à sua própria reputação. Ao determinar essa probabilidade, deve-se considerar qual é o grupo-alvo de clientes específicos do varejista. Em todos esses casos, as possibilidades de o próprio vendedor alienar as mercadorias devem ser consideradas, equilibrando, assim, as possibilidades e os interesses da compradora e do vendedor" (tradução livre para o português).

[209] "If the contract itself does not make clear what amounts to a fundamental breach, one of the central questions is for what purpose the goods are bought. (...) the decisive factor is whether the goods are improper for the use intended by the buyer. However, regard is to be had to the question whether the buyer is able to make use of the goods or to process them differently without unreasonable expenditure." (cf. CISG Advisory Opinion nº 5. Disponível em <http://www.cisgac.com/cisgac-opinion-no-5/>, consultado em 29.3.2022).

"Se o próprio contrato não deixar claro o que constitui uma *fundamental breach*, uma das questões centrais é para que finalidade as mercadorias foram compradas. (...) o fator decisivo é se as mercadorias são impróprias para o uso pretendido pelo comprador. Contudo, deve ser sopesado se o comprador pode fazer uso das mercadorias ou processá-las de modo diferente sem que isso acarrete um dispêndio injustificável de sua parte" (tradução livre para o português).

[210] "Though the objective essential nature of the defect is always a necessary condition to establish a fundamental breach of contract, it will not always be sufficient. In cases where the non-conformity of the goods can be remedied by the seller – e.g., by repairing the goods or delivering substitute or missing goods – without causing unreasonable delay or inconvenience to the buyer, there is not yet a fundamental breach. Here, due regard is to be given to the purposes for which the buyer needs the goods. (...) Furthermore, the buyer should not be expected to accept cure by the seller if the basis of trust for the contract has been destroyed, e.g., due to the seller's deceitful behavior. When the seller either refuses to remedy the defect, simply fails to react, or if the defect cannot be remedied by a reasonable number of attempts within a reasonable time, then a fundamental breach will also be

deemed to have occurred. If in a given case the buyer is in a better position than the seller to have the goods repaired himself or by a third party, to buy missing parts or – in case of a defect in quantity – to buy the missing amount of goods, he is obliged to do so and may not declare the contract avoided for fundamental breach." (cf. CISG Advisory Opinion nº 5. Disponível em <http://www.cisgac.com/cisgac-opinion-no-5/>, consultado em 29.3.2022). "Apesar de a natureza essencial do objeto do defeito ser sempre uma condição necessária para estabelecer uma *fundamental breach,* ela nem sempre será suficiente. Em casos nos quais não conformidade das mercadorias pode ser remediada pelo vendedor – e.g., reparando as mercadorias ou entregando mercadorias substitutas ou pendentes – sem causar atraso indevido ou inconveniente ao comprador, ainda não há uma *fundamental breach.* Nesse caso, deve ser dada a devida atenção para os fins para os quais o comprador precisa das mercadorias. (...) Além disso, não se deve esperar do comprador que aceite a reparação da desconformidade pelo vendedor se a base da confiança com relação ao contrato tiver sido destruída, e.g., devido ao comportamento desonesto do vendedor. Se o vendedor se recusar a remediar o defeito, simplesmente não reagir, ou se o defeito não puder ser remediado através de um número razoável de tentativas dentro de um prazo razoável, então também será considerado que ocorreu uma *fundamental breach.* Se, em um caso específico, o comprador estiver em uma posição melhor do que a do vendedor para reparar as mercadorias ou providenciar seu reparo por um terceiro, comprar peças faltantes ou – em caso de desconformidade quanto à quantidade – comprar a quantidade pendente de mercadorias, ele deverá fazê-lo e não poderá declarar a resolução do contrato por *fundamental breach*" (tradução livre para o português).

211 De modo geral, o inadimplemento praticado deve apresentar *certo nível de seriedade,* como apontado em precedente da Corte de Apelação de Düsseldorf envolvendo a compra e venda de linha para costura: "Although the seller is obliged to deliver goods which conform in quantity, quality and to contractual specifications according to trade practice, differences in quantity and contractual requirements can only be regarded as non-conforming goods under Art. 35 CISG if the defects reach a certain level of seriousness, and the buyer must raise timely objections as required by Art. 39 CISG. In the instant case, [Buyer] objected to insignificant defects and alleged differences in thickness (2/26 instead of 2/32) and only during the course of the proceedings. That complaint is delayed and inadmissible." (cf. OLG Düsseldorf 15 U 222/02, CISG-online nº 913, j. 21.4.2004. Disponível em <https://cisg-online.org/search-for-cases?caseId=6838>, consultado em 29.3.2022).
"Embora o vendedor seja obrigado a entregar mercadorias que estejam em conformidade com a quantidade, qualidade e com as especificações contratuais de acordo com os usos do comércio, diferenças na quantidade e com relação às exigências contratuais somente poderão ser consideradas como desconformidades segundo o Art. 35 do CISG se os defeitos atingirem um certo nível de seriedade, e o comprador deverá apresentar tempestivamente objeções nesse sentido conforme exigido pelo Art. 39 do CISG. No presente caso, o [Comprador] se opôs a defeitos não significativos e alegou diferenças na espessura (2/26 em vez

A identificação desses critérios revela que o parâmetro para se reconhecer a existência de uma *fundamental breach* é alto não apenas na teoria, mas também na aplicação prática da figura pelos órgãos julgadores. Não é qualquer tipo de desconformidade que enseja a resolução do negócio, tolerando-se, em certos casos, até mesmo a entrega de mercadorias distintas daquelas ajustadas no contrato, como visto acima.

3.B. Desconformidade quantitativa e fundamental breach

A leitura conjugada dos artigos 35(1) e 51(1)[212] da CISG revela que o vendedor, como não poderia deixar de ser, está obrigado a entregar a quantidade de mercadorias ajustada pelas partes no contrato. Em determinados casos, cujos critérios serão estudados adiante, a inobservância de tais disposições poderá ensejar a resolução do negócio sob o fundamento da existência de uma *fundamental breach*.

de 2/32) e somente durante o curso do processo. Essa reclamação é atrasada e inadmissível" (tradução livre para o português).

A doutrina aponta no mesmo sentido: "Conversely, a minor breach of contract may exist despite the irremediable nature of the defect if, by claiming damages or a price reduction, or by reselling the goods for a reasonable price, the buyer receives essentially what he could have expected according to the contract. On the other hand, there is never a fundamental breach of contract if the defect is not objectively serious; fixing an additional period of time to remedy the defect without success also does not change this fact." (cf. M. Müller-Chen, *Part III. Chapter II. Obligations of the Seller*, in P. Schlechtriem – I. Schwenzer, *Commentary on the UN Convention on the International Sale of Goods (CISG)*, 3ª ed., Nova Iorque, Oxford University Press, 2010, p. 750).

"Por outro lado, uma violação menos significativa do contrato pode existir apesar da natureza irremediável do defeito se, ao reivindicar danos ou uma redução no preço, ou ao revender as mercadorias a um preço razoável, o comprado receber essencialmente o que ele poderia esperar de acordo com o contrato. Por outro lado, nunca haverá uma *fundamental breach* se o defeito não for objetivamente grave; o fato de se fixar um prazo adicional para remediar o defeito sem sucesso também não muda esse fato" (tradução livre para o português).

[212] "Article 51: (1) If the seller delivers only a part of the goods or if only a part of the goods delivered is in conformity with the contract, articles 46 to 50 apply in respect of the part which is missing or which does not conform."

"Artigo 51: (1) Se o vendedor entregar apenas parte das mercadorias ou se apenas parte delas for conforme ao contrato, os artigos 46 a 50 aplicam-se no que diz respeito à parte faltante ou desconforme" (tradução livre para o português).

Nas hipóteses em que o vendedor descumpre por completo sua obrigação de entrega, ou seja, quando não disponibiliza ao comprador nenhuma das mercadorias a cujo fornecimento se obrigou, independentemente da justificativa invocada para tanto[213], a existência de uma *fun-*

[213] Ressalvados, evidentemente, os casos de caso fortuito ou força maior, nos termos do artigo 79 da Convenção, hipótese na qual haverá *fundamental breach*, porém não imputabilidade:
"Article 79: (1) A party is not liable for a failure to perform any of his obligations if he proves that the failure was due to an impediment beyond his control and that he could not reasonably be expected to have taken the impediment into account at the time of the conclusion of the contract or to have avoided or overcome it or its consequences.
(2) If the party's failure is due to the failure by a third person whom he has engaged to perform the whole or a part of the contract, that party is exempt from liability only if: (a) he is exempt under the preceding paragraph; and (b) the person whom he has so engaged would be so exempt if the provisions of that paragraph were applied to him.
(3) The exemption provided by this article has effect for the period during which the impediment exists.
(4) The party who fails to perform must give notice to the other party of the impediment and its effect on his ability to perform. If the notice is not received by the other party within a reasonable time after the party who fails to perform knew or ought to have known of the impediment, he is liable for damages resulting from such non-receipt.
(5) Nothing in this article prevents either party from exercising any right other than to claim damages under this Convention."
"Artigo 79: (1) Nenhuma das partes será responsável pelo inadimplemento de qualquer de suas obrigações se provar que tal fato se deveu a impedimento fora de seu controle e que dela não se poderia razoavelmente esperar que o impedimento em tela fosse levado em consideração quando da celebração do contrato ou evitado ou superadas suas consequências.
(2) Se o inadimplemento da parte decorrer de falta praticada por terceiro por ela contratado para executar total ou parcialmente o contrato, a responsabilidade desta será afastada se: (a) for exonerado nos termos do parágrafo anterior; e (b) o terceiro contratado fosse exonerado caso as disposições do parágrafo anterior fossem a ele aplicadas.
(3) A exoneração prevista neste artigo terá efeito no período pelo qual durar o impedimento.
(4) A parte inadimplente deve dar notícia à outra parte do impedimento e de seus efeitos sobre sua habilidade de cumprir as obrigações assumidas. Se a comunicação não for recebida pela outra parte num período razoável após o momento em que a parte inadimplente tomou ou deveria ter tomado conhecimento do impedimento em questão, esta é responsável pelos danos decorrentes do não recebimento da comunicação.
(5) As disposições deste artigo não impedem nenhuma das partes de exercer qualquer direito além de requerer indenização nos termos desta Convenção" (tradução livre para o português).

damental breach é evidente[214] e a análise da questão não apresenta maiores dificuldades[215].

Já nos casos em que o vendedor entrega apenas parte das mercadorias, a análise quanto à existência de uma *fundamental breach* é mais cheia de nuances e dependerá, em última instância, da importância atribuída

[214] Nesse sentido, a doutrina, com base em precedentes judiciais, aponta como exemplos a situação na qual o vendedor jamais esteve em posição de vender o bem por tê-lo roubado de seu proprietário; ou, ainda, quando, após a celebração do contrato, o vendedor alienou as mesmas mercadorias a terceiro (cf. U. G. Schroeter, *Part III. Chapter I. General Provisions*, in P. Schlechtriem – I. Schwenzer, *Commentary on the UN Convention on the International Sale of Goods (CISG)*, 3ª ed., Nova Iorque, Oxford University Press, 2010, p. 417; M. Müller-Chen, *Part III. Chapter II. Obligations of the Seller*, in P. Schlechtriem – I. Schwenzer, *Commentary on the UN Convention on the International Sale of Goods (CISG)*, 3ª ed., Nova Iorque, Oxford University Press, 2010, pp. 749-750).

[215] "An absolute failure to deliver the goods definitely constitutes a fundamental breach" (cf. ICC International Court of Arbitration 9978/1999, CISG-online nº 708, j. março/1999. Disponível em <https://cisg-online.org/search-for-cases?caseId=6646>, consultado em 29.3.2022). Em tradução livre para o português: "O fracasso absoluto na entrega das mercadorias definitivamente constitui uma *fundamental breach*."

E, ainda: "Que le refus d'honorer une commande reçue, sans motif légitime, en affirmant de façon mensongère qu'elle n'a pas été passée, constitue de la part du vendeur une contravention essentielle au sens de l'article 25 de la Convention de Vienne en ce qu'elle 'prive substantiellement (l'acheteur) de ce qu'(il) était en droit d'attendre du contrat" (cf. Corte de Apelação de Grenoble 97/03974, CISG-online nº 574, j. 21.10.1999. Disponível em <https://cisg-online.org/search-for-cases?caseId=6538>, consultado em 29.3.2022).

"Que a recusa em honrar uma encomenda recebida, sem razão legítima, afirmando de forma mentirosa que ela não havia sido feita, constitui, por parte do vendedor, uma contravenção essencial no sentido do artigo 25 da CISG, tendo em vista que ela 'priva substancialmente (o comprador) do que (ele) tinha direito de esperar do contrato" (tradução livre para o português).

"The [Seller]'s failure to provide the contract goods after the [Buyer] discovered that the goods were being exchanged at the loading dock for non-conforming goods, deprived the [Buyer]'s of its expected economic benefits from the contract. [Seller] thereby committed a fundamental breach of contract." (cf. China International Economic and Trade Arbitration Commission (CIETAC) CISG/1999/22, CISG-online nº 1670, j. 12.4.1999. Disponível em <https://cisg-online.org/search-for-cases?caseId=7589>, consultado em 29.3.2022).

"O não fornecimento, pelo [Vendedor], das mercadorias objeto do contrato após o [Comprador] ter descoberto que estas estavam sendo trocadas, na doca de carga, por mercadorias não conformes, privou o [Comprador] dos benefícios econômicos previstos do contrato. O [Vendedor], portanto, cometeu uma *fundamental breach*" (tradução livre para o português).

à entrega integral dos bens pelas partes[216]. Mais uma vez, o estudo de casos concretos serve ao propósito de ilustrar a questão.

A pesquisa conduzida neste trabalho identificou pelo menos quatro grupos de casos nos quais habitualmente haverá *fundamental breach* associada a desconformidades de ordem quantitativa: (1) casos nos quais o vendedor nada entrega; (2) casos nos quais o comportamento do vendedor inspira no comprador fundado receio de que este não cumprirá prestações futuras do contrato, tampouco remediará o inadimplemento praticado; (3) casos nos quais a entrega parcial frustra o propósito do comprador com o contrato; e (4) casos nos quais o comportamento do vendedor revela que a entrega ficará pendente por tempo indeterminado.

Nesse passo, o primeiro caso estudado envolve a compra e venda de 300 toneladas de queijo de um vendedor tcheco para um comprador alemão. As partes ajustaram que a entrega das mercadorias deveria ser feita em carregamentos de 20 toneladas cada, todas no mês de fevereiro de 1998.

[216] "Is it possible to find a party in fundamental breach for having failed to perform only part of his obligations, as in the case of a seller who fails to deliver in full, or a buyer who fails to pay one or more installments? There is consensus that the answer depends on the importance attached by the buyer to full delivery and, as to foreseeability, on whether the relevance of the failure to perform in part is apparent from the contract. What is not so clear is how much is needed for a partial non-performance to become 'fundamental'. Does the seller's failure to deliver between 10% and 50% of the goods free from defects amount to a fundamental breach? This is not clear, but it has been held (not surprisingly) that failure to deliver 80% of the amount ordered makes the breach fundamental." (cf. A. Garro in F. Ferrari – H. Flechtner – R. Brand, *The Draft UNCITRAL Digest and Beyond – Cases, Analysis and Unresolved Issues in the UN Sales Convention*, 1ª ed., European Law Publishers, 2003, p. 365).
"É possível concluir que uma parte cometeu *fundamental breach* por ter deixado de cumprir somente parte de suas obrigações, como no caso de um vendedor que deixa de entregar de modo completo, ou de um comprador que deixa de pagar uma ou mais parcelas? Há um consenso de que a resposta dependerá da importância dada pelo comprador à entrega completa e, quanto à previsibilidade, se a relevância do cumprimento integral é aparente no contrato. O que não está tão claro é quanto é necessário para que um não cumprimento parcial se torne 'fundamental'. A não entrega, pelo vendedor, de 10% e 50% das mercadorias livres de defeitos constitui uma violação fundamental? Isso não está claro, mas já se decidiu (sem surpresa) que a não entrega de 80% da quantidade encomendada torna a violação fundamental" (tradução livre para o português).

Após a entrega do primeiro carregamento, o vendedor passou a descumprir o pactuado, deixando de entregar as vinte toneladas de queijo referentes ao segundo carregamento, inobstante o pagamento do preço devido pelo comprador. Considerando que até o término do mês de fevereiro de 1998 nenhuma outra entrega de queijo foi feita pelo vendedor, o comprador optou por declarar a resolução do contrato. Após, o vendedor manifestou sua intenção de promover a entrega parcial de dois carregamentos no mês de março daquele ano. Isso, porém, não foi aceito pelo comprador, que instaurou procedimento arbitral para pleitear a devolução dos valores já pagos ao vendedor.

Ao analisar o caso, o tribunal arbitral, com base nas provas produzidas durante o procedimento, concluiu que o comprador estava autorizado a resolver o contrato e que o comportamento inadimplente do vendedor representava uma *fundamental breach*. Segundo se entendeu, a conduta do vendedor de não honrar as entregas já programadas das mercadorias durante todo o mês de fevereiro de 1998 apontava que este não cumpriria o pactuado por tempo indeterminado, o que autorizava a resolução do negócio[217].

[217] "Avoidance of the contract by the buyer requires that the seller did not fulfill its obligations (Art. 45(a)(a) CISG) and that such deficiency amounts to a fundamental breach (Arts. 49(1)(a), 25 CISG) or, in the case of a non-delivery, that the seller did not deliver the goods within a fixed additional period of time per Art. 47 (1) CISG or the seller declared that it would not deliver within such fixed period (Art. 49(1)(b) CISG). Without depending on an additional fixed period of time for delivery (as here until the 4th or 26th of March 1998), the buyer can only rightly avoid the contract when the seller declares that it will not deliver at all, cannot deliver, or will only deliver for additional consideration (...). In the case of an installment contract, a fundamental breach of obligations concerning a partial delivery warrants avoidance of the contract for this partial delivery (Art. 73(1) CISG); an expected breach of contract for future partial deliveries allows avoidance of the contract for the future (Art. 73(2) CISG). Within the last meaning, an anticipatory breach can also pertain to all future installments and entitle the buyer to declare the contract avoided for all deliveries still due. Such are the relations in the present dispute, since the [seller] refused not only the second partial delivery but also further deliveries under the conditions agreed upon in the installment contract. Thus, the [buyer] could declare the contract avoided for the partial delivery that was not performed upon prepayment and for all future partial deliveries under the installment contract." (cf. Schiedsgericht Hamburger Freundschaftliche Arbitrage RKS E 5a Nr. 19, CISG-online nº 638, j. 29.12.1998. Disponível em <https://cisg-online.org/search-for-cases?caseId=6585>, consultado em 29.3.2022).

O segundo caso analisado envolve o fornecimento de plumas de pato de um vendedor chinês para um comprador coreano. Segundo pactuado pelas partes, a entrega das mercadorias deveria ocorrer em diversos carregamentos e o pagamento após o recebimento de cada um destes pelo comprador. O vendedor realizou a entrega de parte dos carregamentos, porém, em dado momento, deixou de fazê-lo. Em razão disso, o comprador foi obrigado a realizar uma operação de substituição no mercado e, na sequência, declarou o contrato resolvido.

A Corte de Apelação de Seul, na Coreia do Sul, também entendeu que a entrega apenas parcial dos bens representava uma *fundamental breach*, na medida em que revelava a altíssima probabilidade de o vendedor não despachar os demais carregamentos ajustados pelas partes[218].

"A resolução do contrato pelo comprador requer que o vendedor não tenha cumprido suas obrigações (Art. 45(a)(a) CISG) e que essa deficiência constitua uma *fundamental breach* (Artigos 49(1)(a), 25 CISG) ou, no caso de não entrega, que o vendedor não tenha entregado as mercadorias dentro do prazo adicional fixado de acordo com o Art. 47 (1) do CISG ou que tenha declarado que não faria a entrega dentro desse prazo (Art. 49(1)(b) do CISG). Sem depender da fixação de um prazo adicional para a entrega (conforme consta no presente instrumento, os dias 4 ou 26 de março de 1998), o comprador somente poderá resolver legalmente o contrato se o vendedor declarar que não fará a entrega de nenhuma forma, não poderá entregar ou somente entregará por contraprestação adicional (...). No caso de um contrato de trato sucessivo, a existência de *fundamental breach* com relação a entrega parcial possibilita a resolução com relação a essa entre parcial (Art. 73(1) CISG); a expectativa de que haverá descumprimento do contrato em razão de entregas parciais futuras autoriza a resolução do contrato para o futuro (Art. 73(2) do CISG). Com relação a esse último ponto, o inadimplemento antecipado também pode se referir a todas as prestações futuras e ensejar a resolução do contrato pelo comprador com relação a todas as entregas ainda pendentes. Essas são as relações na presente controvérsia, visto que o [vendedor] se recusou a prestar não apenas a segunda entrega parcial, mas também as outras entregas segundo as condições acordadas no contrato. Dessa forma, o [comprador] poderia declarar a resolução do contrato com relação à entrega parcial que não foi realizada após o pagamento antecipado e com relação a todas as entregas parciais futuras previstas no contrato" (tradução livre para o português).

218 "The plaintiff, a Chinese company, concluded a sales contract with the defendant, a Korean company, under which the plaintiff agreed to deliver duck feathers to the defendant in multiple shipments. The defendant was to make payment upon receipt of each shipment. The plaintiff delivered several shipments to a location specified by the defendant and received payment. When the plaintiff failed to deliver one shipment the defendant had to buy an equivalent amount of goods in replacement from another company. After this, the defendant notified the avoidance of the contract to the plaintiff. (...) As to the plaintiff's

Como se nota, tanto em um como em outro caso o dado relevante para que se concluísse pela existência de uma *fundamental breach* foi o fato de o comportamento do vendedor inspirar no comprador o justificado temor de que este não cumpriria as futuras prestações do contrato, tampouco remediaria o inadimplemento praticado. Este, portanto, pode servir como um primeiro critério a partir do qual seja possível analisar casos envolvendo desconformidades de ordem quantitativa.

Em caso envolvendo o fornecimento de bens[219] de um vendedor canadense para um comprador russo, o tribunal arbitral da Câmara de Comércio e Indústria da Federação Russa concluiu existir *fundamental breach* com base no fato de que a entrega parcial das mercadorias frustrava o uso pretendido do bem.

Após a celebração do negócio e o pagamento de 60% do preço ajustado, o vendedor promoveu a entrega das mercadorias. Constatou-se, então, que apenas parte delas havia sido entregue e, ainda, que estas não apresentavam a qualidade definida no contrato. Além disso, a entrega foi feita fora do prazo estipulado pelas partes. Diante disso, o comprador resolveu o contrato e passou a pleitear ressarcimento pelos prejuízos

failure to deliver one of the installments of duck feathers, the court stated that it constituted a fundamental breach of contract and have the defendant grounds to conclude that a breach of contract would occur also with respect to future installments. Therefore, the contract, except for the orders already completed, was to be considered avoided pursuant to Articles 25 and 73 CISG." (cf. Corte de Apelação de Seoul 2008Na14857, CISG-online nº 2507, j. 23.7.2009. Disponível em <https://cisg-online.org/search-for-cases?caseId=8421>, consultado em 29.3.2022).

"O autor, uma empresa chinesa, concluiu um contrato de compra e venda com o réu, uma empresa coreana, segundo o qual o autor concordou em entregar plumas de pato ao réu através de múltiplos embarques. O réu deveria efetuar o pagamento mediante o recebimento de cada entrega. O autor entregou vários carregamentos no local especificado pelo réu e recebeu pagamento. Quando o autor deixou de entregar um dos carregamentos, o réu teve que comprar uma quantidade equivalente de mercadorias como substituição de outra empresa. Após isso, o réu notificou a anulação do contrato ao autor. (...) Quanto à não entrega, pelo autor, de uma das parcelas de plumas de pato, o tribunal declarou que isso constituída uma violação contratual fundamental e concluiu a partir dos fundamentos do réu que uma violação de contrato ocorreria também com relação a futuras parcelas. Portanto, o contrato, à exceção das encomendas já concluídas, seria considerado nulo de acordo com os Artigos 25 e 73 do CISG" (tradução livre para o português).

[219] A natureza dos bens não foi especificada, porém a omissão de tal dado não impede a compreensão geral do caso.

sofridos. Na mesma oportunidade, o vendedor se prontificou a entregar as mercadorias faltantes, o que não foi aceito pelo comprador.

O tribunal arbitral da Câmara de Comércio e Indústria da Federação Russa reconheceu a legalidade do comportamento do comprador sob o fundamento de que a entrega das mercadorias faltantes não seria de nenhuma serventia, já que, nesse meio tempo, a estrutura tecnológica utilizada pelo comprador, e na qual as mercadorias seriam empregadas, havia sofrido modificações relevantes e, agora, os bens objeto do contrato não apresentavam mais qualquer utilidade[220].

[220] "The [seller], with a significant delay, delivered only part of the goods, the price of which was lower than the sum of the advance payment made by the [buyer]. The [buyer] claimed the recovery of the difference between the sum paid by the [buyer], and the price of the goods actually received as well as the payment of the penalties provided for by the contract, for breach of the term of delivery and incomplete delivery. (...) At the same time, the [seller] expressed his readiness to make the shipment of the undelivered part of the goods. The [buyer] has not agreed with the [seller]'s arguments. Concerning the shipment of the undelivered part of goods, the [buyer] asserted that during the period that elapsed after conclusion of the contract, [buyer]'s technological activity has changed significantly. Therefore, there was no longer a need for the goods that had not been shipped by the [seller]. (...) The reasons which caused [seller]'s failure to perform his obligations to deliver goods in time has caused commercial and production difficulties to the [buyer] which led to economic losses, the Tribunal ruled to place on the [seller] the obligation to pay damages to the [buyer] in the amount stipulated in the contract in the event of late delivery." (cf. Tribunal Arbitral da Câmara de Comércio e Indústria da Federação Russa 3/1996, CISG-online nº 2121, j. 13.5.1997. Disponível em <https://cisg-online.org/search-for-cases?caseId=8037>, consultado em 29.3.2022).
"O [vendedor], com um atraso significativo, entregou somente parte das mercadorias, cujo preço era inferior à soma do pagamento antecipado efetuado pelo [comprador]. O [comprador] pleiteou o pagamento da diferença entre o valor pago pelo [comprador], e o preço das mercadorias efetivamente recebidas, bem como o pagamento das multas previstas no contrato, por violação do prazo de entrega e entrega incompleta. (...) Ao mesmo tempo, o [vendedor] manifestou sua disponibilidade para realizar o embarque das mercadorias falantes. O [comprador] não concordou com os argumentos do [vendedor]. Com relação ao embarque das mercadorias faltantes, o [comprador] afirmou que, no período decorrido após a conclusão do contrato, a atividade tecnológica do [comprador] mudou significativamente. Portanto, não havia mais a necessidade das mercadorias que não tinham sido enviadas pelo [vendedor]. (...) Os motivos que causaram o não cumprimento, pelo [vendedor], de suas obrigações de entregar as mercadorias tempestivamente causaram dificuldades comerciais e produtivas ao [comprador], o que levou a perdas econômicas, o Tribunal decidiu obrigar o

Em ainda outro caso, envolvendo o fornecimento de *software* de informática de um vendedor alemão para um comprador austríaco, a Suprema Corte da Áustria também indicou que, caso a entrega total das mercadorias seja necessária para que o comprador delas possa fazer o uso pretendido com a celebração do contrato, desconformidades de ordem quantitativa podem representar *fundamental breach*.

No caso, o comprador se obrigara a fornecer ao vendedor certo *software* em conjunto com uma série de módulos para uso em até cinco computadores distintos. Recebida a mercadoria, o comprador constatou que parte dos módulos não havia sido enviada. As partes, então, passaram a discutir a extensão e as consequências do descumprimento contratual praticado pelo vendedor.

Por entender que não existiam nos autos provas suficientes quanto à essencialidade da obrigação de entrega de todos os módulos constantes do contrato, a Suprema Corte Austríaca converteu o julgamento em diligência para depois se posicionar quanto à existência de *fundamental breach* no caso concreto[221].

[vendedor] a pagar indenização ao [comprador] no valor estipulado no contrato para o caso de atraso na entrega" (tradução livre para o português).

[221] "By way of the framework contract of 16 November 2000, [Buyer] granted seller a license for the distribution of software (inter alia, product G.) within Austria. Under this contract, [Buyer] ordered from [Seller] on 15 January 2003 the software 'G. FKTO with T., additional carriers M., U., T., network for up to 5 connections' for use at the Office of the Regional Government for Lower Austria at a price of EUR 4,71360, insofar as this is still relevant for the appellate proceedings. By the end of January 2003, [Seller] delivered a CD-ROM which was supposed to contain the respective computer programs. However, when an employee of the [Buyer] attempted to install program G. including all the modules, it turned out that the CD-ROM did not contain all the programs but that modules U. and T. were missing. After having raised a complaint, [Seller] decided to transmit module U. over the telephone line to [Buyer]'s customer. Even though [Buyer] requested [Seller] to transmit the software properly and including all additional modules, [Seller] did not act accordingly. [Seller] had also failed to deliver the other module T. (...) The T. module has not been delivered (neither the German version nor a version which could be used in Austria) and the module is accordingly not stored on the CD-ROM. The failure to deliver the module and the failure to store it on the CD-ROM undoubtedly constitutes a detriment, plainly because the actual performance does not correspond to what has been agreed upon. However, in order to assume that the breach of contract is fundamental and thereby to trigger the different remedies under Art. 51(1) or (2) CISG, it must be determined whether the breach of contract is also fundamental in terms of Art. 25 CISG. Contrary to the view

adopted by the Appellate Court, the arguments submitted by the parties provide no indication as to which agreement between them had formed the basis for the delivery, that is, whether or not it had been discussed that the delivery of the main program and the modules should form an insevarable unit so that the absence of one carrier would render the whole delivery useless for [Buyer] or – in case this cannot be established – what impact the absence of a carrier might have on the program and the remaining modules respectively. Not until the particular circumstances relating to the present order of the software or the actual usability of the goods have been determined, will it be possible for the Court to determine whether the detriment which has arisen out of the breach of contract is substantial enough to render the parts which have in fact been delivered useless for [Buyer]." (cf. OGH Áustria 5 Ob 45/05m, CISG-online nº 1047, j. 21.6.2005. Disponível em <https://cisg-online.org/search-for-cases?caseId=6971>, consultado em 29.3.2022).

"Por meio do contrato-quadro datado de 16 de novembro de 2000, o [Comprador] concedeu ao vendedor uma licença para a distribuição de *software* (*inter alia*, produto G.) na Áustria. Nos termos do contrato, o [Comprador] encomendou do [Vendedor], em 15 de janeiro de 2003, o software 'G. FKTO com T., módulos adicionais M., U., T., rede para até 5 conexões' para uso no Gabinete do Governo Regional da Baixa Áustria a um preço de EUR 4.71360, sendo essas as informações pertinentes para o feito. Ao final de janeiro de 2003, o [Vendedor] entregou um CD-ROM que deveria conter os respectivos programas de computador. Entretanto, quando um funcionário do [Comprador] tentou instalar o programa G., incluindo todos os módulos, constatou-se que o CD-ROM não continha todos os programas e que os módulos U. e T. estavam faltando. Após a uma reclamação, o [Vendedor] decidiu transmitir o módulo U. via linha telefônica ao cliente do [Comprador]. Mesmo após o [Comprador] ter solicitado que o [Vendedor] transmitisse o *software* adequadamente, bem como todos os módulos adicionais, o [Vendedor] não o fez. O [Vendedor] também não entregou o outro módulo T. (...) O módulo T. não foi entregue (nem a versão alemã nem uma versão que poderia ser usada na Áustria) e o módulo, consequentemente, não esta armazenado no CD-ROM. A não entrega do módulo e o não armazenamento dele no CD-ROM constitui, sem sombra de dúvidas, dano, pura e simplesmente porque o cumprimento efetivo não correspondeu ao que foi acordado. Contudo, para se presumir que a violação do contrato é fundamental e, desse modo, levar aos diferentes recursos previstos no Art. 51(1) ou (2) da CISG, deve ser determinado se a violação de contrato também é fundamental nos termos do Art. 25 da CISG. Ao contrário da visão adotada pelo Tribunal de Segunda Instância, os argumentos apresentados pelas partes não fornecem nenhuma indicação quanto a qual foi o acordo feito entre elas com relação à entrega, isto é, se foi ou não discutido que a entrega do programa principal e dos módulos deveria formar uma unidade inseparável de forma que a ausência de um dos módulos tornaria inutilizável toda a entrega para o [Comprador] ou – caso isso não pudesse ser estabelecido – qual o impacto da ausência de um módulo no programa ou nos módulos remanescentes. Até que as circunstâncias específicas relacionadas à encomenda do *software* ou a usabilidade efetiva das mercadorias tenham sido determinadas, não será possível para o Tribunal determinar se o dano que surgiu da violação de

Da análise desse grupo de precedentes surge um segundo critério para apurar a existência de *fundamental breach* em casos nos quais o vendedor entrega mercadorias em quantidade distinta daquela pactuada no contrato: se a entrega apenas parcialmente conforme é suficiente para assegurar o interesse do comprador ou se frustra o propósito vislumbrado por este com o negócio, tornando a entrega parcial irrelevante.

Já no terceiro grupo de casos, há precedente envolvendo o fornecimento de bens[222] de uma empresa norte-americana para uma russa. Celebrado o contrato e efetuado o pagamento do preço ajustado pelas partes, a vendedora entregou apenas parte das mercadorias objeto do negócio, a despeito de provocada diversas vezes pela compradora para que cumprisse o pactuado.

Nesse contexto, em demanda ajuizada pelo comprador, o tribunal arbitral da Câmara de Comércio e Indústria da Federação Russa reconheceu a existência de uma *fundamental breach* e, portanto, o direito deste de resolver o contrato, por entender que a obrigação de entrega das mercadorias pelo vendedor não poderia ficar pendente por tempo indeterminado[223].

contrato é substancial o suficiente para considerar como inúteis as partes que de fato foram entregues ao [Comprador]" (tradução livre para o português).

[222] A natureza dos bens não foi especificada, porém a omissão de tal dado não impede a compreensão geral do caso.

[223] "Taking into consideration that the [seller], who received the advance payment for the goods, not only failed to deliver a significant part of the goods within the time period set forth in the contract, but also failed to complete this delivery despite [buyer]'s repeated requests which were left without response, the Tribunal found that the [seller] committed a fundamental breach of contract (Article 25 CISG), which gives the [buyer], who suffered substantial loss, a right to avoid the contract pursuant to Article 49(1)(a) CISG. Accordingly, the Tribunal granted [buyer]'s claim for avoidance of the contract for the future in relation to the undelivered part of the goods." (cf. Tribunal Arbitral da Câmara de Comércio e Indústria da Federação Russa 269/1998, j. 27.10.1999. Disponível em <https://iicl.law.pace.edu/cisg/case/russian-federation-october-27-1999-translation-available>, consultado em 29.3.2022).
"Levando em consideração que o [vendedor], que recebeu pagamento adiantado pelas mercadorias, não apenas deixou de entregar uma parte significativa destas dentro do prazo estabelecido no contrato, mas também deixou de concluir essa entrega apesar das repetidas solicitações do [comprador], as quais não foram respondidas, o Tribunal concluiu que o [vendedor] cometeu uma *fundamental breach* (Artigo 25 do CISG), o que dá ao [comprador], que sofreu perdas substanciais, o direito de resolver o contrato de acordo com o Artigo 49(1)(a) da CISG.

Em ainda outro caso, julgado também pelo tribunal arbitral da Câmara de Comércio e Indústria da Federação Russa, esse mesmo raciocínio foi aplicado. O contrato envolvia o fornecimento de bens[224] de uma empresa russa para uma ucraniana durante o ano de 1993. A vendedora entregou apenas parte das mercadorias, não obstante a compradora haver fixado novos prazos para cumprimento da obrigação por diversas vezes. Ao final, a vendedora reconhece que simplesmente não cumpriria o pactuado.

Diante dessa situação, a compradora declarou o contrato resolvido e instaurou procedimento arbitral pleiteando o reembolso dos valores adiantados à vendedora e verbas de natureza indenizatória. O tribunal arbitral concluiu pela existência de *fundamental breach* por entender que o descumprimento contratual praticado pela vendedora ficaria pendente indefinidamente caso o contrato não pudesse ser resolvido, tanto mais diante de sua declaração de que, de fato, não honraria a obrigação assumida[225].

Dessa forma, o Tribunal aceitou o pedido de resolução do contrato do [comprador] com relação à parte não entregue das mercadorias" (tradução livre para o português).

224 A natureza dos bens não foi especificada, porém a omissão de tal dado não impede a compreensão geral do caso.

225 "Pursuant to the contract made by the parties, the [Buyer] (a Ukrainian company) made an advance payment to the [Seller] (a Russian company) for the goods that were to be delivered in 1993. However, the [Seller] did not make any delivery claiming the change of prices. Notwithstanding the fact that the parties set numerous new dates of delivery and increased the price in comparison to the one fixed in the contract, only partial delivery was made. The [Seller] refused to deliver the rest of the goods claiming a substantial change of prices. In this connection, the [Buyer] declared the contract avoided. (...) The Arbitral Tribunal has made such a conclusion since the [Buyer] declared the contract avoided totally in accordance with the provisions of Article 49 CISG because the [Seller] missed the dates of delivery agreed upon in the contract on many occasions and because, after missing the last date of delivery, he refused to deliver the rest of the goods at all." (cf. Tribunal Arbitral da Câmara de Comércio e Indústria da Federação Russa 133/1994, j. 19.12.1995. Disponível em <https://iicl.law.pace.edu/cisg/case/19-december-1995-tribunal-international-commercial--arbitration-russian-federation-chamber>, consultado em 29.3.2022).
"De acordo com o contrato celebrado pelas partes, a [Compradora] (uma empresa ucraniana) realizou o pagamento adiantado ao [Vendedor] (uma empresa russa) pelas mercadorias que seriam entregues em 1993. Contudo, o [Vendedor] não realizou qualquer entrega alegando a alteração de preços. Não obstante o fato de que as partes estabeleceram diversas novas datas de entrega e aumentaram o preço em comparação com aquele fixado no con-

De outro lado, em arbitragem processada perante a Corte da Câmara de Comércio Internacional, envolvendo contrato de fornecimento de livros entre dois comerciantes cujas nacionalidades não foram reveladas, o tribunal arbitral entendeu não haver desconformidade quando a discrepância na quantidade entregue for mínima[226] e puder ser rapidamente remediada em outras entregas já programadas pelas partes. Nesse sentido, o tribunal apontou que, em situações semelhantes, o comércio internacional admite variações quantitativas na entrega da ordem de 5% para mais ou menos. Adicionalmente, foi invocado como razão de decidir também o fato de que, em outras oportunidades nas quais pequenas discrepâncias nas quantidades de bens entregues também foram constatadas, o comprador nada reclamou, levando o vendedor a acreditar que inexatidões dessa natureza não eram relevantes para a satisfação de seu interesse[227].

trato, somente uma entrega parcial foi feita. O [Vendedor] se recusou a entregar o restante das mercadorias alegando que houve uma alteração substancial nos preços. Nesse passo, a [Compradora] declarou o contrato resolvido. (...) O Tribunal Arbitral tomou a mesma decisão, visto que a [Compradora] declarou a resolução do contrato de acordo com as disposições do Artigo 49 da CISG, considerando que o [Vendedor] não honrou as datas de entrega acordadas no contrato em várias ocasiões e que, após perder a última data de entrega, ele se recusou a entregar de qualquer forma o restante das mercadorias" (tradução livre para o português).

226 No caso, alegava-se que, de uma entrega de um total de 25 mil exemplares, apenas alguns livros não haviam sido entregues.

227 "The dispute related to the printing and supply by Claimant of books required by Defendant for resale to supermarkets and cut-price bookshops. The goods were duly supplied and resold, but Defendant refused to pay, alleging discrepancies between the quantities delivered and those agreed upon and delay in the delivery of the books and the restitution of the films used for printing. (...) It remains to be examined whether Defendant may avail itself of rights under Art. 40 CISG in respect of the second delivery of 27.4.1995, for which too high an amount of 25,000 items was stated in the invoice. In this connection, it needs to be considered whether delivery shortages in the small proportions as here, which are made up for in later deliveries within the overall delivery period, may be deemed not to be in conformity with the contract. The Arbitral Tribunal denies the nonconformity of such a temporary shortage on the basis of the following considerations: (...) Contracts should certainly be interpreted in accordance with sincere trading practice (914 ABGB), and both parties may call for consideration to be given to sincere trading practice in the understanding of their contract. It is obvious that in the transport trade, when delivering bulk quantities, transport capacities and the number of pallets cannot always be so arranged, at reasonable expense, that the recipient receives the exact number of items corresponding to the agreed quantity. In the Arbitral Tribunal's opinion, the present case

does not lie outside the norm in this respect, since, in the Arbitral Tribunal's experience, in similar circumstances a practice may be noted whereby discrepancies up to 5% either way are to be tolerated by the contractual partners, especially when, as in the present case, the difference is immediately made up within the overall delivery time by subsequent deliveries. There have been quantity discrepancies, both shortages and excesses, in all deliveries dispatched from Claimant to Defendant... Neither when there was a shortage nor when there was an excess did Defendant react, leading Claimant, in accordance with practice, to assume that relatively small discrepancies in the quantities delivered are accepted by Defendant as being in conformity with the contract, so long as the overall quantity provided in the contract is in the end delivered on time." (cf. ICC International Court of Arbitration 9083, CISG-online nº 706, j. 1º.8.1999. Disponível em <https://cisg-online.org/search-for-cases?caseId=6644>, consultado em 29.3.2022).

"A controvérsia versou sobre a impressão e o fornecimento, pelo Autor, de livros solicitados pelo Réu para revenda a supermercados e livrarias de custo reduzido. As mercadorias foram devidamente fornecidas e revendidas, mas o Réu se recusou a pagá-las, alegando discrepâncias entre as quantidades entregues e aquelas acordadas e atraso na entrega dos livros e da reposição dos filmes usados para impressão. (...) Ainda deverá ser analisado se o Réu poderá fazer valer seus direitos segundo o Art. 40 CISG no que se refere à segunda entrega de 27 de abril de 1995, com relação à qual foi declarado um valor muito alto de 25.000 itens na fatura. Com relação a isso, deve ser avaliado se pequenas deficiências de ordem quantitativa nas entregas, as quais poderiam ser compensadas em entregas futuras no curso do prazo total do contrato, podem ser consideradas como desconformes ao contrato. O Tribunal Arbitral nega a desconformidades dessas entregas a menor temporárias: (...) Os contratos devem certamente ser interpretados em conformidade com práticas comerciais singelas (914 ABGB), e ambas as partes poderão exigir que isso seja levado em consideração. É evidente que no setor de transporte, ao entregar quantidades a granel, as capacidades de transporte e o número de paletes não podem sempre ser ajustados de forma que, a expensas razoáveis, o destinatário receba o número exato de itens correspondentes à quantidade acordada. No parecer do Tribunal Arbitral, o presente caso não está fora da regra nesse aspecto, visto que, de acordo com a experiência do Tribunal Arbitral, em circunstâncias semelhantes, é praxe que discrepâncias de até 5% para mais ou para menos sejam toleradas pelas partes, principalmente quando, como no presente caso, a diferença é imediatamente compensada dentro do prazo geral de entrega por meio de entregas subsequentes. Houve discrepâncias de quantidade, tanto para mais quanto para menos, em todas as entregas despachadas pelo Autor ao Réu... O Réu não teve qualquer reação nem quando houve quantidade a menor nem quando houve quantidade a maior, levando o Autor, em conformidade com a prática, a presumir que discrepâncias relativamente pequenas nas quantidades entregues são aceitas pelo Réu como estando em conformidade com o contrato, contanto que, no final, a quantidade geral prevista no contrato seja entregue dentro do prazo" (tradução livre para o português).

Na mesma linha de raciocínio, a Corte Superior de Justiça de Ontário, no Canadá, afastou a existência de desconformidade em caso envolvendo o fornecimento de molduras para porta-retratos de um vendedor italiano para um comprador canadense, no qual se discutia a entrega de bens em excesso, por entender que tal discrepância estava compreendida na margem de variação de 10% acordada pelas partes. O fato de o comprador não haver se pronunciado em outras ocasiões nas quais entregas desconformes ao contrato foram feitas também foi invocado como prova de aceitação de tal conduta e causa para o julgamento em favor do vendedor[228].

[228] "Mr. Forti admitted that it was a term of the contract that he could be shipped 10% more or less of the product ordered. While he complained about overshipments in his testimony, he could point to a written complaint about a short shipment only once in 1994, for which he sought a credit of 54 metres. He claimed that there were overshipments in 1994, as well, pointing to a particular invoice, yet he did not make a written complaint. (...) In any event, even if there had been overshipments, I find that the defendant accepted those goods and, in fact, paid for them. In accordance with Article 52(2) of the Convention and 29(2) of the *Sale Goods Act*, there can be no complaint several years later. The only other overshipment alleged was in April, 1996, the last shipment. While there were complaints at trial about this, a careful reading of the invoice indicates that several of the items allegedly overshipped were within the 10% tolerance. As to the other items, given Mr. Forti's lack of forthrightness in his evidence generally and again, the lack of a complaint and a promise to pay, I do not accept that there was a problem of overshipment, and I find that the defendant accepted the quantity shipped." (cf. Corte Superior de Justiça de Ontario 98-CV-142493CM, CISG-online nº 433, j. 31.8.1999. Disponível em <https://cisg-online.org/search-for-cases?caseId=6403>, consultado em 29.3.2022).

"O Sr. Forti admitiu que era um termo do contrato que ele poderia receber 10% a mais ou a menos do produto encomendado. Enquanto ele reclamou de embarques em maior quantidade em seu depoimento, ele conseguiu apontar uma reclamação por escrito sobre um embarque em menor quantidade somente uma vez em 1994, para o qual ele buscou um crédito de 54 metros. Ele reclamou que houve embarques em maior quantidade em 1994, indicando uma fatura específica, mas para os quais ele também não fez qualquer reclamação escrita. (...) Em qualquer caso, mesmo se houve embarques em maior quantidade, acredito que o réu aceitou essas mercadorias e, de fato, pagou por elas. Em conformidade com o Artigo 52(2) da Convenção e 29(2) da *Lei sobre Vendas de Mercadorias*, não pode haver qualquer reclamação vários anos depois. O outro único embarque em maior quantidade alegado ocorreu em abril de 1996, o último embarque. Enquanto houve reclamações no tribunal sobre isso, uma redação cuidadosa da fatura indica que vários dos itens supostamente entregues em maior quantidade estavam dentro da margem tolerância de 10%. Quanto aos outros itens, dada a falta de franqueza por parte do Sr. Forti na instrução probatória de forma geral e uma vez mais, a falta de reclamação e uma promessa de pagamento, não

A existência de *fundamental breach* também foi afastada em precedente envolvendo o fornecimento de peças de informática de um vendedor norte-americano para um comprador alemão e no qual apenas cinco de um total de onze peças foi entregue. O comprador pretendeu resolver o negócio sob o argumento de que a entrega parcial lhe impediu de honrar compromissos assumidos com sua cliente final.

Durante a instrução do caso, entretanto, ficou comprovado que, antes mesmo do vencimento do prazo de entrega ajustado com o vendedor, o comprador adquirira no mercado as peças faltantes e as revendera normalmente ao seu cliente final. Ao apreciar a questão, a Corte Distrital de Heidelberg, na Alemanha, decidiu a favor do vendedor por entender que, em casos de entrega parcial, existirá *fundamental breach* apenas quando não for possível ou razoável exigir do comprador a realização de operações substitutas no mercado e, posteriormente, obter ressarcimento pelos danos sofridos[229].

aceito que houve um problema relacionado à entrega em maior quantidade, e entendo que o réu aceitou a quantidade enviada" (tradução livre para o português).

229 "The term fundamental breach is defined in CISG Art. 25. Accordingly, the breach must have resulted in such detriment to the [Buyer] as substantially to deprive it of what it was entitled to expect under the contract. Specifically, the purpose for the purchase of the goods by the [Buyer] which also has to at least indirectly become clear out of the contract, must then be unobtainable because of the breach of contract by the[Seller]. To guarantee the achievement of the purpose of the contract in cases of a breach of contract by the seller, the buyer may be expected to make a substitute transaction (...) Ultimately, the buyer may claim possible additional costs due to a substitute transaction as damages caused by delay in accordance with CISG Art. 74. In the case at hand, the [Buyer], as it brought forth, wanted to use the ordered computer parts to fulfil an order placed by the company M. GmbH, Vienna. This contractual relationship was likewise concluded in July 1991; but the performance of the [Buyer] was not due until October 1991. It can meanwhile be seen from a letter by the [Buyer] of 11 August 1991 that in the beginning of August, the [Buyer] was already in possession of the missing computer parts because of a substitute purchase, that [Buyer] – as was submitted – was legally obligated to make; and therefore was in the position to fulfil the contractual obligations in regard to M. GmbH." (cf. LG Heidelberg O 42/92 KfH I, CISG-online nº 38, j. 3.7.1992. Disponível em <https://cisg-online.org/search-for-cases?caseId=6019>, consultado em 29.3.2022).
"O termo *fundamental breach* é definido no Art. 25 da CISG. De forma correspondente, a violação deverá ter resultado em danos tais ao [Comprador] que substancialmente o prive daquilo que ele tinha o direito de esperar nos termos do contrato. Especificamente, o propósito do [Comprador] com a compra das mercadorias, que deve ao menos indiretamente poder ser extraído do contrato, deve se tornar, então, inatingível em razão do descumprimento do contrato pelo [Vendedor]. Para garantir que a finalidade do contrato seja atingida

Como anunciado anteriormente, partindo da análise dos casos concretos estudados neste tópico, é possível concluir que haverá *fundamental breach* em casos de desconformidade quantitativa quando (1) o vendedor nada entrega; (2) o comportamento do vendedor inspirar no comprador o justificado temor de que este não cumprirá as futuras prestações do contrato, tampouco remediará o inadimplemento praticado; (3) a entrega parcial frustrar o propósito do comprador com o contrato; e (4) o comportamento do vendedor indicar que a obrigação de entrega ficará pendente por tempo indeterminado.

Em contrapartida, não haverá *fundamental breach* quando a entrega parcial (1) não for suficiente para frustrar o propósito do comprador com o contrato; e (2) for compatível com variações normais do mercado no qual atuam comprador e vendedor[230] ou observadas no curso da execução do negócio. A doutrina ainda aponta que, quando as partes empregarem no contrato expressões como "*aproximadamente*", "*não menos que*", "*cerca de*" etc. para se referirem à quantidade de mercadorias, o vendedor terá certa margem nesse particular, tornando a prova da existência de uma *fundamental breach* mais difícil[231].

em casos de uma violação do contrato pelo vendedor, poderá ser esperado que o comprador faça uma operação substituta no mercado (...) Ao final, o comprador poderá reivindicar possíveis custos adicionais decorrente de uma operação substituta, como danos causados pelo atraso em conformidade com o Art. 74 da CISG. No presente caso, o [Comprador], como revelado, queria usar as peças de computador encomendadas para cumprir um pedido feito pela empresa M. GmbH, Viena. Essa relação contratual foi, da mesma forma, concluída em julho de 1991; mas o cumprimento das obrigações do [Comprador] não era devido até outubro de 1991. Entretanto, pode-se observar, a partir de uma carta do [Comprador] datada de 11 de agosto de 1991, que, no início de agosto, o [Comprador] já estava de posse das peças de computador pendentes devido a realização de uma compra substituta, que o [Comprador] – conforme mencionado – era obrigado por lei a fazer; e, portanto, estava na posição de cumprir as obrigações contratuais com relação à M. GmbH" (tradução livre para o português).

[230] Cf. U. G. SCHROETER, *Part III. Chapter I. General Provisions*, in P. SCHLECHTRIEM – I. SCHWENZER, *Commentary on the UN Convention on the International Sale of Goods (CISG)*, 3ª ed., Nova Iorque, Oxford University Press, 2010, p. 421; S. KRÖLL, *Part III. Chapter II. Obligations of the Seller*, in S. KRÖLL – L. MISTELIS – P. PERALES VISCASILLAS, *UN Convention on the International Sale of Goods (CISG)*, 2ª ed., Munique, Beck/Hart, 2011, pp. 494-495.

[231] Cf. S. KRÖLL, *Part III. Chapter II. Obligations of the Seller*, in S. KRÖLL – L. MISTELIS – P. PERALES VISCASILLAS, *UN Convention on the International Sale of Goods (CISG)*, 2ª ed., Munique, Beck/Hart, 2011, p. 494; HUBER, P. – A. MULLIS, *The CISG – a new textbook for students and practitioners*, Sellier, 2007, pp. 131-132.

CAPÍTULO 4
FUNDAMENTAL BREACH DA PARTE DO COMPRADOR

1. Introdução

Estudadas as principais hipóteses de descumprimento contratual pelo vendedor no âmbito da CISG, convém agora nos voltarmos para o regime que disciplina eventuais casos de inadimplemento pelo comprador. Uma vez mais, o propósito é o de melhor delinear, a partir da identificação de critérios, os cenários concretos nos quais se poderá cogitar de *fundamental breach*.

Antes de iniciar, entretanto, convém alertar o leitor de que os casos envolvendo o descumprimento de obrigações assumidas pelo comprador são sensivelmente menos profícuos na casuística da CISG, o que faz com que a busca por critérios que orientem o estudo da matéria seja, por vezes, menos cartesiana[232].

[232] Nesse sentido, cf. interessante observação de C. Witz: "The provisions the CISG devotes to the buyer's obligations are few in number, twelve in all. It flows from this that the part of the draft Digest dealing with the buyer's obligations necessarily is shorter than the other parts of the draft Digest. The buyer's obligations in international trade, just as in domestic trade, are simple to articulate and demand only light regulation: the buyer must pay the price and take delivery of the goods. These obligations do not necessitate regulation as detailed and subtle as for the obligations of the seller, who is the debtor in terms of the performance that is essential to the contract. Consequently, it is not surprising that the case law dealing with the buyer's obligations is substantially less ample than its counterpart concerning the seller's obligations." (cf. *Beyond the Digest – Articles 53-65*, in F. Ferrari – H. Flechtner – R. Brand, *The Draft UNCITRAL Digest and Beyond – Cases, Analysis and Unresolved Issues in the UN Sales Convention*, 1ª ed., Munique, European Law Publishers, 2003, p. 424).

De acordo com o artigo 64(1) da CISG, o vendedor pode resolver o contrato em duas hipóteses distintas. A primeira, presente no artigo 64(1)(a)[233], refere-se à prática de uma *fundamental breach* pelo comprador[234]. Nesse particular, é importante ter em mente, como já mencio-

"Os dispositivos da CISG dedicados às obrigações do comprador são poucos em números, doze no total. Decorre daí que essa parte do Digesto é necessariamente menor que as outras. As obrigações do comprador no comércio internacional, assim como no comércio doméstico, são simples de articular e exigem apenas disciplina simples: o comprador deve pagar o preço e receber as mercadorias. Essas obrigações não carecem de regulação tão detalhada e sutil como as obrigações do vendedor, que é o devedor em termos da performance que se revela essencial para o contrato. Consequentemente, não surpreende que os casos versando sobre as obrigações do comprador sejam substancialmente menos amplos que aqueles que se referem às obrigações do vendedor" (tradução livre para o português).

[233] "Article 64: (1) The seller may declare the contract avoided: (a) if the failure by the buyer to perform any of his obligations under the contract or this Convention amounts to a fundamental breach of contract".

"Artigo 64: (1) O vendedor pode declarar resolvido o contrato se: (a) o descumprimento pelo comprador de qualquer das obrigações que lhe atribui o contrato ou esta Convenção configurar violação essencial do contrato" (tradução livre para o português).

[234] Nesse sentido, vale conferir os Comentários da Secretaria da UNCITRAL ao dispositivo legal em tela: "The typical situation in which the seller may declare the contract avoided is where the failure by the buyer to perform any of his obligations amounts to a fundamental breach. (...) If there is a fundamental breach of contract, the seller has an immediate right to declare the contract avoided. He need not give the buyer any prior notice of his intention to declare the contract avoided. It may be questioned, however, how often the buyer's failure to pay the price, take delivery of the goods or perform any of his other obligations under the contract and this Convention would immediately constitute a fundamental breach of contract if they were not performed on the date they were due. It would seem that in most cases the buyer's failure would amount to a fundamental breach as it is defined in article 23 [*draft counterpart of CISG article 25*] only after the passage of some period of time." (cf. *The Secretariat Commentary on the 1978 Draft article 64*. Disponível em <https://uncitral.un.org/sites/uncitral.un.org/files/media-documents/uncitral/en/a-conf-97-19-ocred-eng.pdf>, consultado em 29.3.2022).

"A situação típica na qual o vendedor pode declarar o contrato resolvido é aquela em que o inadimplemento de qualquer das obrigações do vendedor configura *fundamental breach*. (...) Se há *fundamental breach* do contrato, o vendedor tem o direito imediato de declarar o contrato resolvido. Ele não precisa notificar o comprador previamente de sua intenção de declarar o contrato resolvido. Pode-se questionar, entretanto, com qual frequência o inadimplemento do comprador de sua obrigação de pagar o preço, receber as mercadorias ou performar qualquer das obrigações assumidas no contrato ou nesta Convenção na data fixada no negócio podem imediatamente constituir uma *fundamental breach* do contrato.

nado, que a CISG não faz distinção entre obrigação principal ou acessória e, desse modo, o inadimplemento de qualquer obrigação contratual, desde que suficiente à caracterização de *fundamental breach*, pode ensejar a resolução do contrato[235]. Já a segunda hipótese, trazida pelo artigo 64(1)(b)[236], compreende os casos nos quais, mesmo após a fixação de prazo adicional para cura do descumprimento, o comprador segue inadimplente com a sua obrigação de pagar o preço contratual ou receber as mercadorias. Nesse caso, não importa se os requisitos necessários à configuração da *fundamental breach* estão ou não presentes; basta o descumprimento da *Nachfrist* para que a possibilidade de resolução contratual se materialize[237].

Aparentemente, a maior parte dos casos de *fundamental breach* do comprador tal qual definido no artigo 23 [*correspondente ao artigo 25 da Convenção*] envolvem o decurso de certo período de tempo" (tradução livre para o português).

[235] Nesse sentido: "The determination of whether or not a fundamental breach of contract exists does not depend on the type and nature of the breached obligation or on whether or not the buyer has taken delivery of the goods. The concept of fundamental breach is flexible; for example, several non-fundamental breaches of contract by the buyer may, together, amount to a fundamental breach of contract or the initial non-fundamental detriment to the seller may increase with passage of time and become a fundamental breach of contract." (cf. F. Mohs, *Part III. Chapter III. Obligations of the Buyer*, in P. Schlechtriem – I. Schwenzer, *Commentary on the UN Convention on the International Sale of Goods (CISG)*, 3ª ed., Nova Iorque, Oxford University Press, 2010, p. 895).
"A determinação quanto à existência ou não de uma *fundamental breach* não depende do tipo e da natureza da obrigação inadimplida, tampouco se o comprador recebeu ou não as mercadorias. O conceito de *fundamental breach* é flexível; por exemplo, diversos descumprimentos não fundamentais do contrato pelo comprador podem, em conjunto, equivaler a uma *fundamental breach* ou o prejuízo não fundamental inicial do vendedor pode aumentar com a passagem do tempo e se tornar uma *fundamental breach* do contrato" (tradução livre para o português).

[236] "Article 64: (1) The seller may declare the contract avoided: (...) (b) if the buyer does not, within the additional period of time fixed by the seller in accordance with paragraph (1) of article 63, perform his obligation to pay the price or take delivery of the goods, or if he declares that he will not do so within the period so fixed."
"Artigo 64: (1) O vendedor pode declarar rescindido o contrato se: (...) (b) o comprador não cumprir a obrigação de pagar o preço, ou não receber as mercadorias no prazo suplementar fixado pelo vendedor, de acordo com o parágrafo (1) do artigo 63, ou, ainda, se declarar que não o fará no referido prazo" (tradução livre para o português).

[237] "Article 64(1)(b) provides for a second ground of contract avoidance, applicable only in cases of non-payment of the price or failure to take delivery of the goods: the seller can

Como já visto, a existência de *fundamental breach* em cada caso dependerá, naturalmente, de quão essencial para a adequada execução do programa contratual é a obrigação descumprida pelo comprador. Dadas as próprias características das obrigações usualmente assumidas pelo comprador, costuma ser difícil identificar, de antemão, quando a falta por ele praticada é suficiente à configuração de uma *fundamental breach*. Na prática, o vendedor corre o risco de, ao declarar resolvido o contrato, cometer ele próprio uma *fundamental breach* caso depois se conclua que o descumprimento praticado pelo comprador não era relevante o suficiente para justificar tal medida[238].

Diante de tais dificuldades, os estudiosos da CISG apontam que o caminho mais seguro é, face ao inadimplemento do comprador, fixar um prazo adicional para que este purgue sua mora. Caso a obrigação descumprida se refira ao pagamento do preço ou ao recebimento das mercadorias, a possibilidade de resolução estará desde logo configurada, nos termos do artigo 64(1)(b). De outro lado, caso se discuta o descumprimento de outra obrigação, o inadimplemento reiterado do comprador

avoid the contract if the buyer has not paid the price or taken delivery of the goods within the additional period of time fixed by the seller under article 63(1). The seller may also avoid the contract if the buyer declares that it will not pay the price or take delivery of the goods within the period so fixed. Entitlement to avoidance pursuant to article 64(1)(b) overcomes the difficulties surrounding the question whether the breach committed by the buyer is fundamental on the basis of the criteria set forth in article 25." (cf. *UNCITRAL Digest of Case Law on the United Nations Convention on Contracts for the International Sale of Goods*, publicado no ano de 2012. Disponível em <https://uncitral.un.org/sites/uncitral.un.org/files/media-documents/uncitral/en/mal-digest-2012-e.pdf>, consultado em 29.3.2022).

"O artigo 64(1)(b) prevê um segundo fundamento para a resolução do contrato, aplicável apenas em casos de não pagamento do preço ou descumprimento da obrigação de receber as mercadorias: o vendedor pode resolver o contrato se o comprador não pagar o preço ou não receber as mercadorias dentro do prazo adicional fixado pelo vendedor nos termos do artigo 63(1). O vendedor pode também resolver o contrato se o comprador declarar que não irá pagar o preço ou que não irá receber as mercadorias dentro do período assim fixado. O direito à resolução em conformidade com o artigo 64(1)(b) supera as dificuldades envolvendo a questão sobre se o descumprimento praticado pelo comprador é fundamental com base no critério estabelecido no artigo 25" (tradução livre para o português).

[238] Cf. F. Mohs, *Part III. Chapter III. Obligations of the Buyer*, in P. Schlechtriem – I. Schwenzer, *Commentary on the UN Convention on the International Sale of Goods (CISG)*, 3ª ed., Nova Iorque, Oxford University Press, 2010, p. 901.

e o desrespeito aos prazos adicionais fixados podem agravar a situação e, eventualmente, virem a justificar a resolução do negócio com fundamento no artigo 64(1)(a)[239], na hipótese de a situação se tornar relevante a ponto de frustrar o interesse do vendedor.

Nos próximos itens, o trabalho se dedicará a examinar em maior profundidade os casos que versam sobre o descumprimento das obrigações de pagar o preço contratual e receber as mercadorias, que representam os principais deveres do comprador no âmbito do contrato de compra e venda. A análise será feita especialmente à luz do artigo 64(1)(a), já que os casos envolvendo a possibilidade de resolução devido ao descumprimento da *Nachfrist*, nos termos do artigo 64(1)(b), não servem tanto ao propósito de ilustrar as situações nas quais se consideram preenchidos os pressupostos da *fundamental breach*.

2. Descumprimento da obrigação de receber as mercadorias

O descumprimento da obrigação de receber as mercadorias objeto do contrato nem sempre representa, de modo automático, uma *fundamental breach*. Entre o comprador não receber os bens na data aprazada e o vendedor estar autorizado a resolver o contrato pode haver um longo caminho, sendo difícil pontuar, na prática, em que momento o descumprimento de tal obrigação assume seriedade suficiente para ensejar o término do negócio[240].

Na hipótese de o vendedor fixar um prazo adicional para cumprimento da obrigação e o comprador, ainda assim, permanecer inadimplente, a resolução contratual será admitida com fundamento no artigo

[239] Cf. F. Mohs, *Part III. Chapter III. Obligations of the Buyer*, in P. Schlechtriem – I. Schwenzer, *Commentary on the UN Convention on the International Sale of Goods (CISG)*, 3ª ed., Nova Iorque, Oxford University Press, 2010, p. 902.

[240] Vale esclarecer que a obrigação de receber as mercadorias compreende tanto o recebimento físico destas, quanto toda e qualquer providência que se possa esperar do comprador para viabilizar a entrega dos bens pelo vendedor. Nesse sentido: "Article 60. The buyer's obligation to take delivery consists: (a) in doing all the acts which could reasonably be expected of him in order to enable the seller to make delivery; and (b) in taking over the goods."

"Artigo 60: A obrigação do comprador de receber as mercadorias compreende: (a) a prática de todos os atos que razoavelmente se possam dele esperar para permitir que o vendedor possa fazer a entrega; e (b) a tomada de posse dos bens" (tradução livre para o português).

64(1)(b) da CISG, como visto acima. Tais casos não apresentam maior dificuldade de interpretação. Os casos nos quais o vendedor pretende resolver automaticamente o contrato, com base no artigo 64(1)(a) da CISG, esses sim, são os que se revestem de maior complexidade. Ou seja, quando a pretensão resolutória vem alicerçada na alegação de que o descumprimento da obrigação de receber as mercadorias configura *fundamental breach*.

O primeiro caso analisado neste tópico envolve o fornecimento de 2.000 toneladas de feijão-da-china de um vendedor chinês para um comprador suíço. O contrato, celebrado em 15 de abril de 1999, continha uma cláusula FOB (*free on board*) e as partes ajustaram que o comprador deveria providenciar o transporte das mercadorias via navio de um porto chinês até a Índia.

No dia 24 de maio de 1999, o vendedor disponibilizou as mercadorias no porto, prontas para serem embarcadas em navio da escolha do comprador até, no máximo, o dia 31 de maio daquele ano, conforme estipulado no contrato. Na data aprazada, entretanto, o comprador não enviou o navio e passou a criar embaraços com relação à inspeção das mercadorias. Mesmo instado pelo vendedor a providenciar a embarcação em mais de uma oportunidade, o comprador permaneceu inerte.

Com a chegada do verão chinês e a estação de chuvas, o vendedor passou a temer a deterioração das mercadorias, que já estavam armazenadas no porto há várias semanas. Por essa razão, optou por revendê-las no mercado em 30 de junho 1999. Na sequência, instaurou procedimento arbitral com o objetivo de discutir os prejuízos decorrentes da conduta do comprador.

Ao julgar o caso, o tribunal arbitral entendeu que, ao deixar de enviar o navio no qual as mercadorias deveriam ser embarcadas, o comprador descumprira sua obrigação de receber os bens objeto do contrato e, com isso, frustrara o negócio como um todo, cometendo uma *fundamental breach of contract*[241].

[241] "It was getting into summer by that time. There was frequent rain and the temperature was high. Because the goods were food and were stored at the port for a prolonged period of time, if not disposed in time, the goods would deteriorate, and additional costs would be incurred at the port. Therefore, in order to mitigate the loss, the [Seller] had to look for a new buyer after the L/C issued by the [Buyer] had expired. On 30 June 1999, the [Seller] signed an export contract with the new buyer for the price of US$ 295/ton. After

A análise do caso em tela revela que o risco de deterioração das mercadorias objeto do contrato, de natureza alimentícia, foi tomado em consideração para se concluir que a conduta faltosa do comprador era grave o suficiente para representar uma *fundamental breach*. Ao descumprir a obrigação de receber as mercadorias, o comprador colocava em risco a execução do contrato como um todo, o que justiçava sua resolução pelo vendedor.

Em caso envolvendo o fornecimento de calçados de um vendedor italiano para um comprador alemão, a Corte de Apelação de Düsseldorf, na Alemanha, igualmente apontou que, quando o contrato envolve a com-

the re-inspection conducted on 22 July 1999, the goods were confirmed and shipped on 26 July 1999. (...) pursuant to international trade practices, under FOB terms, the [Buyer] should rent ship, make reservations for shipping space, and inform the [Seller] of the ship's name, loading place, and the required delivery time. Article 60 of the CISG also stipulates that: 'The [Buyer]'s obligation to take delivery consists: (a) in doing all the acts which could reasonably be expected of him in order to enable the [Seller] to made (sic) delivery; and (b) in taking over the goods.' (...) Based on above acts and analysis, the [Buyer]'s refusal to send ship to take over the goods caused the contract unable to be performed. This constituted a fundamental breach of the contract, and the [Buyer] shall be liable." (cf. China International Economic and Trade Arbitration Commission (CIETAC) CISG/2001/02, CISG-online nº 1442, j. 22.3.2001. Disponível em <https://cisg-online.org/search-for--cases?caseId=7362>, consultado em 29.3.2022).
"O verão estava começando à época dos fatos. Havia chuva frequente e a temperatura estava alta. Devido ao fato de as mercadorias serem alimentícias e estarem estocadas no porto por um período longo de tempo, se a elas não fosse dada destinação em breve, deteriorar-se--iam e custos adicionais seriam incorridos no porto. Assim, para mitigar os danos, o [Vendedor] teve de procurar por um novo comprador após o vencimento da letra de crédito emitida pelo [Comprador]. Em 30 de junho de 1999, o [Vendedor] assinou um contrato de exportação com um novo comprador pelo preço de US$ 295/tonelada. Após a reinspeção realizada em 22 de julho de 1999, as mercadorias foram confirmadas e despachadas em 26 de julho de 1999. (...) de acordo com as práticas do comércio internacional, existindo cláusula FOB, o [Comprador] deve alugar a embarcação, fazer reservas para obter espaço para os despachos, e informar o [Vendedor] quanto ao nome da embarcação, local de embarque e o momento de entrega. O Artigo 60 da CISG também estipula que: 'A obrigação do [Comprador] de receber as mercadorias compreende: (a) a prática de todos os atos que razoavelmente se possam dele esperar para permitir que o [Vendedor] possa fazer a entrega; e (b) a tomada de posse dos bens.' (...) Baseado em tais atos e na análise acima, a recusa do [Comprador] de enviar embarcação para tomar posse das mercadorias fez com que o contrato não pudesse ser executado. Isso constituiu uma *fundamental breach* do contrato e o [Comprador] deve ser responsabilizado" (tradução livre para o português).

pra e venda de bens perecíveis ou sujeitos à armazenagem especial, o descumprimento da obrigação de receber as mercadorias normalmente implicará a materialização de uma *fundamental breach*[242]. Naquele caso específico, a existência de *fundamental breach* não foi reconhecida, mas

[242] "Moreover, in the opinion of the Court – and without this aspect even being essential after all – the further requirements for an avoidance of the contract are not fulfilled. In relation to the 'remaining' 1,193 pairs of shoes from the order asserted by [Buyer] as no. 1348, which included a total of 3,497 pairs of shoes, the corresponding purchase price has not become mature pursuant to Art. 58(1) CISG. This is because it is undisputed that [Seller] neither made the goods nor the respective documents available to [Buyer]. Additionally, [Seller] has not fixed an additional period of time (*Nachfrist*) of reasonable length for performance by the [Buyer] of its obligation to make payment of the purchase price and to accept the goods (Art. 64(1)(b) CISG). [Buyer]'s non-performance of obligations arising out of the contract does also not amount to a 'fundamental breach of contract' in terms of the CISG, a circumstance which would have rendered the fixing of an additional period of time unnecessary. In case of the usual sales contract concerning non-perishable goods and without peculiarities of storage or transport, neither a breach of the obligation to accept the goods nor a breach of the obligation to make payment of the purchase price automatically constitutes a fundamental breach of contract. No exceptional case is apparent here. The mere fact that the contract concerned fashionable shoes for children does not give rise to such urgency that the setting of an additional period would have been an unreasonable burden." (cf. OLG Düsseldorf 6 U 210/03, CISG-online nº 916, j. 22.7.2004. Disponível em <https://cisg-online.org/search-for-cases?caseId=6841>, consultado em 29.3.2022).
"Sobretudo, na opinião da Corte – e mesmo sem que tal aspecto fosse essencial, afinal – os demais requisitos para a resolução do contrato não estão preenchidos. Com relação aos 1,193 pares de sapatos 'remanescentes' do pedido indicado pelo [Comprador] como no. 1348, que incluía o total de 3,497 pares de sapatos, o correspondente preço de aquisição não se tornou devido de acordo com o Art. 58(1) CISG. Isso porque é incontroverso que o [Vendedor] não disponibilizou nem as mercadorias, nem seus respectivos documentos ao [Comprador]. Adicionalmente, o [Vendedor] não fixou um prazo adicional razoável (*Nachfrist*) para que o [Comprador] executasse sua obrigação de pagar o preço de compra e aceitar as mercadorias (Art. 64(1)(b) CISG). O inadimplemento do [Comprador] das obrigações decorrentes do contrato não configuram, ademais', uma '*fundamental breach*' nos termos da CISG, circunstância que tornaria a fixação de um prazo adicional desnecessária. No caso do contrato de compra e venda usual de mercadorias não perecíveis e sem peculiaridades de armazenagem e transporte, nem a violação da obrigação de receber as mercadorias, nem de pagar o preço de aquisição automaticamente constituem uma *fundamental breach* do contrato. Nenhuma hipótese excepcional é aparente aqui. O mero fato de que o contrato envolvia sapatos da moda para crianças não dá azo à tal urgência de maneira a tornar a fixação de um prazo adicional um ônus desarrazoado" (tradução livre para o português).

o exemplo invocado no julgado serve à sistematização de critérios que orientem a análise da questão.

A partir da análise de tais decisões, é possível concluir que a demora no recebimento das mercadorias poderá levar à materialização de uma *fundamental breach* quando o decurso do tempo for essencial para o sucesso do programa contratual arquitetado pelas partes como, por exemplo, quando o negócio envolver mercadorias perecíveis ou de fácil deterioração. Esse, portanto, pode ser um primeiro critério para iluminar a análise do intérprete.

Já num segundo grupo de casos, tem-se disputa envolvendo o fornecimento da substância química ftalato de dioctila, normalmente empregado na indústria plástica, de um vendedor chinês para um comprador coreano. As partes celebraram o contrato em 17 de abril de 1995 e ajustaram que, do total de 768 toneladas de ftalato de dioctila, metade deveria ser entregue no início de maio daquele ano e o restante até o final do mesmo mês.

O vendedor cumpriu a obrigação assumida e, na data aprazada, informou ao comprador que as mercadorias estavam prontas para serem embarcadas em navio a ser selecionado e enviado pelo comprador. Este, contudo, se recusou a enviar a embarcação no prazo ajustado, afirmando que tentaria fazê-lo "*assim que possível*". Em junho de 1995, o comprador declarou que não honraria o contrato e se recusou formalmente a receber as mercadorias. O vendedor, então, instaurou procedimento arbitral com o objetivo de ser ressarcido pelos danos decorrentes do descumprimento praticado pelo comprador.

Ao apreciar o caso, o tribunal arbitral instituído para solucionar o conflito entendeu que não existia justificativa para a conduta do comprador, acolhendo o argumento do vendedor no sentido de que a recusa reiterada em receber as mercadorias acabara por inviabilizar a execução do contrato como um todo[243].

[243] "[Buyer] sent a fax to [Seller] on 28 April 1995 at the same time as it opened the L/C. The fax did not designate a destination port, and requested [Seller] to postpone the shipping date for the first installment of the goods. Thereafter, [Buyer] sent several facsimiles to [Seller] on 8 May, 16 May and 19 May 1995 respectively, claiming that it could not ship on time and requesting [Seller] to send samples to [Buyer]'s clients in the Middle East. In its later facsimiles of 24 May and 25 May 1995, [Buyer] stated that the then-current prices of DOP in the Hong Kong and Southeast Asia markets were decreasing rapidly and requested

Seguindo essa mesma linha de raciocínio, em caso envolvendo a compra e venda de feijões-fava entre um comprador francês e um vendedor chinês, no contexto de um contrato que também ostentava cláusula FOB, o tribunal arbitral instituído para solucionar a disputa igualmente concluiu pela existência de uma *fundamental breach*.

[Seller] to send samples to the Middle East as soon as possible. On 9 June 1995, [Buyer] declared in its facsimile that it would not perform the Contract. In a facsimile of 15 June 1995, [Buyer] refused to take the goods and stated that it would compensate [Seller]. (...) The Arbitral Tribunal finds that after the conclusion of the Contract, [Seller] prepared the goods ready for shipment in accordance with the Contract, but after issuing the L/C on 26 April 1995 [Buyer] still claimed in its fax of 16 May 1995 that '[W]e regret to inform you. Because [our] end-user postponed its performance of the contract [with us], we cannot ship and transport the first installment in the early half of May.' This shows that [Buyer] did not dispatch a ship to take the goods at the time provided by the Contract and that [Buyer]'s non-performance was caused by its end-user, rather than any other reason (...) [Buyer] committed a breach of the Contract by not taking the goods and should bear liability for its breach." (cf. China International Economic and Trade Arbitration Commission (CIETAC) CISG/1996/39, CISG-online nº 1111, j. 16.8.1996. Disponível em <https://cisg-online.org/search-for-cases?caseId=7035>, consultado em 29.3.2022).
"O [Comprador] enviou um fax ao [Vendedor] em 28 de abril de 1995 ao mesmo tempo em que abriu a letra de crédito. O fax não indicava um porto de destino e solicitava ao [Vendedor] que adiasse a data de despacho do primeiro carregamento das mercadorias. Diante disso, o [Comprador] enviou diversos faxes ao [Vendedor] em 8 de maio, 16 de maio e 19 de maio, respectivamente, alegando que não poderia despachar tempestivamente e solicitando ao [Vendedor] que enviasse amostras das mercadorias a clientes do [Comprador] no Oriente Médio. Posteriormente, em seus faxes de 24 de maio e 25 de maio de 1995, o [Comprador] indicou que os preços então praticados nos mercados de Hong Kong e do Sudeste Asiático estavam caindo rapidamente e requereu ao [Vendedor] que enviasse amostras para o Oriente Médio assim que possível. Em 9 de junho de 1995, o [Comprador] se recusou a receber as mercadorias e indicou que compensaria o [Vendedor]. (...) O Tribunal Arbitral decidiu que, após a celebração do Contrato, o [Vendedor] preparou as mercadorias para despacho em conformidade com o Contrato, mas, após emitir a letra de crédito em 26 de abril de 1995, o [Comprador] ainda afirmou, em seu fax de 16 de maio de 1995, que '[N]ós lamentamos informar, mas [nosso] consumidor final adiou a execução do contrato celebrado [conosco], nós não podemos embarcar e transportar o primeiro carregamento na primeira quinzena de maio.' Isso demonstra que o [Comprador] não enviou um navio para receber as mercadorias no tempo previsto no Contrato e que o inadimplemento do [Comprador] foi causado por seu cliente final e não por qualquer outra razão (...) O [Comprador] cometeu uma violação do Contrato ao não receber as mercadorias e deve ser responsabilizado por tal descumprimento" (tradução livre para o português).

Após a entrega das mercadorias, o comprador passou a criar embaraços com relação à inspeção dos bens, exigindo que estes fossem examinados por autoridades egípcias ainda no porto chinês, sob o argumento de que os bens seriam comercializados naquele país. Por mera liberalidade, o vendedor autorizou que isso fosse feito e parte das mercadorias foi inspecionada. No entanto, como as autoridades egípcias violaram as regras do armazém no qual os feijões-fava estavam estocados, não foi possível concluir o exame de toda a carga. Diante disso, o comprador passou a se recusar a receber os bens.

Ao julgar a disputa, o tribunal arbitral entendeu que o comprador não poderia ter se recusado a receber as mercadorias indefinidamente, frustrando o contrato, já que a inspeção por autoridades egípcias não havia sido sequer ajustada entre as partes, o que autorizava o vendedor a buscar os remédios disponíveis na CISG para os casos de descumprimento contratual[244].

[244] "The [Buyer] had no reason to doubt whether the [Seller] had prepared the entire quantity of goods, nor did it have reason to insist upon reserving the ship only after the goods were inspected by the Egyptian inspectors. Even though [Buyer] arranged shipment afterwards, as it could not accept delivery on 31 March 1995, this was a fundamental breach of the [Buyer]'s obligation to accept the goods. Since the [Buyer] did not perform its obligation to accept the goods, the [Seller] had the right to seek remedies for the contract goods. Above all, according to Article 30 of the CISG, which says that 'the [Seller] must deliver the goods as required by the contract and this Convention', Article 60 of the CISG, which stipulates that the buyer shall do 'all the acts which could reasonably be expected of him in order to enable the seller to make delivery', and the explanation of FOB in Incoterms 1990, the Arbitration Tribunal deems that the [Seller] has fulfilled its obligation to deliver the goods, however, the [Buyer] failed to make arrangement for shipping, which caused that the contract could not be performed." (cf. China International Economic and Trade Arbitration Commission (CIETAC) CISG/1996/13, CISG-online nº 1245, j. 8.3.1996. Disponível em <https://cisg-online.org/search-for-cases?caseId=7168>, consultado em 29.3.2022).
"O [Comprador] não tinha razão para dúvida se o [Vendedor] tinha preparado a quantidade total de mercadorias, nem tinha razão para insistir na reserva do navio somente após os bens terem sido inspecionados pelas autoridades egípcias. A despeito de o [Comprador] ter providenciado o despacho posteriormente, como não poderia aceitar a entrega em 31 de março de 1995, isso foi uma *fundamental breach* da obrigação do [Comprador] de aceitar as mercadorias. Considerando que o [Comprador] não executou sua obrigação de aceitar a mercadorias, o [Vendedor] tinha o direito de perseguir remédios para as mercadorias do contrato. Acima de tudo, considerando o Artigo 30 da CISG, que prevê que 'o [Vendedor] deve entregar mercadorias como estipulado pelo contrato e essa Convenção', com o Artigo

Em ainda outro caso, envolvendo o fornecimento de bolos de linhaça de um vendedor chinês para um comprador neozelandês, o tribunal arbitral designado para solucionar o litígio também entendeu que a recusa reiterada e injustificada do comprador em receber as mercadorias frustra a execução do contrato e, como tal, configura *fundamental breach*[245].

A análise desse segundo grupo de casos revela um critério adicional para orientar o estudo da *fundamental breach*, isto é, sua materialização quando o comprador, de forma reiterada, nega-se a receber as mercadorias, acabando por frustrar a própria execução do contrato.

Já em precedente envolvendo o fornecimento de bacon congelado de um vendedor italiano para um comprador alemão, o dado determinante para se concluir pela existência de uma *fundamental breach* foi a quantidade de mercadorias a cujo recebimento se negou o comprador.

60 da CISG, que prevê que o vendedor deve executar 'todos os atos que podem ser razoavelmente dele esperados para permitir que o vendedor faça a entrega', e a explicação da cláusula FOB nos Incoterms 1990, o Tribunal Arbitral considera que o [Vendedor] cumpriu sua obrigação de entrega das mercadorias, entretanto, o [Comprador] deixou de tomar providências para o despacho, o que resultou em o contrato não poder ser executado" (tradução livre para o português).

245 "[Buyer] did not send a ship to transport the goods, which constitutes a fundamental breach of contract. [Seller] had prepared the goods in accordance with the contract in December 1990. The price term is FOB; [Buyer] therefore bears duty to book the space. When [Buyer] suggested cancellation of the contract or to postpone the time of shipment due to the special difficulty, [Seller] chose the latter. The Arbitration Tribunal regards [Seller]'s choice as reasonable. (...) However, [Buyer] did not send a ship to load and transport the goods. (...) On 1 July 1991, [Buyer] advised that it would not perform the contract, which constituted a fundamental breach." (cf. China International Economic and Trade Arbitration Commission (CIETAC) CISG/1993/03, CISG-online nº 1029, j. 9.1.1993. Disponível em <https://cisg-online.org/search-for-cases?caseId=6953>, consultado em 29.3.2022).
"O [Comprador] não enviou um navio para transportar as mercadorias, o que constitui uma *fundamental breach* do contrato. O [Vendedor] havia preparado as mercadorias em conformidade com o contrato em dezembro de 1990. O preço é FOB; o [Comprador], assim, suporta o dever de reservar o espaço. Quando o [Comprador] sugeriu o cancelamento do contrato ou o adiamento da data de embarque em razão de dificuldades especiais, o [Vendedor] escolheu o último. O Tribunal Arbitral entende que a escolha do [Vendedor] é razoável. (...) No entanto, o [Comprador] não enviou um navio para carregar e transportar as mercadorias. (...) Em 1 de julho de 1991, o [Comprador] indicou que não executaria o contrato, o que representa uma *fundamental breach*" (tradução livre para o português).

Naquele caso, as partes ajustaram que o vendedor forneceria dez lotes de bacon congelado acondicionados em embalagens plásticas. Após receber quatro dos lotes, o comprador passou a sustentar que as partes haviam ajustado a entrega das mercadorias sem estarem acondicionadas em embalagens plásticas, razão pela qual se recusou a receber o restante dos lotes. Tal discussão era pertinente em razão de exigências de autoridades aduaneiras alemãs.

Ao apreciar o caso, a Corte Provincial de Hamm, na Alemanha, entendeu que a conduta do comprador era suficiente à configuração de uma *fundamental breach*, já que este se recusara a receber mais da metade dos bens objeto do contrato[246].

Assim, a quantidade de mercadorias não recebidas pelo comprador também pode servir como mais um critério interpretativo para avaliar se há ou não *fundamental breach* em casos como estes.

De outro lado, a Corte de Apelação de Grenoble, na França, afastou a existência de *fundamental breach* em caso atinente ao fornecimento de suco de laranja de um vendedor espanhol para um comprador francês por entender que o atraso de poucos dias no recebimento das mercadorias não era suficiente para privar o vendedor de seu interesse contratual.

No caso em tela, as partes ajustaram que o vendedor forneceria ao comprador 860.000 litros de suco de laranja no período compreendido entre maio e dezembro de 1996. Em dado momento, as partes acordaram que a entrega inicialmente programada para o mês de setembro ocorreria ao final de agosto, havendo pactuado, ainda, uma redução parcial no preço do contrato em razão disso. Quando o momento chegou,

[246] "As a further condition of claiming damages under Art. 74 CISG, [Seller] effectively avoided the contract concluded with [Buyer] by the letter sent by its lawyer on 6 February 1990. [Seller] was entitled to do so in accordance with Art. 64(1)(a) CISG because failure to accept more than half of the goods purchased (116.6 tons out of 200 tons) qualifies as a fundamental breach of contract." (cf. OLG Hamm 19 U 97/91, CISG-online nº 57, j. 22.9.1992. Disponível em <https://cisg-online.org/search-for-cases?caseId=6037>, consultado em 29.3.2022).
"Como condição adicional para pleitear indenização nos termos do Art. 74 CISG, o [Vendedor] efetivamente resolveu o contrato celebrado com o [Comprador] por meio da carta enviada por seu advogado em 6 de fevereiro de 1990. O [Vendedor] tinha o direito de assim proceder em conformidade com o Art. 64(1)(a) CISG porque a não aceitação de mais da metade das mercadorias compradas (116.6 toneladas do total de 200 toneladas) configura uma *fundamental breach* do contrato" (tradução livre para o português).

entretanto, o comprador se recusou a receber os bens e solicitou que estes fossem entregues apenas em setembro.

O vendedor, então, pretendeu resolver o contrato, o que não foi admitido pela Corte de Apelação de Grenoble sob o argumento de que a conduta do comprador não representava *fundamental breach*, já que não se poderia esperar que o atraso de apenas alguns dias no recebimento das mercadorias, considerado o programa contratual estipulado pelas partes, privava o vendedor do que buscara com a celebração do negócio. Segundo se apontou por ocasião do julgamento, o vendedor deveria ter fixado um prazo adicional para que o comprador cumprisse sua obrigação para, só então, poder resolver o contrato[247].

[247] "Attendu que la société EGO FRUITS, établie dans la Drame, a passé commande em mai 1996, à la société LA VERJA, établie dans la Province de Murcie en Espagne, de 860.000 litres de pur jus d'orange devant servir à son activité de fabrication et de commercialisation de jus de fruits; Que les livraisons devaient s'échelonner de mai à décembre 1996; (...) Qu'elle fait valoir, en substance, que la période d'enlévement des marchandises initialement échelonnée jusque début septembre avait été raccourcie à fin août en contrepartie d'une réduction de prix; (...) Attendu que l'article 64-1-a de la Convention de Vienne permet au vendeur de déclarer immédiatement le contrat résolu si l'inexécution par l'acheteur de l'une quelconque des obligations résultant pour lui du contrat constitue une contravention essentielle au contrat; (...) Qu'il convient de rechercher si le comportement de l'acheteur constitue une contravention essentielle; (...) Que l'avancement à la fin août de la prise de livraison a été présentée par la société LA VERJA comme une simple contrepartie à un avantage financier; Que la société EGO FRUITS ne pouvait pas comprendre qu'un retard de quelques jours à prendre livraison – la date de livraison proposée par télécopie du 02 septembre était le 11 septembre – constituerait de sa part une contravention essentielle; Que, dans le contexte de l'accord sur cette seconde date, le manquement de l'obligation de prendre livraison devait normalement avoir pour conséquence la suppression de la remise sur le prix; Attendu, en conséquence, qu'en l'absence de contravention essentielle de la part de la société EGO FRUITS, la société LA VERJA devait lui impartir un délai supplémentaire pour prendre livraison; Qu'en ne le faisant pas, la société LA VERJA a commis une rupture fautive du contrat" (cf. CA Grenoble RG 98/02700, CISG-online nº 443, j. 4.2.1999. Disponível em <https://cisg-online.org/search-for-cases?caseId=6413>, consultado em 29.3.2022).

"Considerando que a sociedade EGO FRUITS, estabelecida na Drame, formulou pedido, em maio de 1996, à sociedade LA VERJA, estabelecida na Província de Múrcia na Espanha, de 860.000 litros de puro suco de laranja para ser empregado em sua atividade de fabricação e comercialização de suco de frutas; que as entregas deveriam ocorrer de maio a dezembro de 1996; (...) que ela alega, em suma, que o período de entrega das mercadorias inicialmente escalonado até o início de setembro foi adiantado até o fim de agosto em

A existência de *fundamental breach* também foi afastada em caso envolvendo o fornecimento de cinescópios de um vendedor francês para um comprador alemão. No caso, a Corte Distrital de Strasbourg atribuiu grande relevâncias às circunstâncias fáticas do caso. Nesse sentido, ponderou que, a prevalecer a posição defendida pelo vendedor, isso implicaria que o comprador estava obrigado a planejar e assegurar o recebimento das mercadorias num período de um mês e quatro dias, o que se revelava impraticável no caso.

Na visão da Corte de Strasbourg, considerando que o próprio vendedor reconhecera ter levado cinco semanas para transportar os bens vendidos da usina no qual foram fabricados até suas instalações fabris, era razoável supor que o comprador demoraria no mínimo esse prazo para viabilizar o recebimento dos cinescópios. A Corte de Strasbourg ponderou, ainda, que a situação do comprador era tanto mais difícil, pois, além de organizar a logística do transporte em si, o comprador precisaria contratar transportador com alta capacidade de escoamento, bem como empresa especializada capaz de fazer a triagem dos tubos vendidos. Diante dessas circunstâncias e das peculiaridades em torno do fornecimento de cinescópios, a Corte de Strasbourg considerou que o atraso de pouco mais de um mês no recebimento das mercadorias não configurava *fundamental breach*[248].

contrapartida a uma redução no preço; (...) Considerando que o artigo 64-1-a da CISG permite ao vendedor declarar imediatamente o contrato resolvido se a inexecução de qualquer das obrigações do comprador constitui uma violação essencial ao contrato; (...) Que convém investigar se o comportamento do comprador constitui uma violação essencial; (...) Que o adiantamento da entrega das mercadorias até o fim de agosto foi apresentado pela sociedade LA VERJA como uma simples contrapartida a uma vantagem financeira; Que a sociedade EGO FRUITS não poderia assumir que um atraso de poucos dias na aceitação da entrega – a data de entrega proposta em 02 de setembro era 11 de setembro – constituiria uma violação essencial de sua parte; Que, nesse contexto de acordo sobre essa segunda data, a violação da obrigação de aceitar a entrega deveria, normalmente, ter como consequência a supressão do desconto no preço; Considerando, em consequência, que, diante da inexistência de uma violação essencial de parte da sociedade EGO FRUITS, a sociedade LA VERJA deveria ter fixado um prazo adicional para que esta pudesse aceitar a entrega; Que, ao assim não proceder, a sociedade LA VERJA cometeu uma ruptura culposa do contrato" (tradução livre para o português).

[248] "En l'espèce, entre le 9 janvier au plus tôt, le 16 janvier au plus tard, date du paiement et donc de l'acceptation certaine de l'offre et le 13 février, il s'est écoulé tout au plus un

A partir da análise de tais casos, é possível concluir que haverá *fundamental breach* quando (1) a pontualidade for da essência do contrato, seja em razão da natureza das mercadorias (*e.g.*, bens perecíveis ou de fácil deterioração), seja devido a algum outro fato particular levado em conta pelas partes (*e.g.*, necessidade de o vendedor desocupar armazéns em determinada data); (2) o comprador permanecer inadimplente com a obrigação de receber as mercadorias por período prolongado, sem uma definição de quando irá purgar sua mora, a despeito de instado pelo comprador a tanto; (3) o comprador declara que não irá receber as mercadorias em definitivo; ou (4) o comprador recebe apenas parcela diminuta dos bens.

mois et quatre jours, soit un délai parfaitement déraisonnable pour prévoir la livraison de la merchandise, la SARL D reconnaissant elle-même dans ses écrits avoir mis un délai qui a couru du 8 juillet au 14 août 2003, soit au moins cinq semaines, à transporter la marchandise de l'usine DA à son site de DUPPIGHEIM. Ce délai était d'autant moins raisonnable qu'il fallait nécessairement prévoir, outre le temps de transport lui-même, le temps nécessaire à C pour mettre en place la logistique nécessaire à ce transport, soit aux dires mêmes de D, trouver un transporteur qui puisse mettre à disposition permanente une moyenne de 5,8 camions par jour, plus une société qui puisse effectuer l'indispensable tri des tubes, l'offre de prix de la défenderesse pour ce tri ayant été estimée trop élevée par C, ce qui était parfaitement son droit. Il ne peut donc être considéré que durant le seul délai d'un peu plus d'un mois en question, Monsieur S (...) a commi une violation d'une obligation essentielle de son contrat." (cf. Corte Distrintal de Strasbourg 04/00925, CISG-online nº 1629, j. 22.12.2006. Disponível em <https://cisg-online.org/search-for-cases?caseId=7548>, consultado em 29.3.2022).

"Na espécie, entre 9 de janeiro o mais cedo, e 16 de janeiro o mais tardar, data do pagamento e, assim, da aceitação certa da oferta, e 13 de fevereiro, decorreu no total um mês e quatro dias, um prazo perfeitamente desarrazoado para planejar a entrega da mercadoria, a sociedade SARL D reconhece, ela mesma, em seus documentos, ter levado de 8 de julho a 14 de agosto de 2003, ao menos cinco semanas, para transportar a mercadoria da usina DA até suas instalações de DUPPIGHEIM. Esse período de tempo era tanto menos razoável que foi necessário considerar, além do tempo de transporte por si só, o tempo necessário a C para fazer operar a logística necessária a tal transporte, ou, nas palavras de D, encontrar um transportador que pudesse colocar à disposição permanente uma média de 5,8 caminhões por dia, mais uma sociedade que pudesse efetuar a triagem dos tubos, e o fato de C haver reputado a oferta de preço para esta triagem muito elevado, o que era seu direito. Não se pode, assim, considerar que durante o atraso de um pouco mais de um mês em questão, o Sr. S (...) cometeu uma violação de uma obrigação essencial de seu contrato" (tradução livre para o português).

De outro lado, não haverá *fundamental breach* quando, não sendo a pontualidade da essência do negócio, o comprador incorrer em certo atraso no cumprimento de sua obrigação, tido por razoável frente às circunstâncias concretas do negócio e assumindo que o vendedor não tenha fixado prazo adicional para o cumprimento da obrigação, na forma do artigo 64(1)(b) da CISG.

3. Descumprimento da obrigação de pagar o preço

A análise do impacto do descumprimento da obrigação de pagar[249] pelo comprador sobre a relação contratual é delicada, pois não é fácil saber, *a priori*, em quais hipóteses um simples atraso no cumprimento da obrigação evoluirá para a recusa definitiva de pagar o preço, com a consequente perda do interesse do credor no negócio. Considerando que a falta de pagamento tempestivo do preço pode, em muitos casos, ser aplacada com a incidência de juros de mora, a investigação de casos nos quais o descumprimento dessa obrigação foi suficiente à configuração de uma *fundamental breach* não é das mais simples.

Nesse sentido, a pesquisa identificou um primeiro grupo de casos nos quais o comprador descumpriu por completo a obrigação de pagar o preço, deixando de entregar ao vendedor qualquer quantia e nos quais não se tinha sequer perspectiva de que o inadimplemento viesse a ser remediado. Tais casos não apresentam maiores nuances: constatado que o comprador reiteradamente ignora a obrigação de pagar o preço, seja por meio da entrega do montante ajustado, seja pela abertura de letra de crédito, reconhece-se o direito do comprador de resolver o contrato com base no artigo 64(1)(a) da CISG[250].

[249] Aqui também vale esclarecer que, no âmbito da Convenção, a obrigação de pagar o preço compreende tanto o pagamento do montante ajustado propriamente dito, como também a tomada de quaisquer providências e observância de formalidades necessárias ao pagamento: "Article 54: The buyer's obligation to pay the price includes taking such steps and complying with such formalities as may be required under the contract or any laws and regulations to enable payment to be made."
"Artigo 54: A obrigação do comprador de pagar o preço compreende também tomar as medidas e cumprir as formalidades exigidas no contrato ou na legislação e regulamentos aplicáveis para permitir que o pagamento seja feito" (tradução livre para o português).

[250] Nesse passo, importa conferir os seguintes precedents, dentre vários outros que adotam solução semelhante: "Based on the investigation and analysis described above, it is clear

that the excuses presented by the [Buyer] for its failure to issue the L/C – including the [Seller]'s failure to offer samples, to inform as to the readiness of the goods, and to provide details on the issuance of the L/C – are not supported. (...) The reason for the [Buyer]'s refusal to issue the L/C is that his principal has terminated [Buyer]'s agency appointment contract. This is the true reason, and is the sole reason. (...) The [Buyer] having failed to issue the L/C in accordance with the contracts, this amounts to non-performance of contractual obligations and is thus a fundamental breach of contract. (...) Because the [Buyer]'s failure to issue the L/C in accordance with the contracts amounts to a fundamental breach of contract, the [Seller] is fully entitled to declare the avoidance of the contracts under CISG Article 64." (cf. China International Economic and Trade Arbitration Commission (CIETAC) CISG/1999/21, CISG-online nº 1114, j. 8.4.1999. Disponível em <https://cisg-online.org/search-for-cases?caseId=7038>, consultado em 29.3.2022).
"Com base na investigação e na análise descritas acima, é evidente que as escusas apresentadas pelo [Comprador] para justificar seu fracasso em emitir a letra de crédito – inclusive o fracasso do [Vendedor] de oferecer amostras, de informar se as mercadorias estavam prontas, e de fornecer detalhes para a emissão da letra de crédito – não podem ser suportadas. (...) A principal razão pela qual o [Comprador] se recusou a emitir a letra de crédito refere-se ao término do contrato do [Comprador] com a sua agência. Essa é a verdadeira razão, e a única razão. (...) Tendo falhado em emitir a letra de crédito em conformidade com os contratos, tal fato configura inadimplemento contratual e é, assim, uma *fundamental breach*. (...) Tendo em vista que o fracasso do [Comprador] em emitir as letras de crédito em conformidade com os contratos configura uma *fundamental breach*, o [Vendedor] faz jus à declaração de resolução dos contratos nos termos do Artigo 64 da CISG" (tradução livre para o português).
"El fondo del asunto se puede resumir en el incumplimiento por parte de las empresas coreanas de su obligación de pago por los productos que recibieron, pero dicho incumplimiento obedeció principalmente a las acciones que artificiosamente desarrollaron las empresas coreanas, pues como se desprende de los diversos documentos que obran en el expediente respectivo, su intención era el no pagar los productos que recibieron y comercializaron. Lo anterior se refuerza con lo establecido en el informe del fiscal que conoció del caso, pues las empresas coreanas presentaron tres cartas sin firma, en las que aparentemente la empresa 'quejosa' acepta que hubo deficiencias de su parte y que acepta que se lo pague sólo el 10% o el 20% del valor total de las mercancías. Por otra parte y en los términos de lo dispuesto por el artículo 25 de la Convención antes referida, el incumplimiento del contrato por una de las partes será esencial cuando se cause a la otra un perjuicio tal que la prive substancialmente de lo que tenía derecho a esperar en virtud del contrato, salvo que la parte que haya incumplido no hubiera previsto tal resultado y que una persona razonable de la misma condición no hubiera previsto en igual situación. Pero en el caso concreto la parte incumplida no sólo pudo prever tal resultado, sino que lo deseaba, así lo demuestran las actitudes que asumió una vez que tuvo control de las mercancías. Además, el artículo 54 de la citada Convención establece expresamente que una de las principales obligaciones del comprador es la de pagar el precio de las mercancías adoptando las medidas y cum-

plir con los requisitos fijados por el contrato o por las leyes o reglamentos pertinentes para que sea posible el pago." (cf. Compromex (Comisión para la Protección del Comercio Exterior de México) M/115/97, CISG-online nº 504, j. 30.11.1998. Disponível em <https://cisg-online.org/search-for-cases?caseId=6472>, consultado em 29.3.2022).

"O fundo da questão se resume ao inadimplemento das empresas coreanas de sua obrigação de pagar pelos produtos que receberam, mas tal incumprimento se deveu principalmente às ações que artificiosamente desenvolveram as empresas coreanas pois, como se depreende dos diversos documentos que instruem os autos, sua intenção era a de não pagar pelos produtos que receberam e comercializaram. Isso se reforça pelo estabelecido no relato do fiscal que conheceu do caso, pois as empresas coreanas apresentaram três cartas sem assinatura, nas quais aparentemente a empresa 'reclamante' aceita que houve deficiências de sua parte e aceita que apenas se pague de 10% a 20% do valor total das mercadorias. De outra parte, e nos termos do artigo 25 da Convenção antes referida, o incumprimento do contrato por uma das partes será essencial quando cause à outra um prejuízo tal que a prive substancialmente do que tinha direito de esperar em virtude do contrato, salvo se a parte inadimplente não houver previsto tal resultado e que uma pessoa razoável na mesma condição também não pudesse prever tal resultado na mesma situação. Mas, no caso concreto, não apenas a parte inadimplente poderia prever tal resultado, como o desejou, como demonstram as atitudes que tomou uma vez que tomou posse das mercadorias. Ademais, o artigo 54 da citada Convenção estabelece, expressamente, que uma das principais obrigações do comprador é a de pagar o preço, adotando as medidas e cumprindo os requisitos fixados no contrato ou pelas leis e regulamentos pertinentes, para possibilitar o pagamento" (tradução livre para o português).

"According to art. 25 CISG, a breach of contract committed by one of the parties is fundamental if it results in such detriment to the other party as to substantially deprive him of what he is entitled to expect under the contract, unless the party in breach did not foresee and a reasonable person of the same kind in the same circumstances would not have foreseen such a result. After the shipment of the first installment, claimant announced the shipment of the next installment in his telefax dated 26 January and requested respondent to open the necessary letter of credit. Respondent did not open the required letter of credit causing claimant to rebook the shipment. By telefax dated 13 April, claimant again demanded the letter of credit. According to the contract, respondent was obligated to deliver the letter of credit and to accept the installment. Respondent refused to deliver the letter of credit. In addition, respondent declared in its telefax dated 14 April that it will not accept any further shipment before July [of that year]. The conduct of respondent constitutes a fundamental breach according to Art. 25 CISG in two ways. First, respondent delayed and finally refused the delivery of the required letter of credit, thus causing claimant to rebook the shipment which resulted in more costs for claimant. This conduct alone constitutes a fundamental breach because it deprived the claimant of what it could expect under the sales contract." (cf. ICC Court of Arbitration 10274/1999, CISG-online nº 1159,

Os pressupostos para a configuração da *fundamental breach* também são considerados presentes quando o comprador paga apenas parte ínfima do preço fixado no contrato, deixando de honrar com o restante dos valores devidos[251].

j. 1º.1.1999. Disponível em <https://cisg-online.org/search-for-cases?caseId=7083>, consultado em 29.3.2022).

"De acordo com o art. 25 CISG, o descumprimento praticado por uma das partes é fundamental se resultar em prejuízo tal para a outra parte que a prive substancialmente do que ela tinha direito de esperar com o contrato, a menos que a parte inadimplente não tenha previsto e uma pessoa razoável nas mesmas circunstâncias também não pudesse prever tal resultado. Após o despacho do primeiro carregamento, a requerente anunciou o despacho do próximo carregamento em seu telefax de 26 de janeiro e solicitou ao requerido que abrisse a necessária letra de crédito. O requerido não emitiu a letra de crédito, o que fez com que a requerente reagendasse o carregamento. Por telefax datado de 13 de abril, a requerente novamente solicitou a letra de crédito. De acordo com o contrato, o requerido estava obrigado a entregar a letra de crédito e aceitar o carregamento. O requerido se recusou a entregar a letra de crédito. Adicionalmente, o requerido declarou em seu telefax datado de 14 de abril que não iria aceitar nenhum outro carregamento antes de julho [daquele ano]. A conduta do requerido constitui uma *fundamental breach* nos termos do Art. 25 CISG de duas maneiras. Primeiro, o requerido atrasou e finalmente recusou a entrega da letra de crédito, fazendo com que o requerente tivesse de reagendar o carregamento, o que ensejou mais custos para a requerente. Essa conduta, por si só, constitui uma *fundamental breach* porque privou a requerente do que podia esperar com o contrato de compra e venda" (tradução livre para o português).

[251] "Doll is obligated to pay Doolim $ 1,040,085.84, the purchase price for the July and August Garments and the October Garments, and was initially obligated to pay that sum within 15 days of its receipt of those garments. (...) Doll fundamentally breached this obligation by paying Doolim only $ 200,000.00 for the garments and failing to pay the balance. Doll's payment of only a small fraction – less than 20% – of the purchase price substantially deprived Doolim of the performance that it had a right to expect from Doll, *i.e.*, full payment within 15 days of delivery." (cf. US District Court of the Southern District of New York 08 CIV. 1587, CISG-online nº 1892, j. 29.5.2009. Disponível em <https://cisg-online.org/search-for-cases?caseId=7809>, consultado em 29.3.2022).

"Doll está obrigada a pagar a Doolim $ 1,040,085.84, preço de aquisição das peças de roupas de julho e agosto, bem como das roupas de outubro, e estava inicialmente obrigada a pagar tal soma dentro do prazo de 15 dias contados do recebimento de tais peças. (...) Doll descumpriu fundamentalmente sua obrigação ao pagar à Doolim apenas 200,000.00 por tais peças de roupas e deixar de pagar o saldo em aberto. O pagamento de apenas uma fração pequena – menos de 20% – do preço de compra substancialmente privou Doolim da prestação que tinha o direito de esperar de Doll, *i.e.*, pagamento integral dentro de 15 dias contados da entrega" (tradução livre para o português).

Já no âmbito de um terceiro grupo de casos, as cortes também tendem a reconhecer a existência de *fundamental breach* quando há evidências concretas de que o comprador não honrará a obrigação de pagar o preço, como, por exemplo, em casos de insolvência notória[252].

"Nevertheless, the Court does accept Defendants' contention that the Plaintiff's non-payment of progress payments on the machinery did constitute a 'fundamental breach of contract'. Article 25 of the Convention defines a 'fundamental breach of contract' as one 'which results in such detriment to the other party as substantially to deprive him of what he is entitled to expect under the contract'. (...) Article 64 is also specifically worded to give the implication that non-payment of the purchase price is the most significant form of a fundamental breach by a buyer, since, as to a serious non-payment, no additional notifications are required for avoidance of the contract. In this case, the buyer has had some legitimate complaints concerning the machinery throughout the delivery and training process. However, on the whole, the Court concludes that the evidence submitted best supports the proposition that these complaints did not constitute either a fundamental or even a substantial breach of the contract by the seller. (...) On the other hand, the Court determines that it is likely that non-payment of the large sums due for the performance payments was a fundamental breach of contract and that it excused Defendants' performance of non-competition obligations under the purchase agreement and non-competition agreement." (cf. US District Court, Western District of Michigan, Southern Division 1:01-CV-691, CISG-online nº 773, j. 17.12.2001. Disponível em <https://cisg-online.org/search-for-cases?caseId=6701>, consultado em 29.3.2022).
"Não obstante, a Corte aceita a alegação dos Requeridos de que o inadimplemento da Requerida quanto aos pagamentos progressivos do maquinário constituiu uma '*fundamental breach of contract*'. O Artigo 25 da Convenção define '*fundamental breach of contract*' como aquela 'que resulta em detrimento tal para a outra parte que a prive substancialmente do que ela tinha o direito de esperar em razão do contrato.' (...) O Artigo 64 também é especificamente redigido de maneira a implicar que o não pagamento do preço de compra é a forma mais significativa de *fundamental breach* pelo comprador, já que, com relação a um grave não pagamento, nenhuma notificação adicional é exigida para a resolução do contrato. Nesse caso, o comprador teve algumas legítimas reclamações referentes ao maquinário durante a entrega e o processo de treinamento. No entanto, no geral, a Corte conclui que a prova submetida suporta melhor a conclusão de que tais reclamações não constituíram inadimplemento nem fundamental, nem essencial do contrato pelo vendedor. (...) De outro lado, a Corte entende que é provável que o não pagamento de montantes expressivos devidos à título de pagamento por performance, foi uma *fundamental breach* do contrato e autorizava os Requeridos a deixarem de cumprir as obrigações de não concorrência presentes no contrato de aquisição e no contrato de não concorrência" (tradução livre para o português).

[252] "Immediately prior to 6 October 1993 Rosedown was in continuing breach of the contract of sale in that interest payments were overdue. (...) I am not satisfied that these breaches of contract, in the absence of notice to perform under Art. 63, constituted fun-

damental breaches that would justify avoidance of the contract of sale immediately prior to 6 October 1993. In any event no declaration of avoidance had been notified to Rosedown before 6 October 1993. The contract of sale remained on foot when the administrator was appointed. (...) In my opinion the appointment of an administrator by Rosedown constituted a fundamental breach of the contract within the meaning of Article 25 which would justify Roder notifying a declaration of avoidance. The resolution of the directors making that appointment amounted to an acknowledgment by them that the company was insolvent or was likely to become so. That fact, and the placement of the company under administration, in the circumstances of this case, resulted in such detriment to Roder as substantially to deprive it of what it was entitled to expect under the contract." (cf. Federal Court, South Australian District, Adelaide SG 3076 of 1993, CISG-online nº 218, j. 28.4.1995. Disponível em <https://cisg-online.org/search-for-cases?caseId=6192>, consultado em 29.3.2022).

"Imediatamente antes de 6 de outubro de 1993, Rosedown estava continuamente violando o contrato de venda, pois o pagamento dos juros estava em aberto. (...) Não estou satisfeito que tais descumprimentos do contrato, ausente notificação exigindo performance nos termos do Art. 63, constituíram *fundamental breaches* que justificariam a resolução do contrato de venda imediatamente antes de 6 de outubro de 1993. De qualquer forma, nenhuma declaração de resolução foi notificada à Rosedown antes de 6 de outubro de 1993. O contrato de venda permaneceu ativo até que o administrador foi nomeado. (...) Na minha opinião, a nomeação do administrador pela Rosedown constituiu uma *fundamental breach* do contrato no sentido do Artigo 25 que justificava a Roder notificar sua declaração de resolução. A decisão dos diretores em fazer tal nomeação equivaleu a seu reconhecimento de que a companhia estava insolvente ou provavelmente se tornaria. Esse fato, e a colocação da companhia sob administração, nas circunstâncias do caso, resultaram em detrimento tal para a Roder que a privou, substancialmente, do que tinha direito de esperar com o contrato" (tradução livre para o português).

"Under the present contract, [Seller] could primarily expect [Buyer] to pay the purchase price. From [Seller]'s point of view, the non-payment would have deprived it of its main expectation under the contract. This was easily foreseeable to [Buyer]. It was also obvious prior to the agreed delivery date at the end of January that [Buyer] would not pay the agreed purchase price. It is true that a strict test has to be applied in respect to the obviousness of a future breach of contract. However, it is not necessary to prove a degree of probability close to certainty. Rather, a very high probability, obvious to everybody, is required (...). These requirements have been met in the present case. The circumstances which suggest the non-payment by [Buyer] result from the previous business relationship of the parties. An important indication of [Buyer]'s incapacity to pay is the fact that two of the three checks handed over to [Seller] in the course of the business concerning winter clothing 1991/1992 could not be cashed." (cf. LG Berlin 99 O 123/92, CISG-online nº 70, j. 30.9.1992. Disponível em <https://cisg-online.org/search-for-cases?caseId=6050>, consultado em 29.3.2022).

"No âmbito deste contrato, o [Vendedor] poderia esperar, primariamente, que o [Comprador] pagasse o preço de compra. Da perspectiva do [Vendedor], o não pagamento o privaria

De outro lado, um atraso diminuto na obrigação de pagar o preço, em casos nos quais as mercadorias não apresentam qualquer particularidade, como, por exemplo, alta perecibilidade ou necessidade especial de armazenamento, usualmente não é encarado como suficiente para caracterizar *fundamental breach*[253].

da sua maior expectativa com o contrato. Isso era facilmente previsível pelo [Comprador]. Também era óbvio que, antes da data acordada para entrega ao final de janeiro, o [Comprador] não pagaria o preço de compra. É verdade que um teste estrito deve ser aplicado quanto à obviedade de um inadimplemento futuro do contrato. No entanto, não é necessário provar um grau de probabilidade próximo à certeza. Na realidade, uma probabilidade muito alta, óbvia para todos, é exigida (...) Essas exigências foram cumpridas no presente caso. As circunstâncias sugerem que o não pagamento pelo [Comprador] resultam de uma prévia relação de negócios entre as partes. Uma importante indicação da incapacidade do [Comprador] de pagar decorre do fato de dois dos três cheques entregues ao [Vendedor], durante o curso dos negócios referentes às roupas de inverno de 1991/1992, não poderem ser sacados" (tradução livre para o português).

[253] "Additionally, [Seller] has not fixed an additional period of time (*Nachfrist*) of reasonable length for performance by the [Buyer] of its obligation to make payment of the purchase price and to accept the goods (Art. 64(1)(b) CISG). [Buyer]'s non-performance of obligations arising out of the contract does also not amount to a 'fundamental breach of contract' in terms of the CISG, a circumstance which would have rendered the fixing of an additional period of time unnecessary. In case of the usual sales contract concerning non-perishable goods and without peculiarities of storage or transport, neither a breach of the obligation to accept the goods nor a breach of the obligation to make payment of the purchase price automatically constitutes a fundamental breach of contract. No exceptional case is apparent here." (cf. OLG Düsseldorf 6 U 210/03, CISG-online nº 916, j. 22.7.2004. Disponível em <https://cisg-online.org/search-for-cases?caseId=6841>, consultado em 29.3.2022). "Adicionalmente, o [Vendedor] não fixou um prazo adicional razoável (*Nachfrist*) para que o [Comprador] executasse sua obrigação de pagar o preço de compra e aceitar as mercadorias (Art. 64(1)(b) CISG). O inadimplemento do [Comprador] das obrigações decorrentes do contrato não configuram, ademais', uma '*fundamental breach*' nos termos da CISG, circunstância que tornaria a fixação de um prazo adicional desnecessária. No caso do contrato de compra e venda usual de mercadorias não perecíveis e sem peculiaridades de armazenagem e transporte, nem a violação da obrigação de receber as mercadorias, nem de pagar o preço de aquisição automaticamente constituem uma *fundamental breach* do contrato. Nenhuma hipótese excepcional é aparente aqui" (tradução livre para o português).
"Article 25 of the Vienna Sales Convention gives the following definition of fundamental breach: 'A breach committed by one of the parties is fundamental if it results in such detriment to the other party as substantially to deprive him of what he is entitled to expect under the contract.' This general provision has to be read in connection with the provisions relating to the obligations of the buyer, which are stated in Part III, Chapter III of the Convention:

– Article 53 clearly obliges the buyer to pay the price. Buyer didn't pay the third down payment. – Article 54 includes in this obligation to pay the price 'taking such steps and complying with such formalities as may be required under the contract.' The fact that Defendant did not notify the letters of credit which were foreseen in the contract at the date of the inspection test falls into this broad definition of price payment according to the Convention. However, the mere fact that a Buyer has some delay in payment is not always in itself a fundamental breach. According to circumstances, delay on payment for the buyer or delay of delivery for the seller cannot be the cause of immediate avoidance of the contract." (cf. ICC Court of Arbitration 7585/1992, CISG-online nº 105, sem data (ano 1992). Disponível em <https://cisg-online.org/search-for-cases?caseId=6085 >, consultado em 29.3.2022).
"O Artigo 25 da CISG dá a seguinte definição de *fundamental breach*: 'O descumprimento cometido por uma das partes é fundamental quando resultar em detrimento tal que prive a outra parte do que esta tem o direito de esperar com o contrato.' Essa disposição geral deve ser lida em conexão com as previsões relativas às obrigações do comprador, que estão disciplinadas na Parte III, Capítulo III da Convenção: – o Artigo 53 claramente obriga o comprador a pagar o preço. O Comprador não pagou a terceira parcela do preço. – o Artigo 54 inclui nessa obrigação de pagar o preço, a 'tomada de providências e a observância de quaisquer formalidades exigidas no contrato.' O fato de o Requerido não haver aberto as letras de crédito que foram previstas no contrato por ocasião da data do teste de inspeção cai nessa definição ampla de pagamento do preço de acordo com a Convenção. No entanto, o mero fato de que o Comprador atrasou o pagamento nem sempre constitui, por si só, uma *fundamental breach*. De acordo com as circunstâncias, atraso no pagamento da parte do comprador ou atraso na entrega da parte do vendedor não podem ser causas de imediata resolução do contrato" (tradução livre para o português).
"The Arbitration Tribunal holds that when the parties agreed to use a L/C as the term of payment, [Buyer] has a duty to open the L/C in a reasonable time before the time of shipping. However, in the present case: – It is not an important issue whether the [Buyer] executed the L/C twelve days before the time of shipping, provided that [Seller] had enough time to prepare the goods and book a space. – Even if [Buyer] executed the L/C some days later than the time the L/C should have been opened, i.e., twelve days in advance – or three days later than the time (fifteen days in advance) stipulated as the trade usage that [Seller] asserts – this is not a fundamental breach. (...) According to CISG, a party has right to avoid the contract only when the other party has fundamentally breached the contract. The Arbitration Tribunal decides that fundamental breach stipulated in CISG is an action which materially breaches the contract. In the present case, even if [Buyer] executed the L/C some days later, this does not constitute a fundamental breach, so [Seller] does not have the right to avoid the contract and refuse to deliver the goods." (cf. China International Economic and Trade Arbitration Commission (CIETAC) CISG/1995/07, CISG-online nº 1031, j. 23.4.1995. Disponível em <https://cisg-online.org/search-for-cases?caseId=6955>, consultado em 29.3.2022).
"O Tribunal Arbitral entende que quando as partes acordam em utilizar uma letra de crédito como meio de pagamento, o [Comprador] tem o dever de emitir a letra de crédito em

A análise dos casos concretos envolvendo o descumprimento, pelo comprador, da obrigação de pagar o preço revela alguns critérios que podem iluminar a questão e auxiliar o intérprete na investigação quanto à existência de fundamento para a resolução do contrato. Nesse sentido, é possível concluir que poderá haver *fundamental breach* quando (1) o comprador descumprir reiteradamente e por período prolongado sua obrigação de pagamento, indicando ao vendedor que deixará de honrar o compromisso assumido; (2) apenas parte ínfima do preço for paga; (3) existirem indícios concretos da incapacidade financeira do comprador; ou (4) o pagamento tempestivo for da essência do contrato. Em contrapartida, pequenos atrasos, muitas vezes considerados usuais no mercado internacional, não são encarados como fundamento suficiente para ensejar a resolução do negócio[254].

um período de tempo razoável antes do despacho. No entanto, no presente caso: – Não é relevante se o [Comprador] executou a letra de crédito 12 dias antes do despacho, tendo em vista que o [Vendedor] teve tempo suficiente para preparar as mercadorias e reservar um espaço. – Ainda que o [Comprador] tenha executado as letras de crédito alguns dias antes da data na qual as letras de crédito deveriam ter sido emitidas, i.e., doze dias antes – ou três dias depois do estipulado na prática comercial que o [Vendedor] indica (quinze dias de antecedência – isso não é uma *fundamental breach.* (...) De acordo com a CISG, a parte tem o direito de resolver o contrato somente quando a outra parte o descumpriu fundamentalmente. O Tribunal Arbitral decide que a *fundamental breach* prevista na CISG é uma ação que materialmente viola o contrato. No presente caso, ainda que o [Comprador] tenha aberto a letra de crédito com alguns dias de atraso, isso não constitui uma *fundamental breach*, de maneira que o [Vendedor] não tem o direito de resolver o contrato e recusar-lhe as mercadorias" (tradução livre para o português).

254 "Definitive failure to pay the price or a large part of the price generally constitutes a fundamental breach of contract. Proof of definitive failure to pay the price will often derive from a declaration by the buyer that it will not settle the price or from the buyer's insolvency situation. Conversely, a mere delay in payment of the price is not construed as a fundamental breach unless timely performance of the obligation to pay the price is of the essence of the contract. Failure to open a letter of credit at the time fixed by the contract does not automatically constitute a fundamental breach. However, it may amount to a fundamental breach according to the circumstances of the case. It was possible to rule, in a case involving the conclusion of several successive contracts, that non-payment of the price of some of the contracts did not constitute a fundamental breach of the other contracts unless the seller and the buyer had concluded a framework agreement. Where the buyer has not paid but the requirements for a fundamental breach do not appear to be met, the seller can benefit from fixing an additional period of time for the buyer to pay, which allows the seller to avoid the contract pursuant to article 64(1)(b) if the buyer fails to pay

4. Esforço de síntese e caminho de estudo

O estudo de casos que se pretendeu realizar neste e no capítulo precedente teve o propósito de dar mais concretude ao estudo da *fundamental breach* e, assim, depurar as situações concretas nas quais a parte lesada pelo inadimplemento poderá buscar a resolução do contrato no âmbito da CISG.

Tal investigação confirmou o que a pesquisa teórica já havia revelado, isto é, que a resolução do contrato por inadimplemento na CISG é medida excepcional e, mais, que o *standard* empregado para se aferir a existência de *fundamental breach* em cada caso concreto é, de fato, alto, rigoroso.

Nesse sentido, cabe rememorar que, do lado do comprador, o descumprimento do prazo de entrega ou a entrega de mercadorias em desconformidade com o que foi pactuado (inclusive a entrega de mercadoria distinta da que constou do contrato) não implicam, por si só, a existência de uma *fundamental breach* e, portanto, a possibilidade de resolver o contrato por inadimplemento. Em muitos desses casos, o comprador deverá permanecer vinculado ao contrato a despeito do descumprimento praticado, restando-lhe a opção de buscar reparação pelos

the price within that period." (cf. *UNCITRAL Digest of Case Law on the United Nations Convention on Contracts for the International Sale of Goods,* publicado no ano de 2012. Disponível em <https://uncitral.un.org/sites/uncitral.un.org/files/media-documents/uncitral/en/mal-digest-2012-e.pdf>, consultado em 29.3.2022).

"O inadimplemento definitivo da obrigação de pagar o preço ou uma porção expressiva do preço geralmente constitui uma *fundamental breach* do contrato. Prova do fracasso definitivo de pagar o preço normalmente decorre de uma declaração do comprador no sentido de que ele não irá quitar o débito ou da situação de insolvência do comprador. Diversamente, um mero atraso no pagamento do preço não representa uma *fundamental breach,* salvo se a pontualidade do pagamento for da essência do contrato. A não emissão de uma letra de crédito na data fixada no contrato não constitui, automaticamente, uma *fundamental breach.* No entanto, pode vir a ser uma *fundamental breach* dependendo das circunstâncias do caso. Foi possível decidir, em um caso envolvendo a conclusão de diversos contratos sucessivos, que o não pagamento do preço em alguns dos contratos não constituía *fundamental breach* de todos os contratos, a menos que as partes houvessem celebrado um contrato quadro. Quando o comprador não paga o preço, porém as exigências para uma *fundamental breach* não estão presentes, o vendedor pode se beneficiar da fixação de um prazo adicional para que o comprador realize o pagamento, o que autoriza o vendedor a resolver o contrato de acordo com o artigo 64(1)(b) se o comprador não quitar o preço dentro de tal período" (tradução livre para o português).

danos decorrentes do inadimplemento. Na mesma linha, o vendedor não está autorizado a resolver o contrato diante de todo e qualquer descumprimento das obrigações de pagar o preço ou receber as mercadorias.

De fato, para que o descumprimento contratual, seja do comprador, seja do vendedor, possa dar ensejo à resolução do contrato, a CISG exige algo a mais: exige que o programa contratual seja de tal modo perturbado e comprometido pelo inadimplemento que a parte inocente perca, por completo, seu interesse na transação celebrada. Nesse sentido, o estudo dos casos concretos mostra que as hipóteses nas quais se admite a perda do interesse do credor são restritas.

Este trabalho, entretanto, não se encerra com o estudo da CISG. Descobertas as hipóteses nas quais é possível pleitear a resolução por inadimplemento no texto internacional, é preciso agora nos voltarmos ao direito brasileiro para concluir o trabalho comparativo proposto neste estudo, o que será feito nos capítulos subsequentes.

PARTE II
DIREITO COMUM BRASILEIRO

CAPÍTULO 5
INADIMPLEMENTO CONTRATUAL E INTERESSE DO CREDOR NO DIREITO COMUM BRASILEIRO

1. Introdução

A relação contratual polariza-se pelo adimplemento[255]. Não é exagerado afirmar que a satisfação das partes contratuais, com o cumprimento das obrigações assumidas, é a regra no tráfego comercial[256]. De modo patológico, entretanto, o inadimplemento[257] das obrigações pactuadas ingressa no programa contratual ajustado pelas partes, trazendo uma série de consequências consigo. Dentre essas consequências, figura a possibilidade de resolver o negócio. O estudo da resolução por inadimplemento no direito comum brasileiro deve ser precedido, necessária e logicamente, da análise dos contornos gerais que o descumprimento contratual assume entre nós. Isso, porque, a depender da natureza do inadimplemento, o remédio resolutório estará ou não disponível.

No direito comum brasileiro, o regime do descumprimento contratual orienta-se por uma dicotomia central quanto ao critério do interesse violado[258]: de um lado, há a mora, de outro, o inadimplemento

[255] Cf. C. Couto e Silva, *A obrigação como processo*, Rio de Janeiro, FGV, 2006, p. 17.

[256] Cf. A. Assis, *Resolução do contrato por inadimplemento*, 5ª ed., São Paulo, RT, 2013, p. 96.

[257] No particular, convém retomar interessante definição de J. Martins-Costa no sentido de que "[o] inadimplemento é a não-satisfação da prestação devida, quando devida, se devida e na medida em que devida" (cf. *Comentários ao novo Código Civil – Do inadimplemento das obrigações*, in S. F. Teixeira (coord.), *Comentários ao novo Código Civil*, v. V, t. II, 2ª ed., Rio de Janeiro, Forense, 2009, p. 108).

[258] Cf. C. S. Zanetti, *A perda de interesse do credor*, in G. Benetti – A. R. Corrêa – G. Nitschke *et al.* (orgs.), *Direito, Cultura, Método. Leituras da obra de Judith Martins-Costa*, Rio de Janeiro, GZ, 2019, p. 767.

absoluto, ao qual também se refere como definitivo[259]. No primeiro caso, ou seja, diante da mora do devedor, ao credor não é dado resolver o negócio com fundamento no artigo 475[260] do Código Civil, mas sim exigir o cumprimento *in natura* da prestação e pleitear reparação pelos danos sofridos. Já no caso de inadimplemento definitivo, estão à disposição do credor os demais remédios previstos no dispositivo legal em questão, notadamente a execução pelo equivalente e a resolução, além da possibilidade de requerer perdas e danos. O critério decisivo para separar a mora do inadimplemento definitivo é o interesse útil do credor[261].

A classificação da mora e do inadimplemento definitivo e, como consequência, a identificação das situações nas quais a via resolutória se abre, nem sempre é tarefa fácil. O silêncio do Código Civil a propósito dos fatos que caracterizam inadimplemento definitivo[262] e o tratamento econômico dispensado à resolução por inadimplemento tornam a questão ainda mais desafiadora[263].

Dado o impacto que a distinção entre mora e inadimplemento definitivo guarda, esse capítulo iniciará pela análise das características e consequências ligadas a cada um desses tipos de inadimplemento contratual. Na sequência, será examinado o conceito de interesse útil do credor. Com isso, espera-se identificar critérios relevantes para discriminar uma e outra figura para, depois, dedicarmo-nos ao estudo da resolução e suas consequências.

Cumpre anotar que tanto este como o próximo capítulo têm o propósito de traçar a disciplina geral do inadimplemento e suas consequências, orientada para a compra e venda de mercadorias. Por essa razão,

[259] Cf. J. Martins-Costa, *Comentários ao novo Código Civil – Do inadimplemento das obrigações*, in S. F. Teixeira (coord.), *Comentários ao novo Código Civil*, v. V, t. II, 2ª ed., Rio de Janeiro, Forense, 2009, pp. 218-221.

[260] "Art. 475. A parte lesada pelo inadimplemento pode pedir a resolução do contrato, se não preferir exigir-lhe o cumprimento, cabendo, em qualquer dos casos, indenização por perdas e danos."

[261] Cf. J. Martins-Costa – P. Costa e Silva, *Crise e Perturbações no Cumprimento da Prestação*, São Paulo, Quartier Latin, 2020, p. 62.

[262] Cf. G. E. Nanni, *Inadimplemento absoluto e resolução contratual: requisitos e efeitos*, São Paulo, RT, 2021, p. 20.

[263] Cf. A. Assis, *Resolução do contrato por inadimplemento*, 5ª ed., São Paulo, RT, 2013, p. 95.

sempre que possível, buscou-se trabalhar com exemplos concretos extraídos de tal modalidade contratual de forma a melhor ilustrar os conceitos ora estudados.

2. Mora

2.A. Noção de mora

A noção de mora, também referida como inadimplemento relativo, vem descrita no artigo 394[264] do Código Civil e consiste no incumprimento, pelo devedor, da prestação devida *"no tempo, lugar e forma"* ajustados no contrato ou exigidos pelo ordenamento jurídico.

Não obstante o descumprimento do devedor, com a inobservância de um ou mais elementos do pacto ajustado entre as partes, a mora pressupõe que a prestação ainda possa ser adimplida com proveito para o credor[265] mediante a execução desta mais o ressarcimento dos prejuízos decorrentes do inadimplemento, tal qual previsto nos artigos 389[266], 395[267], e 401[268] do Código Civil. Característica central do instituto, na mora, sempre se ostenta possível o cumprimento da obrigação[269].

[264] "Art. 394. Considera-se em mora o devedor que não efetuar o pagamento e o credor que não quiser recebê-lo no tempo, lugar e forma que a lei ou a convenção estabelecer."

[265] Nesse sentido é a lição de C. S. Zanetti: "A mora pressupõe que a prestação ainda possa ser cumprida, de maneira a satisfazer o interesse subjacente à celebração do Contrato. Não é por acaso, portanto, que o capítulo destinado a discipliná-la termine justamente com as regras atinentes à chamada purgação da mora (...)." (cf. *A transformação da mora em inadimplemento absoluto*, in *RT* 942 (2014), p. 130).

[266] "Art. 389. Não cumprida a obrigação, responde o devedor por perdas e danos, mais juros e atualização monetária segundo índices oficiais regulamente estabelecidos, e honorários de advogado."

[267] "Art. 395. Responde o devedor pelos prejuízos a que sua mora der causa, mais juros, atualização dos valores monetários segundo índices oficiais regularmente estabelecidos, e honorários de advogados. Parágrafo único. Se a prestação, devido à mora, se tornar inútil ao credor, este poderá enjeitá-la, e exigir a satisfação das perdas e danos."

[268] "Art. 401. Purga-se a mora: I – por parte do devedor, oferecendo este a prestação mais a importância dos prejuízos decorrentes do dia da oferta; II – por parte do credor, oferecendo-se este a receber o pagamento e sujeitando-se aos efeitos da mora até a mesma data."

[269] Cf. A. Assis, *Resolução do contrato por inadimplemento*, 5ª ed., São Paulo, RT, 2013, p. 112.

Tradicionalmente ligada ao atraso no cumprimento da prestação[270], a mora, no direito brasileiro, assume função mais ampla e elástica e abrange, além do elemento temporal, o lugar e a forma pela qual a obrigação deve ser prestada. Nesse sentido, como aponta a doutrina, mora não é apenas atraso, mas, também, a imperfeição no cumprimento da prestação[271]. Tal opção do legislador brasileiro fez com que fosse minimizada, entre nós, a problemática enfrentada em outros ordenamentos jurídicos quanto a saber se caracteriza mora a prestação adimplida no tempo convencionado, porém de forma ou em local diverso do pactuado ou com infração a deveres laterais de conduta[272].

Não obstante aclimatada, a discussão quanto aos limites da mora ainda existe. Nesse sentido, diverge a doutrina quanto à necessidade e conveniência de se recorrer à violação positiva do contrato como ter-

[270] Cf. J. Martins-Costa, *Comentários ao novo Código Civil – Do inadimplemento das obrigações*, in S. F. Teixeira (coord.), *Comentários ao novo Código Civil*, v. V, t. II, 2ª ed., Rio de Janeiro, Forense, 2009, p. 325.

[271] Cf. J. Martins-Costa – P. Costa e Silva, *Crise e Perturbações no Cumprimento da Prestação*, São Paulo, Quartier Latin, 2020, p. 153.

[272] O mais notório exemplo é o do direito alemão, no qual foi concebida a ideia de violação positiva do contrato justamente com o objetivo de regular as situações que não se enquadravam no conceito de mora, tampouco no de inadimplemento definitivo (cf. J. C. Ferreira da Silva, *Inadimplemento das obrigações – Comentários aos arts. 389 a 420 do Código Civil*, in M. Reale – J. Martins-Costa (coords.), *Coleção biblioteca de direito civil – estudos em homenagem ao professor Miguel Reale*, v. 7, 1ª ed., São Paulo, RT, 2007, pp. 42-43). No direito português, a problemática também existiu, razão pela qual o cumprimento imperfeito é tratado como uma terceira espécie de descumprimento, ao lado do inadimplemento definitivo e da mora, como explicita J. M. Antunes Varela: "A telha colocada na cobertura do edifício era de tal qualidade que, à primeira chuvarada, este meteu água e várias divisões sofreram estragos. A forragem fornecida para a alimentação era de tal modo tóxica que matou alguns deles. A oficina que reparou o barco ou consertou o automóvel não cuidou de afinar os travões, como lhe cumpria fazê-lo, dando assim aso a um acidente grave com o veículo. O cirurgião não averiguou, com o cuidado exigível pelas normas deontológicas da profissão, a natureza do tumor que localizou e, em consequência disso, fez sem necessidade a ablação do seio da doente. Em todos estes casos se pode, fundadamente, considerar o cumprimento defeituoso como uma forma de violação *sui generis* da obrigação. O cumprimento defeituoso abrange, não só as deficiências da *prestação principal* ou de qualquer dever secundário de prestação, como também a violação dos *deveres* acessórios de conduta que, por força da lei (por via de regra, através das normas dispositivas), se integram na relação creditória, em geral, e na relação contratual em especial." (cf. *Das obrigações em geral*, v. II, 7ª ed., Coimbra, Almedina, 2007, pp. 129-130).

ceira via de inadimplemento, para disciplinar as hipóteses de cumprimento imperfeito ou violação de deveres laterais. De um lado, encontram-se aqueles que entendem desnecessária a aplicação de tal figura no direito brasileiro[273]. De outro, os que defendem a viabilidade e utilidade da recepção do instituto em tela[274].

[273] Dentre os que sustentam ser a concepção de mora *larguíssima* e, portanto, capaz de abarcar todos os casos de cumprimento imperfeito, está F. C. Pontes de Miranda para quem: "Diz o art. 1.056 do Código Civil: 'Não cumprindo a obrigação, ou deixando de cumpri-la pelo modo e no tempo devidos, responde o devedor por perdas e danos'. No art. 955, já se estabelecera que se considera 'em mora o devedor que não efetuar o pagamento, e o credor que não o quiser receber no tempo, lugar e forma convencionados'. 'Não cumprindo a obrigação' e 'não efetuar o pagamento' estão por 'não adimplindo' e 'não adimplir'. Falta adimplemento. Ou porque o devedor não se moveu a isso, ou porque o credor recusou a prestação, com razão. Na 2ª parte do art. 1.056 e na 2ª parte do art. 955, em têrmos exemplificativos, alude-se ao adimplemento não satisfatório, ou ruim. A não-satisfação pode provir de ser antes ou depois do tempo fixado, ou fora do lugar que fôra indicado, ou em quantidade inferior à que se prometera, ou em qualidade inferior a que se havia de exigir (às vêzes, a qualidade superior não satisfaz, como se o comprador precisa de peças da série *b*, e não de peças da série *a*, superior). 'Modo', no art. 1.056, está em sentido larguíssimo." (cf. *Tratado de Direito Privado*, t. XXVI, 3ª ed., São Paulo, RT, 1984, p. 15). Em sentido semelhante, pela inexistência de espaço para a violação positiva do contrato no direito brasileiro, colocam-se também: G.E. Nanni, *Inadimplemento absoluto e resolução contratual: requisitos e efeitos*, São Paulo, RT, 2021, pp. 44-50; G. E. Nanni, *Mora*, in R. Lotufo – G. E. Nanni (coords.), *Obrigações*, São Paulo, Atlas, 2011, pp. 583-589; G. K. Gazalle, *O conceito de mora no Código Civil de 2002*, Porto Alegre, Sergio Antonio Fabris, 2008, pp. 81-82; A. C. D. D. Zanetti, *Contrato de distribuição – o inadimplemento recíproco*, São Paulo, Atlas, 2015, p. 91.

[274] Nesse sentido, confira-se, por exemplo, a opinião de J. C. Ferreira da Silva: "Além disso, também ao contrário da maioria dos ordenamentos da família romano-germânica, o nosso conceito de mora não se limita ao mero atraso da prestação em si, mas abarca todas as situações que possam atrasar a satisfação dos interesses do credor na prestação. Por isso, uma prestação mal feita, ainda que irrepreensivelmente realizada do ponto de vista temporal, pode ensejar mora, o que também faz desnecessária a adoção de um terceiro conceito de inadimplemento. Deflui dessas circunstâncias que, para o direito brasileiro, várias hipóteses, já aceitas na Alemanha ou em outros países como de exemplos de uma terceira via de inadimplemento, encontram-se subsumidas na mora e nos vícios (redibitórios ou do CDC). No entanto, o mesmo não se pode dizer do descumprimento de deveres laterais. Esses deveres não dizem respeito diretamente à realização da prestação, mas sim ao melhor adimplemento, vale dizer, aquele que atinja mais perfeita e eficazmente o resultado esperado sem causar danos à outra parte e a terceiros. Entre esses deveres laterais encontram-se os deveres de proteção (proteção das pessoas das partes, dos seus próximos, assim como dos seus respectivos patrimônios). Havendo descumprimento desses deveres (o meio

Essa discussão, intrincada e merecedora de pesquisa por si só, não será aprofundada neste trabalho, dedicado à resolução contratual fundada no inadimplemento definitivo e ao estudo do interesse do credor no contrato de compra e venda de mercadorias. De fato, a análise dos exatos limites da mora ou do espaço da violação positiva no direito brasileiro não se revela imprescindível para a consecução dos objetivos deste estudo. Isso, porque se as matérias vierem a se superpor, será porque o descumprimento contratual (independente de classificado como mora, cumprimento imperfeito ou violação positiva do contrato) afetou o interesse útil do credor na prestação, o que levará a remissão da questão à disciplina do inadimplemento definitivo[275], como apontam mesmo aque-

entregue ao devedor para executar a prestação era defeituoso e, por isso, o devedor sofreu danos), a violação positiva do contrato é chamada a atuar também no direito brasileiro, visto inexistir outra ferramenta conceitual que abarque a hipótese" (cf. *Inadimplemento das obrigações – Comentários aos arts. 389 a 420 do Código Civil*, in M. Reale – J. Martins-Costa (coords.), *Coleção biblioteca de direito civil – estudos em homenagem ao professor Miguel Reale*, v. 7, 1ª ed., São Paulo, RT, 2007, pp. 44-45). Em sentido semelhante, também pelo cabimento da violação positiva do contrato no Brasil: R. C. Steiner, *Descumprimento contratual – boa fé e violação positiva do contrato*, São Paulo, Quartier Latin, 2014, pp. 157 e 163 e ss.; J. Martins-Costa, *Comentários ao novo Código Civil – Do inadimplemento das obrigações*, in S. F. Teixeira (coord.), *Comentários ao novo Código Civil*, v. V, t. II, 2ª ed., Rio de Janeiro, Forense, 2009, pp. 226-234; G. L. C. Haical, *O inadimplemento pelo descumprimento exclusivo de dever lateral advindo da boa-fé objetiva*, in *RT* 900 (2010), pp. 45-84).

[275] Nesse sentido é a lição de F. C. Pontes de Miranda ao admitir a resolução contratual fundada no inadimplemento definitivo em casos de cumprimento imperfeito: "Basta que o adimplemento ruim seja tal que se cancele o interêsse do credor em torná-lo bom, ou que retire poder confiar-se no adimplemento posterior." (cf. *Tratado de Direito Privado*, t. XXV, 3ª ed., São Paulo, RT, 1984, p. 342). Na mesma linha, cf. M. J. Almeida Costa, com referência ao ordenamento jurídico português, porém em lição que pode ser aproveitada para explicitar a questão entre nós: "Claro que, se a execução defeituosa produz tão-só os danos resultantes da falta de cumprimento perfeito, são aplicáveis as disposições relativas à impossibilidade parcial ou, podendo ainda remover-se a imperfeição, à mora parcial do devedor, desde que se verifiquem os restantes requisitos. O problema apenas adquire autonomia, como se observou, quando ocorram danos típicos. E, na hipótese, o devedor responde por esses danos, exista ou não, simultaneamente, impossibilidade ou mora, sempre que a imperfeição da prestação lhe seja imputável. Se o credor recusa a prestação defeituosa, passa-se também a um problema de incumprimento definitivo ou de mora (arts. 918º a 1032º). Tudo reside na prova de que as deficiências da prestação, dado o seu vulto, justificam a conduta do credor. Caso contrário, pode ele incorrer em mora (art. 813º) ou mesmo abuso do direito (art. 334º)." (cf. *Direito das obrigações*, 12ª ed., Coimbra, Almedina, 2009, p. 1061).

les que admitem o cabimento de uma terceira via de inadimplemento no direito brasileiro[276].

Para os objetivos desta pesquisa, assim, basta ter em mente que a noção de mora pressupõe a possibilidade de satisfação do interesse útil do credor e que esta, a nosso ver, não se limita às hipóteses de atraso no cumprimento da prestação[277], mas assume concepção larga ao compreender, ao lado do *tempo*, também os elementos *lugar* e *forma*. Ou seja, não é apenas o atraso no cumprimento que está à base da mora, mas, fundamentalmente, a violação de qualquer interesse na prestação[278], insuficiente, entretanto, para frustrar o interesse do credor.

[276] "Em razão disso, segundo o critério de utilidade da prestação, o qual está insculpido no parágrafo único do art. 395 do CC/2002 (LGL\2002\400), para fins de adimplemento, não mais se pode restringir a prestação somente aos deveres principais. Vinculados a esses também se encontram os deveres laterais, que, em sendo descumpridos, de modo a afetar significativamente os interesses do credor na prestação ou na manutenção do vínculo obrigacional, ocasionará o inadimplemento absoluto, e, por consectário, o advento do direito de resolução lato sensu do (*sic*) ou o (*sic*) justa causa à denúncia do vínculo obrigacional. A violação positiva do crédito é figura pertinente no Direito brasileiro, mas a sua aplicabilidade está centrada somente quando se der o cumprimento de deveres laterais de proteção à pessoa ou ao patrimônio do outro figurante da relação jurídica obrigacional. Esses deveres formam o interesse de proteção. Tais deveres, contudo, não estão totalmente desvinculados do interesse de prestação. Encontram-se vinculados de modo mediato. Outro aspecto a ser destacado é o de que a violação positiva do crédito, tal qual a mora, somente gera direito a perdas e danos. Se, contudo, pelo critério de utilidade da prestação, vier o credor a perder o interesse no desenvolvimento da relação obrigacional em razão do descumprimento de dever lateral inserto no interesse de proteção, haverá a transformação da violação positiva do crédito em inadimplemento absoluto. Isso porque somente por este é que poderá advir o surgimento do direito formativo extintivo de resolução ou a justa causa à denúncia." (cf. G. L. C. Haical, *O inadimplemento pelo descumprimento exclusivo de dever lateral advindo da boa-fé objetiva*, in *RT* 900 (2010), pp. 45-84).

[277] Nesse sentido, J. C. Ferreira da Silva, para quem a mora está invariavelmente vinculada ao atraso: "O atraso, portanto, não é do ato de prestar em si, mas diz respeito à satisfação dos interesses objetivos do credor na prestação, que se protrai." (cf. *Inadimplemento das obrigações – Comentários aos arts. 389 a 420 do Código Civil*, in M. Reale – J. Martins-Costa (coords.), *Coleção biblioteca de direito civil – estudos em homenagem ao professor Miguel Reale*, v. 7, 1ª ed., São Paulo, RT, 2007, p. 72).

[278] Cf. J. Martins-Costa, *Comentários ao novo Código Civil – Do inadimplemento das obrigações*, in S. F. Teixeira (coord.), *Comentários ao novo Código Civil*, v. V, t. II, 2ª ed., Rio de Janeiro, Forense, 2009, pp. 326-327.

2.B. Modalidades de mora

A mora, que pode se relacionar tanto com a prestação principal do contrato como com prestações de natureza acessória[279], pode ser classificada segundo quatro critérios distintivos: (1) a fonte dos deveres contratuais; (2) os aspectos qualitativos e quantitativos do cumprimento; (3) as regras sobre o prazo da obrigação; e (4) o interesse do credor[280].

Com relação ao primeiro desses critérios, adverte-se que, por força do artigo 422 do Código Civil[281], a mora pode compreender tanto os deveres de prestação, fundados no pactuado, como os deveres de conduta decorrentes do princípio da boa-fé objetiva, vinculados ao interesse na prestação. Como explicitado no item precedente, há divergência na doutrina, sobre se a violação a deveres de proteção, também derivados da boa-fé, mas que albergam interesses distintos daqueles voltados à prestação[282], caracterizam mora ou violação positiva do contrato, disputa sobre a qual não se cuidará neste trabalho. Como já anunciado, considerando que, se a violação de deveres de proteção levar à frustração do interesse credor, a questão estará sujeita à disciplina do inadimplemento definitivo e suas consequências, não nos parece oportuno aprofundar o estudo do tema nesse trabalho, voltado ao estudo da resolução contratual.

No que diz respeito ao segundo critério, haverá mora sempre que a prestação realizada não corresponder aos aspectos qualitativos e quan-

279 Por exemplo, em um contrato de compra e venda de mercadorias pelo qual se ajustou o fornecimento de centenas de pares de sapatos, se o vendedor deixa de entregar os bens na data ou no local aprazados, haverá mora da prestação principal do contrato. De outro lado, se entrega os sapatos na data, no local e na forma pactuados, porém sem etiquetas de numeração que se compromete a enviar no dia seguinte, haverá mora de prestação acessória.

280 A classificação é de J. Martins-Costa, *Comentários ao novo Código Civil – Do inadimplemento das obrigações*, in S. F. Teixeira (coord.), *Comentários ao novo Código Civil*, v. V, t. II, 2ª ed., Rio de Janeiro, Forense, 2009, pp. 331-335.

281 "Art. 422. Os contratantes são obrigados a guardar, assim na conclusão do contrato, como em sua execução, os princípios de probidade e boa-fé."

282 No exemplo de J. C. Ferreira da Silva: "o mecânico conserta corretamente o automóvel, mas deixa o piso com óleo, fazendo com que o cliente caia e sofra danos" (cf. *Inadimplemento das obrigações – Comentários aos arts. 389 a 420 do Código Civil*, in M. Reale – J. Martins-Costa (coords.), *Coleção biblioteca de direito civil – estudos em homenagem ao professor Miguel Reale*, v. 7, 1ª ed., São Paulo, RT, 2007, p. 74).

titativos fixados no contrato[283]. Isso, porque a exatidão no pagamento existe apenas quando a prestação se apresentar em identidade perfeita ao que foi pactuado, isto é, quando se cumpre a prestação efetivamente devida, e não outra[284].

O desafio, nessa seara, é identificar quão desconforme, seja do ponto de vista qualitativo, seja do ponto de vista quantitativo, deve ser a prestação para que se ainda esteja no campo da mora ou cumprimento inexato e não no terreno do inadimplemento definitivo. É certo que um mínimo de correspondência deverá existir entre a prestação fixada no negócio e o que foi efetivamente cumprido, porém a definição desse *mínimo de correspondência* pode, naturalmente, se mostrar difícil a depender do caso concreto[285].

Diante desse cenário, deverá ser ponderado se a inexatidão no cumprimento é significativa o suficiente para ensejar a recusa da prestação pelo credor. Afinal se, de um lado, tem-se o direito do credor de receber a prestação tal qual pactuada, como preveem os artigos 313[286] e 314[287] do Código Civil, de outro também não se pode submeter o devedor a um prejuízo desproporcional à falha cometida[288]. Sobre essa problemática,

[283] Cf. G. E. Nanni, *Inadimplemento absoluto e resolução contratual: requisitos e efeitos*, São Paulo, RT, 2021, p. 32.

[284] Cf. G. E. Nanni, *Inadimplemento absoluto e resolução contratual: requisitos e efeitos*, São Paulo, RT, 2021, p. 32.

[285] A propósito, vale conferir a interessante lição de A. M. Menezes Cordeiro: "A distinção terá de ser extrajurídica: um certo comportamento poderá considerar-se como cumprimento, se bem que inexacto, quando, à luz do bom senso e de critérios de normalidade social, ele ainda possa ser aproximado do cumprimento devido. Quando tal não suceda, há, pura e simplesmente, incumprimento. Os resultados obtidos desta forma devem, em todo o caso, passar pelo crivo da boa-fé." (*Direito das obrigações*, v. II, t. IV, Coimbra, Almedina, 2010, p. 200).

[286] "Art. 313. O credor não é obrigado a receber prestação diversa da que lhe é devida, ainda que mais valiosa."

[287] "Art. 314. Ainda que a obrigação tenha por objeto prestação divisível, não pode o credor ser obrigado a receber, nem o devedor a pagar, por partes, se assim não se ajustou."

[288] Nesse sentido é a lição de J. Martins-Costa: "O 'bom senso' e os 'critérios de normalidade social', acolhidos pelos princípios do art. 113 do Código Civil, bem como pelo dever de razoabilidade – mediados pelo crivo jurídico da boa-fé objetiva –, poderão indicar que um pequeno defeito na prestação, a falta de uma pequena parcela ou 'inexatidões' que tais, não podem conduzir a que o credor recuse a prestação, ou proponha a resolução do contrato, se a falta for totalmente desproporcional ao complexo dos interesses envolvidos. Nestes casos,

mais luzes serão lançadas quando nos detivermos sobre a noção de interesse do credor, bem como sobre a teoria do adimplemento substancial, mais adiante nesse estudo.

Quanto ao terceiro critério elencado na classificação que ora se adota, tem-se que haverá mora quando as regras fixadas no negócio quanto ao prazo para o cumprimento das obrigações assumidas pelas partes forem desrespeitadas. Isso é verdade tanto para as obrigações assumidas pelo devedor, seja a de cumprimento da prestação principal, seja a de observância de obrigações acessórias ou deveres instrumentais, quanto para as obrigações do credor, notadamente o recebimento da prestação, conforme consta da parte final do artigo 394 do Código Civil.

Quanto a esse aspecto, o desafio colocado ao intérprete será o de investigar quando o atraso no cumprimento da obrigação poderá servir de fundamento à recusa da prestação pelo credor. Novamente, o critério decisivo será a presença ou a destruição do interesse do credor[289].

Como se percebe, à força da redação do parágrafo único do artigo 395, a aplicação da mora sempre passa pela análise da conservação ou frustração do interesse útil do credor na prestação que é, justamente, o quarto critério distintivo empregado na classificação ora empregada.

Analisadas as modalidades que a mora pode assumir, cumpre-nos agora olhar para as suas demais classificações, bem como para as consequências que dela podem advir.

2.C. Demais classificações da mora

Além das modalidades de mora indicadas no item precedente, a figura ainda pode ser classificada entre *mora creditoris* e *debitoris*, *ex re* e *ex persona* e, por fim, parcial e total. Em qualquer hipótese, nunca é demais frisar, pressupõe-se que ainda haja interesse do credor no cumprimento da

verifica-se um conflito de direitos: de um lado, o direito do credor a exigir a prestação devida; de outro, a pretensão do devedor de não sofrer um prejuízo totalmente desproporcional à sua pequena falta. À luz da situação concreta, o intérprete deve ponderar qual das situações é a mais pesadamente atingida, 'em termos de fazer ceder a outra'." (*Comentários ao novo Código Civil – Do inadimplemento das obrigações*, in S. F. Teixeira (coord.), *Comentários ao novo Código Civil*, v. V, t. II, 2ª ed., Rio de Janeiro, Forense, 2009, p. 333).

[289] Cf. R. R. Aguiar Júnior, *Extinção dos contratos por incumprimento do devedor – resolução*, 2ª ed., Rio de Janeiro, Aide, 2003, p. 121.

prestação a despeito da mora incorrida, nos termos do artigo 395, parágrafo único, do Código Civil.

Com relação à mora do devedor e à mora do credor, cumpre notar que não são idênticos os fundamentos que as justificam. No primeiro caso, a mora existe devido a ato típico de inadimplemento, decorrente da não realização do direito de crédito. Já no caso da mora do credor não, pois este não tem, em regra, o dever de receber a prestação, de maneira que não é possível vislumbrar ofensa a qualquer direito de crédito[290]. Isso não significa, entretanto, que o interesse do devedor de se desligar do vínculo obrigacional não seja juridicamente relevante e tutelado, dada a relação de cooperação que se estabelece à base do negócio. Nesse passo, a mora do credor possui estrutura e função distintas da mora do devedor, revelando-se na não colaboração devida para o adimplemento[291]. Por comodidade expositiva, ambas serão mais bem analisadas adiante, em conjunto com as consequências decorrentes da mora.

Seguindo adiante, *ex re* é a mora cujo início independe de interpelação judicial, como previsto no *caput* do artigo 397[292] do Código Civil. Já *ex persona* é a mora que, diante da ausência de termo para o cumprimento da obrigação, constitui-se somente após interpelação judicial ou

[290] Os exemplos elencados por J. C. Ferreira da Silva, baseados na obra de K. Larenz, são interessantes: "Com efeito, o credor não tem, em regra, o dever de receber a prestação, o que se revela claro em situações bastante simples: aquele que fez o pedido da refeição no restaurante não precisa comê-la, aquele que alugou a casa não precisa ocupá-la, aquele que comprou o ingresso para o *show* não precisa ir à apresentação e assim sucessivamente" (cf. *Inadimplemento das obrigações – Comentários aos arts. 389 a 420 do Código Civil*, in M. Reale – J. Martins-Costa (coords.), *Coleção biblioteca de direito civil – estudos em homenagem ao professor Miguel Reale*, v. 7, 1ª ed., São Paulo, RT, 2007, p. 76). No mesmo sentido, cf. F. C. Pontes de Miranda, *Tratado de Direito Privado*, t. XXIII, 3ª ed., São Paulo, RT, 1984, p. 205.

[291] Cf. G. E. Nanni, *Inadimplemento absoluto e resolução contratual: requisitos e efeitos*, São Paulo, RT, 2021, p. 32; J. C. Ferreira da Silva, *Inadimplemento das obrigações – Comentários aos arts. 389 a 420 do Código Civil*, in M. Reale – J. Martins-Costa (coords.), *Coleção biblioteca de direito civil – estudos em homenagem ao professor Miguel Reale*, v. 7, 1ª ed., São Paulo, RT, 2007, p. 76.

[292] "Art. 397. O inadimplemento da obrigação, positiva e líquida, no seu termo, constitui de pleno direito em mora o devedor."

extrajudicial de devedor pelo interessado, como determina o parágrafo único[293] do mesmo dispositivo legal.

Por fim, há mora parcial quando a obrigação, sendo passível de execução em partes, não é realizada integralmente. Ou seja, trata-se de mora mais voltada ao aspecto quantitativo que qualitativo da obrigação. Em contrapartida, total é a mora quando toda prestação é descumprida.

2.D. Consequências da mora

A mora modifica o conteúdo da relação obrigacional[294], fazendo nascer deveres e faculdades que antes dela não existiam e limitando certos direitos[295]. Nesse sentido, muito embora o conteúdo da obrigação não se modifique, sua estrutura jurídica sofre alterações diante da mora.

As consequências da mora do devedor estão previstas nos artigos 395, *caput*, e 399[296] do Código Civil, que, respectivamente, preveem a responsabilidade do devedor pelos danos decorrentes de seu comportamento moroso, bem como atribui a este o risco de responder pela impossibilidade superveniente da prestação.

Com relação à primeira dessas consequências, o contratante moroso responde pelos danos decorrentes do inadimplemento, sejam concretos, sejam abstratos[297]. Naqueles figuram as despesas que o contratante inocente tiver de realizar como consequência da mora, mensuradas a partir do valor efetivamente despedido pelo credor; nestes, os benefícios e

[293] "Art. 397. (...) Parágrafo único. Não havendo termo, a mora se constitui mediante interpelação judicial ou extrajudicial."

[294] Cf. F. C. Pontes de Miranda, *Tratado de Direito Privado*, t. XXIII, 3ª ed., São Paulo, RT, 1984, p. 120.

[295] Cf. J. C. Ferreira da Silva, *Inadimplemento das obrigações – Comentários aos arts. 389 a 420 do Código Civil*, in M. Reale – J. Martins-Costa (coords.), *Coleção biblioteca de direito civil – estudos em homenagem ao professor Miguel Reale*, v. 7, 1ª ed., São Paulo, RT, 2007, p. 79.

[296] "Art. 399. O devedor em mora responde pela impossibilidade da prestação, embora essa impossibilidade resulte de caso fortuito ou de força maior, se estes ocorrerem durante o atraso; salvo se provar isenção de culpa, ou que o dano sobreviria ainda quando a obrigação fosse oportunamente desempenhada."

[297] Cf. F. C. Pontes de Miranda, *Tratado de Direito Privado*, t. XXIII, 3ª ed., São Paulo, RT, 1984, p. 193.

lucros que deixou de obter nessa situação[298], calculados levando-se em conta o momento em que o lucro cessante se materializaria[299].

Nesse particular, parece-nos oportuno chamar a atenção para a redação do artigo 395, *caput*, do Código Civil, que, ao prever a responsabilidade do devedor pelos "*prejuízos a que sua mora der causa*", evidencia a necessária delimitação do nexo causal entre os danos sofridos e o comportamento faltoso, traçando um limite para a responsabilização do infrator.

Na hipótese de haver mora no cumprimento de obrigações pecuniárias, existe a presunção absoluta de que o credor sempre suporta prejuízo, já que se vê privado do capital a que faz jus pelo contrato celebrado com o infrator. Essa presunção está estampada no artigo 404[300] do Código Civil, que prevê o pagamento dos juros moratórios e libera o credor de fazer prova dos danos sofridos, a menos que pretenda cobrar indenização suplementar, hipótese na qual deverá comprovar seu cabimento.

Os juros incidem a partir da mora. Assim, para o caso de obrigações positivas, líquidas e sujeitas a termo, computam-se desde a materialização deste, já que não é necessária a interpelação do devedor, conforme o *caput* do artigo 397 do Código Civil. Nas dívidas não sujeitas a termo, os juros fluem a partir da interpelação judicial ou extrajudicial do devedor, nos termos do parágrafo único do referido dispositivo legal. Na hipótese de a obrigação ser ilíquida, a fluência dos juros dependerá da constituição em mora do devedor, nos termos dos artigos 397, parágrafo

298 Cf. J. Martins-Costa, *Comentários ao novo Código Civil – Do inadimplemento das obrigações*, in S. F. Teixeira (coord.), *Comentários ao novo Código Civil*, v. V, t. II, 2ª ed., Rio de Janeiro, Forense, 2009, p. 351.

299 Cf. J. C. Ferreira da Silva, *Inadimplemento das obrigações – Comentários aos arts. 389 a 420 do Código Civil*, in M. Reale – J. Martins-Costa (coords.), *Coleção biblioteca de direito civil – estudos em homenagem ao professor Miguel Reale*, v. 7, 1ª ed., São Paulo, RT, 2007, pp. 83-84.

300 "Art. 404. As perdas e danos, nas obrigações de pagamento em dinheiro, serão pagas com atualização monetária segundo índices oficiais regularmente estabelecidos, abrangendo juros, custas e honorários de advogado, sem prejuízo da pena convencional. Parágrafo único. Provado que os juros da mora não cobrem o prejuízo, e não havendo pena convencional, pode o juiz conceder ao credor indenização suplementar."

único, do Código Civil e 240 do Código de Processo Civil[301]. Nas obrigações negativas, o devedor constitui-se em mora desde o dia em que o ato vedado foi praticado, nos termos do artigo 390[302] do Código Civil. Já a mora nas obrigações decorrentes de ilícito absoluto conta-se a partir de quando o ato foi praticado, de acordo com o artigo 398 do Código Civil[303]. Ainda no que diz respeito à incidência dos juros de mora, cumpre anotar o disposto no artigo 407[304] do Código Civil, de acordo com o qual, nas dívidas em dinheiro, os juros contam-se, como regra geral, desde a constituição em mora do devedor e, nas prestações de outra natureza, desde que fixado seu valor, exceção feita às obrigações negativas e às decorrentes da prática de ato ilícito, que seguem regras específicas, como visto[305].

[301] Nesse sentido, J. Martins-Costa: "Obrigação líquida é aquela em que já está apurado o montante da prestação. Se a obrigação é ilíquida, não há mora do devedor, salvo se a falta de liquidez provém de uma falta que lhe é imputável, como sucederá, habitualmente, na gestão de negócios ou no mandato, em que o devedor deve prestar contas." Prossegue a autora, apontando o regime excepcional das obrigações ilíquidas com termo certo de pagamento: "Essa é uma hipótese não especialmente regrada pelo Código. Pode ocorrer que uma dívida tenha termo certo para pagamento, embora seja ilíquida (...). Se a mora for do credor, ou o credor é constituído em mora desde o vencimento ou, não havendo termo, cabe ao devedor interpelá-lo para que execute o ato necessário, sob pena de ser constituído em mora, por extensão analógica da regra do parágrafo único. Se a mora for do devedor, sugere Alvim que o critério da culpa seja usado de modo auxiliar, para demarcar o termo: se a iliquidez é atribuível ao devedor, o não-pagamento acarreta os efeitos da mora desde o vencimento. Se a iliquidez não for atribuível a nenhuma das partes, incide, analogicamente, o art. 405, segundo o qual os juros de mora fluem desde a citação. (...) Se as partes, antes, chegam a um acordo sobre o *quantum* devido, então haverá liquidez e termo, e, com isso, mora *ex re*." (cf. *Comentários ao novo Código Civil – Do inadimplemento das obrigações*, in S. F. Teixeira (coord.), *Comentários ao novo Código Civil*, v. V, t. II, 2ª ed., Rio de Janeiro, Forense, 2009, p. 401).

[302] "Art. 390. Nas obrigações negativas o devedor é havido por inadimplente desde o dia em que executou o ato de que se devia abster."

[303] "Art. 398. Nas obrigações provenientes de ato ilícito, considera-se o devedor em mora, desde que o praticou."

[304] "Art. 407. Ainda que se não alegue prejuízo, é obrigado o devedor aos juros da mora que se contarão assim às dívidas em dinheiro, como às prestações de outra natureza, uma vez que lhes esteja fixado o valor pecuniário por sentença judicial, arbitramento, ou acordo entre as partes."

[305] Cf. J. Martins-Costa, *Comentários ao novo Código Civil – Do inadimplemento das obrigações*, in S. F. Teixeira (coord.), *Comentários ao novo Código Civil*, v. V, t. II, 2ª ed., Rio de Janeiro, Forense, 2009, pp. 604-605.

A indenização pelos prejuízos decorrentes da mora também está sujeita à correção monetária. Caso se trate de ilícito contratual, esta deve ser computada desde a data em que deveria ter sido cumprida a prestação[306]. Já na hipótese de falta extracontratual, desde a data do efetivo prejuízo, de acordo com entendimento sumulado pelo Superior Tribunal de Justiça[307]. Por fim, se o montante referente aos danos for ilíquido, deverá ser corrigido monetariamente desde a data base empregada para sua liquidação.

Ao contrário do que ocorre nas hipóteses de inadimplemento definitivo, melhor abordadas adiante, a indenização, nos casos de mora, coloca-se ao lado da prestação em cujo cumprimento o credor, necessariamente, ainda tem interesse, e nunca no lugar dela.

A segunda consequência da mora do devedor é, como se adiantou, a responsabilização pelo fato de a prestação vir a se tornar impossível devido a circunstâncias supervenientes, caso fortuito ou força maior. É dizer, a imputação ao devedor de acontecimentos que, como regra, não seriam a ele imputáveis por força dos artigos 393[308] e 396[309] do Código Civil, tendo em vista que a mora agrava a responsabilidade[310]. Trata-se de manifestação, no nosso ordenamento jurídico, da regra da perpetuação da obrigação (*perpetuatio obligationis*).

[306] Nesse sentido, cf. julgado do Superior Tribunal de Justiça citado por J. Martins-Costa: "Responsabilidade Civil. Correção monetária. Termo *a quo*. Na responsabilidade civil, leva-se em conta o que efetivamente se perdeu e razoavelmente se deixou de lucrar. A correção monetária, visando a adequar a expressão formal ao significado material da dívida, deve, em caso de culpa contratual, incidir da data em que deveria ser cumprida a obrigação." (STJ, 6ª Turma, REsp nº 33.057-2, 6ª T., rel. Vicente Cernicchiaro, j. 12.4.1993.

[307] "Súmula nº 43. Incide correção monetária sobre dívida por ato ilícito a partir da data do efetivo prejuízo."

[308] "Art. 393. O devedor não responde pelos prejuízos resultantes de caso fortuito ou força maior, se expressamente não se houver por eles responsabilizado. Parágrafo único. O caso fortuito ou de força maior verifica-se no fato necessário, cujos efeitos não era possível evitar ou impedir."

[309] "Art. 396. Não havendo fato ou omissão imputável ao devedor, não incorre este em mora."

[310] Cf. J. Martins-Costa, *Comentários ao novo Código Civil – Do inadimplemento das obrigações*, in S. F. Teixeira (coord.), *Comentários ao novo Código Civil*, v. V, t. II, 2ª ed., Rio de Janeiro, Forense, 2009, p. 417.

No caso da compra e venda de mercadorias, essa consequência se materializará na responsabilidade do vendedor caso a entrega dos bens a cujo fornecimento se obrigou venha a se tornar impossível, caso, por exemplo, o depósito no qual estavam armazenados seja destruído por um incêndio.

A disposição constante do artigo 399 do Código Civil não deve ser entendida como forma de punição ao devedor moroso, mas como alargamento de sua responsabilidade. Na realidade, a disciplina incide sobre o nexo de causalidade entre dano e mora, esclarecendo que haverá responsabilidade somente quando a mora puder ser definida como a causa do evento danoso[311].

Isso, porque a presunção estabelecida pelo *caput* do artigo 395 poderá ser afastada caso o devedor demonstre a incidência de uma das excludentes de responsabilidade ali elencadas, isto é, isenção de culpa quanto à impossibilidade da prestação ou, então, que esta se tornaria impossível ainda que oportunamente prestada. No primeiro caso, portanto, o devedor deve demonstrar que a mora não é resultado de qualquer conduta culposa de sua parte e, como tal, não lhe é imputável. Já na segunda situação, deve comprovar que os prejuízos reclamados pelo credor são estranhos à mora, de maneira a afastar o necessário nexo de causalidade entre esses dois fatores.

A mora do credor, por sua vez, está disciplinada no artigo 400[312] do Código Civil e se configura quando o credor deixa de observar os deveres de cooperação que lhe cabem no programa contratual para que a obrigação assumida pelo devedor seja prestada. Ou, em outras palavras,

[311] Cf. A. Alvim, *Da inexecução das obrigações e suas conseqüências*, 5ª ed., São Paulo, Saraiva, 1980, pp. 59-60; J. Martins-Costa, *Comentários ao novo Código Civil – Do inadimplemento das obrigações*, in S. F. Teixeira (coord.), *Comentários ao novo Código Civil*, v. V, t. II, 2ª ed., Rio de Janeiro, Forense, 2009, pp. 419-420; J. C. Ferreira da Silva, *Inadimplemento das obrigações – Comentários aos arts. 389 a 420 do Código Civil*, in M. Reale – J. Martins-Costa (coords.), *Coleção biblioteca de direito civil – estudos em homenagem ao professor Miguel Reale*, v. 7, 1ª ed., São Paulo, RT, 2007, p. 112.

[312] "Art. 400. A mora do credor subtrai o devedor isento de dolo à responsabilidade pela conservação da coisa, obriga o credor a ressarcir as despesas empregadas em conservá-la, e sujeita-o a recebê-la pela estimação mais favorável ao devedor, se o seu valor oscilar entre o dia estabelecido para o pagamento e o da sua efetivação."

quando deixa de colaborar para que o devedor satisfaça o interesse, juridicamente tutelado, de se ver liberado da obrigação assumida[313].

Tais deveres não assumem uma faceta única, tampouco podem ser arrolados de forma exaustiva. Pelo contrário, variarão de acordo com a natureza e as particularidades da relação contratual estabelecida entre as partes. Assim, os deveres assumidos pelo devedor podem ser de maior ou menor importância; podem ou não contemplar atos prévios ao recebimento da prestação etc.

No âmbito da compra e venda de mercadorias, para além da obrigação do credor de pagar o preço ajustado, podem ser exemplificados como deveres: receber os bens objeto do contrato; disponibilizar informações ou esclarecimentos para que os bens cujo fornecimento contratou sejam fabricados; escolher, entre os protótipos fabricados pelo vendedor, aquele que lhe parecer mais adequado, se assim tiver sido convencionado; providenciar o transporte das mercadorias se essa obrigação lhe couber, *inter alia*.

São pressupostos da mora do credor naturalmente a existência da obrigação e a possibilidade da prestação, mas, também, que o devedor tenha de fato tentado prestar, deixando de fazê-lo apenas e tão-somente em razão do comportamento do credor. Trata-se da chamada *oblatio* ou oferta da prestação. Nesse sentido, o devedor tem de levar ao credor a prestação, no caso das dívidas portáveis, ou estar pronto para prestar, em seu domicílio, se quesível for a dívida. A oferta, nesse particular, é verdadeiro início de adimplemento, que pode assumir qualquer forma, seja ela verbal, escrita ou, até mesmo, por simples sinal[314]. Tudo dependerá do conteúdo do negócio jurídico celebrado entre as partes. A despeito do uso do vocábulo *oferta*, adverte a doutrina ser errôneo enxergar na

[313] Cf. J. C. Ferreira da Silva, *Inadimplemento das obrigações – Comentários aos arts. 389 a 420 do Código Civil*, in M. Reale – J. Martins-Costa (coords.), *Coleção biblioteca de direito civil – estudos em homenagem ao professor Miguel Reale*, v. 7, 1ª ed., São Paulo, RT, 2007, p. 115.

[314] Nesse sentido são os exemplos elencados por F. C. Pontes de Miranda: "O que é preciso, da parte do devedor, é o início de adimplemento, o que pode ocorrer, conforme as espécies, por simples ato verbal (oral ou escrito), ou de simples sinal, como se o vendedor das laranjas acordou com o comprador que êsse viria, ou mandaria buscar o que comprara, no dia imediato àquele em que êle hasteasse a bandeira nos seus terrenos, ou desse sinal com badaladas de sino." (cf. *Tratado de Direito Privado*, t. XXIII, 3ª ed., São Paulo, RT, 1984, p. 202).

oblatio qualquer manifestação de vontade, pois o que de fato existe é a prática de mero ato, que ingressa no mundo jurídico como ato-fato jurídico, que é o pagamento ou, no caso, o começo dele[315].

A partir do momento em que a oferta de prestação conforme aos requisitos da obrigação é feita pelo devedor, presume-se que este estava em condições de adimplir e que somente não o fez em razão da mora do credor. Caberá ao credor demonstrar que a *oblatio* não atendia os requisitos contratuais e que, portanto, a mora é do devedor. O ponto fulcral aqui é verificar se a oferta de prestação de fato poderia se concretizar em adimplemento, a partir do que se poderá definir se a mora é do devedor ou do credor[316].

No que diz respeito à recusa da prestação pelo credor, esta independe de forma, podendo ser expressa ou tácita, dando-se, até mesmo, pelo silêncio, no caso das dívidas quesíveis, por exemplo, se o credor não procura o devedor ao vencimento da obrigação.

Naturalmente, não haverá que se falar em mora do credor se a recusa da prestação se fundar em justa causa, na linha do que prevê o artigo 335, inciso I[317], do Código Civil. Nesse particular, entende-se que haverá justa causa quando existirem inexatidões quanto aos elementos que compõem a prestação, isto é, o modo, a forma e o objeto acordados para esta. A título de exemplo, a doutrina aponta que configura justo motivo a entrega de produto que não atenda às especificações contratuais[318]. De qualquer modo, a recusa da prestação é presumivelmente injusta, cabendo ao credor demonstrar o contrário.

Na hipótese de o credor incorrer em mora no cumprimento das suas obrigações, três são as consequências principais que deverão ser por ele suportadas. A primeira delas consiste na subtração da responsabilidade

[315] Cf. F. C. Pontes de Miranda, *Tratado de Direito Privado*, t. XXIII, 3ª ed., São Paulo, RT, 1984, pp. 201-202.

[316] Cf. J. C. Ferreira da Silva, *Inadimplemento das obrigações – Comentários aos arts. 389 a 420 do Código Civil*, in M. Reale – J. Martins-Costa (coords.), *Coleção biblioteca de direito civil – estudos em homenagem ao professor Miguel Reale*, v. 7, 1ª ed., São Paulo, RT, 2007, p. 121.

[317] "Art. 335. A consignação tem lugar: I – se o credor não puder, ou, sem justa causa, recusar receber o pagamento, ou dar quitação na devida forma".

[318] Cf. J. C. Ferreira da Silva, *Inadimplemento das obrigações – Comentários aos arts. 389 a 420 do Código Civil*, in M. Reale – J. Martins-Costa (coords.), *Coleção biblioteca de direito civil – estudos em homenagem ao professor Miguel Reale*, v. 7, 1ª ed., São Paulo, RT, 2007, p. 123.

do devedor pela conservação da coisa, a qual, como regra geral, perdura até a tradição, de acordo com os artigos 234[319] e 492[320] do Código Civil, mas é afastada nessa hipótese como previsto nos §§ 1º e 2º do artigo 492[321]. Assim, verificada a mora do credor, e não tendo o devedor agido com dolo, por exemplo, depredando a coisa ou expondo-a a riscos desarrazoados, transfere-se àquele os riscos atinentes à prestação, originalmente alocados na esfera de responsabilidade do devedor[322]. Convém esclarecer que tais riscos compreendem tanto aqueles decorrentes da natureza da prestação em discussão, como os originados pela mora[323]. De forma coerente, na hipótese de a coisa vir a perecer sem dolo do devedor, este conserva o direito à contraprestação pactuada[324].

A segunda consequência decorrente da mora do credor, na linha das considerações feitas acima, é a sua responsabilização pelo ressarcimento de eventuais despesas incorridas pelo devedor para a guarda e conservação da coisa objeto da prestação.

[319] "Art. 234. Se, no caso do artigo antecedente, a coisa se perder, sem culpa do devedor, antes da tradição, ou pendente a condição suspensiva, fica resolvida a obrigação para ambas as partes; se a perda resultar de culpa do devedor, responderá este pelo equivalente e mais perdas e danos."

[320] "Art. 492. Até o momento da tradição, os riscos da coisa correm por conta do vendedor, e os do preço por conta do comprador."

[321] "Art. 492. (...) § 1º Todavia, os casos fortuitos, ocorrentes no ato de contar, marcar ou assinalar coisas, que comumente se recebem, contando, pesando, medindo ou assinalando, e que já tiverem sido postas à disposição do comprador, correrão por conta deste. § 2º Correrão também por conta do comprador os riscos das referidas coisas, se estiver em mora de as receber, quando postas à sua disposição no tempo, lugar e pelo modo ajustados."

[322] Cf. J. Martins-Costa, *Comentários ao novo Código Civil – Do inadimplemento das obrigações*, in S. F. Teixeira (coord.), *Comentários ao novo Código Civil*, v. V, t. II, 2ª ed., Rio de Janeiro, Forense, 2009, pp. 423-424.

[323] "Ficando o devedor isento de responder pela guarda e conservação da coisa, a não ser no caso de dolo, está claro que passam para o credor, desde que se verifique sua mora, se é que êle já não os tivesse a seu cargo, o risco e o perigo, quer os que, pela natureza da obrigação, estivessem a cargo do devedor, quer os que estes estivessem suportando por feito de ter incorrido em mora" (cf. J. M. Carvalho Santos, *Código Civil brasileiro interpretado*, v. XII, 10ª ed., Rio de Janeiro, Freitas Bastos, 1977, p. 330).

[324] Cf. J. C. Ferreira da Silva, *Inadimplemento das obrigações – Comentários aos arts. 389 a 420 do Código Civil*, in M. Reale – J. Martins-Costa (coords.), *Coleção biblioteca de direito civil – estudos em homenagem ao professor Miguel Reale*, v. 7, 1ª ed., São Paulo, RT, 2007, p. 127.

Por fim, a terceira consequência da mora do credor é o pagamento do preço mais favorável ao devedor na hipótese de este variar entre o dia do vencimento da obrigação e o efetivo recebimento da prestação pelo credor. O devedor, portanto, não está obrigado a aceitar o preço aplicável ao dia em que o credor de fato recebe, podendo optar pelo que lhe for mais favorável.

No âmbito da compra e venda de mercadorias, essa consequência pode ser bem ilustrada pela celebração de contrato de fornecimento futuro de sacas de soja. Considerando a variação do preço da saca de soja no mercado, na hipótese de o comprador estar em mora, o vendedor poderá optar pelo preço que lhe for mais favorável entre o dia do vencimento da prestação e seu recebimento pelo comprador.

A doutrina ainda aponta como consequências decorrentes da mora do credor a liberação do devedor da cláusula penal estipulada para a hipótese de inadimplemento; a isenção do pagamento de juros moratórios; a possibilidade de o devedor consignar o pagamento para se liberar da dívida; a supressão de eventuais juros moratórios devidos pelo devedor; e, por fim, a retenção dos frutos da coisa observadas as disposições do artigo 237[325] do Código Civil para as obrigações de dar e dos arts. 1.214 a 1.216[326], também do Código Civil, nas obrigações de restituir[327].

[325] "Art. 237. Até a tradição pertence ao devedor a coisa, com os seus melhoramentos e acrescidos, pelos quais poderá exigir aumento no preço; se o credor não anuir, poderá o devedor resolver a obrigação."

[326] "Art. 1.214. O possuidor de boa-fé tem direito, enquanto ela durar, aos frutos percebidos. Parágrafo único. Os frutos pendentes ao tempo em que cessar a boa-fé devem ser restituídos, depois de deduzidas as despesas da produção e custeio; devem ser também restituídos os frutos colhidos com antecipação."

"Art. 1.215. Os frutos naturais e industriais reputam-se colhidos e percebidos, logo que são separados; os civis reputam-se percebidos dia por dia."

"Art. 1.216. O possuidor de má-fé responde por todos os frutos colhidos e percebidos, bem como pelos que, por culpa sua, deixou de perceber, desde o momento em se que constituiu de má-fé; tem direito às despesas da produção e custeio."

[327] Cf. J. Martins-Costa, *Comentários ao novo Código Civil – Do inadimplemento das obrigações*, in S. F. Teixeira (coord.), *Comentários ao novo Código Civil*, v. V, t. II, 2ª ed., Rio de Janeiro, Forense, 2009, p. 425; J. C. Ferreira da Silva, *Inadimplemento das obrigações – Comentários aos arts. 389 a 420 do Código Civil*, in M. Reale – J. Martins-Costa (coords.), *Coleção biblioteca de direito civil – estudos em homenagem ao professor Miguel Reale*, v. 7, 1ª ed., São Paulo, RT, 2007, pp. 130-132.

Vale esclarecer que a mora do credor, embora afaste uma série de obrigações do devedor, não exime este totalmente do dever de cooperação que permeia a relação obrigacional. Permanecem os deveres de proteção e cuidado com a conservação da coisa de modo a evitar seu perecimento, daí a pretensão ao ressarcimento pelas despesas havidas nesse sentido. Da mesma forma, inobstante a mora, o credor permanece credor, com direito à prestação, até que cesse a dívida, evidentemente observadas as particularidades aplicáveis à situação, já endereçadas neste tópico[328].

Estudados os contornos gerais da mora, bem como suas consequências, devemos agora nos voltar para o estudo do inadimplemento definitivo, que assume maior relevância nesta pesquisa dado o foco na resolução contratual.

3. Inadimplemento definitivo

3.A. Noção de inadimplemento definitivo

Ao contrário da mora, que pressupõe a possibilidade de a prestação ser honrada, o inadimplemento definitivo tem lugar quando esta não foi cumprida pelo devedor e nem poderá mais sê-lo com proveito para o credor[329]. Três são as circunstâncias que conduzem a esse resultado: a impossibilidade objetiva da prestação; a inexigibilidade da prestação devido à alteração superveniente das circunstâncias; e, por fim, a perda do interesse objetivo do credor no cumprimento da prestação[330] a des-

[328] "A conduta do credor também pode demorar o adimplemento. Incorre êle, então, em mora. (...) Se o contrato é bilateral, o devedor continua com o seu crédito. Se o contrato é unilateral, a responsabilidade se reduz às despesas de que fala o art. 958 do Código Civil." (cf. F. C. Pontes de Miranda, *Tratado de Direito Privado*, t. XXIII, 3ª ed., São Paulo, RT, 1984, p. 203).

[329] "Fundada em ambos os dispositivos [arts. 394 e 395 do Código Civil], a doutrina estabeleceu há muito a distinção entre mora e inadimplemento absoluto. A mora, também chamada de inadimplemento relativo, consiste na inexecução passível de emenda ou, na linguagem do Código, de purgação. O inadimplemento absoluto, por sua vez, consiste no descumprimento irremediável, entendido como aquele que põe fim à possibilidade de satisfazer o interesse do credor materializado no contrato." (cf. C. S. Zanetti, *A transformação da mora em inadimplemento absoluto*, in *RT* 942 (2014), p. 131).

[330] Sempre que a expressão "*inadimplemento definitivo*" for empregada de modo genérico neste trabalho, estar-se-á referindo à hipótese decorrente da perda do interesse útil do credor na prestação. Quanto às demais formas de inadimplemento definitivo, estas serão referidas como "*impossibilidade*" e "*inexigibilidade*" ou "*onerosidade excessiva*".

peito de esta ainda ser possível e exigível[331]. Para melhor definir as fronteiras da perda do interesse do credor, que mais de perto interessa a essa pesquisa, serão abordadas, de modo sintético, as características centrais da impossibilidade da prestação e da inexigibilidade por onerosidade excessiva.

3.B. Impossibilidade da prestação

Há impossibilidade da prestação quando esta deixa de ser exequível devido a obstáculos de ordem física ou jurídica, seja porque pereceu, seja porque exige esforços extraordinários do devedor, injustificáveis diante das circunstâncias do caso concreto[332].

A impossibilidade pode ser originária, hipótese na qual levará à invalidade do negócio jurídico, por violação aos artigos 104, inc. II[333], e 166, inc. II[334] do Código Civil, salvo as exceções constantes do artigo 106[335] do mesmo diploma, ou superveniente, devendo ser tratada como causa de inadimplemento.

Se imputável ao devedor, a impossibilidade da prestação faz nascer a obrigação de indenizar o credor. Assim, o devedor, que antes era responsável pela entrega da prestação, passa a responder pela indenização substitutiva. O vínculo obrigacional originário, entretanto, não se extingue, razão pela qual cabe ao credor escolher entre a sua manutenção, com a execução pelo equivalente mais o pagamento das perdas e danos,

[331] Cf. R. R. Aguiar Júnior, *Comentários ao novo Código Civil – Dos contratos em geral*, in S. F. Teixeira (coord.), *Comentários ao novo Código Civil*, v. VI, t. II, Rio de Janeiro, Forense, 2011, pp. 542-543; J. C. Ferreira da Silva, *Inadimplemento das obrigações – Comentários aos arts. 389 a 420 do Código Civil*, in M. Reale – J. Martins-Costa (coords.), *Coleção biblioteca de direito civil – estudos em homenagem ao professor Miguel Reale*, v. 7, 1ª ed., São Paulo, RT, 2007, p. 36.

[332] Cf. J. C. Ferreira da Silva cita como exemplo de escola a busca de um anel que caiu no mar (cf. *Inadimplemento das obrigações – Comentários aos arts. 389 a 420 do Código Civil*, in M. Reale – J. Martins-Costa (coords.), *Coleção biblioteca de direito civil – estudos em homenagem ao professor Miguel Reale*, v. 7, 1ª ed., São Paulo, RT, 2007, p. 36).

[333] "Art. 104. A validade do negócio jurídico requer: (...) II – objeto lícito, possível, determinado ou determinável."

[334] "Art. 166. É nulo o negócio jurídico quando: (...) II – for ilícito, impossível ou indeterminável o seu objeto".

[335] "Art. 106. A impossibilidade inicial do objeto não invalida o negócio jurídico se for relativa, ou se cessar antes de realizada a condição a que ele estiver subordinado."

ou resolvê-lo, com a restituição do que já houver prestado e, também nesse caso, o pagamento de perdas e danos[336].

Na hipótese de a impossibilidade ser inimputável ao devedor, *i.e.*, por decorrer de caso fortuito, força maior, fato do credor ou do príncipe, este libera-se do vínculo obrigacional. Quem arcará com os riscos da não-prestação, nesse caso, será o credor, portanto, a menos que exista, naturalmente, disposição contratual em sentido contrário, nos termos do artigo 393[337] do Código Civil, ou se estiver o devedor em mora, como visto no item precedente.

Discute-se na doutrina se tanto a impossibilidade inimputável absoluta (*i.e.*, nenhum indivíduo pode cumprir a prestação), como a relativa (*i.e.*, apenas o devedor não pode mais executar a obrigação) são aptas a promover o desfazimento do vínculo obrigacional[338]. Em favor da liberação, a doutrina aponta, em primeiro lugar, a analogia entre essa hipótese de impossibilidade e a mora. Nesse sentido, se não há responsabilidade na mora quando inimputável o devedor, não faz sentido admitir sua res-

[336] Isso é o que se depreende da disciplina contida nos seguintes dispositivos do Código Civil:
"Art. 234. Se, no caso do artigo antecedente, a coisa se perder, sem culpa do devedor, antes da tradição, ou pendente a condição suspensiva, fica resolvida a obrigação para ambas as partes; se a perda resultar de culpa do devedor, responderá este pelo equivalente e mais perdas e danos."
"Art. 236. Sendo culpado o devedor, poderá o credor exigir o equivalente, ou aceitar a coisa no estado em que se acha, com direito a reclamar, em um ou em outro caso, indenização das perdas e danos."
"Art. 239. Se a coisa se perder por culpa do devedor, responderá este pelo equivalente, mais perdas e danos."

[337] "Art. 393. O devedor não responde pelos prejuízos resultantes de caso fortuito ou força maior, se expressamente não se houver por eles responsabilizado. Parágrafo único. O caso fortuito ou de foça maior verifica-se no fato necessário, cujos efeitos não era possível evitar ou impedir."

[338] Pela liberação do devedor em ambas as situações se colocam: R. R. Aguiar Júnior, *Extinção dos contratos por incumprimento do devedor – resolução*, 2ª ed., Rio de Janeiro, Aide, 2003, p. 99; C. Couto e Silva, *A obrigação como processo*, Rio de Janeiro, FGV, 2006, pp. 122-123; J. C. Ferreira da Silva, *Inadimplemento das obrigações – Comentários aos arts. 389 a 420 do Código Civil*, in M. Reale – J. Martins-Costa (coords.), *Coleção biblioteca de direito civil – estudos em homenagem ao professor Miguel Reale*, v. 7, 1ª ed., São Paulo, RT, 2007, p. 38. Em sentido contrário: F. C. Pontes de Miranda, *Tratado de Direito Privado*, t. XXII, 3ª ed., São Paulo, RT, 1984, p. 69.

ponsabilização no caso de impossibilidade inimputável, ainda que relativa. Em segundo lugar, aponta-se a própria forma como está estruturado o regramento legal da impossibilidade, que não diferencia os casos de impossibilidade relativa e absoluta, de modo a sugerir que o mesmo tratamento seja dispensado a ambas[339].

Nesse particular, convém ressaltar que a impossibilidade relativa não se confunde com mera dificuldade, da parte do devedor, de honrar a obrigação assumida. Para que haja a liberação do devedor, é preciso mais que a simples carga econômica vinculada à execução da prestação.

A impossibilidade também pode ser definitiva ou temporária. Definitiva será quando inviabilizar para sempre a prestação ou fizer com que esta somente possa ser prestada mediante esforço ou risco extraordinários. Não é a dificuldade no prestar que exonera o devedor, mas a desproporcionalidade do custo envolvido na execução da prestação, que torna a situação equiparável à impossibilidade[340]. Nesse caso, a impossibilidade se reveste de natureza liberatória e leva à resolução do negócio, já que a prestação não foi cumprida e não mais poderá sê-lo[341]. Já a impossibilidade temporária enseja a paralisação da exigibilidade da prestação e mantém o vínculo obrigacional até que a causa da impossibilidade se afaste ou, então, até que o credor perca o interesse na sua execução, hipótese na qual se deixará o terreno da impossibilidade para ingressar no do inadimplemento definitivo pela frustração do interesse do credor[342].

Por fim, a impossibilidade também pode ser total, quando atingir toda a obrigação, ou apenas parcial, quando afetar somente parte dela. No

339 Cf. J. C. Ferreira da Silva, *Inadimplemento das obrigações – Comentários aos arts. 389 a 420 do Código Civil*, in M. Reale – J. Martins-Costa (coords.), *Coleção biblioteca de direito civil – estudos em homenagem ao professor Miguel Reale*, v. 7, 1ª ed., São Paulo, RT, 2007, p. 38.

340 Cf. R. R. Aguiar Júnior, *Comentários ao novo Código Civil – Dos contratos em geral*, in S. F. Teixeira (coord.), *Comentários ao novo Código Civil*, v. VI, t. II, Rio de Janeiro, Forense, 2011, pp. 547-548.

341 Cf. J. Martins-Costa – P. Costa e Silva, *Crise e Perturbações no Cumprimento da Prestação*, São Paulo, Quartier Latin, 2020, pp. 159-160.

342 Cf. J. C. Ferreira da Silva, *Inadimplemento das obrigações – Comentários aos arts. 389 a 420 do Código Civil*, in M. Reale – J. Martins-Costa (coords.), *Coleção biblioteca de direito civil – estudos em homenagem ao professor Miguel Reale*, v. 7, 1ª ed., São Paulo, RT, 2007, p. 39.

último caso, incidem as regras constantes dos artigos 235[343] e 236[344] do Código Civil, aplicáveis à hipótese de deterioração da coisa nas obrigações de dar, de maneira que, verificada a impossibilidade, cabe ao credor optar entre receber a prestação no estado em que se encontra, abatido o valor da parte atingida pela impossibilidade, ou rejeitá-la no todo. Como já visto, sendo a impossibilidade imputável ao devedor, a essas opções se somará o direito de exigir reparação pelos prejuízos suportados[345].

Como aponta a doutrina, a impossibilidade distingue-se do inadimplemento "*por razões lógico-conceituais*", ainda que, na hipótese de impossibilidade imputável ao devedor gere efeitos idênticos ao do inadimplemento, designadamente, o dever de indenizar[346]. De fato, enquanto no caso do inadimplemento a prestação não é cumprida ao tempo, modo e lugar devidos por fato imputável ao devedor, embora possa sê-lo, na seara da impossibilidade a prestação não é cumprida porque, justamente, se impossibilitou seu cumprimento. No primeiro caso, há violação do dever de prestar; no segundo, não, ainda que o devedor possa estar sujeito a consequências semelhantes às do inadimplemento, no caso da impossibilidade superveniente definitiva e imputável[347].

3.C. Inexigibilidade decorrente de onerosidade excessiva

Ao lado da impossibilidade, tem-se também a inexigibilidade da prestação em decorrência da alteração superveniente das circunstâncias, que

[343] "Art. 235. Deteriorada a coisa, não sendo o devedor culpado, poderá o credor resolver a obrigação, ou aceitar a coisa, abatido de seu preço o valor que perdeu."

[344] "Art. 236. Sendo culpado o devedor, poderá o credor exigir o equivalente, ou aceitar a coisa no estado em que se acha, com direito a reclamar, em um ou em outro caso, indenização das perdas e danos."

[345] Cf. J. C. Ferreira da Silva, *Inadimplemento das obrigações – Comentários aos arts. 389 a 420 do Código Civil*, in M. Reale – J. Martins-Costa (coords.), *Coleção biblioteca de direito civil – estudos em homenagem ao professor Miguel Reale*, v. 7, 1ª ed., São Paulo, RT, 2007, p. 39; R. R. Aguiar Júnior, *Comentários ao novo Código Civil – Dos contratos em geral*, in S. F. Teixeira (coord.), *Comentários ao novo Código Civil*, v. VI, t. II, Rio de Janeiro, Forense, 2011, p. 549.

[346] Cf. J. Martins-Costa – P. Costa e Silva, *Crise e Perturbações no Cumprimento da Prestação*, São Paulo, Quartier Latin, 2020, p. 155.

[347] Cf. J. Martins-Costa – P. Costa e Silva, *Crise e Perturbações no Cumprimento da Prestação*, São Paulo, Quartier Latin, 2020, p. 155.

acabam por tornar a obrigação excessivamente onerosa, atraindo a disciplina dos artigos 478[348], 479[349] e 480[350] do Código Civil.

O regime estabelecido no ordenamento jurídico brasileiro, permite ao devedor pleitear a resolução do negócio fundado na existência de acontecimentos imprevisíveis e extraordinários que, além de tornarem a prestação excessivamente onerosa para si, impliquem extrema vantagem para o credor, nos termos do art. 478 do Código Civil. Ao credor, por sua vez, é facultado impedir a resolução da avença, oferecendo-se para revisar o pactuado, como prevê o art. 479 do Código Civil.

Diversamente do que se verifica na impossibilidade, no domínio da onerosidade excessiva, o cumprimento da prestação é possível, mas exige esforços desproporcionais e extraordinários[351]. Embora os contornos da impossibilidade e da excessiva onerosidade sejam claros no plano teórico, as fronteiras de tais figuras revelam-se menos estanques na prática.

Para melhor aclarar o problema, a doutrina aponta ser necessário diferenciar três situações distintas, as duas primeiras atinentes à impossibilidade e a última a onerosidade excessiva. A primeira tem lugar quando a superveniência do evento extraordinário sujeita o devedor a sacrifício insuportável, referida, com arrimo no direito alemão, como impossibilidade pessoal[352]. A segunda se verifica quando o evento disruptivo fizer com que a prestação só possa ser cumprida mediante esforços desproporcionais diante do interesse do credor, referida como

[348] "Art. 478. Nos contratos de execução continuada ou diferida, se a prestação de uma das partes se tornar excessivamente onerosa, com extrema vantagem para a outra, em virtude de acontecimentos extraordinários e imprevisíveis, poderá o devedor pedir a resolução do contrato. Os efeitos da sentença que a decretar retroagirão à data da citação."

[349] "Art. 479. A resolução poderá ser evitada, oferecendo-se o réu a modificar eqüitativamente as condições do contrato."

[350] "Art. 480. Se no contrato as obrigações couberem a apenas uma das partes, poderá ela pleitear que a sua prestação seja reduzida, ou alterado o modo de executá-la, a fim de evitar a onerosidade excessiva."

[351] Cf. J. Martins-Costa – P. Costa e Silva, *Crise e Perturbações no Cumprimento da Prestação*, São Paulo, Quartier Latin, 2020, p. 182.

[352] Cf. J. Martins-Costa – P. Costa e Silva, *Crise e Perturbações no Cumprimento da Prestação*, São Paulo, Quartier Latin, 2020, p. 184.

impossibilidade prática[353]. A terceira, por sua vez, ocorre quando a superveniência do fato extraordinário impuser ao devedor esforços e gastos significativamente mais elevados do que aqueles por ele previstos, ainda que não totalmente desproporcional ao interesse do credor[354].

A despeito dos pontos de contato entre esses cenários, sua correta classificação é medida que se impõe em razão dos diversos pressupostos e consequências a eles associados. Enquanto nas situações classificáveis como impossibilidade está-se no domínio da eficácia extintiva, como já visto, naquelas enquadráveis como onerosidade excessiva, está-se no âmbito da ou da eficácia modificativa ou da eficácia resolutiva do negócio[355].

Sem a pretensão de esgotar o tema, que apenas tangencia o objeto dessa pesquisa, registra-se a filiação da autora àqueles que conferem ao art. 317[356] do Código Civil interpretação restritiva[357]. Nesse sentido, não se reconhece, em tal dispositivo legal, regra geral de revisão da prestação em razão da superveniência de circunstâncias imprevisíveis. Diversamente, entende-se que tal dispositivo tem aplicação apenas às obrigações pecuniárias – conclusão suportada por sua interpretação literal, histórica e sistemática[358] – e endereça o desequilíbrio que porventura

[353] Cf. J. Martins-Costa – P. Costa e Silva, *Crise e Perturbações no Cumprimento da Prestação*, São Paulo, Quartier Latin, 2020, p. 184.

[354] Cf. J. Martins-Costa – P. Costa e Silva, *Crise e Perturbações no Cumprimento da Prestação*, São Paulo, Quartier Latin, 2020, pp. 184-186.

[355] Cf. J. Martins-Costa – P. Costa e Silva, *Crise e Perturbações no Cumprimento da Prestação*, São Paulo, Quartier Latin, 2020, p. 186-187.

[356] "Art. 317. Quando, por motivos imprevisíveis, sobrevier desproporção manifesta entre o valor da prestação devida e o do momento de sua execução, poderá o juiz corrigi-lo, a pedido da parte, de modo que assegure, quanto possível, o valor real da prestação."

[357] Cf. F. P. C. Marino, *Revisão contratual. Onerosidade excessiva e modificação contratual equitativa*, São Paulo, Almedina, 2020, pp. 24-32; J. Martins-Costa – P. Costa e Silva, *Crise e Perturbações no Cumprimento da Prestação*, São Paulo, Quartier Latin, 2020, pp. 204-213; e LEÃES, Luiz Gastão Paes de Barros, *A onerosidade excessiva no Código Civil*, in *Revista de Direito Bancário e do Mercado de Capitais* 31 (2006).

[358] Cf. F. P. C. Marino, *Revisão contratual. Onerosidade excessiva e modificação contratual equitativa*, São Paulo, Almedina, 2020, pp. 24-32.

atinja o valor de uma mesma prestação, considerados os momentos de sua pactuação e o de sua execução[359].

3.D. Perda do interesse objetivo do credor

Por fim, haverá inadimplemento definitivo também quando o descumprimento praticado pelo devedor levar à perda do interesse objetivo do credor na prestação, hipótese que mais de perto nos interessa dado o escopo deste trabalho que se volta, justamente, à investigação dessa hipótese no âmbito da compra e venda de mercadorias.

Nesse caso, o inadimplemento implica que a prestação que não foi cumprida, não mais pode sê-lo, ao menos não de modo satisfatório. A definitividade do inadimplemento, aqui, não resulta apenas de sua impossibilidade material ou jurídica, mas, igualmente, da frustração do interesse do credor no cumprimento da obrigação[360].

Daí a doutrina extrai dois elementos que devem estar presentes para que se possa qualificar como definitivo o inadimplemento praticado pelo devedor: o primeiro é a definitividade do não cumprimento; o segundo, a inutilidade da prestação para atender o interesse do credor em razão de tal inadimplemento[361].

O interesse do credor opera como a exata fronteira entre a mora e o inadimplemento definitivo, traçando onde um termina e o outro começa, como esclarece o parágrafo único do artigo 395 do Código Civil. Trata-se de critério realmente importante, o que o levou a ser qualificado pela doutrina como "*o alfa e o ômega da obrigação*"[362], o "*divisor de águas em matéria de inadimplemento*"[363] e, ainda, o "*ponto de partida para alcançar – diante do problema concreto ao qual é preciso dar uma solução – o*

[359] Cf. J. Martins-Costa – P. Costa e Silva, *Crise e Perturbações no Cumprimento da Prestação,* São Paulo, Quartier Latin, 2020, pp. 204-206.

[360] Cf. J. Martins-Costa, *Comentários ao novo Código Civil – Do inadimplemento das obrigações,* in S. F. Teixeira (coord.), *Comentários ao novo Código Civil,* v. V, t. II, 2ª ed., Rio de Janeiro, Forense, 2009, p. 220.

[361] Cf. G.E., Nanni, *Inadimplemento absoluto e resolução contratual: requisitos e efeitos,* São Paulo, RT, 2021, p. 91.

[362] A. Assis, *Resolução do contrato por inadimplemento,* 5ª ed., São Paulo, RT, 2013, p. 97.

[363] Cf. C. S. Zanetti, *A perda de interesse do credor,* in G. Benetti – A. R. Corrêa – G. Nitschke *et al.* (orgs.), *Direito, Cultura, Método. Leituras da obra de Judith Martins-Costa,* Rio de Janeiro, GZ, 2019, p. 767.

que é mora e o que é inadimplemento definitivo"[364]. Nesse particular, releva destacar o "*caráter transformista*"[365] da mora que pode, em determinadas circunstâncias, transmutar-se em inadimplemento definitivo justamente em razão da posterior perda de interesse do credor na prestação[366].

Se a relação obrigacional é polarizada pelo adimplemento, é correto afirmar que o interesse do credor corresponde ao exato cumprimento da prestação a que se obrigou o devedor[367]. De fato, o ordenamento jurídico exige que a prestação cumprida pelo devedor esteja em identidade perfeita com a obrigação pactuada, seja em qualidade, seja em quantidade, como se extrai do art. 313[368] do Código Civil, que encerra o princípio da identidade da prestação. Tal noção é complementada pelo previsto no art. 314[369] da mesma lei, que, por sua vez, prevê o princípio da integralidade, ao vedar o adimplemento parcelado quando as partes pactuarem que a obrigação deva ser prestada por inteiro[370].

A leitura conjugada desses dois dispositivos legais levou a doutrina, com amparo nas lições do direito português, a afirmar que a noção fundamental subjacente ao interesse do credor é a de pontualidade. Não

[364] Cf. J. Martins-Costa, *Comentários ao novo Código Civil – Do inadimplemento das obrigações*, in S. F. Teixeira (coord.), *Comentários ao novo Código Civil*, v. V, t. II, 2ª ed., Rio de Janeiro, Forense, 2009, p. 359.

[365] Cf. A. Assis, *Resolução do contrato por inadimplemento*, 5ª ed., São Paulo, RT, 2013, p. 120.

[366] Nesse sentido, convém destacar interessante exemplo reproduzido por J. Martins-Costa a propósito da transformação da mora em inadimplemento definitivo: "Figure-se a hipótese da contratação de um conjunto musical para animar festa de casamento: foi contratado o conjunto X, que deveria chegar ao local Y às 20 horas do dia Z. O conjunto realmente se apresenta no local combinado, na data ajustada, mas às 23 horas, e não às 20 horas. Um retardo de apenas três horas tornou inútil a prestação para o credor, pois, àquela altura, os convidados para o casamento – desanimados com a falta de música e considerando, com justa razão, que a festa estava aborrecida – já se haviam retirado." (cf. *Comentários ao novo Código Civil – Do inadimplemento das obrigações*, in S. F. Teixeira (coord.), *Comentários ao novo Código Civil*, v. V, t. II, 2ª ed., Rio de Janeiro, Forense, 2009, p. 330).

[367] Cf. G.E., Nanni, *Inadimplemento absoluto e resolução contratual: requisitos e efeitos*, São Paulo, RT, 2021, p. 31.

[368] "Art. 313. O credor não é obrigado a receber prestação diversa da que lhe é devida, ainda que mais valiosa."

[369] "Art. 314. Ainda que a obrigação tenha por objeto prestação divisível, não pode o credor ser obrigado a receber, nem o devedor a pagar, por partes, se assim não se ajustou."

[370] Cf. G.E., Nanni, *Inadimplemento absoluto e resolução contratual: requisitos e efeitos*, São Paulo, RT, 2021, pp. 31-33.

apenas no sentido temporal, o cumprimento deve se afigurar pontual em todos os aspectos e, assim, "*coincidir ponto por ponto com a prestação a que o devedor está obrigado*"[371].

Por outros termos, prestação útil, portanto, é aquele que ainda atende o propósito para o qual foi contratada, a despeito do inadimplemento praticado pelo devedor[372]. A utilidade da prestação para o alcance de tal propósito, contudo, não fica ao alvedrio do credor, mas, antes, deve ser analisada objetivamente, a partir do sinalagma estabelecido no negócio e do "*centro de negócios*" do credor, do qual parte, embrionariamente, o propósito de contratar[373].

Em razão disso, afirma-se que a análise da conservação ou destruição do interesse do credor se funda em elementos de duas ordens. De um lado, há os elementos de natureza objetiva, extraídos do próprio programa contratual e da natureza da prestação pactuada. De outro, há os elementos de natureza subjetiva, que, sem autorizar *subjetivismo* na análise da matéria, orientam o intérprete a considerar o interesse específico que levou o credor a contratar e a necessidade de receber uma prestação que atenda, pontualmente, a carência que se buscou suprir através de tal contratação, não à luz de motivos íntimos, mas da expectativa objetiva que decorre do contrato[374].

A importância da análise da conservação ou frustração do interesse útil do credor na prestação[375] reside nas consequências que podem

[371] Cf. G.E., Nanni, *Inadimplemento absoluto e resolução contratual: requisitos e efeitos*, São Paulo, RT, 2021, p. 33.

[372] Cf. G.E., Nanni, *Inadimplemento absoluto e resolução contratual: requisitos e efeitos*, São Paulo, RT, 2021, p. 92.

[373] Cf. G.E., Nanni, *Inadimplemento absoluto e resolução contratual: requisitos e efeitos*, São Paulo, RT, 2021, p. 93.

[374] Cf. G.E., Nanni, *Inadimplemento absoluto e resolução contratual: requisitos e efeitos*, São Paulo, RT, 2021, p. 97.

[375] A despeito da relevância do tema, é verdade que seu estudo nem sempre vem recebendo a devida atenção, como aponta a doutrina em interessante crítica: "Apesar de tratado em diferentes passagens pela doutrina brasileira que se dedica ao estudo do Direito das Obrigações, inexiste estudo verticalizado sobre o caráter fundamental (e estrutural) do interesse do credor no Direito brasileiro. A constatação é curiosa, especialmente quando se percebe que o próprio conceito de relação jurídica obrigacional como processo leva em consideração sua direção ao adimplemento, definido como '*satisfação dos interesses do credor*'. (...) Mas, feitas as devidas ressalvas, e levantando o véu da relação jurídica obrigacional, há de se reconhecer

advir de uma ou outra situação para a relação obrigacional. Enquanto o interesse do credor se mantém, está-se diante de mora do devedor, a qual, como já visto, permite a execução específica da obrigação somada ao pagamento de indenização pelos prejuízos causados pelo devedor. Diversamente, se constatada a frustração do interesse do credor e, portanto, o inadimplemento definitivo do devedor, somente é possível a execução pelo equivalente ou a resolução do negócio jurídico, igualmente acrescidas de eventual indenização, como se extrai da leitura conjugada dos artigos 395, parágrafo único, e 475 do Código Civil[376]. Para

que, apesar de se ter por inconteste que a obrigação dirige-se à satisfação (primordialmente) do interesse de crédito do credor, na maior parte das vezes se desconsidera, no Brasil, sua função estrutural na configuração dos conceitos de cumprimento contratual e, via reversa, do descumprimento das obrigações. Quer-se dizer que o estudo das patologias contratuais é feito sem que se recorra a sua interpretação a partir do interesse lesado, sendo a análise usualmente feita a partir da espécie de dever descumprido, à responsabilidade do devedor pela quebra e ao caráter definitivo ou não da falta de cumprimento." (cf. R. C. Steiner, *A influência do interesse do credor no sistema de descumprimento contratual da CISG*, in P. Nalin – R. C. Steiner – L. P. Xavier (coods.), *Compra e venda internacional de mercadorias – vigência, aplicação e operação da CISG no Brasil*, Curitiba, Juruá, 2014, pp. 419-420).

376 Nesse sentido é a lição de C. S. Zanetti: "Diante do inadimplemento absoluto imputável a uma das partes, o ordenamento confere ao contratante inocente duas alternativas principais, ambas previstas no art. 475 do CC. Em primeiro lugar, o contratante inocente pode optar pela execução do pactuado. Naturalmente, não se tem em mente, agora, a execução específica, mas sim a chamada execução pelo equivalente, graças à qual o credor pode obter o resultado projetado com a celebração do contrato, mediante o recebimento de uma prestação pecuniária. Tem lugar, aqui, o efeito geral e típico do inadimplemento imputável, previsto no art. 389 do CC. Nessa hipótese, a relação contratual se transforma, para obrigar a parte culpada a efetuar prestação equivalente a tudo o que o credor obteria ou teria deixado de perder se o contrato tivesse sido integralmente cumprido. O cálculo da indenização é voltado a proporcionar ao credor a satisfação que lhe foi negada pelo inadimplemento alheio. De acordo com expressiva terminologia forjada no direito alemão, o ressarcimento mira o chamado interesse contratual positivo ou de cumprimento. Na hipótese de a execução pelo equivalente não lhe convir, o contratante inocente pode optar pela resolução da relação contratual. A resolução põe fim retroativamente ao vínculo entre as partes e tudo se passa como se o contrato nunca tivesse sido celebrado. A tutela jurídica, agora, é voltada a restabelecer a situação em que as partes se encontravam antes de concluir o negócio. Precisamente por isso, surge a chamada relação de liquidação. Seu objetivo é o de promover a reconstituição do *status quo ante*, ao menos do ponto de vista patrimonial. Para tanto, no que agora mais de perto interessa, o ressarcimento devido pela parte culpada pelo inadimplemento absoluto visa satisfazer o chamado interesse negativo ou dano de confiança, correspondente ao que a parte perdeu ou dei-

o término do vínculo contratual, portanto, exige-se "*um incumprimento mais forte e qualificado, que esteja, assim, a atingir um contrato na sua substância, e não em simples acidente ou qualidade*"[377].

Na empreitada de melhor distinguir os casos de mora dos de inadimplemento definitivo, a doutrina chegou a duas conclusões importantes. A primeira vai no sentido de que útil é a prestação idônea o suficiente para satisfazer os interesses do credor, suprir a sua necessidade[378]. Já a segunda consiste na ideia de que a aferição da existência ou inexistência de interesse no cumprimento da prestação não é algo que se sujeita ao exclusivo arbítrio do credor[379], tampouco do julgador[380].

Diante desse cenário, o desafio que se coloca ao intérprete é, justamente, o de definir em quais situações o inadimplemento do devedor destrói o interesse do credor na prestação ou, ainda, o exato limite entre a mora e o inadimplemento definitivo. Investigar o interesse do credor na prestação envolve a composição de elementos subjetivos, atinentes à legítima expectativa do credor com o cumprimento da prestação, e obje-

xou de ganhar por acreditar na execução do Contrato." (cf. *A transformação da mora em inadimplemento absoluto*, in *RT* 942 (2014), pp. 135-136.

377 Cf. R. R. Aguiar Júnior, *Comentários ao novo Código Civil – Dos contratos em geral*, in S. F. Teixeira (coord.), *Comentários ao novo Código Civil*, v. VI, t. II, Rio de Janeiro, Forense, 2011, p. 590.

378 Cf. C. S. Zanetti, *A perda de interesse do credor*, in G. Benetti – A. R. Corrêa – G. Nitschke *et al.* (orgs.), *Direito, Cultura, Método. Leituras da obra de Judith Martins-Costa*, Rio de Janeiro, GZ, 2019, p. 767; R. R. Aguiar Júnior, *Comentários ao novo Código Civil – Dos contratos em geral*, in S. F. Teixeira (coord.), *Comentários ao novo Código Civil*, v. VI, t. II, Rio de Janeiro, Forense, 2011, pp. 590-591; F. C. Pontes de Miranda, *Tratado de Direito Privado*, v. XXIII, 3ª ed., São Paulo, RT, 1984, p. 192.

379 C. S. Zanetti, *A perda de interesse do credor*, in G. Benetti – A. R. Corrêa – G. Nitschke *et al.* (orgs.), *Direito, Cultura, Método. Leituras da obra de Judith Martins-Costa*, Rio de Janeiro, GZ, 2019, p. 767; A. Alvim, *Da inexecução das obrigações e suas conseqüências*, 5ª ed., São Paulo, Saraiva, 1980, p. 48; J. C. Ferreira da Silva, *Inadimplemento das obrigações – Comentários aos arts. 389 a 420 do Código Civil*, in M. Reale – J. Martins-Costa (coords.), *Coleção biblioteca de direito civil – estudos em homenagem ao professor Miguel Reale*, v. 7, 1ª ed., São Paulo, RT, 2007, p. 87. Tal noção também foi reconhecida no Enunciado 162 formulado na III Jornada de Direito Civil, segundo o qual: "Enunciado 162 – Art. 395: A inutilidade da prestação que autoriza a recusa da prestação por parte do credor deverá ser aferida objetivamente, consoante o princípio da boa-fé e a manutenção do sinalagma, e não de acordo com o mero interesse subjetivo do credor".

380 Cf. A. Alvim, *Da inexecução das obrigações e suas conseqüências*, 5ª ed., São Paulo, Saraiva, 1980, p. 53.

tivos, decorrentes da operação econômica ajustada pelas partes[381]. Nessa tarefa, o julgador deve, portanto, tomar em conta a natureza da prestação pactuada e as regras comuns de experiência pertinentes à situação, considerando o que as partes estabeleceram nas respectivas declarações de vontade, conforme indica o artigo 112[382] do Código Civil; seu comportamento durante a execução do negócio; os usos do local da contratação, na linha do que prevê o artigo 113[383]; e, ainda, o fim econômico e social do contrato, nos termos do artigo 187[384], como aponta a doutrina[385].

Trata-se, evidentemente, de matéria que depende dos fatos envolvidos em cada caso concreto[386]. No entanto, tal qual apontado no capítulo

[381] Essa é a lição de J. Martins-Costa com base também nas ideias desenvolvidas por R. R. Aguiar Júnior: "O juiz deve buscar isolar – para compreender, e, após, compor – dados de dupla ordem: de um lado, os 'elementos objetivos' fornecidos pela regulação contratual, extraídos da natureza da prestação; de outro, os 'elementos subjetivos', que residem na necessidade que tem o credor 'em receber uma prestação que atenda à carência por ele sentida, de acordo com a sua legítima expectativa. Não os motivos ou desejos que eventualmente o animavam, mas a expectativa resultante dos dados fornecidos pelo contrato, por isto, legítima'" (cf. *Comentários ao novo Código Civil – Do inadimplemento das obrigações*, in S. F. Teixeira (coord.), *Comentários ao novo Código Civil*, v. V, t. II, 2ª ed., Rio de Janeiro, Forense, 2009, pp. 360-361). Em sentido semelhante, cf. J. C. Ferreira da Silva, *Inadimplemento das obrigações – Comentários aos arts. 389 a 420 do Código Civil*, in M. Reale – J. Martins-Costa (coords.), *Coleção biblioteca de direito civil – estudos em homenagem ao professor Miguel Reale*, v. 7, 1ª ed., São Paulo, RT, 2007, pp. 88-89.

[382] "Art. 112. Nas declarações de vontade se atenderá mais à intenção nelas consubstanciada do que ao sentido literal da linguagem."

[383] "Art. 113. Os negócios jurídicos devem ser interpretados conforme a boa-fé e os usos do lugar de sua celebração."

[384] "Art. 187. Também comete ato ilícito o titular de um direito que, ao exercê-lo, excede manifestamente os limites impostos pelo seu fim econômico ou social, pela boa-fé ou pelos bons costumes."

[385] Cf. J. Martins-Costa, *Comentários ao novo Código Civil – Do inadimplemento das obrigações*, in S. F. Teixeira (coord.), *Comentários ao novo Código Civil*, v. V, t. II, 2ª ed., Rio de Janeiro, Forense, 2009, pp. 361-362.

[386] "A definitividade da inexecução autoriza o credor a liberar-se do contrato (e só ela é suficiente para isso) e, ao mesmo tempo, não mais permite ao devedor cumprir o contrato. Põe-se aí a questão o cumprimento tardio e da oportunidade para purga da mora e preservação do contrato. A definitividade pode ser aferida diante de diferentes circunstâncias, tais como o vencimento de prazo ou do termo essencial, de notificação, de quebra antecipada, do cumprimento imperito etc. A gravidade do inadimplemento estará na proporcionalidade entre o fato da violação e a economia do contrato, com ponderação dos interesses

3 da primeira parte desta pesquisa, isso não dispensa a busca de critérios que possam auxiliar o estudo e a aplicação prática da matéria.

Com esse propósito em mente, serão analisados a seguir três critérios inicialmente identificados pela doutrina na tentativa de conferir maiores contornos à noção de interesse útil do credor[387]. Na sequência, serão analisados outros dois critérios propostos pela doutrina em avanço a tais ideias, um de ordem objetiva, consistente na perda do interesse na execução da prestação, e outro de ordem subjetiva, atinente à perda do interesse na execução da prestação pelo devedor. Com relação ao critério subjetivo, serão estudados três grupos de casos típicos que servem ao propósito de ilustrar a matéria[388].

4. Critérios iniciais para delimitação do inadimplemento definitivo

4.A. Natureza do negócio jurídico

O primeiro dos critérios a ser analisado refere-se à natureza do negócio jurídico. Nesse sentido, aponta a doutrina que é preciso ter em mente a distinção existente entre a inutilidade decorrente de inadimplemento de obrigação contratual bilateral daquela oriundo de uma obrigação oriunda de um contrato unilateral ou mesmo de um negócio jurídico unilateral[389].

No particular, a inutilidade, ou a destruição do interesse do credor, é mais facilmente aferível no caso de inadimplemento derivado de obrigação decorrente de contrato bilateral, já que pode ser mensurada, de modo objetivo, a partir da ruptura causada no equilíbrio das prestações

envolvidos, de apreciação sob a ótica de uma análise econômica do contrato, do comportamento das partes, e da incidência dos princípios da boa-fé e do fim social do contrato." (cf. R. R. Aguiar Júnior, *Comentários ao novo Código Civil – Dos contratos em geral*, in S. F. Teixeira (coord.), *Comentários ao novo Código Civil*, v. VI, t. II, Rio de Janeiro, Forense, 2011, pp. 528-529).

387 Cf. classificação proposta em J. Martins-Costa, *Comentários ao novo Código Civil – Do inadimplemento das obrigações*, in S. F. Teixeira (coord.), *Comentários ao novo Código Civil*, v. V, t. II, 2ª ed., Rio de Janeiro, Forense, 2009, pp. 364 e ss.

388 Cf. classificação proposta em C. S. Zanetti, *A perda de interesse do credor*, in G. Benetti – A. R. Corrêa – G. Nitschke *et al.* (orgs.), *Direito, Cultura, Método. Leituras da obra de Judith Martins-Costa*, Rio de Janeiro, GZ, 2019.

389 Cf. J. Martins-Costa, *Comentários ao novo Código Civil – Do inadimplemento das obrigações*, in S. F. Teixeira (coord.), *Comentários ao novo Código Civil*, v. V, t. II, 2ª ed., Rio de Janeiro, Forense, 2009, p. 365.

contratadas, na funcionalidade do negócio, enfim, no próprio programa contratual, no qual as partes alocaram os riscos e vantagens de cada qual[390].

Essa mesma análise não será possível quanto aos contratos unilaterais, tampouco com relação aos negócios jurídicos unilaterais, aos quais se aplicam outros critérios, por ser inexistente, por definição, o vínculo sinalagmático a partir do qual o equilíbrio entre prestação e contraprestação pode ser apurado. Com relação a estes, a doutrina aponta que a inutilidade da prestação deve ser medida a partir de outros fatores, notadamente a função econômica do negócio e a sua motivação, desde que objetivamente aferível[391].

4.B. Função econômico-social e âmbito operativo do contrato

O segundo critério identificado pela doutrina para avaliar a utilidade da prestação para o credor refere-se à função econômico-social do contrato e o campo operativo no qual este se insere. Mais especificamente, nessa tarefa, devem-se ponderar as particularidades atinentes ao tipo contratual específico que se tem diante dos olhos, bem assim a área jurídica em que este se insere, se civil ou empresarial, tendo em vista as distintas racionalidades econômicas subjacentes a cada um desses campos[392].

A depender da configuração contratual, a noção de utilidade assumirá contornos distintos e sua apreensão deverá ser feita a partir de diferentes critérios, como ocorre, por exemplo, nos grupos de contratos,

[390] Nesse sentido é a lição de J. Martins-Costa: "a 'inutilidade' do inadimplemento derivado de um contrato pode ser mensurada, objetivamente, à vista das suas repercussões no equilíbrio entre as prestações; na funcionalidade do contrato, implicada no concreto programa negocial, que organiza os riscos e vantagens, os custos e os benefícios de cada parte; na relação de proporcionalidade; na própria licitude, considerada à vista da cláusula geral do art. 187 e, fundamentalmente, na causa, como função econômico-social concreta." (cf. *Comentários ao novo Código Civil – Do inadimplemento das obrigações*, in S. F. Teixeira (coord.), *Comentários ao novo Código Civil*, v. V, t. II, 2ª ed., Rio de Janeiro, Forense, 2009, p. 365).

[391] Cf. J. Martins-Costa, *Comentários ao novo Código Civil – Do inadimplemento das obrigações*, in S. F. Teixeira (coord.), *Comentários ao novo Código Civil*, v. V, t. II, 2ª ed., Rio de Janeiro, Forense, 2009, p. 365.

[392] Cf. J. Martins-Costa, *Comentários ao novo Código Civil – Do inadimplemento das obrigações*, in S. F. Teixeira (coord.), *Comentários ao novo Código Civil*, v. V, t. II, 2ª ed., Rio de Janeiro, Forense, 2009, pp. 365-366.

também chamados galáxias contratuais, ou nos negócios que ostentam complexidade própria, como é o caso do contrato de distribuição[393].

Com efeito, em tais grupos contratuais, organizados em cadeias ou em redes, cuja qualificação jurídica já é tarefa, por si só, complexa, a dificuldade na avaliação da utilidade da prestação para o credor não é negligenciável e deve levar em conta, necessariamente, a relação de conexão existente entre os negócios[394]. Somente dessa forma o intérprete terá mais recursos para aferir se o inadimplemento praticado em um dos contratos que compõem a galáxia ou cadeia atinge ou não a relação negocial como um todo e, mais, qual o impacto deste sobre o interesse do credor.

4.C. Essencialidade do bem

Por fim, a doutrina ainda aponta que, na análise do interesse útil do credor, deve ser levada em conta a essencialidade do bem da vida subjacente a objeto do contrato, como, por exemplo, no seguro de vida, no seguro saúde e no fornecimento de serviços essenciais à população em geral[395].

No particular, convém notar que a essencialidade do bem objeto do contrato não deve ser aferida a partir da perspectiva subjetiva e individual do credor, mas sim objetivamente. Nesse passo, o rol de direitos previsto no artigo 2º, parágrafo único[396], da Lei nº 1.521/1951 ("Lei dos

[393] Cf. J. Martins-Costa, *Comentários ao novo Código Civil – Do inadimplemento das obrigações*, in S. F. Teixeira (coord.), *Comentários ao novo Código Civil*, v. V, t. II, 2ª ed., Rio de Janeiro, Forense, 2009, p. 366.

[394] Cf. J. Martins-Costa, *Comentários ao novo Código Civil – Do inadimplemento das obrigações*, in S. F. Teixeira (coord.), *Comentários ao novo Código Civil*, v. V, t. II, 2ª ed., Rio de Janeiro, Forense, 2009, p. 368.

[395] Cf. J. Martins-Costa, *Comentários ao novo Código Civil – Do inadimplemento das obrigações*, in S. F. Teixeira (coord.), *Comentários ao novo Código Civil*, v. V, t. II, 2ª ed., Rio de Janeiro, Forense, 2009, p. 371.

[396] "Art. 2º. São crimes desta natureza: (...) Parágrafo único. Na configuração dos crimes previstos nesta Lei, bem como na de qualquer outro de defesa da economia popular, sua guarda e seu emprego considerar-se-ão como de primeira necessidade ou necessários ao consumo do povo, os gêneros, artigos, mercadorias e qualquer outra espécie de coisas ou bens indispensáveis à subsistência do indivíduo em condições higiênicas e ao exercício normal de suas atividades. Estão compreendidos nesta definição os artigos destinados à ali-

Crimes contra a Economia Popular") pode servir como guia adequado para se avaliar a essencialidade do bem, a despeito de não exaustivo.

5. Critérios adicionais e análise de grupo de casos típicos

5.A. Critério objetivo: perda do interesse do credor na execução da prestação

Os contratos são celebrados com o objetivo de se perseguir certo propósito. Quando a inobservância do pactuado frustra a possibilidade de se atingir o objetivo comum vislumbrado pelas partes com a celebração do negócio, há inadimplemento definitivo. Em outras palavras, quando a prestação não mais atender aos fins contratados, é dado ao credor recusá-la e pleitear ou o cumprimento pelo seu equivalente pecuniário ou a resolução do negócio[397].

Em linha com os critérios iniciais estudados no item precedente, o ângulo de análise aqui, é o da "*função econômico-social*" da prestação[398].

O grupo de casos que ilustra a perda do interesse do credor pelo critério objetivo é o do descumprimento do termo essencial.

5.A.i. Inobservância de termo essencial

O descumprimento do termo sempre caracteriza inadimplemento. Todavia, para aferir se configura mora ou inadimplemento definitivo, cabe ao intérprete investigar sua importância "*para a perfeita execução da prestação*"[399]. Ou seja, se, a despeito do atraso, o cumprimento intempestivo da obrigação ainda poderá satisfazer o credor ou não.

mentação, ao vestuário e à iluminação, os terapêuticos ou sanitários, o combustível, a habitação e os materiais de construção."

[397] Cf. C. S. Zanetti, *A perda de interesse do credor*, in G. Benetti – A. R. Corrêa – G. Nitschke *et al.* (orgs.), *Direito, Cultura, Método. Leituras da obra de Judith Martins-Costa*, Rio de Janeiro, GZ, 2019, p. 769.

[398] Cf. J. Martins-Costa, *Comentários ao novo Código Civil – Do inadimplemento das obrigações*, in S. F. Teixeira (coord.), *Comentários ao novo Código Civil*, v. V, t. II, 2ª ed., Rio de Janeiro, Forense, 2009, p. 219; C. S. Zanetti, *A perda de interesse do credor*, in G. Benetti – A. R. Corrêa – G. Nitschke *et al.* (orgs.), *Direito, Cultura, Método. Leituras da obra de Judith Martins-Costa*, Rio de Janeiro, GZ, 2019, p. 769.

[399] Cf. C. S. Zanetti, *A perda de interesse do credor*, in G. Benetti – A. R. Corrêa – G. Nitschke *et al.* (orgs.), *Direito, Cultura, Método. Leituras da obra de Judith Martins-Costa*, Rio de Janeiro, GZ, 2019, p. 769.

No mais das vezes, a importância atribuída ao termo é apenas relativa, pois o cumprimento tardio da obrigação costuma atender o interesse do credor. As partes, entretanto, podem pactuar em sentido contrário, fazendo inserir no contrato estipulação a respeito[400], seja na forma de cláusula resolutiva expressa, como permite o artigo 474[401] do Código Civil, seja através do emprego de linguagem que não deixe margem para dúvida quanto à importância atribuída ao cumprimento tempestivo[402]. A essencialidade do termo também pode resultar das circunstâncias particulares do negócio, sempre que a interpretação do pacto levar à conclusão de que o cumprimento tardio frustra o interesse do credor[403].

Os exemplos de escola nesse sentido são muitos[404]. A título ilustrativo, podem ser referidos o caso do indivíduo que, alugando casa de campo para veraneio, só recebe as chaves do imóvel após o início da estação[405]; da publicidade de artigos para a Copa do Mundo concluída somente após o término do campeonato[406]; do artista que chega atra-

[400] Cf. C. S. Zanetti, *A perda de interesse do credor*, in G. Benetti – A. R. Corrêa – G. Nitschke *et al.* (orgs.), *Direito, Cultura, Método. Leituras da obra de Judith Martins-Costa*, Rio de Janeiro, GZ, 2019, p. 770.

[401] "Art. 474. A cláusula resolutiva expressa opera de pleno direito; a tácita depende de interpelação judicial."

[402] F. C. Ponte de Miranda aponta, nesse sentido, que o uso de expressões como "à tal data, impreterivelmente", "no dia marcado, sem falta", "na data exata"; "para ser entregue no dia tal, passado o qual é inútil a prestação", "no dia tal, ao mais tardar" são suficientes para revelar o caráter essencial do termo (cf. *Tratado de direito privado*, t. XXIII, 3ª ed., São Paulo, RT, 1984, pp. 186-187.

[403] Cf. C. S. Zanetti, *A perda de interesse do credor*, in G. Benetti – A. R. Corrêa – G. Nitschke *et al.* (orgs.), *Direito, Cultura, Método. Leituras da obra de Judith Martins-Costa*, Rio de Janeiro, GZ, 2019, p. 770; F. C. Pontes de Miranda, *Tratado de direito privado*, t. XXIII, 3ª ed., São Paulo, RT, 1984, p. 187.

[404] Cf., nesse sentido, ampla compilação feita em C. S. Zanetti, *A perda de interesse do credor*, in G. Benetti – A. R. Corrêa – G. Nitschke *et al.* (orgs.), *Direito, Cultura, Método. Leituras da obra de Judith Martins-Costa*, Rio de Janeiro, GZ, 2019, p. 771.

[405] Cf. F. C. Pontes de Miranda, *Tratado de direito privado*, t. XXIII, 3ª ed., São Paulo, RT, 1984, p. 186.

[406] Cf. A. C. D. D. Zanetti, *Contrato de distribuição – o inadimplemento recíproco*, São Paulo, Atlas, 2015, p. 95.

sado a festival no qual deveria se apresentar[407]; do alfaiate que conclui as fantasias de Carnaval somente após o desfile da escola de samba etc.

No âmbito da compra e venda de mercadorias, pode-se imaginar o exemplo do vendedor que irá comercializar os bens comprados em dada feira de negócios e, portanto, não tem interesse em receber as mercadorias fora da data aprazada. Ou, ainda, o caso do vendedor que se compromete a revender as mercadorias a terceiro que, por sua vez, irá empregá-las em evento marcado para certo dia, propósito que acaba frustrado com o descumprimento do prazo pactuado.

Em todas essas hipóteses, o cumprimento da obrigação após o escoamento do termo fixado no contrato é inútil para atender ao propósito perseguido pelo credor com a celebração do negócio e, como tal, configura inadimplemento definitivo, na linha do que prevê o parágrafo único do artigo 395 do Código Civil.

A preservação do interesse do credor, entretanto, apenas estará assegurada na hipótese de o adimplemento tempestivo vir acompanhado também da observância das disposições referentes ao lugar e modo de cumprimento da prestação[408]. Afinal, somente dessa forma ao credor será entregue, tempestivamente, toda a prestação ajustada.

5.B. Critério subjetivo: perda do interesse do credor na execução da prestação pelo devedor

Por meio do critério subjetivo, a análise da relevância do inadimplemento não se limita ao interesse abstrato do credor na realização da prestação, mas leva em conta seu interesse em que esta seja executada pelo devedor, em razão de circunstâncias que vierem a se materializar após a celebração do pacto[409].

Nesse passo, a doutrina identificou ao menos três grupos de casos nos quais o inadimplemento será definitivo devido à incidência desse crité-

[407] Cf. J. M. Antunes Varela, *Das obrigações em geral*, v. II, 7ª ed., Coimbra, Almedina, 1997, p. 124.

[408] Cf. C. S. Zanetti, *A perda de interesse do credor*, in G. Benetti – A. R. Corrêa – G. Nitschke *et al.* (orgs.), *Direito, Cultura, Método. Leituras da obra de Judith Martins-Costa*, Rio de Janeiro, GZ, 2019, p. 771.

[409] Cf. C. S. Zanetti, *A perda de interesse do credor*, in G. Benetti – A. R. Corrêa – G. Nitschke *et al.* (orgs.), *Direito, Cultura, Método. Leituras da obra de Judith Martins-Costa*, Rio de Janeiro, GZ, 2019, p. 774.

rio subjetivo, seja porque há recusa do devedor em cumprir o pacto, seja porque o credor perdeu a confiança no devedor, seja, ainda, porque o credor está sujeito à ameaça de dano significativo e iminente, como analisado abaixo.

5.B.i. Recusa do devedor

O grupo de casos ora estudado envolve a recusa séria e definitiva do devedor de cumprir a obrigação pactuada junto ao credor, comportamento que viola as exigências da boa-fé, cuja preservação pelos contratantes se impõe e está positivada no artigo 422 do Código Civil.

Nessa hipótese, não havendo margem para assumir que o devedor possa eventualmente voltar atrás em sua recusa, carece de sentido manter o credor preso a vínculo obrigacional fadado ao fracasso, razão pela qual se lhe permite considerar caracterizado o inadimplemento definitivo e, via de consequência, recusar a prestação[410].

Tal recusa pode ser expressa ou tácita, mas, em qualquer hipótese, deve ser concreta e irreversível. Para exemplificar a recusa tácita, a doutrina aponta o caso do vendedor que aliena a terceiro a mercadoria prometida ao credor ou do locatário que deixa o imóvel sem proceder aos reparos previamente assumidos. Ainda haverá recusa tácita se o devedor criar entraves ou exigências arbitrárias ao cumprimento da prestação; afirmar que apenas prestará de forma diversa da pactuada; ou, ainda, se deixar de tomar as providências necessárias ao adimplemento por período de tempo considerável[411].

Com relação à compra e venda de mercadorias, pode-se imaginar o exemplo do vendedor que simplesmente se recusa a prestar por período prolongado de tempo ou, então, daquele que vende a terceiro a mercadoria objeto do contrato.

Nessa seara, assume relevância a fixação de prazos adicionais para que o devedor cumpra a obrigação, providência que, se por si só não é suficiente à configuração imediata do inadimplemento definitivo, cer-

[410] Cf. C. S. ZANETTI, *A perda de interesse do credor*, in G. BENETTI – A. R. CORRÊA – G. NITSCHKE *et al.* (orgs.), *Direito, Cultura, Método. Leituras da obra de Judith Martins-Costa*, Rio de Janeiro, GZ, 2019, p. 775.

[411] Cf. C. S. ZANETTI, *A perda de interesse do credor*, in G. BENETTI – A. R. CORRÊA – G. NITSCHKE *et al.* (orgs.), *Direito, Cultura, Método. Leituras da obra de Judith Martins-Costa*, Rio de Janeiro, GZ, 2019, p. 776.

tamente revela o interesse do credor em receber a prestação e põe em evidência a reiteração da falta pelo devedor, servindo à caracterização da recusa tácita[412].

No particular, muito embora ainda não se tenha chegado o momento de proceder à comparação detida entre os dois regimes, é inevitável recordar dos artigos 47[413], 49(1)(b)[414], 63[415] e

[412] Cf. C. S. Zanetti, *A perda de interesse do credor*, in G. Benetti – A. R. Corrêa – G. Nitschke *et al.* (orgs.), *Direito, Cultura, Método. Leituras da obra de Judith Martins-Costa*, Rio de Janeiro, GZ, 2019, p. 780; J. C. Ferreira da Silva, *Inadimplemento das obrigações – Comentários aos arts. 389 a 420 do Código Civil*, in M. Reale – J. Martins-Costa (coords.), *Coleção biblioteca de direito civil – estudos em homenagem ao professor Miguel Reale*, v. 7, 1ª ed., São Paulo, RT, 2007, pp. 89-90.

[413] "Article 47: (1) The buyer may fix an additional period of time of reasonable length for performance by the seller of his obligations. (2) Unless the buyer has received notice from the seller that he will not perform within the period so fixed, the buyer may not, during that period, resort to any remedy for breach of contract. However, the buyer is not deprived thereby of any right he may have to claim damages for delay in performance."
"Artigo 47: (1) O comprador pode fixar prazo suplementar para que o vendedor cumpra suas obrigações. (2) Salvo se tiver recebido comunicação do vendedor no sentido de que não cumprirá suas obrigações no prazo fixado, o comprador não pode recorrer, dentre desse período, a qualquer dos remédios disponíveis para os casos de inadimplemento contratual. Todavia, o comprador não fica privado de exigir indenização pelo atraso no cumprimento do contrato" (tradução livre para o português).

[414] "Article 49: (1) The buyer may declare the contract avoided: (...) (b) in case of non-delivery, if the seller does not deliver the goods within the period of time fixed by the buyer in accordance with paragraph (1) of article 47 or declares that he will not deliver within the period so fixed."
"Artigo 49: (1) O comprador poderá declarar o contrato resolvido: (...) (b) no caso de atraso na entrega se o vendedor não entregar as mercadorias dentro do prazo suplementar concedido pelo comprador, conforme o parágrafo (1) do artigo 47, ou se declarar que não efetuará a entrega dentro de tal prazo" (tradução livre para o português).

[415] "Article 63: (1) The seller may fix an additional period of time of reasonable length for performance by the buyer of his obligations. (2) Unless the seller has received notice from the buyer that he will not perform within the period so fixed, the seller may not, during that period, resort to any remedy for breach of contract. However, the seller is not deprived thereby of any right he may have to claim damages for delay in performance."
"Artigo 63: (1) O vendedor pode fixar prazo suplementar razoável para que o comprador cumpra suas obrigações. (2) Salvo se tiver recebido comunicação do comprador no sentido de que não cumprirá suas obrigações no prazo fixado, o vendedor não pode recorrer, dentro desse período, a qualquer dos remédios disponíveis para os casos de inadimplemento

64(1)(b)[416] da CISG, que versam sobre a fixação de prazo adicional para cumprimento de obrigações tanto pelo vendedor como pelo comprador, conforme tratado no capítulo 2 da primeira parte desta pesquisa.

Assim, quando for possível identificar a recusa expressa ou tácita do devedor em cumprir a prestação a que se obrigou, ao credor será permitido recusá-la e considerá-la definitivamente inadimplida, podendo, depois, optar pelos remédios previstos no artigo 475 do Código Civil para a hipótese.

5.B.ii. Perda da confiança

A exigência de que os contratantes se comportem de acordo com o princípio da boa-fé objetiva igualmente permite a conclusão de que ao credor é dado recusar a prestação na hipótese de sua confiança no devedor restar justificada e definitivamente abalada[417]. A métrica para avaliar essa situação passa pela análise de quão atentatório à execução da prestação é o comportamento faltoso do devedor, bem como pelo grau de sacrifício que se pode razoavelmente impor ao credor com a tolerância de tal situação[418].

contratual. Todavia, o vendedor não fica privado de exigir indenização pelo atraso no cumprimento do contrato" (tradução livre para o português).

[416] "Article 64: (1) The seller may declare the contract avoided: (...) (b) if the buyer does not, within the additional period of time fixed by the seller in accordance with paragraph (1) of article 63, perform his obligation to pay the price or take delivery of the goods, or if he declares that he will not do so within the period so fixed."

"Artigo 64: (1) O vendedor pode declarar rescindido o contrato se: (...) (b) o comprador não cumprir a obrigação de pagar o preço, ou não receber as mercadorias no prazo suplementar fixado pelo vendedor, de acordo com o parágrafo (1) do artigo 63, ou, ainda, se declarar que não o fará no referido prazo" (tradução livre para o português).

[417] Cf. C. S. Zanetti, *A perda de interesse do credor*, in G. Benetti – A. R. Corrêa – G. Nitschke *et al.* (orgs.), *Direito, Cultura, Método. Leituras da obra de Judith Martins-Costa*, Rio de Janeiro, GZ, 2019, p. 782.

[418] "No âmbito dessa análise subjetiva, a conduta das partes, notadamente a do devedor, há de ser igualmente levada em conta, na medida em que pode ser determinante para a avaliação da confiabilidade que o credor poderá ter na realização e na qualidade da prestação futura e, com isso, na interpretação do grau de sacrifício que é exigível do credor" (cf. J. C. Ferreira da Silva, *Inadimplemento das obrigações – Comentários aos arts. 389 a 420 do Código Civil*, in M. Reale – J. Martins-Costa (coords.), *Coleção biblioteca de direito civil – estudos em homenagem ao professor Miguel Reale*, v. 7, 1ª ed., São Paulo, RT, 2007, p. 88).

A doutrina aponta que a perda de confiança apta a ensejar o inadimplemento definitivo ocorre em, pelo menos, três situações distintas. A primeira se verifica na hipótese de inexecução dolosa. Caso o devedor, intencionalmente, silencie quanto a vícios existentes na coisa ou a propósito de aspectos cuja revelação se impunha, o credor estará autorizado a recusar a prestação e considerar definitivo o inadimplemento praticado, já que não está obrigado a suportar a deslealdade de sua contraparte[419].

É o caso, por exemplo, do vendedor de produtos alimentícios que disponibiliza ao comprador mercadorias deterioradas, ciente de que estas se revelam impróprias para o consumo humano.

A segunda tem lugar quando há inadimplemento reiterado da parte do devedor. Nesses casos, a perda de confiança do credor é, usualmente, justificada, o que lhe autoriza a recusar a prestação e tomar por definitivo o descumprimento[420].

Na compra e venda, pode-se imaginar o caso do comprador que, de modo reiterado e por período considerável de tempo, recusa-se a tomar providências necessárias ao pagamento do preço ou mesmo ao recebimento das mercadorias.

Por fim, a terceira refere-se aos casos de manifesta imperícia, hipótese na qual assumem especial relevância os contratos de tratamento de saúde. Nesse particular, a doutrina indica o exemplo do dentista que, de maneira desnecessária, inflige ao seu paciente dores lancinantes logo no primeiro dia do tratamento. Diante dessa situação, não se pode obrigar o credor a retornar ao mesmo profissional ainda que, em teoria, precise de cuidados médicos[421].

No contexto da compra e venda de mercadorias, ilustra a hipótese a situação do comprador que, tendo pactuado a entrega de diversos carre-

[419] Cf. C. S. Zanetti, *A perda de interesse do credor*, in G. Benetti – A. R. Corrêa – G. Nitschke *et al.* (orgs.), *Direito, Cultura, Método. Leituras da obra de Judith Martins-Costa*, Rio de Janeiro, GZ, 2019, p. 782.

[420] Cf. C. S. Zanetti, *A perda de interesse do credor*, in G. Benetti – A. R. Corrêa – G. Nitschke *et al.* (orgs.), *Direito, Cultura, Método. Leituras da obra de Judith Martins-Costa*, Rio de Janeiro, GZ, 2019, p. 783.

[421] Cf. C. S. Zanetti, *A perda de interesse do credor*, in G. Benetti – A. R. Corrêa – G. Nitschke *et al.* (orgs.), *Direito, Cultura, Método. Leituras da obra de Judith Martins-Costa*, Rio de Janeiro, GZ, 2019, p. 784.

gamentos mensais de roupas de alta costura de determinado fabricante ao longo de vários anos, já nos primeiros lotes recebidos percebe a incapacidade do fornecedor de atender aos requisitos exigidos para o mercado de luxo em que atua, em contrariedade às disposições contratuais quanto à qualidade das mercadorias. Diante de tal constatação, não faz sentido obrigar o vendedor a permanecer vinculado ao contrato quando se pode, desde logo, constatar a inutilidade da prestação pactuada.

Nesse sentido, é correto concluir que a violação à boa-fé e a perda de confiança na capacidade do devedor de executar o pactuado de maneira adequada, quando graves e irremediáveis, afetam a possibilidade de o credor ter seu interesse satisfeito, o que lhe autoriza a reputar definitivo o inadimplemento e rejeitar a prestação descumprida.

5.B.iii. Iminência de danos significativos para o credor

Por fim, o último grupo de casos identificado pela doutrina refere-se à hipótese em que o descumprimento praticado pelo devedor implica a ameaça de danos iminentes e significativos para o credor[422]. Nessa hipótese, credor e devedor têm interesse na realização de uma operação substituta que, de alguma maneira, estanque a fluência de tais prejuízos. O credor porque lhe importa proteger seu patrimônio; o devedor porque, quanto menores forem os prejuízos suportados pelo credor, menor será a indenização devida.

O exemplo de escola citado pela doutrina com suporte no direito alemão é o do encanador que não comparece para reparar o vazamento para o qual foi contratado[423]. Nessa situação, é razoável que o credor providencie a contratação de um terceiro para prontamente executar o conserto necessário à solução do problema. Do contrário, ambas as partes podem ficar sujeitas a prejuízos cuja ocorrência pode ser evitada. Esse raciocínio inclusive está estampado no direito positivo, conforme

[422] Cf. C. S. Zanetti, *A perda de interesse do credor*, in G. Benetti – A. R. Corrêa – G. Nitschke *et al.* (orgs.), *Direito, Cultura, Método. Leituras da obra de Judith Martins-Costa*, Rio de Janeiro, GZ, 2019, p. 785.

[423] Cf. C. S. Zanetti, *A perda de interesse do credor*, in G. Benetti – A. R. Corrêa – G. Nitschke *et al.* (orgs.), *Direito, Cultura, Método. Leituras da obra de Judith Martins-Costa*, Rio de Janeiro, GZ, 2019, p. 785.

se depreende da leitura dos artigos 249, parágrafo único[424], e 251, parágrafo único[425], do Código Civil, que, no âmbito das obrigações de fazer ou não fazer, autorizam o credor, em regime de urgência, a providenciar a execução da prestação diretamente ou por terceiro.

Na compra e venda, pode-se imaginar o caso do comprador que contrata o fornecimento de bens para posterior revenda a seu cliente final, pactuando com este severa multa para o caso de descumprimento do prazo de entrega. Diante do atraso do vendedor na entrega das mercadorias que sugira sua incapacidade de cumprir o prazo inicialmente avençado, o comprador pode realizar possível operação substituta no mercado, com o objetivo de estancar ou impedir a fluência da multa fixada junto ao cliente final.

Assim, nos casos em que o inadimplemento praticado pelo devedor implique riscos sérios e iminentes ao credor e seu patrimônio, este também pode reputar definitivo o incumprimento e rejeitar a prestação, podendo se valer, ainda, dos demais remédios legais previstos para a situação, analisados com maior vagar a seguir.

6. Síntese conclusiva e próximos passos

Os resultados até agora obtidos com essa pesquisa permitem concluir que o adimplemento constitui o momento no qual o interesse objetivo do credor se materializa, a partir da realização ótima, pontual, da prestação, com a execução da conduta de fato devida e que atenda às exigências dos artigos 394 e 395, parágrafo único, do Código Civil[426]. Ou, em outras palavras, quando se realiza o conjunto dos interesses envolvidos na relação contratual, o qual contempla, em primeiro lugar, o interesse

[424] "Art. 249. Se o fato puder ser executado por terceiro, será livre ao credor mandá-lo executar à custa do devedor, havendo recusa ou mora deste, sem prejuízo da indenização cabível. Parágrafo único. Em caso de urgência, pode o credor, independentemente de autorização judicial, executar ou mandar executar o fato, sendo depois ressarcido."

[425] "Art. 251. Praticado pelo devedor o ato, a cuja abstenção se obrigara, o credor pode exigir dele que o desfaça, sob pena de se desfazer à sua custa, ressarcindo o culpado perdas e danos. Parágrafo único. Em caso de urgência, poderá o credor desfazer ou mandar desfazer, independentemente de autorização judicial, sem prejuízo do ressarcimento devido."

[426] Cf. J. Martins-Costa, *Comentários ao novo Código Civil – Do inadimplemento das obrigações*, in S. F. Teixeira (coord.), *Comentários ao novo Código Civil*, v. V, t. II, 2ª ed., Rio de Janeiro, Forense, 2009, p. 105.

do credor, mas, também, interesses juridicamente tutelados do devedor[427].

Constatada a perturbação do adimplemento, como visto, duas situações podem se materializar: a mora ou o inadimplemento definitivo, representando o interesse do credor a fronteira entre um e outro território. A análise da manutenção ou frustração do interesse do credor, longe de poder ser relegada ao arbítrio do julgador ou do próprio credor, deve ser feita à luz de critérios já identificados pela doutrina e abordados acima.

A depender da modalidade de inadimplemento que se tem diante dos olhos, distintas serão as consequências jurídicas aplicáveis ao caso. Na hipótese da mora, ao credor cabe exigir a execução específica da prestação, cumulada com indenização pelos eventuais prejuízos sofridos. Caso se esteja diante de inadimplemento definitivo, tem lugar a execução pelo equivalente ou a resolução contratual, cumuláveis, também, com as perdas e danos. Essas figuras, com ênfase na resolução do negócio e seus pressupostos, serão objeto de análise mais detida no capítulo seguinte.

[427] Cf. J. Martins-Costa, *Comentários ao novo Código Civil – Do inadimplemento das obrigações*, in S. F. Teixeira (coord.), *Comentários ao novo Código Civil*, v. V, t. II, 2ª ed., Rio de Janeiro, Forense, 2009, p. 105.

CAPÍTULO 6
A RESOLUÇÃO CONTRATUAL E AS DEMAIS CONSEQUÊNCIAS DO INADIMPLEMENTO

1. Introdução

Estudadas as características gerais e principais consequências da mora e do inadimplemento definitivo, como visto no item precedente, este capítulo agora se ocupará da disciplina geral dos remédios reservados pelo ordenamento jurídico para as hipóteses de descumprimento contratual.

Dado o escopo deste trabalho, é a resolução o remédio que para nós mais de perto interessa. Não obstante, seu estudo não estaria completo se não nos voltássemos, também, para as demais alternativas colocadas à disposição do contratante lesado, de maneira a apresentar o estado atual do direito brasileiro a propósito do assunto.

Com esse propósito em mente, será analisada, primeiro, a hipótese de execução coativa da obrigação, cabível quando o inadimplemento praticado se insere nos limites da mora e, portanto, a prestação cujo cumprimento será forçado é possível, não excessivamente onerosa e ainda interessa ao credor.

Na sequência, serão estudadas as figuras do cumprimento pelo equivalente e da resolução contratual, que têm lugar somente diante do inadimplemento definitivo do devedor, isto é, quando já frustrado o interesse do credor no cumprimento da prestação. No primeiro caso, o devedor passa a responder por uma prestação substitutiva de natureza pecuniária. Neste, a opção exercida pelo credor põe fim ao vínculo existente entre as partes.

Em qualquer hipótese, se preenchidos os pressupostos aplicáveis à espécie, o credor pode, ainda, fazer jus ao pagamento de perdas e danos.

A composição destas, entretanto, será distinta a depender da modalidade de inadimplemento que se tem diante dos olhos, bem como da opção exercida pelo credor, como se verá a seguir.

2. Execução forçada da obrigação

A execução coativa da obrigação funda-se no princípio do *pacta sunt servanda* e tem lugar sempre que, não realizada no tempo, lugar ou modo convencionados, a prestação, ainda assim, atenda ao interesse útil do credor. A medida apenas faz sentido se inserida no campo da mora, já que, diante do inadimplemento definitivo, a execução da obrigação, forçada ou não, não mais é possível, hipótese na qual outros remédios são colocados à disposição do credor.

Nesse sentido, o cumprimento *in natura* insere-se no "*primeiro momento*" do descumprimento obrigacional[428] e deve ser perseguido em detrimento de outros remédios previstos no ordenamento jurídico para aplacar o inadimplemento contratual. Não se trata de opção do credor, portanto. Enquanto conservado seu interesse na prestação, tem ele de buscar sua execução específica por ser esta a única tutela admissível, já que o ordenamento pressupõe que esta seja adequada para proteger a esfera jurídica do contratante inocente[429]. Afinal, a execução específica almeja o próprio cumprimento da obrigação pactuada, presumivelmente desejada pelo credor, ainda que tal execução seja tardia e forçada[430]. Frustrado o interesse do credor de maneira irremediável, passando-se do campo da mora para o inadimplemento definitivo, a execução forçada deixa de fazer sentido e outras alternativas lhe serão apresentadas.

Ao direito de exigir o cumprimento forçado da obrigação, soma-se a possibilidade de exigir reparação pelos danos decorrentes do inadimplemento, ou seja, indenização pelos prejuízos moratórios, como exposto no item 2D supra, no qual foram analisadas as consequências da mora. As perdas e danos, nesse caso, compõem o interesse positivo do credor,

[428] A expressão é de R. C. Steiner, *Interesse positivo e interesse negativo: a reparação de danos no Direito Privado brasileiro*, Tese, São Paulo, USP, 2016, p. 260.

[429] Para uma discussão pormenorizada da questão, cf. R. C. Steiner, *Interesse positivo e interesse negativo: a reparação de danos no Direito Privado brasileiro*, Tese, São Paulo, USP, 2016, pp. 260-263.

[430] Cf. A. C. D. D. Zanetti, *Contrato de distribuição – o inadimplemento recíproco*, São Paulo, Atlas, 2015, p. 107.

como será melhor detalhado adiante, e, como tal, buscam colocá-lo na posição em que estaria se o contrato houvesse sido cumprido de forma espontânea.

A depender da modalidade da obrigação objeto da relação contratual, as consequências decorrentes de seu cumprimento forçado variarão. Assim, nos subitens que seguem, serão brevemente analisadas as particularidades atinentes às obrigações de dar, obrigações pecuniárias, bem como às obrigações de fazer e não fazer.

2.A. Obrigações de dar

As obrigações de dar são aquelas pelas quais as partes ajustam a entrega de um bem ou a transferência de um direito[431]. Podem elas se referir a coisa certa ou incerta. Certa é a coisa individualizada, de maneira que as características pactuadas pelas partes só se encontram na coisa que se há de prestar[432]. Incerta é a coisa que não possui tais características, embora se possa determinar seu gênero e quantidade, nos termos do art. 243[433] do Código Civil.

No âmbito do contrato de compra e venda de mercadorias, é exemplo de obrigação de dar coisa certa o fornecimento de gravuras numeradas e assinadas pelo artista com o propósito de revenda em determinada galeria de arte.

A obrigação só será cumprida, portanto, com a entrega do bem específico indicado no contrato. Trata-se de modalidade de obrigação que se relaciona de modo íntimo com a noção de exatidão no prestar, estampada no artigo 313[434] do Código Civil.

Nesse sentido, se a coisa vier a se perder não será possível a entrega de outra em substituição, frustrando-se a possibilidade de cumprimento específico e, consequentemente, execução forçada da obrigação. Diferentes, contudo, serão as consequências se a perda for imputável ao devedor ou não. Se inimputável, a obrigação resolve-se; se imputável, ao

[431] Cf. A. C. D. D. Zanetti, *Contrato de distribuição – o inadimplemento recíproco*, São Paulo, Atlas, 2015, p. 109.

[432] Cf. F. C. Pontes de Miranda, *Tratado de Direito Privado*, t. XXII, 3ª ed., São Paulo, RT, 1984, p. 86.

[433] "Art. 243. A coisa incerta será indicada, ao menos, pelo gênero e pela quantidade."

[434] "Art. 313. O credor não é obrigado a receber prestação diversa da que lhe é devida, ainda que mais valiosa."

credor é dado exigir a substituição da prestação original por uma equivalente de natureza pecuniária, além de reparação pelos danos suportados, nos termos do artigo 234[435] do Código Civil. Da leitura conjugada de tal dispositivo legal com o artigo 475[436] também do Código, emerge a conclusão de que, nessa hipótese, igualmente é dado ao credor pleitear a resolução do contrato por inadimplemento, já que frustrado seu interesse com a relação obrigacional.

No caso de a coisa certa não se perder, mas apenas se deteriorar, também serão distintas as consequências aplicáveis a depender da imputabilidade de tal fato ao devedor ou não. Se inimputável, igualmente aqui se resolve a obrigação ou, então, ao credor é dado aceitar a coisa, mediante abatimento do preço proporcional à desvalorização sofrida em razão da deterioração. Já, se houver imputabilidade, pode o credor exigir o cumprimento da obrigação pelo seu equivalente pecuniário, aceitar a coisa no estado em que se encontra com o abatimento do preço ou resolver o negócio, sendo-lhe permitido, ainda, reclamar indenização pelos prejuízos sofridos. Tudo como previsto nos artigos 235[437], 236[438] e 475 do Código Civil.

Sempre que a execução coativa da obrigação de dar coisa certa for viável, esta deverá observar o procedimento estabelecido nos arts. 806 e seguintes do Código de Processo Civil que se pauta, essencialmente, pelo meio executório de desapossamento[439]. Nesse particular, vale observar que é permitida a fixação de multa cominatória diária para

[435] "Art. 234. Se, no caso do artigo antecedente, a coisa se perder, sem culpa do devedor, antes da tradição, ou pendente a condição suspensiva, fica resolvida a obrigação para ambas as partes; se a perda resultar de culpa do devedor, responderá este pelo equivalente e mais perdas e danos."

[436] "Art. 475. A parte lesada pelo inadimplemento pode pedir a resolução do contrato, se não preferir exigir-lhe o cumprimento, cabendo, em qualquer dos casos, indenização por perdas e danos."

[437] "Art. 235. Deteriorada a coisa, não sendo o devedor culpado, poderá o credor resolver a obrigação, ou aceitar a coisa, abatido de seu preço o valor que perdeu."

[438] "Art. 236. Sendo culpado o devedor, poderá o credor exigir o equivalente, ou aceitar a coisa no estado em que se acha, com direito a reclamar, em um ou em outro caso, indenização das perdas e danos."

[439] Cf. A. C. D. D. Zanetti, *Contrato de distribuição – o inadimplemento recíproco*, São Paulo, Atlas, 2015, p. 112.

constranger o devedor ao cumprimento da obrigação, como previsto no artigo 806, § 1º[440], do Código de Processo Civil.

Em contrapartida, e como se adiantou, incerta é a coisa cujas especificações as partes não esgotaram no contrato, mas indicaram-na, ao menos, pelo gênero e pela quantidade. Nesse caso, quaisquer das coisas dentro de um mesmo grupo podem satisfazer a prestação assumida pelo devedor.

Novamente no âmbito do contrato de compra e venda de mercadorias, pode-se imaginar a obrigação assumida pelo devedor de fornecer ao credor 200 pares de sapatos de couro, em cor marrom e nos tamanhos 37 e 38. Não há nada na especificação ajustada pelas partes que impeça que os pares de sapatos não possam ser substituídos por outros que apresentem as mesmas características gerais. É dizer, não há nada que os individualize no âmbito da universalidade de sapatos de couro, em cor marrom e de tamanhos 37 e 38.

A obrigação de dar coisa incerta, entretanto, torna-se certa a partir do momento em que forem determinados os bens a serem entregues ao credor, como previsto no artigo 245[441] do Código Civil e secundado pelo artigo 811[442] do Código de Processo Civil. Trata-se do fenômeno da concretização, como apontado pela doutrina[443], o que, salvo disposição

440 "Art. 806. O devedor de obrigação de entrega de coisa certa, constante de título executivo extrajudicial, será citado para, em 15 (quinze) dias, satisfazer a obrigação. § 1º Ao despachar a inicial, o juiz poderá fixar multa por dia de atraso no cumprimento da obrigação, ficando o respectivo valor sujeito a alteração, caso se revele insuficiente ou excessivo."

441 "Art. 245. Cientificado da escolha o credor, vigorará o disposto na Seção antecedente."

442 "Art. 811. Quando a execução recair sobre coisa determinada pelo gênero e pela quantidade, o executado será citado para entregá-la individualizada, se lhe couber a escolha. Parágrafo único. Se a escolha couber ao exequente, esse deverá indicá-la na petição inicial."

443 "O conceito de 'escolha' nos arts. 875-877 não é o mesmo dos arts. 884 e 887. Ali, por se tratar de escolha dentro do gênero ou do subgênero (espécie), não há escolha entre duas prestações: há escolha *interna*. Nos arts. 884 (escolha pelo devedor, nas obrigações alternativas) e 887 (escolha pelo credor, nas obrigações alternativas), a escolha é *externa*. Não há, nos arts. 875-877, escolha entre *a* e *b*, ou entre *a*, *b* e *c*, mas apenas dentro de *a*, ou de *b*, ou de *c*. Em verdade, não se escolhe: presta-se o que está em *a* e qualquer elemento de *a* satisfaz (prestabilidade objetiva). A escolha nos arts. 875-877, é *concretização*; não, pròpriamente, escolha. O devedor concretiza numa coisa a prestação, de modo que tal concretização torna

contratual em contrário, cabe ao devedor, nos termos do artigo 244[444] também do Código Civil. Até o momento da concretização, o devedor não pode isentar-se da obrigação assumida pela alegação de perda ou deterioração da coisa, ainda que por força maior ou caso fortuito, como prevê o artigo 246[445] do Código Civil.

A partir do momento em que a concretização se realiza, entretanto, a obrigação inicialmente incerta deixa de sê-lo, atraindo o regime aplicável às obrigações de dar coisa certa com as particularidades anteriormente indicadas, conforme determina o artigo 245[446] do Código Civil. O procedimento para execução forçada da obrigação de dar coisa incerta também pressupõe a prévia concretização do bem, de acordo com o artigo 811 do Código de Processo Civil.

A execução forçada da obrigação de dar é qualificada pela doutrina como tutela perfeita[447]. Isso porque basta que a coisa devida possa ser localizada para que se determine o cumprimento coativo da obrigação inadimplida. Ou seja, a conduta do devedor é passível de substituição e o interesse do credor é direta e efetivamente tutelado[448].

2.B. Obrigações pecuniárias

A despeito de as obrigações pecuniárias não integrarem uma categoria específica na clássica divisão tripartite das obrigações, convém examiná-

certa a coisa, que era incerta." (cf. F. C. Pontes de Miranda, *Tratado de Direito Privado,* t. XXII, 3ª ed., São Paulo, RT, 1984, p. 102).

[444] "Art. 244. Nas coisas determinadas pelo gênero e pela quantidade, a escolha pertence ao devedor, se o contrário não resultar do título da obrigação; mas não poderá dar a coisa pior, nem será obrigado a prestar a melhor."

[445] "Art. 246. Antes da escolha, não poderá o devedor alegar perda ou deterioração da coisa, ainda que por força maior ou caso fortuito."

[446] "Art. 245. Cientificado da escolha o credor, vigorará o disposto na Seção antecedente."

[447] Cf. C. S. Zanetti, *Cumplimento forzado de las obligaciones contractuales de carácter no pecuniario: la experiencia brasileña,* in A. Vidal O. – R. Momberg U. (coords.), *Cumplimiento específico y ejecución forzada del contrato – De lo sustantivo a lo procesal,* Valparaíso, Ediciones Universitarias de Valparaiso, pp. 436-437.

[448] Cf. C. S. Zanetti, *Cumplimento forzado de las obligaciones contractuales de carácter no pecuniario: la experiencia brasileña,* in A. Vidal O. – R. Momberg U. (coords.), *Cumplimiento específico y ejecución forzada del contrato – De lo sustantivo a lo procesal,* Valparaíso, Ediciones Universitarias de Valparaiso, pp. 436-437.

-las em destacado em razão da relevância e frequência que ostentam no tráfego comercial usual[449].

Em termos conceituais, obrigações pecuniárias são aquelas pelas quais as partes ajustam a transferência de certa soma em dinheiro, tomada, exclusivamente, pelo seu valor monetário. Nesse sentido, devem ser distinguidas das obrigações de dar que recaiam sobre o dinheiro[450].

No contrato de compra e venda de mercadorias, as obrigações pecuniárias assumem posição de destaque, já que, por definição, a contraprestação a ser realizada pelo comprador deve representar certo preço em dinheiro, na forma do artigo 481[451] do Código Civil.

Dada a natureza fungível do dinheiro, as obrigações pecuniárias não comportam a alegação de impossibilidade superveniente da prestação, já que sempre será objetivamente possível a entrega da soma acordada. A afirmação é verdadeira ainda que a moeda indicada no negócio venha a deixar de existir, já que é viável sua conversão para outra e o consequente cumprimento da obrigação[452].

No que diz respeito à execução coativa das obrigações pecuniárias, esta é disciplinada pelos artigos 824 a 826 do Código de Processo Civil e se realiza mediante a expropriação de bens do devedor[453], através de adjudicação, alienação ou apropriação de frutos e rendimentos de suas empresas, estabelecimentos ou outros bens[454]. O devedor pode, a qualquer tempo antes de efetivada a adjudicação ou alienação dos bens,

[449] As observações nesse sentido são de A. C. D. D. Zanetti, *Contrato de distribuição – o inadimplemento recíproco*, São Paulo, Atlas, 2015, p. 113.

[450] Para bem distinguir entre as duas modalidades de obrigações em tela, a doutrina exemplifica que não é pecuniária "a obrigação assumida por determinado sujeito de entregar 50 moedas de ouro datadas de certo ano. Trata-se, nesse caso, de uma obrigação de dar." (cf. A. C. D. D. Zanetti, *Contrato de distribuição – o inadimplemento recíproco*, São Paulo, Atlas, 2015, p. 113).

[451] "Art. 481. Pelo contrato de compra e venda, um dos contratantes se obriga a transferir o domínio de certa coisa, e o outro, a pagar-lhe certo preço em dinheiro."

[452] Cf. A. C. D. D. Zanetti, *Contrato de distribuição – o inadimplemento recíproco*, São Paulo, Atlas, 2015, p. 114.

[453] "Art. 824. A execução por quantia certa realiza-se pela expropriação de bens do executado, ressalvadas as execuções especiais."

[454] "Art. 825. A expropriação consiste em: I – adjudicação; II – alienação; III – apropriação de frutos e rendimentos de empresas ou de estabelecimentos e de outros bens."

remir a execução pagando ou consignando o montante atualizado da dívida[455].

2.C. Obrigações de fazer

As obrigações de fazer são aquelas que implicam a realização de uma atividade material[456] e podem envolver tanto atos pessoais do devedor como objetos[457]. No âmbito do contrato de compra e venda de mercadorias, pode-se imaginar, como exemplos de obrigação de fazer, a obrigação eventualmente assumida pelo vendedor de entregar os bens acondicionados em determinada embalagem ou, ainda, de prestar informações técnicas atinentes aos produtos.

As obrigações de fazer podem ser objeto de execução forçada, conforme prevê o artigo 815[458] do Código de Processo Civil. O procedimento a ser adotado, todavia, sofrerá variações a depender da hipótese de se tratar de obrigação fungível ou infungível.

Caso a obrigação seja fungível, o credor poderá requerer ao órgão dotado de poder jurisdicional que terceiro a execute à custa do devedor. Afinal, para a satisfação de seu interesse é suficiente o fato da prestação por si só, pouco relevando quem a execute. Essa é a disciplina estampada nos artigos 249, *caput*[459], do Código Civil e 816[460] e

[455] "Art. 826. Antes de adjudicados ou alienados os bens, o executado pode, a todo tempo, remir a execução, pagando ou consignando a importância atualizada da dívida, acrescida de juros, custas e honorários advocatícios."

[456] Cf. A. C. D. D. Zanetti, *Contrato de distribuição – o inadimplemento recíproco*, São Paulo, Atlas, 2015, p. 114.

[457] Cf. F. C. Pontes de Miranda, *Tratado de Direito Privado*, t. XXII, 3ª ed., São Paulo, RT, 1984, p. 73.

[458] "Art. 815. Quando o objeto da execução for obrigação de fazer, o executado será citado para satisfazê-la no prazo que o juiz lhe designar, se outro não estiver determinado no título executivo."

[459] "Art. 249. Se o fato puder ser executado por terceiro, será livre ao credor mandá-lo executar à custa do devedor, havendo recusa ou mora deste, sem prejuízo da indenização cabível."

[460] "Art. 816. Se o executado não satisfizer a obrigação no prazo designado, é lícito ao exequente, nos próprios autos do processo, requerer a satisfação da obrigação à custa do executado ou perdas e danos, hipótese em que se converterá em indenização. Parágrafo único. O valor das perdas e danos será apurado em liquidação, seguindo-se a execução para cobrança de quantia certa."

817[461] do Código de Processo Civil. Em caso de urgência, a execução da obrigação por terceiro inclusive prescinde de autorização judicial, de acordo com o disposto no parágrafo único[462] do artigo 249 do Código Civil.

Em contrapartida, caso a obrigação de fazer seja infungível, ou personalíssima, a execução forçada da prestação limita-se à imposição de atos indiretos, já que não é possível constranger inteiramente o devedor a realizar a prestação tal qual pactuada contra sua vontade. Nesse particular, assume relevância a possibilidade de o juiz fixar multa diária para estimular o cumprimento da obrigação pelo devedor, como previsto no artigo 814[463] do Código de Processo Civil.

Na hipótese de a recusa de prestar por parte do devedor se revelar definitiva, a execução coativa da prestação deixa de ser possível e esta deverá ser substituída por uma prestação equivalente de natureza pecuniária, fazendo o credor jus, ainda, à indenização pelos prejuízos suportados, de acordo com os artigos 247[464] do Código Civil e 821, parágrafo único[465], do Código de Processo Civil.

Finalmente, se houver impossibilidade superveniente da prestação, esta se resolverá. Caso a impossibilidade seja imputável ao devedor, este

461 "Art. 817. Se a obrigação puder ser satisfeita por terceiro, é lícito ao juiz autorizar, a requerimento do exequente, que aquela a satisfaça à custa do executado. Parágrafo único. O exequente adiantará as quantias previstas na proposta que, ouvidas as partes, o juiz houver aprovado."

462 "Art. 249. (...) Parágrafo único. Em caso de urgência, pode o credor, independentemente de autorização judicial, executar ou mandar executar o fato, sendo depois ressarcido."

463 "Art. 814. Na execução de obrigação de fazer ou de não fazer fundada em título extrajudicial, ao despachar a inicial, o juiz fixará multa por período de atraso no cumprimento da obrigação e a data a partir da qual será devida. Parágrafo único. Se o valor da multa estiver previsto no título e for excessivo, o juiz poderá reduzi-lo."

464 "Art. 247. Incorre na obrigação de indenizar perdas e danos o devedor que recusar a prestação a ele só imposta, ou só por ele exeqüível."

465 "Art. 821. Na obrigação de fazer, quando se convencionar que o executado a satisfaça pessoalmente, o exequente poderá requerer ao juiz que lhe assine prazo para cumpri-la. Parágrafo único. Havendo recusa ou mora do executado, sua obrigação pessoal será convertida em perdas e danos, caso em que se observará o procedimento de execução por quantia certa."

responderá, ainda, por perdas e danos, como disciplinado no art. 248 do Código Civil[466].

Nesse passo, a doutrina qualifica a execução forçada das obrigações de fazer como uma tutela menos que perfeita, em comparação à tutela das obrigações de dar[467]. Afinal, é mais fácil retirar do devedor uma coisa que esteja em sua posse do que constrangê-lo a realizar determinada conduta. Assim, é possível que a tutela do direito do credor ao cumprimento específico da obrigação de fazer encontre dificuldades que não possam ser totalmente superadas[468].

2.D. Obrigações de não fazer

Por fim, temos as obrigações de não fazer, que são aquelas que representam uma abstenção, razão pela qual são também chamadas de obrigações negativas[469]. O devedor, assim, assume a obrigação de prestar um comportamento omissivo, consistente em um não fazer ou não dar[470].

No contrato de compra e venda de mercadorias, é exemplo de obrigação de não fazer eventual obrigação de exclusividade assumida pelo vendedor, que pode estar adstrito a apenas fornecer determinados bens para o comprador e não para terceiros.

Como a nomenclatura sugere, a obrigação de não fazer é descumprida exatamente quando o devedor performa o ato a cuja abstenção se obrigou, como indica o artigo 390[471] do Código Civil. Nesse particu-

[466] "Art. 248. Se a prestação do fato tornar-se impossível sem culpa do devedor, resolver-se-á a obrigação; e por culpa dele, responderá por perdas e danos."

[467] Cf. C. S. Zanetti, *Cumplimento forzado de las obligaciones contractuales de carácter no pecuniario: la experiencia brasileña*, in A. Vidal O. – R. Momberg U. (coords.), *Cumplimiento específico y ejecución forzada del contrato – De lo sustantivo a lo procesal*, Valparaíso, Ediciones Universitarias de Valparaiso, p. 441.

[468] Cf. C. S. Zanetti, *Cumplimento forzado de las obligaciones contractuales de carácter no pecuniario: la experiencia brasileña*, in A. Vidal O. – R. Momberg U. (coords.), *Cumplimiento específico y ejecución forzada del contrato – De lo sustantivo a lo procesal*, Valparaíso, Ediciones Universitarias de Valparaiso, p. 441.

[469] Cf. F. C. Pontes de Miranda, *Tratado de Direito Privado*, t. XXII, 3ª ed., São Paulo, RT, 1984, p. 113.

[470] Cf. A. C. D. D. Zanetti, *Contrato de distribuição – o inadimplemento recíproco*, São Paulo, Atlas, 2015, p. 116.

[471] "Art. 390. Nas obrigações negativas o devedor é havido por inadimplente desde o dia em que executou o ato de que se devia abster."

lar, diverge a doutrina quanto aos contornos que o inadimplemento da obrigação negativa pode assumir, debatendo-se se este pode representar simples mora ou se sempre leva ao inadimplemento definitivo, já que o interesse do credor invariavelmente se frustraria com a prática do ato proibido[472].

A nosso ver, a incompatibilidade anunciada não existe, comportando as obrigações negativas ambas as modalidades de descumprimento, mora e inadimplemento definitivo. Isso, porque, a despeito da prática do ato, o credor pode ter seu interesse preservado e a situação ser remediada pelo desfazimento da conduta vedada. Para seguir no exemplo indicado acima, basta pensar que o vendedor de fato chega a fornecer a terceiro as mercadorias sobre as quais pairava o direito de exclusividade do comprador, porém a situação é descoberta e remediada antes que o terceiro possa comercializar os bens. Houve violação ao direito de exclusividade e, portanto, descumprimento da obrigação de não fazer, porém o interesse do credor na prestação negativa não foi definitivamente destruído.

O ordenamento jurídico reflete essa possibilidade ao prever que, praticado o ato proibido, o credor possa compelir o devedor ao seu desfazimento, nos termos dos artigos 251[473] do Código Civil e 822[474] do Código

[472] Pela incompatibilidade da mora com o inadimplemento de obrigações negativas colocam-se A. Alvim, *Da inexecução das obrigações e suas consequências*, 5ª ed., São Paulo, Saraiva, 1980, pp. 133-134; e A. Assis, *Resolução do contrato por inadimplemento*, 5ª ed., São Paulo, RT, 2013, p. 112. Pela compatibilidade das duas figuras estão F. C. Pontes de Miranda, *Tratado de Direito Privado*, t. XXII, 3ª ed., São Paulo, RT, 1984, pp. 118-119; J. Martins--Costa, *Comentários ao novo Código Civil – Do inadimplemento das obrigações*, in S. F. Teixeira (coord.), *Comentários ao novo Código Civil*, v. V, t. II, 2ª ed., Rio de Janeiro, Forense, 2009, p. 249; G.E. Nanni, *Inadimplemento absoluto e resolução contratual*, RT, 2021, pp. 103-108; A. C. D. D. Zanetti, *Contrato de distribuição – o inadimplemento recíproco*, São Paulo, Atlas, 2015, p. 117.

[473] "Art. 251. Praticado pelo devedor o ato, a cuja abstenção se obrigara, o credor pode exigir dele que o desfaça, sob pena de se desfazer à sua custa, ressarcindo o culpado perdas e danos. Parágrafo único. Em caso de urgência, poderá o credor desfazer ou mandar desfazer, independentemente de autorização judicial, sem prejuízo do ressarcimento devido."

[474] "Art. 822. Se o executado praticou ato a cuja abstenção estava obrigado por lei ou por contrato, o exequente requererá ao juiz que assine prazo ao executado para desfazê-lo."

de Processo Civil. De modo ainda mais específico, o artigo 823[475] da lei processual disciplina de maneira distinta as consequências da mora, quando o desfazimento do ato praticado ainda é possível, e do inadimplemento definitivo, determinando a resolução da obrigação em perdas e danos a partir do momento em que tal possibilidade deixar de existir.

No domínio das obrigações negativas, portanto, a execução coativa da prestação assume contornos distintos, já que não se volta a compelir o devedor a executar determinado ato, mas sim a desfazer a conduta ilegalmente praticada. Trata-se, assim, de execução para aplacar as consequências materiais da transgressão do devedor[476].

Cabem aqui, contudo, as mesmas observações feitas acima com relação à execução das obrigações de fazer representar uma tutela menos que perfeita[477]. Isso, porque nem sempre será possível constranger o devedor a desfazer o ato ilegalmente praticado, de maneira que a tutela do credor de obrigação de não fazer também pode encontrar certos óbices, hipótese na qual a obrigação se resolverá.

Estudados os contornos da execução específica nas várias modalidades de obrigação contempladas no ordenamento jurídico brasileiro, conclui-se que esta busca remediar as consequências decorrentes da mora no cumprimento da prestação. Afinal, a execução coativa pressupõe que a obrigação seja realizada ou as consequências do ato proibido desfeitas, ainda que de maneira forçada em ambos os casos, com proveito para o credor. Cumpre-nos, agora, analisar as demais consequências que podem advir do inadimplemento contratual.

[475] "Art. 823. Havendo recusa ou mora do executado, o exequente requererá ao juiz que mande desfazer o ato à custa daquele, que responderá por perdas e danos. Parágrafo único. Não sendo possível desfazer-se o ato, a obrigação resolve-se em perdas e danos, caso em que, após a liquidação, se observará o procedimento de execução por quantia certa."

[476] Cf. A. C. D. D. Zanetti, *Contrato de distribuição – o inadimplemento recíproco*, São Paulo, Atlas, 2015, p. 118.

[477] Cf. C. S. Zanetti, *Cumplimento forzado de las obligaciones contractuales de carácter no pecuniario: la experiencia brasileña*, in A. Vidal O. – R. Momberg U. (coords.), *Cumplimiento específico y ejecución forzada del contrato – De lo sustantivo a lo procesal*, Valparaíso, Ediciones Universitarias de Valparaiso, p. 441.

3. Cumprimento pelo equivalente

Constatado o inadimplemento definitivo, com a frustração do interesse do credor ou a impossibilidade superveniente da prestação, a execução *in natura* deixará de ser possível, abrindo-se ao credor duas alternativas, conforme disposto no artigo 475 do Código Civil: a execução pelo equivalente, de um lado, e a resolução contratual de outro[478].

Aqui, diferentemente do que se passa no cumprimento específico, eleito pelo ordenamento como opção prioritária a se seguir, o credor tem o direito potestativo de escolher entre o equivalente e a resolução do negócio conforme melhor lhe aprouver[479], desde que preenchidos os pressupostos de cada uma dessas figuras, naturalmente.

Ao optar pelo cumprimento pelo equivalente, o credor pode obter o resultado almejado com a celebração do negócio, porém frustrado pelo inadimplemento do devedor ou pela impossibilidade da prestação. A obtenção de tal se dá por meio de uma prestação de natureza pecuniária equivalente a tudo o que o credor obteria ou, então, teria deixado de perder na hipótese de o negócio ser regularmente cumprido[480]. A relação contratual, nesse sentido, transforma-se, e a obrigação original

[478] "Diante do inadimplemento absoluto imputável a uma das partes, o ordenamento confere ao contratante inocente duas alternativas principais, ambas previstas no art. 475 do CC. Em primeiro lugar, o contratante pode optar pela execução do pactuado. Naturalmente, não se tem em mente, agora, a execução específica, mas sim a chamada execução pelo equivalente, graças à qual o credor pode obter o resultado projetado com a celebração do contrato, mediante o recebimento de uma prestação pecuniária. Tem lugar, aqui, o efeito geral e típico do inadimplemento imputável, previsto no art. 389 do CC. (...) Na hipótese de a execução pelo equivalente não lhe convir, o contratante inocente pode optar pela resolução da relação contratual." (cf. C. S. Zanetti, *A transformação da mora em inadimplemento absoluto*, in RT 942/2014, pp. 135-136).

[479] Cf. R. C. Steiner, *Interesse positivo e interesse negativo: a reparação de danos no Direito Privado brasileiro*, Tese, São Paulo, USP, 2016, p. 266, anotando, entretanto, não ser tal posição isenta de controvérsias.

[480] "Nessa hipótese, a relação contratual se transforma, para obrigar a parte culpada a efetuar prestação equivalente a tudo o que o credor obteria ou teria deixado de perder se o contrato tivesse sido integralmente cumprido. O cálculo da indenização é voltado a proporcionar ao credor a satisfação que lhe foi negada pelo inadimplemento alheio." (cf. C. S. Zanetti, *A transformação da mora em inadimplemento absoluto*, in RT 942/2014, p. 136).

é substituída pela prestação de seu equivalente pecuniário[481]. Em outras palavras, pela prestação de seu "*equivalente econômico-jurídico*"[482].

A opção do credor pela execução pelo equivalente pode ser classificada como uma demanda de cumprimento do contrato, ao contrário do que se verifica com a resolução, estudada mais adiante. Nesse sentido, é importante ter em mente que, ao escolher esse caminho, o credor não se libera da contraprestação assumida perante o devedor. Afinal, como se disse, a prestação pecuniária vem no lugar da prestação original. O sinalagma, portanto, se mantém[483].

Ao lado da execução pelo equivalente, o credor pode ainda obter reparação pelos prejuízos decorrentes do inadimplemento contratual praticado. Da mesma forma que ocorre com o cálculo do equivalente pecuniário, a indenização, nesse caso, também tem em mira colocar o credor na situação em que estaria se o contrato tivesse sido cumprido. Volta-se, portanto, à composição do interesse contratual positivo[484], analisado com maior minúcia no item 5.A infra.

4. Resolução contratual

Como se adiantou, além do cumprimento pelo equivalente, o artigo 475 do Código Civil faculta ao contratante lesado pelo inadimplemento definitivo do devedor também optar pela resolução do contrato, observados certos pressupostos que serão analisados a seguir.

Eleita a via resolutória, esta põe fim à relação contratual, extinguindo-a. Dela decorrem dois efeitos principais. O primeiro volta-se à liberação do contratante inocente das obrigações assumidas sob a égide

481 Cf. A. C. D. D. ZANETTI, *Contrato de distribuição – o inadimplemento recíproco*, São Paulo, Atlas, 2015, p. 120.

482 Cf. J. M. ANTUNES VARELA, *Das obrigações em geral*, v. II, 7ª ed., Coimbra, Almedina, 1997, p. 152.

483 Cf. R. C. STEINER, *Interesse positivo e interesse negativo: a reparação de danos no Direito Privado brasileiro*, Tese, São Paulo, USP, 2016, p. 264.

484 Cf. C. S. ZANETTI, *A transformação da mora em inadimplemento absoluto*, in RT 942/2014, p. 136; R. C. STEINER, *Interesse positivo e interesse negativo: a reparação de danos no Direito Privado brasileiro*, Tese, São Paulo, USP, 2016, p. 264.

do contrato. Trata-se da eficácia liberatória[485]. A partir da resolução, portanto, as partes deixam de estar obrigadas a cumprir o pactuado.

Já o segundo efeito decorrente da resolução é o restituir as partes ao estado em que se encontravam antes da celebração do negócio. É dizer, a resolução objetiva extirpar do mundo jurídico o negócio inadimplido de modo definitivo (ou, então, cujo cumprimento se tornou objetivamente impossível ou fulminado pela onerosidade excessiva, como visto anteriormente) e, para tanto, deve ser restaurado o *status quo* existente no momento imediatamente anterior à sua celebração. Tudo se passa como se o negócio jamais tivesse existido[486]. Trata-se, agora, da eficácia restitutória[487], que, como o nome sugere, determina a restituição do que houver sido eventualmente prestado de parte a parte[488].

Nesse momento, instaura-se a chamada relação de liquidação, cujo objetivo é, justamente, promover a reconstituição do *status quo ante*, ao menos sob a ótica do patrimônio dos contratantes. Esta relação de liquidação se dá de maneira semelhante ao que ocorre nas hipóteses de anulação do negócio jurídico, orientando-se pelo artigo 182[489] do Código Civil, sendo certo que as partes podem dispor a propósito.

A despeito de a produção de efeitos *ex tunc* ser a regra em matéria de resolução contratual, cumpre anotar que, nos contratos de duração, esta assume contornos particulares. Nessa hipótese, incide, por analogia,

485 Cf. A. Assis – R. A. Andrade – F. G. P. Alves. *Comentários ao Código Civil brasileiro – Do direito das obrigações*, in A. Alvim – T. Alvim (coords.). *Comentários ao Código Civil brasileiro*, v. V, Rio de Janeiro, Forense, 2007, p. 635; R. C. Steiner, *Interesse positivo e interesse negativo: a reparação de danos no Direito Privado brasileiro*, Tese, São Paulo, USP, 2016, p. 280.

486 Cf. F. C. Pontes de Miranda, *Tratado de Direito Privado*, t. XXV, 3ª ed., São Paulo, RT, 1984, pp. 307-308.

487 Cf. R. A. Andrade – A. Assis – F. G. P. Alves. *Comentários ao Código Civil brasileiro – Do direito das obrigações*, in A. Alvim – T. Alvim (coords.). *Comentários ao Código Civil brasileiro*, v. V, Rio de Janeiro, Forense, 2007, pp. 635-636.

488 "A resolução põe fim retroativamente ao vínculo entre as partes e tudo se passa como se o contrato nunca tivesse sido celebrado. A tutela jurídica, agora, é voltada a restabelecer a situação em que as partes se encontravam antes de concluir o negócio." (cf. C. S. Zanetti, *A transformação da mora em inadimplemento absoluto*, in RT 942/2014, p. 136).

489 "Art. 182. Anulado o negócio jurídico, restituir-se-ão as partes ao estado em que antes dele se achavam, e, não sendo possível restituí-las, serão indenizadas com o equivalente."

o disposto no artigo 128[490] do Código Civil, de maneira a serem preservadas as prestações executadas em conformidade com a natureza do negócio e a boa-fé objetiva ao longo do tempo em que o contrato vigeu. A resolução, portanto, terá efeito *ex nunc* e a relação de liquidação partirá do momento em que se verificou a crise na relação obrigacional[491].

De forma coerente com os efeitos do remédio resolutório, eventual indenização que se acresça a este direito em favor do contratante lesado terá em mira o chamado interesse contratual negativo, melhor abordado no item 5.A infra.

Feito este breve panorama da resolução contratual, as linhas que se seguem se dedicarão às modalidades que esta pode assumir no direito brasileiro, bem como aos eventuais limites que podem ser aplicáveis ao seu exercício.

4.A. Resolução convencional

O artigo 474[492] do Código Civil anuncia as duas modalidades pelas quais a resolução do contrato pode operar. A primeira, que se dá pela fixação de cláusula resolutiva expressa, é chamada de resolução convencional e, como o texto legal indica, verifica-se de pleno direito.

A inclusão da cláusula resolutiva expressa no contrato serve a dois propósitos principais. O primeiro é o de afastar a intervenção do órgão dotado de poder jurisdicional para solução de disputas decorrentes do contrato para que a resolução seja declarada, já que a superveniência do

[490] "Art. 128. Sobrevindo a condição resolutiva, extingue-se, para todos os efeitos, o direito a que ela se opõe; mas, se aposta a um negócio de execução continuada ou periódica, a sua realização, salvo disposição em contrário, não tem eficácia quanto aos atos já praticados, desde que compatíveis com a natureza da condição pendente e conforme aos ditames de boa-fé."

[491] "Nos contratos de duração, prestações e contraprestações se sucedem a cada passo, exaurindo o programa contratual. É o caso típico da locação. Nesta contingência, embora o dever de restituição seja completo quanto à sua extensão, a aplicação da terapêutica resolutiva, ocorrendo o inadimplemento, limita-se em profundidade: a eficácia restitutória opera *ex nunc*, a partir do momento em que se verificou a crise da relação contratual." (cf. R. A. Andrade – A. Assis – F. G. P. Alves. *Comentários ao Código Civil brasileiro – Do direito das obrigações*, in A. Alvim – T. Alvim (coords.). *Comentários ao Código Civil brasileiro*, v. V, Rio de Janeiro, Forense, 2007, p. 640).

[492] "Art. 474. A cláusula resolutiva expressa opera de pleno direito; a tácita depende de interpelação judicial."

inadimplemento descrito na cláusula basta para que o negócio chegue ao fim[493]. Afinal, opera a cláusula de pleno direito. Trata-se de conclusão não apenas estampada na lei, como também reconhecida pela doutrina[494] e corroborada pelo Enunciado nº 436[495] aprovado na V Jornada de Direito Civil.

Nesse particular, a comunicação da resolução não está sujeita a qualquer formalidade, embora razões de natureza probatória aconselhem o contratante interessado a se valer da forma escrita para manifestá-la[496].

Já o segundo propósito da figura é o de permitir que as partes definam, desde logo, a essencialidade do descumprimento frente ao programa contratual. Mais especificamente, por meio da cláusula resolutiva expressa, as partes podem traçar a exata fronteira entre a mora e o inadimplemento definitivo[497], autorizando que a parte lesada ponha fim ao contrato caso determinada hipótese venha a se materializar.

A licitude de tal estipulação funda-se na autonomia privada e, como aponta a doutrina, atende às exigências próprias das sociedades de direito privado, nas quais os particulares são livres para estabelecer a disciplina contratual que melhor lhes aprouver, exceção feita, evidentemente, às matérias de natureza indisponível[498].

[493] Cf. C. S. Zanetti, *A cláusula resolutiva expressa na lei e nos tribunais – o caso do termo de ocupação*, in R. Lotufo – G. E. Nanni – F. R. Martins (coords.), *Temas relevantes do direito civil contemporâneo – reflexões sobre os 10 anos do Código Civil*, São Paulo, Atlas, 2012, p. 356.

[494] Cf. R. A. Andrade – A. Assis – F. G. P. Alves. *Comentários ao Código Civil brasileiro – Do direito das obrigações*, in A. Alvim – T. Alvim (coords.). *Comentários ao Código Civil brasileiro*, v. V, Rio de Janeiro, Forense, 2007, p. 582; e C. S. Zanetti, *A cláusula resolutiva expressa na lei e nos tribunais – o caso do termo de ocupação*, in R. Lotufo – G. E. Nanni – F. R. Martins (coords.), *Temas relevantes do direito civil contemporâneo – reflexões sobre os 10 anos do Código Civil*, São Paulo, Atlas, 2012, pp. 356 e ss.

[495] "Enunciado nº 436 – Art. 474: A cláusula resolutiva expressa produz efeitos extintivos independentemente de pronunciamento judicial."

[496] Cf. J. M. Carvalho Santos, *Código Civil brasileiro interpretado*, v. III, 10ª ed., Rio de Janeiro, Freitas Bastas, sem data, p. 76; A. C. D. D. Zanetti, *Contrato de distribuição – o inadimplemento recíproco*, São Paulo, Atlas, 2015, p. 133.

[497] Cf. R. C. Steiner, *Interesse positivo e interesse negativo: a reparação de danos no Direito Privado brasileiro*, Tese, São Paulo, USP, 2016, p. 262.

[498] Cf. C. S. Zanetti, *A cláusula resolutiva expressa na lei e nos tribunais – o caso do termo de ocupação*, in R. Lotufo – G. E. Nanni – F. R. Martins (coords.), *Temas relevantes do direito civil*

Nesse contexto, diante da fixação de uma cláusula resolutiva expressa, não há espaço para discutir judicialmente a importância do inadimplemento considerado pelas partes como suficiente para o término da relação[499], salvo disposição legal em sentido contrário, como, por exemplo, aquela constante do artigo 424[500] do Código Civil. Nesse mesmo passo, é possível concluir que, face à cláusula resolutiva expressa, os problemas voltados à investigação quanto à manutenção ou destruição do interesse útil do credor em razão do inadimplemento do devedor também não se colocam. Afinal, as partes já terão definido a questão contratualmente.

Por essa razão, adverte-se que, frente ao pactuado pelas partes na cláusula resolutiva expressa, não se pode aplicar de modo apressado a classificação dos elementos do negócio jurídico entre categoriais e particulares. Isso, porque dado elemento pode ser classificado pelas partes como fundamental, embora não componha o núcleo principal do tipo contratual que se tem diante dos olhos, de maneira que sua violação seja, no caso concreto, suficiente ao término da relação obrigacional[501].

contemporâneo – reflexões sobre os 10 anos do Código Civil, São Paulo, Atlas, 2012, pp. 356-357; A. Terra, *Cláusula resolutiva expressa*, Belo Horizonte, Fórum, 2017, pp. 19-50.

499 Vale anotar, entretanto, a existência de corrente doutrinária que reputa haver violação à boa-fé objetiva na fixação de cláusula resolutiva que preveja o desfazimento do negócio na hipótese de inadimplemento irrelevante ou se houver adimplemento substancial. A validade da cláusula resolutiva expressa estaria, assim, sujeita a controle posterior em razão desses dois limites. Nesse sentido se coloca Ruy Rosado de Aguiar Júnior: "O descumprimento previsto deve ser significativo para a economia do contrato, não se admitindo que a pequena desatenção do devedor seja motivo para a extinção. (...) Quando a única prestação diferida é de escassa importância, não deve ser admitida a cláusula resolutiva para sua inexecução." Prossegue o autor, afirmando, ainda que, ao "juiz é permitido examinar a existência de dispositivo resolutivo; o atendimento dos seus requisitos para que produza efeitos, quanto à clareza e à importância da prestação; a existência e a relevância do inadimplemento; o comportamento do credor depois do inadimplemento; a restituição de prestações já efetuadas de parte a parte; a multa e a avaliação das perdas e danos etc." (cf. *Comentários ao novo Código Civil – Dos contratos em geral*, in S. F. Teixeira (coord.), *Comentários ao novo Código Civil*, v. VI, t. II, Rio de Janeiro, Forense, 2011, pp. 388-389, 400 e 412-413).

500 "Art. 424. Nos contratos de adesão, são nulas as cláusulas que estipulem a renúncia antecipada do aderente a direito resultante da natureza do negócio."

501 Cf. A. Junqueira de Azevedo, *Negócio jurídico – existência, validade e eficácia*, 4ª ed., São Paulo, Saraiva, 2008, p. 39 e 46; C. S. Zanetti. *A cláusula resolutiva expressa na lei e nos tribunais – o caso do termo de ocupação*, in R. Lotufo – G. E. Nanni – F. R. Martins (coords.),

Isso não importa, entretanto, que a cláusula resolutiva expressa esteja completamente imune a qualquer forma de controle, mas apenas que, em regra, não é cabível discussão quanto à definitividade do inadimplemento, nem se é este de escassa importância[502]. Como destaca a doutrina, embora a análise a propósito da essencialidade da obrigação cujo descumprimento torna tal cláusula operante caiba principalmente às partes, é certo que terá sua validade desafiada a cláusula que implicar violação à boa-fé objetiva[503], conforme a regra geral prevista no art. 422[504] do Código Civil. Tais hipóteses, contudo, hão de ser extremas[505].

Novamente, vale recorrer, para fins ilustrativos, a exemplo no âmbito do contrato de compra e venda de mercadorias. Pode-se pensar, para esse propósito, em dado negócio no qual as partes tenham ajustado, de maneira expressa, que a entrega tempestiva dos bens era essencial para a fiel execução do pactuado, já que o vendedor pretendia exibir e comercializar os produtos em dada feira comercial. Nesse contexto, o atraso de um único dia na entrega dos bens, fato que, como regra, caracteriza apenas mora, é suficiente para justificar a recusa da prestação por parte do comprador e o desfazimento do contrato, sendo desnecessária a intervenção do órgão jurisdicional competente para julgar eventual disputa entre as partes.

Para que opere de maneira plena, contudo, a cláusula resolutiva expressa deve indicar, com precisão, a intenção de terminar o vínculo contratual diante de determinada hipótese. As chamadas cláusulas resolutivas de estilo, nas quais as partes limitam-se a afirmar que o descumprimento de qualquer das obrigações pactuadas no contrato ensejará a extinção da relação jurídica, não são suficientes à resolução do contrato de pleno direito, já que de seus termos dificilmente se depreenderá a

Temas relevantes do direito civil contemporâneo – reflexões sobre os 10 anos do Código Civil, São Paulo, Atlas, 2012, pp. 358-359.

502 Cf. G. E. Nanni, *Inadimplemento absoluto e resolução contratual: requisitos e efeitos*, São Paulo, RT, 2021, p. 479.

503 Cf. A. Terra, *Cláusula resolutiva expressa*, Rio de Janeiro, Fórum, 2017, p. 97.

504 "Art. 422. Os contratantes são obrigados a guardar, assim na conclusão do contrato, como em sua execução, os princípios de probidade e boa-fé."

505 Cf. G. E. Nanni, *Inadimplemento absoluto e resolução contratual: requisitos e efeitos*, São Paulo, RT, 2021, p. 480.

vontade inequívoca de por fim à relação negocial[506]. Estipulações nesse sentido servem apenas para reforçar o pactuado, não sendo possível extrair, de seu conteúdo, à partida que as partes realmente pretenderam resolver o contrato caso verificado o inadimplemento de qualquer das obrigações pactuadas. Por essa razão, nesses casos, constatado o inadimplemento, será necessária, via de regra, a interpelação judicial, conforme a disciplina analisada no item 4.B infra.

4.B. Resolução judicial

Na ausência de cláusula resolutiva expressa ou, como anunciado, diante de cláusula resolutiva de estilo, incide a segunda parte do artigo 474 do Código Civil, de maneira que a resolução, nessa hipótese, se dará mediante o ajuizamento de ação judicial ou procedimento de arbitragem no qual o contratante interessado deverá requerer a extinção da relação contratual.

Conforme já se teve a oportunidade de precisar, a resolução é remédio disponível em três hipóteses: na impossibilidade superveniente da prestação; na onerosidade excessiva; e, por fim, no inadimplemento definitivo, com a consequente frustração do interesse do credor. No último caso, que mais de perto interessa ao escopo deste trabalho, caberá ao contratante interessado em obter a resolução, portanto, a demonstração da inutilidade da prestação frente ao descumprimento praticado pela sua contraparte.

É aqui que problemas mais complexos se colocam. Isso porque, na ausência de cláusula resolutiva expressa, o julgador deverá, preferencialmente com base em critérios pré-estabelecidos, identificar, à luz dos fatos do caso concreto, se o inadimplemento contratual do devedor é ou não suficiente para frustrar o interesse do credor e, como tal, justificar a extinção do negócio.

O exercício do direito de resolver, contudo, não se encerra neste aspecto e pode ser limitado por, ao menos, duas circunstâncias, de modo a evitar que o credor se conduza de maneira abusiva. Nesse sentido,

[506] Cf. R. R. Aguiar Júnior, *Comentários ao novo Código Civil – Dos contratos em geral*, in S. F. Teixeira (coord.), *Comentários ao novo Código Civil*, v. VI, t. II, Rio de Janeiro, Forense, 2011, p. 400. E. Espínola, *Dos contratos nominados no direito civil brasileiro*, Rio de Janeiro, Gazeta Judiciária, 1953, p. 115.

a resolução do vínculo contratual não será admitida quando o descumprimento se revelar desimportante, tampouco quando configurado o adimplemento substancial. Para a exata compreensão dos limites impostos ao direito de resolver, cumpre analisá-los mais detidamente nas linhas que seguem.

4.C. Limites ao direito de resolver

4.C.i. Adimplemento substancial

Ainda que o inadimplemento praticado pelo devedor possa ser qualificado como definitivo, o credor não estará autorizado a resolver o contrato se seu interesse houver sido satisfeito praticamente em sua integralidade. Na hipótese, restará configurado o chamado adimplemento substancial, figura importada do *Common Law* no qual se consolidou o conceito de *substancial performance*[507].

Nesse caso, a despeito do descumprimento, há um adimplemento muito próximo ao pactuado, de maneira que o resultado final pretendido pelo credor não é severamente abalado. Diante de tal hipótese, a consideração da boa-fé objetiva, especialmente em sua função limitativa de direitos, impede o exercício da faculdade de resolver quando apenas uma pequena parte em relação ao todo deixou de ser honrada. Tal conclusão é confirmada pela doutrina[508] e pela prática jurispruden-

[507] Cf. A. C. D. D. Zanetti, *Contrato de distribuição – o inadimplemento recíproco*, São Paulo, Atlas, 2015, p. 125.

[508] Nesse sentido é também a lição de V. M. J. Fradera: "A doutrina do *substancial performance* pode ser explicada como resultante da aplicação do princípio da boa-fé em sua atuação mais moderna, isto é, criando deveres, possibilitando restringir a regra de o cumprimento ser completo ou integral, admitindo solução diversa. Ensina Karl Larenz que não se deve recusar uma prestação oferecida de modo incompleto, mas na qual falta somente uma pequena parte em relação ao todo, e sem que exista interesse, objetivamente fundado, que se oponha à aceitação da parte oferecida. Observa-se, portanto, que o princípio de que o pagamento deve ser completo sofre exceção, adotando-se a teoria do adimplemento substancial, o direito de resolução toma feição abusiva, pois seu exercício viria a ferir o princípio da boa-fé, quando ele atua como regra limitadora do direito estrito." (cf. *O conceito de inadimplemento fundamental do contrato no artigo 25 da lei internacional sobre vendas, da Convenção de Viena de 1980*, in *Revista da Faculdade de Direito da Universidade Federal do Rio Grande do Sul* 2 (1994). No mesmo sentido, cf. J. Martins-Costa, *Comentários ao novo Código Civil – Do inadimplemento das obrigações*, in S. F. Teixeira (coord.), *Comentários ao novo Código Civil*, v. V, t. II, 2ª ed., Rio de Janeiro, Forense, 2009, pp. 362-363).

cial[509], além de secundada pelo Enunciado nº 361[510] da IV Jornada de Direito Civil.

Nesse sentido, admitir o rompimento da relação contratual quando o devedor praticamente satisfez por completo o interesse do credor representaria excesso no emprego do remédio resolutório[511], violando a proibição ao abuso do direito constante do art. 187[512] do Código Civil.

[509] No particular, vale rememorar dois precedentes usualmente invocados pela doutrina. O primeiro, indicado por A. Becker, foi julgado pelo Tribunal de Justiça do Rio Grande do Sul, tendo sido o respectivo acórdão publicado na *RJTJRGS* nº 133: "Na Ap. Cív. Mº 588.016.147, em que foi relator o Desembargador Ruy Rosado de Aguiar Jr., por unanimidade, em 03 de abril de 1988, estabeleceu-se que em contrato de compra e venda de imóvel com defeitos na construção, não sendo estes suficientes para caracterizar o inadimplemento do vendedor/construtor, o contrato fora mal cumprido, incidindo na espécie, entretanto, o artigo 1.056, e não o 1.092, ambos do Código Civil. Isto porque o apartamento, objeto do contrato, não apresentava vícios quanto à sua estabilidade e solidez, apenas condições deficientes para a habitação, que poderiam ser sanadas. Assim, foi mantido o contrato e condenado o vendedor/construtor ao pagamento de indenização suficiente para cobrir integralmente as despesas para a reforma do imóvel, de forma a assegurar sua perfeita habitabilidade, com a sanação dos vícios ali existentes" (cf. *A doutrina do adimplemento substancial no Direito brasileiro e em perspectiva comparativista*, in *Revista da Faculdade de Direito da UFRGS* 133 (1993)). Já o segundo, referenciado por Judith Martins-Costa, também foi julgado pelo mesmo Tribunal de Justiça, e adotou como fundamento as seguintes razões: "Ação de Busca e Apreensão. Alienação Fiduciária. Função de controle a Boa-Fé Objetiva. Adimplemento Substancial. Tendo o devedor cumprido substancialmente sua obrigação, imperiosa se revela a manutenção do contrato estabulado. Atentatório ao princípio da boa-fé objetiva almejar-se a reintegração de posse do bem alienado fiduciariamente quando o devedor adimpliu a quase totalidade do débito (vinte e uma de vinte e quatro prestações), faltando apenas três parcelas a serem solvidas. Limitação o direito formativo extintivo do credor de resolução do contrato de financiamento pela incidência do princípio da boa-fé objetiva em sua função de controle. Exercício abusivo do direito subjetivo de resolução, máxime quando o veículo é utilizado como instrumento de trabalho para o agravante (transporte escolar). Agravo provido" (TJRS, 1ª Câm. de Férias, AI nº 70000023633, rel. Paulo de Tarso Sanseverino, j. 18.11.1999).

[510] "Enunciado nº 361 – Arts. 421, 422 e 475: O adimplemento substancial decorre dos princípios gerais contratuais, de modo a fazer preponderar a função social do contrato e o princípio da boa-fé objetiva, balizando a aplicação do art. 475."

[511] Cf. G. E. Nanni, *Inadimplemento absoluto e resolução contratual: requisitos e efeitos*, São Paulo, RT, 2021, p. 601.

[512] "Art. 187. Também comete ato ilícito o titular de um direito que, ao exercê-lo, excede manifestamente os limites impostos pelo seu fim econômico ou social, pela boa-fé ou pelos bons costumes."

Para que se possa cogitar de adimplemento substancial, é necessário que os seguintes pressupostos estejam presentes, como relacionados pela doutrina: (i) "*relação contratual de duração ou execução diferida*"; (ii) "*inadimplemento absoluto da parcela remanescente da prestação*"; e (iii) "*adimplemento considerável da dívida, que satisfaça aproximadamente a totalidade do interesse creditório*"[513].

Vale recordar, contudo, que considerações quanto à substancialidade do adimplemento não têm guarida diante da existência de uma cláusula resolutiva expressa. Isso, porque, como visto, não há lugar para discutir a importância do inadimplemento se as partes já o tiverem reputado suficiente para levar à extinção do vínculo.

Analisada, assim, a figura do adimplemento substancial, o próximo tópico se dedicará ao estudo do segundo limite imposto ao exercício do direito de resolver.

4.C.ii. Inadimplemento de escassa importância

O direito à resolução também tem seu exercício limitado pela gravidade do descumprimento invocado pelo credor para lhe dar fundamento. Assim, não basta que o inadimplemento praticado seja definitivo, já que nem todo descumprimento dessa natureza será suficiente para justificar a aplicação do mais grave dos remédios previstos pelo ordenamento jurídico. É preciso, assim, investigar as especificidades de que deve se revestir o inadimplemento para autorizar a extinção do vínculo contratual.

Nesse sentido, doutrina e jurisprudência divergem quanto à suficiência do inadimplemento definitivo para fundamentar a resolução ou se este, além disso, deve também repercutir de modo grave na economia do contrato[514].

A orientação mais autorizada caminha no sentido de que a existência de um inadimplemento de escassa relevância opera como limite ao direito de resolver[515]. Há, contudo, manifestações doutrinárias e juris-

[513] Cf. G. E. Nanni, *Inadimplemento absoluto e resolução contratual: requisitos e efeitos*, São Paulo, RT, 2021, p. 602.

[514] Cf. A. C. D. D. Zanetti, *Contrato de distribuição – o inadimplemento recíproco*, São Paulo, Atlas, 2015, p. 127.

[515] Nesse sentido, é a lição de Enzo Roppo, com fundamento no artigo 1.455 do Código Civil italiano, expresso a propósito do tema, mas cujas conclusões podem ser aproveitadas entre nós: "A possibilidade de resolver o contrato por não cumprimento é, em todo o

prudenciais indicando que o direito de resolver não tem lugar a menos que o descumprimento se revista de natureza grave[516].

A despeito de a diferença entre uma e outra posição ser sutil, as consequências derivadas são marcantes para o estudo da matéria. Com efeito, caso se entenda que o inadimplemento deve ser grave, está-se diante de um novo requisito para possibilitar o exercício do direito à resolução, ao lado do já assentado inadimplemento definitivo. Ao pretender desfazer o vínculo obrigacional, caberá, portanto, ao contratante lesado a prova do cumprimento de ambos os pressupostos. De outro lado, caso se entenda que basta o inadimplemento definitivo, a escassa relevância do descumprimento passa a operar como limite ao direito de resolver, cuja presença deverá ser demonstrada pelo devedor interessado em afastar a incidência da resolução.

A nosso ver, a resposta para essa celeuma está no texto do próprio artigo 475 do Código Civil. Tal dispositivo prevê que a parte lesada pelo inadimplemento pode pedir a resolução do contrato, se não preferir exigir-lhe o cumprimento. Por tudo que já se expôs, não há dúvidas de que o texto legal se refere, aqui, ao inadimplemento definitivo, que pode dar azo tanto à resolução como ao cumprimento pelo equivalente. De fato,

caso, subordinada a uma condição: que o não cumprimento não tenha 'escassa importância", atendendo ao interesse da parte que o sofre. Seria, na verdade, absurdo e injusto – e correria o risco de perturbar o bom andamento do tráfico – se cada parte fosse legitimada a desembaraçar-se do contrato, tomando por pretexto toda a mínima e insignificante inexactidão na execução da outra parte. É necessário, ao invés, que o não cumprimento invocado por quem pede a resolução, seja razoavelmente sério e grave, e prejudique, de modo objectivamente considerável, o seu interesse. A existência destes pressupostos deve ser avaliada, caso a caso, pelo juiz, com base nas circunstâncias do caso concreto e, eventualmente, atendendo também à experiência de análogas relações ocorridas no passado, entre as mesmas partes (assim, se uma parte – no âmbito e uma relação de negócios habitual – manifestou sempre tolerância por uma certa margem de atraso ou de inexactidão qualitativa das prestações da parte contrária, isto pode constituir elemento relevante para excluir que o não cumprimento seja suficientemente grave de modo a justificar a resolução). O juiz, é chamado em suma, a operar uma avaliação segundo a boa fé da complexiva economia do negócio das legítimas expectativas das partes, fundadas sobre aquela, de modo a rejeitar as pretensões com ela incongruentes, e, nesse sentido, contrastantes com o princípio da correcção que domina, também, a matéria da execução do contrato" (cf. *O contrato*, Coimbra, Almedina, 2009, p. 266).

516 No particular, importa conferir levantamento feito em A. C. D. D. Zanetti, *Contrato de distribuição – o inadimplemento recíproco*, São Paulo, Atlas, 2015, p. 127.

não há como se cogitar da mora nesse momento, já que esta não pode levar ao desfazimento do vínculo.

Nesse passo, conclui-se que o único requisito erigido pela lei para possibilitar a resolução do negócio pelo contratante lesado é o inadimplemento definitivo[517]. O exercício de tal direito é que será limitado pela existência de inadimplemento desimportante. Em poucas palavras, não se trata de pressuposto, mas de limite ao exercício do direito[518].

Essa interpretação, além de nos parecer mais rente ao direito positivo, tutela dois objetivos distintos. O primeiro é o de manter a proporcionalidade do remédio resolutivo diante do inadimplemento reclamado pelo credor. O segundo é o de salvaguardar a relação contratual, impedindo que um dos contratantes, eventualmente arrependido com a celebração do negócio, valha-se de qualquer mínimo descumprimento para afastar o vínculo obrigacional.

Além disso, a vedação à resolução frente a inadimplemento de escassa importância encontra guarida também no artigo 187[519] do Código Civil, que veda o exercício abusivo de direitos, em violação aos limites impostos pelo seu fim econômico ou social, pela boa-fé ou pelos bons costumes.

A valoração do que significa escassa relevância dependerá, naturalmente, dos fatos que circunscrevem cada caso concreto. A estrutura do tipo contratual envolvido, entretanto, pode auxiliar o intérprete na investigação de critérios que o orientam nessa tarefa.

No contrato de compra e venda de mercadorias, por exemplo, o inadimplemento definitivo das obrigações de fornecer a mercadoria ou pagar o preço por elas pactuado, se total, não poderá ser classi-

517 O já mencionado artigo 1.455 do Código Civil italiano é claro: "Art. 1.422. Importanza dell'inadempimento. Il contratto non si può risolvere se l'inadempimento di una dele parti ha scarsa importanza, avuto riguardo all'interesse dell'altra".
"Art. 1.422. Importância do inadimplemento. O contrato não pode ser resolvido se o inadimplemento de uma das partes possui escassa importância, considerado o interesse da outra parte."

518 Cf. A. C. D. D. Zanetti, *Contrato de distribuição – o inadimplemento recíproco*, São Paulo, Atlas, 2015, p. 128.

519 "Art. 187. Também comete ato ilícito o titular de um direito que, ao exercê-lo, excede manifestamente os limites impostos pelo seu fim econômico ou social, pela boa-fé ou pelos bons costumes."

ficado como desimportante, dada a essencialidade de tais obrigações para a consecução dos interesses em jogo. Tratam-se, em verdade, de obrigações que se encontram no próprio núcleo do tipo contratual e, seu inadimplemento será, via de regra, relevante. Evidentemente, uma discrepância quantitativa ínfima entre o número de mercadorias a cuja entrega se obrigou o vendedor e o que foi de fato disponibilizado, ou a falta de pagamento de parcela mínima do preço, poderão ser irrelevantes frente ao programa contratual. A orientação geral, contudo, aponta para a essencialidade de tais obrigações, devendo ficar demonstrado, no caso concreto, o contrário.

À medida que se afasta do núcleo do contrato, a tendência é que o inadimplemento praticado vá perdendo essencialidade e, assim, aproximando-se do campo da escassa relevância. Como exemplo, pode-se citar a obrigação assumida por determinado fornecedor de itens de vestuários de identificar o tamanho de cada peça tanto com etiquetas de tecido costuradas nos produtos como com etiquetas de papel destacáveis. Caso o vendedor descumpra por completo a obrigação de fornecer as etiquetas em papel, parece evidente que ao credor não será dado resolver o contrato, ainda que tal inadimplemento seja irreversível. Frente ao programa contratual considerado como um todo, o descumprimento revela-se, de fato, desimportante.

Nesse sentido, importa anotar que a definição da escassa importância passa, necessariamente, pela valoração da função, do peso e da utilidade da prestação inadimplida para a economia global do contrato[520].

Naturalmente, nada disso terá aplicação diante da estipulação de cláusula resolutiva expressa, já que as partes terão se encarregado de, no exercício de sua liberdade contratual, definir o inadimplemento que reputam relevante o suficiente para ensejar a resolução do contrato.

5. Indenização

Ao lado das várias possibilidades que o ordenamento jurídico coloca à disposição do contratante lesado pelo inadimplemento, estudadas acima, figura, ainda, a indenização pelos danos eventualmente suportados. Esta terá lugar sempre que o credor amargar algum prejuízo em

[520] Cf. A. C. D. D. Zanetti, *Contrato de distribuição – o inadimplemento recíproco*, São Paulo, Atlas, 2015, pp. 131-132.

decorrência da mora ou do inadimplemento definitivo, independente dos demais remédios disponíveis no caso concreto, ou seja, cumula-se a eles.

De fato, a leitura do artigo 389[521] do Código Civil revela que a responsabilidade pelo pagamento de perdas e danos é o efeito geral e típico do descumprimento obrigacional[522]. Já o artigo 402[523] do mesmo diploma indica sua abrangência, isto é, a necessidade de serem indenizados tanto os danos emergentes, como os lucros cessantes. A primeira figura compreende, nas palavras da lei, o que o credor "*efetivamente perdeu*". No particular, convém notar que o dano emergente não se limita à diminuição do ativo, mas está presente também quando há aumento do passivo do credor[524]. Já os lucros cessantes, também nos termos do artigo 402 do Código Civil, abrangem aquilo que o credor "*razoavelmente deixou de lucrar*", isto é, a diminuição potencial de seu patrimônio em decorrência do descumprimento de sua contraparte[525].

Vale notar que às partes é lícito pré-fixar o valor das perdas e danos devidas ao credor mediante a estipulação de uma cláusula penal compensatória, a qual pode cobrir o inadimplemento definitivo, a mora ou o descumprimento de alguma cláusula especial do negócio, nos termos

[521] "Art. 389. Não cumprida a obrigação, responde o devedor por perdas e danos, mais juros e atualização monetária segundo índices oficiais regularmente estabelecidos, e honorários de advogado."

[522] Cf. J. Martins-Costa, *Comentários ao novo Código Civil – Do inadimplemento das obrigações*, in S. F. Teixeira (coord.), *Comentários ao novo Código Civil*, v. V, t. II, 2ª ed., Rio de Janeiro, Forense, 2009, pp. 244-245.

[523] "Art. 402. Salvo as exceções expressamente previstas em lei, as perdas e danos devidas ao credor abrangem, além do que ele efetivamente perdeu, o que razoavelmente deixou de lucrar."

[524] Cf. J. Martins-Costa, *Comentários ao novo Código Civil – Do inadimplemento das obrigações*, in S. F. Teixeira (coord.), *Comentários ao novo Código Civil*, v. V, t. II, 2ª ed., Rio de Janeiro, Forense, 2009, p. 477. Nesse sentido, aponta Agostinho Alvim que "aquele que, em virtude de fato de terceiro, incide em cláusula penal e fica obrigado a pagar, terá sofrido dano emergente, por ver aumentado o seu passivo" (cf. *Da inexecução das obrigações e suas consequências*, 5ª ed., São Paulo, Saraiva, 1980, p. 174).

[525] Cf. J. Martins-Costa, *Comentários ao novo Código Civil – Do inadimplemento das obrigações*, in S. F. Teixeira (coord.), *Comentários ao novo Código Civil*, v. V, t. II, 2ª ed., Rio de Janeiro, Forense, 2009, p. 478.

dos artigos 408[526] e 409[527] do Código Civil. Nessa hipótese, os critérios elencados no artigo 402 são afastados quanto ao que estiver expressamente disciplinado pela cláusula penal.

A composição da indenização, todavia, não será a mesma em toda e qualquer hipótese. Há situações nas quais ao credor é dado exigir que a indenização o coloque na posição em que estaria caso o contrato tivesse sido integralmente cumprido. Já em outras, a indenização buscará colocá-lo na situação em que estaria se jamais tivesse celebrado o contrato. Nesse sentido, a indenização pode se voltar a reparar, respectivamente, o interesse contratual positivo ou o interesse contratual negativo, analisados com mais pormenor nos itens que se seguem[528].

5.A. Interesse positivo

A reparação do interesse positivo, como se adiantou, tem o propósito de colocar o lesado na situação em que se encontraria se o contrato fosse integralmente cumprido tal qual pactuado. Dessa forma, o interesse positivo, também chamado de interesse de cumprimento, é aquele que representa, para o credor, o cumprimento exato do pacto[529].

Pode a indenização do interesse positivo ter como objeto prejuízos decorrentes tanto da mora como do inadimplemento definitivo[530]. No primeiro caso, a indenização acompanhará a execução forçada da obrigação pelo credor. Já, no segundo, estará ao lado da substituição da prestação original por seu equivalente pecuniário.

[526] "Art. 408. Incorre de pleno direito o devedor na cláusula penal, desde que, culposamente, deixe de cumprir a obrigação ou se constitua em mora."

[527] "Art. 409. A cláusula penal estipulada conjuntamente com a obrigação, ou em ato posterior, pode referir-se à inexecução completa da obrigação, à de alguma cláusula especial ou simplesmente à mora."

[528] Para um estudo aprofundado sobre tais figuras no direito brasileiro, cf. R. C. STEINER, *Interesse positivo e interesse negativo: a reparação de danos no Direito Privado brasileiro*, Tese, São Paulo, USP, 2016.

[529] Cf. J. MARTINS-COSTA, Judith. *Comentários ao novo Código Civil – Do inadimplemento das obrigações*, in S. F. TEIXEIRA (coord.), *Comentários ao novo Código Civil*, v. V, t. II, 2ª ed., Rio de Janeiro, Forense, 2009, p. 480.

[530] Cf. J. MARTINS-COSTA, *Comentários ao novo Código Civil – Do inadimplemento das obrigações*, in S. F. TEIXEIRA (coord.), *Comentários ao novo Código Civil*, v. V, t. II, 2ª ed., Rio de Janeiro, Forense, 2009, p. 481.

Como é intuitivo, portanto, a reparação do interesse positivo pressupõe a manutenção do vínculo contratual e o adimplemento da obrigação, seja por sua satisfação *in natura* seja por meio do cumprimento de uma prestação equivalente de natureza pecuniária[531]. Nesse sentido, tutelam o interesse positivo todas as demandas de cumprimento[532].

No contrato de compra e venda de mercadorias, ilustra a reparação do interesse positivo a situação do comprador que, em face do atraso do vendedor em entregar as mercadorias objeto do contrato, está autorizado a demandar o lucro que auferiria com a comercialização destas, mais eventuais outros prejuízos decorrentes da mora (p.e., custos incorridos com a realização de uma operação substituta no mercado e na qual adquiriu as mercadorias necessárias para atender seus clientes a um preço superior; penalidades impostas por clientes perante os quais já havia se comprometido a entregar as mercadorias em determinada data etc.).

Analisada como se dá a reparação do interesse positivo, voltemo-nos, agora, para o estudo do interesse negativo.

5.B. Interesse negativo

Em contrapartida à indenização do interesse positivo, a reparação do interesse negativo tem por objetivo colocar o credor na situação em que estaria caso o contrato jamais tivesse sido celebrado. De modo coerente, a doutrina aponta que o que se indeniza, nesse caso, é o chamado "*interesse da confiança*"[533].

Em vista de sua própria natureza, a indenização do interesse negativo acompanha o direito de resolução que o ordenamento confere ao credor, já que, nessa situação, a tutela conferida ao contratante inocente visa, justamente, extirpar o negócio do mundo jurídico. De fato, parece contraditório que o credor possa, a um só tempo, pleitear a resolução

531 Cf. A. C. D. D. Zanetti, *Contrato de distribuição – o inadimplemento recíproco*, São Paulo, Atlas, 2015, p. 139.

532 Cf. A. C. D. D. Zanetti, *Contrato de distribuição – o inadimplemento recíproco*, São Paulo, Atlas, 2015, p. 139.

533 Cf. J. Martins-Costa, *Comentários ao novo Código Civil – Do inadimplemento das obrigações*, in s. F. Teixeira (coord.), *Comentários ao novo Código Civil*, v. V, t. II, 2ª ed., Rio de Janeiro, Forense, 2009, p. 491.

do negócio, bem como indenização pelo seu inadimplemento voltada a compor seu interesse positivo[534].

No âmbito do interesse negativo, portanto, os prejuízos que se devem ressarcir são aqueles em que a parte incorreu por ter confiado na regular execução do contrato. Aqui, por força do artigo 402 do Código Civil, também se indenizam tanto os danos emergentes, como os lucros cessantes, desde que demonstrado, naturalmente, o nexo de causalidade entre estes e o dano à confiança. Os lucros cessantes, nessa hipótese, evidentemente não representam o que o credor obteria com o cumprimento do contrato, tutela típica do interesse positivo, mas sim o que auferiria se não tivesse confiado que o contrato projetaria sua eficácia no tempo[535].

[534] O exemplo citado por Judith MARTINS-COSTA bem ilustra essa contradição: "Exemplifiquemos com uma situação comum nos foros, qual seja, a resolução de compromissos de compra e venda, em que o credor, amparado no art. 402, pretenda obter a reparação 'o mais completa possível'. Imaginemos que, na promessa de compra e venda, o compromissário-comprador se tenha obrigado a pagar o preço de 100 por um imóvel e o compromitente-vendedor a entregar a coisa em certa data. Se o compromissário-comprador não cumpre, não entregando o dinheiro, o compromitente-vendedor, em demanda de cumprimento, fará jus ao preço e ao acréscimo a ele correspondente, o que caracteriza o interesse positivo. Porém, se demandar a resolução – retornados os figurantes ao *statu quo ante* – a resposta é diversa: o compromitente-vendedor terá de volta o bem, acaso já entregue ao compromitente-comprador faltoso, e fará jus à reparação dos danos efetivamente ocorridos, tendo direito não apenas ao retorno do bem, mas ao *quantum* correspondente à privação do uso e da disposição da coisa e, igualmente, o que corresponderia ao eventual mau estado do imóvel." (cf. *Comentários ao novo Código Civil – Do inadimplemento das obrigações*, in S. F. TEIXEIRA (coord.), *Comentários ao novo Código Civil*, v. V, t. II, 2ª ed., Rio de Janeiro, Forense, 2009, p. 489). Vale notar, contudo, que a doutrina não é pacífica quanto à incompatibilidade do exercício do direito à resolução com a indenização do interesse positivo. Pela existência de incompatibilidade estão, além da jurista acima citada, A. ASSIS, *Dano positivo e dano negativo na dissolução do contrato*, in *Revista do Advogado* 44 (1994), pp. 20-23; J. M. ANTUNES VARELA, *Das obrigações em geral*, v. II, 7ª ed., Coimbra, Almedina, 1997, pp. 106-112; M. J. de ALMEIDA COSTA, *Direito das obrigações*, 12ª ed., Coimbra, Almedina, 2009, pp. 1044-1045; A. C. D. D. ZANETTI, *Contrato de distribuição – o inadimplemento recíproco*, São Paulo, Atlas, 2015, p. 140. Pela compatibilidade das figuras, cf. P. MOTA PINTO, *Interesse contratual negativo e interesse contratual positivo*, v. II, Coimbra, Almedina, 2008, pp. 1639 e ss. e 1699).

[535] J. MARTINS-COSTA, *Comentários ao novo Código Civil – Do inadimplemento das obrigações*, in S. F. TEIXEIRA (coord.), *Comentários ao novo Código Civil*, v. V, t. II, 2ª ed., Rio de Janeiro, Forense, 2009, p. 490.

Novamente convém recorrer a um exemplo no âmbito de um contrato de compra e venda de mercadorias para ilustrar a situação. Diante do inadimplemento do devedor e da frustração de seu interesse útil na prestação, ao comprador é dado obter a resolução do negócio e exigir a reparação de seu interesse negativo, com o ressarcimento de despesas incorridas, por exemplo, com o aluguel de depósito para armazenamento de mercadorias que não foram entregues, bem como com a indenização do lucro que obteria com a revenda já pactuada dos bens a terceiros.

Examinadas, assim, as linhas gerais das duas modalidades de indenização admitidas no direito privado, cumpre-nos analisar uma última consequência gerada pelo inadimplemento em contratos bilaterais, qual seja, a exceção do contrato não cumprido.

6. Exceção do contrato não cumprido

Dentre as consequências do inadimplemento figura, ainda, a possibilidade de o contratante lesado se valer da exceção do contrato não cumprido, prevista no artigo 476[536] do Código Civil. Espécie de autodefesa do devedor, a medida suspende temporariamente a obrigação de adimplir ou, ainda, afasta a exigibilidade do crédito enquanto o credor não prestar ou oferecer a sua prestação[537].

Os pressupostos para o manejo da exceção do contrato não cumprido são: a existência de contrato bilateral; correspectividade entre as obrigações pactuadas, de maneira que a prestação seja a razão de ser da contraprestação e vice-versa; vencimento da obrigação do excipiente; obrigação do excepto de prestar antes ou simultaneamente ao cumprimento da obrigação pelo excipiente; e, por fim, inadimplemento do excepto. Acrescenta, ainda, a doutrina que o inadimplemento atribuído ao excepto deve ser grave à luz do programa contratual ajustado pelas partes, para que exista proporcionalidade entre a inexecução que se atri-

536 "Art. 476. Nos contratos bilaterais, nenhum dos contratantes, antes de cumprida a sua obrigação, pode exigir o implemento da do outro."

537 Cf. R. R. Aguiar Júnior, *Comentários ao novo Código Civil – Dos contratos em geral*, in S. F. Teixeira (coord.), *Comentários ao novo Código Civil*, v. VI, t. II, Rio de Janeiro, Forense, 2011, p. 723.

bui ao excepto e a prestação cujo cumprimento se pretende suspender com a exceção[538].

A figura aproveita para, em primeiro lugar, conservar a bilateralidade do contrato e o equilíbrio da relação obrigacional durante a fase executiva. Por meio de seu exercício, evita-se que um dos contratantes seja forçado a cumprir sem que a sua contraparte, que deveria ter cumprido antes ou simultaneamente, tenha-o feito[539]. Adicionalmente, opera como importante pressão para o regular cumprimento das obrigações, já que a satisfação dos interesses perseguidos por cada um dos contratantes apenas ocorrerá mediante o adimplemento daquilo a que se obrigou. Por fim, o manejo da exceção de contrato não cumprido também previne que o outro contratante proponha a resolução do negócio[540], servindo como ferramenta destinada à conservação do contrato bilateral[541].

Releva notar, tal qual visto no item precedente, que também a resolução do contrato se destina a preservar a bilateralidade e o equilíbrio das prestações ajustadas pelas partes. O modo pelo qual se obtém tal resultado em um e outro caso, todavia, é distinto. De fato, enquanto na resolução o desequilíbrio causado pelo descumprimento do devedor é remediado com a extinção da relação e o restabelecimento do *status quo* anterior, na exceção de contrato não cumprido preserva-se o negócio e estimula-se a contraparte ao adimplemento[542].

[538] Cf. R. R. Aguiar Júnior, *Comentários ao novo Código Civil – Dos contratos em geral,* in S. F. Teixeira (coord.), *Comentários ao novo Código Civil,* v. VI, t. II, Rio de Janeiro, Forense, 2011, p. 724. Anota o autor que a ausência desses dois últimos elementos configura violação à boa-fé objetiva.

[539] Cf. R. R. Aguiar Júnior, *Comentários ao novo Código Civil – Dos contratos em geral,* in S. F. Teixeira (coord.), *Comentários ao novo Código Civil,* v. VI, t. II, Rio de Janeiro, Forense, 2011, p. 749.

[540] Cf. R. R. Aguiar Júnior, *Comentários ao novo Código Civil – Dos contratos em geral,* in S. F. Teixeira (coord.), *Comentários ao novo Código Civil,* v. VI, t. II, Rio de Janeiro, Forense, 2011, p. 751; A. C. D. D. Zanetti, *Contrato de distribuição – o inadimplemento recíproco,* São Paulo, Atlas, 2015, pp. 141-142.

[541] Cf. R. R. Aguiar Júnior, *Comentários ao novo Código Civil – Dos contratos em geral,* in S. F. Teixeira (coord.), *Comentários ao novo Código Civil,* v. VI, t. II, Rio de Janeiro, Forense, 2011, p. 753.

[542] Cf. R. R. Aguiar Júnior, *Comentários ao novo Código Civil – Dos contratos em geral,* in S. F. Teixeira (coord.), *Comentários ao novo Código Civil,* v. VI, t. II, Rio de Janeiro, Forense, 2011, pp. 749-750.

Estudados, assim, os contornos gerais da última das consequências previstas no ordenamento jurídico para o inadimplemento obrigacional, cumpre-nos agora sistematizar, de modo breve, os elementos analisados nesse capítulo para, então, dedicarmo-nos ao estudo de grupos de casos colhidos da prática jurisprudencial brasileira.

7. Conclusões

Este capítulo pretendeu analisar as consequências estipuladas pelo ordenamento jurídico para os casos de inadimplemento contratual, sempre considerando a dicotomia entre mora e inadimplemento definitivo endereçada anteriormente. Quando pertinente, buscou-se fazer referência ao contrato de compra e venda de mercadorias para ilustrar os pontos estudados.

Nesse passo, é possível concluir que, diante da mora, ao contratante lesado é dado exigir o cumprimento forçado da obrigação, observadas as peculiaridades aplicáveis a cada uma de suas modalidades, acrescido do pagamento de indenização pelos prejuízos eventualmente decorrentes da situação. Nesse caso, tratando-se de pretensão que tutela o cumprimento do contrato, a indenização medir-se-á pelo interesse positivo.

Caso o descumprimento configure inadimplemento definitivo, ao credor se abrirão duas alternativas. A primeira consiste na substituição da prestação agora inútil pelo seu equivalente pecuniário. Nessa hipótese, o liame contratual se mantém de maneira que o credor ainda estará vinculado à prestação por ele assumida, mas a relação obrigacional se transforma para, agora, acomodar a prestação equivalente. Por também representar demanda voltada a tutelar o cumprimento, a reparação de danos, aqui, igualmente será quantificada a partir do interesse positivo.

A segunda possibilidade colocada à disposição do credor refere-se à resolução do vínculo contratual, hipótese na qual o negócio será extinto. Nesse caso, a tutela oferecida pelo ordenamento jurídico tem como objetivo apagar os efeitos do contrato inadimplido, de maneira que tudo se passa como se este jamais tivesse existido. De modo coerente, a reparação dos eventuais prejuízos, nesse caso, terá em mira a composição do interesse negativo do credor.

O direito à resolução, todavia, não é sem fronteiras. Este encontra limites tanto no adimplemento substancial do devedor, como na escassa relevância do descumprimento invocado pelo credor como fundamento para o desfazimento do vínculo. Constatada a existência de qualquer desses fatores, a resolução do contrato será abusiva e, portanto, não poderá ser admitida, por força do previsto no art. 187 do Código Civil.

Nesse sentido, ainda que haja inadimplemento definitivo, não haverá direito à resolução, mas apenas a possibilidade de o credor se valer da execução pelo equivalente, além de obter reparação pelos eventuais prejuízos suportados em razão do descumprimento.

Por fim, dentre as consequências do inadimplemento, analisou-se, ainda, a possibilidade de o contratante inocente opor ao inadimplente exceção de contrato não cumprido, cujo propósito é assegurar a manutenção do vínculo contratual e estimular o cumprimento do pactuado.

Concluída a análise do plano teórico do inadimplemento e suas consequências, tem-se este panorama do estado do direito brasileiro a propósito da matéria. Agora, é pertinente focar o olhar para a aplicação prática de tais conceitos, o que será feito no próximo capítulo.

CAPÍTULO 7
A RESOLUÇÃO POR INADIMPLEMENTO NA COMPRA E VENDA DE MERCADORIAS

1. Introdução

A partir do estudo da noção de interesse do credor, bem como do descumprimento contratual e suas consequências, buscou-se sistematizar a disciplina dispensada pelo ordenamento jurídico a tais matérias, orientada, tanto quanto possível, ao contexto do contrato de compra e venda de mercadorias. Agora, convém examinar como vem se dando a aplicação prática de tais conceitos em casos concretos.

A pesquisa jurisprudencial retratada neste capítulo teve como foco principal julgados do Tribunal de Justiça de São Paulo, já que parte expressiva das transações comerciais celebradas no país é conduzida neste Estado[543]. Nesse particular, a pesquisa pretendeu ser tão exaustiva quanto possível, razão pela qual foram empregadas palavras-chave de busca abrangentes. A partir desse resultado, foram excluídos precedentes cujo objeto era estranho a este trabalho[544] e, depois, selecionados os julgados que mais de perto interessavam à análise da resolução

543 A base de dados do Superior Tribunal de Justiça também foi analisada. Entretanto, não foram identificados pertinentes para este trabalho, possivelmente em razão das restrições impostas pelas Súmulas nºs 5 e 7, que vedam o reexame de cláusulas contratuais e provas pelo referido tribunal.

544 Como, por exemplo, julgados que envolviam relação de consumo ou que versavam sobre aspectos cambiários de duplicatas extraídas de relações de compra e venda de mercadorias, cujo conteúdo não se identificava com o desta pesquisa.

contratual por inadimplemento no âmbito da compra e venda de mercadorias[545].

Em termos práticos, procurou-se, primeiro, relatar brevemente os fatos que circunscrevem cada caso concreto a partir dos dados constantes dos acórdãos, e, após, tecer breves comentários a respeito da decisão proferida. Ao final do capítulo, segue uma breve conclusão a propósito dos dados obtidos com a pesquisa.

2. Grupos de casos

A exemplo do que foi feito na primeira parte deste trabalho, os precedentes selecionados foram divididos em quatro grupos principais, a partir da espécie de descumprimento invocada, a saber: atraso na entrega; descumprimento total ou parcial da obrigação de entrega; qualidade insatisfatória; e inadimplemento do preço.

2.A. Atraso na entrega

O primeiro caso analisado envolve a compra e venda de maquinários, cuja entrega, nos termos do contrato, deveria ocorrer em até sessenta dias contados da assinatura do respectivo instrumento. As mercadorias em questão deveriam ser importadas para o Brasil, o que era de responsabilidade do vendedor, assim como seu acondicionamento e transporte até o momento da entrega ao comprador, ajustada, no contrato, para o dia 5 de agosto de 2012.

Houve divergência no processo quanto à data em que as mercadorias desembarcaram no país. No particular, a vendedora afirma que estas chegaram ao porto em 11 de agosto de 2012. Todavia, há elementos nos autos que permitem concluir que isso ocorreu apenas no dia 31 de agosto de 2012.

As partes também divergem quanto à data fixada para a entrega. Enquanto a compradora afirma que esta deveria ocorrer até o dia 5 de agosto de 2012, como constou do contrato, a vendedora alega que o prazo de entrega começou a fluir somente após o pagamento da pri-

[545] Foram triados mais de 600 julgados do Tribunal de Justiça de São Paulo. Nem todos os julgados analisados foram citados no trabalho, mas apenas aqueles que se mostraram mais relevantes para os fins aqui perseguidos.

meira parcela, feito, com atraso, no dia 14 de junho de 2012 e não no ato da assinatura do negócio, como originalmente pactuado.

O Tribunal de Justiça de São Paulo confirmou a sentença de primeiro grau que, acolhendo pedido formulado pela compradora, decretara a resolução do contrato de compra e venda em razão do descumprimento do prazo de entrega. Não há no julgado, entretanto, informações sobre quando, de fato, a entrega foi ou poderia ter sido feita, tampouco qualquer consideração a respeito das razões que levaram o prazo de entrega a ser tido por essencial e, portanto, seu descumprimento suficiente a ensejar o desfazimento do negócio[546].

546 "Como bem constou da r. sentença recorrida, o contrato de compra e venda foi firmado pelas partes em 06/06/2012 (fls. 14) e sua cláusula 3ª estabelece que 'os maquinários deverão ser entregues ao COMPRADOR em até 60 (sessenta) dias a contar da assinatura do presente' (fls. 13). (...) Por sua vez, o parágrafo primeiro da cláusula 4ª do contrato estabelece que 'é de exclusiva responsabilidade do VENDEDOR o processo de importação, assim como o acondicionamento e o transporte dos maquinários descritos na cláusula primeira deste instrumento, até o momento de sua efetiva entrega ao COMPRADOR, uma vez cumpridas as exigências quanto ao pagamento' (fls. 13). Pois bem. Pelo que dos autos consta, o depósito da primeira parcela devida à apelante foi realizada (sic) com atraso pela apelada, pois o contrato estabelecia, em sua cláusula 2ª, que tal operação deveria ser efetuada no dia da respectiva assinatura e não no dia 14/06/2012, como de fato ocorreu (fls. 15).Contudo, o contrato não prevê que o prazo para entrega das mercadorias se inicie na data em que efetuado o primeiro depósito, mas na data de assinatura do respectivo instrumento. Ademais, não há nos autos provas de que a apelante [vendedora] de qualquer forma tenha manifestado à apelada [compradora] a prorrogação do prazo para entrega em razão do atraso no referido depósito, tampouco de que, por essa razão, tenha desistido do negócio celebrado. Então, nos termos do contratado entre as partes, os maquinários em questão deveriam ser entregues até o dia 05/08/2012 na sede da apelada, conforme endereço ali inscrito. E, nessas circunstâncias, que tenham chegado ao porto em 11.08.2012, como insiste a apelante com fundamento no documento de fls. 111, quer tenham desembargado em 31.08.2012, como sugerem os documentos de fls. 57 e o documento de fls. 110, é forçoso reconhecer o descumprimento, pela apelante, das condições contratadas entre as partes. A este respeito, anoto, por oportuno, que, mesmo que o termo final para a entrega tivesse se iniciado em 14.06.2012, como pretende a apelante, e que houvesse provas suficientes de que a mercadoria chegou ao Brasil em 11.08.2012, seria impossível concluir pelo cumprimento do prazo contratado, pois somente restariam mais dois dias para o desembaraço alfandegário e o transporte dos bens até a sede da apelada, localizada no estado do Rio Grande do Sul." (TJSP, 33ª Câmara de Direito Privado, Ap. Cível nº 1001133-04.2015.8.26.0271, rel. Sá Moreira de Oliveira, j. 8.5.2017).

O segundo caso envolve contrato de compra e venda de equipamentos eletroeletrônicos celebrado em 14 de agosto de 2007. Por força do pactuado, a vendedora se obrigou a entregar à compradora mercadorias a serem por ela importadas, mediante o pagamento de metade do preço no ato da contratação e do restante cinco dias após a entrega dos bens. Segundo alegou a vendedora no curso do processo, devido a problemas enfrentados no processo de importação, como greves e impostos, houve atraso na entrega dos equipamentos, que só foram disponibilizados à compradora em 25 de setembro de 2007. Na ocasião, a compradora se recusou a receber os bens, o que levou a vendedora a pleitear a resolução do negócio.

Ao apreciar o caso, o Tribunal de Justiça de São Paulo, confirmando a sentença de primeiro grau, reputou lícita a recusa da compradora em receber as mercadorias que, de fato, foram disponibilizadas somente no dia 5 de outubro de 2007. Como consequência, foi decretada a resolução do negócio, com o retorno das partes ao *status quo ante*[547].

[547] "Quanto ao mérito, as provas dos autos, consubstanciadas nos documentos acostados e na declaração das partes, demonstram que a autora [vendedora] negociou com a ré [compradora] a venda de produtos eletroeletrônicos, o qual acabou não sendo entregue no prazo ajustado. Consta ainda que as partes ajustaram a compra e venda mediante pagamento pela ré de metade do preço no ato da contratação e do saldo devedor em cinco dias depois da entrega, tendo a ré já pago, portanto, o valor de R$ 420.750,00. Por conta do inadimplemento da fornecedora autora [vendedora], que não entregou os bens que vendeu conforme proposta, obteve a ré, após ter formulado seu pedido reconvencional, a condenação da autora [vendedora] à restituição dos valores já recebidos. Ademais, as dificuldades alegadas pela apelante [vendedora] e creditadas à importação dos equipamentos objeto do contrato sequer foram demonstradas nos autos. E, ainda que fosse produzida essa prova, tal circunstância revela-se *res inter alios* para a presente demanda. Além disso, o trâmite da importação das mercadorias não poderia servir como empecilho para a entrega dos produtos no prazo ajustado, eis que a autora atua nesse ramo comercial há anos e deveria ser conhecedora das condições e procedimentos de importação dos bens que negocia. Logo, se há um contrato não cumprido e não cumprido por culpa da própria autora, como bem ponderou a r. sentença, tem a ré direito à devolução dos valores pagos. Não se examina se a falha era escusável ou não. A questão se situa dentro do âmbito da responsabilidade da comerciante fornecedora, a qual tem o dever de honrar o compromisso contratual e social assumido com a compradora, resolvendo a pendenga, num segundo passo, contra quem, em tese, lhe teria trazido prejuízos." (TJSP, 25ª Câmara de Direito Privado, Ap. Cível nº 0106390-10.2008.8.26.0100, rel. Vanderci Álvares, j. 15.5.2013).

Novamente, contudo, não foram declinadas no julgado as razões pelas quais o Tribunal de Justiça entendeu que o atraso de pouco mais de um mês na entrega das mercadorias era suficiente para a extinção do vínculo contratual e de que maneira o interesse do credor no cumprimento da prestação teria sido irremediavelmente abalado.

O terceiro caso envolve o fornecimento de soda cáustica de empresa alemã para compradora nacional. Ajustado que a entrega deveria se dar dentro mês de julho de 1990, a vendedora descumpriu tal prazo, tendo em vista que as mercadorias em questão foram embarcadas para o Brasil somente no dia 4 de setembro daquele ano.

A compradora aguardou até 31 de agosto a entrega das mercadorias objeto do contrato, porém, diante do inadimplemento reiterado da vendedora, optou pela resolução do negócio, já que precisava da soda cáustica para levar adiante seus negócios. Aliás, tanto precisava que, mesmo durante a vigência do contrato, adquiriu no mercado brasileiro parte desta.

Ao julgar o caso, o Tribunal de Justiça entendeu que o descumprimento praticado pela vendedora era suficiente para fundamentar o término do negócio[548]. Não foram feitas, contudo, considerações a respeito

[548] "De fato, as partes através do pedido de fls. 14 contrataram compra e veda de 200.000 Kg de soda cáustica. Tal negócio foi efetuado, pela autora [compradora], por intermédio do representante comercial da ré [compradora], sediada em Hamburgo, Alemanha. A mercadoria em tela, de acordo com o pedido de fls. 14, tinha como prazo de fornecimento o mês de julho de 1990, mediante a entrega da guia de importação. A apelante [compradora] aguardou até 31 de agosto de 1990, quando, enviou 'facsímile' à apelada [vendedora], cancelando o contrato devido a sucessivos atrasos. A mercadoria havia sido enviada para o porto de Hamburgo no dia 3 de setembro, tendo sido embarcada no dia 4 de setembro. Embora alegue a apelada [vendedora] que o dia 31 de agosto de 1990, foi uma sexta-feira, e que, em virtude do fuso horário, seus escritórios estavam fechados (em Hamburgo), na verdade houve descumprimento do contrato de sua parte, pois deveria ter embarcado a mercadoria (uma vez que o embarque é que determina a entrega) até o final de julho. Poderia, outrossim, tê-lo feito durante todo o mês de agosto, já que a apelante [compradora], apesar de necessitar da mercadoria (o que, inclusive a levou a adquirir do mercado interno, mesmo antes de rescindir o contrato, não havia tomado qualquer atitude, no sentido de suspender o pedido. A alegação de que o atraso de 4 dias na remessa da guia de importação (e a apelada a recebeu no dia seguinte da entrega, ou seja em 18 de junho) teria provocado a demora da recorrida em embarcar a soda cáustica, também não procede, pois, com toda a certeza, até a data da rescisão (31 de agosto) teria havido tempo, mais do que suficiente, para que a tradição, através do embarque se efetivasse. O fulcro do problema não está nas

da relevância do inadimplemento para o programa contratual, tampouco sobre a preservação ou frustração do interesse do credor. Da leitura do julgado, entretanto, é possível extrair, ainda que indiretamente, que os dados relevantes para que a resolução fosse declarada foram a reiteração do inadimplemento e o fato de que a compradora de fato tinha necessidade de receber as mercadorias no curto ou médio prazo, o que ficou evidenciado a partir da aquisição da soda cáustica no mercado brasileiro.

Já no âmbito dos casos nos quais o atraso na entrega da mercadoria não foi considerado suficiente para ensejar a resolução do negócio, há precedente envolvendo a compra e venda de maquinário no qual as partes ajustaram certa data para entrega do equipamento[549] e, posteriormente, inclusive pactuaram a prorrogação de tal prazo, por meio da celebração de aditivo contratual em 24 de outubro de 2008. A mercadoria foi entregue no dia 5 de dezembro daquele ano, ocasião na qual foi recebida pela compradora sem ressalvas.

Posteriormente, a compradora passou a imputar à vendedora descumprimento do prazo de entrega do bem e, a partir disso, pleiteou a resolução do negócio. Ao apreciar o caso, o Tribunal de Justiça não aco-

dificuldades, decorrentes do teor da matéria, objeto do contrato. A apelada [vendedora] trabalha no ramo. Sendo comerciante habitual, conhece as dificuldades do negócio. Deveria, portanto, ter cumprido com as obrigações assumidas. E, qualquer forma, não há nos autos qualquer justificativa para o atraso cometido pela recorrida. A apelante [compradora], mesmo antes de manifestar-se pela rescisão, foi obrigada a comprar no mercado interno, a matéria prima, que necessitava para a fabricação de seus produtos (a primeira compra no mercado interno se deu antes do envio do 'facsímile', ou seja, no dia 31/7, mas já no último dia do prazo do pedido de fls. 14). Mesmo assim não cancelou o pedido, o que evidencia que a apelada [vendedora] teve ainda 30 dias para efetivar a tradição através do embarque, o que, diga-se de passagem, foi tempo mais do que suficiente. Assim sendo, não há como se ignorar o inadimplemento da apelada [vendedora]. A afirmação da r. sentença de que a tradição se deu de forma normal e foi cumprido o prazo constante da guia de importação também não merece acolhida. Tal prazo, é meramente administrativo, podendo, inclusive, ser prorrogado, se a importação não se efetivar no prazo. Nada, portanto, tem a haver com o avençado entre as partes. Assim sendo, não tendo a apelada [vendedora] justificado seu atraso e levando-se em conta o prazo que transcorre da data em que a mercadoria deveria ser entregue (julho de 1990), até a data do 'facsímile' onde a apelante [compradora] rescindiu o contrato (31 de agosto), não há como ignorar o descumprimento da avença, por parte da ré-reconvinte." (ex-1º TAC, 8ª Câmara, Ap. Cível nº 507.951-0, rel. Des. Antonio Carlos Malheiros, j. 24.8.1994).

549 O acórdão não revela as datas pactuadas.

lheu a argumentação da compradora, assinalando, ainda, que apenas o "*inadimplemento substancial do contrato*" autoriza sua resolução, o que não se caracteriza, de acordo com o julgado, pelo "*simples*" descumprimento do prazo de entrega[550].

Não há no julgado, contudo, considerações a respeito da essencialidade ou não do termo pactuado pelas partes, tampouco quanto à extensão do atraso imputável à vendedora. O fato de a compradora haver primeiro recebido a mercadoria sem ressalvas para só depois suscitar o alegado inadimplemento contratual da vendedora, parece ter sido determinante para a formação do convencimento dos julgadores.

Por fim, há ainda caso no qual se pactuou a compra e venda de brinquedos cuja entrega deveria se dar até 2 de outubro de 1995, mas foi feita com quatro dias de atraso, apenas em 6 de outubro daquele ano. Também nesse caso as mercadorias foram recebidas pela compradora sem ressalvas. A impugnação do atraso na entrega foi formulada apenas no dia 7 de novembro de 1995, quando a compradora devolveu parte dos brinquedos e passou a sustentar a resolução do negócio.

O Tribunal de Justiça entendeu não estarem presentes os pressupostos da resolução, seja por reputar o atraso insignificante, seja por considerar que com este anuiu a compradora ao inicialmente aceitar a entrega da mercadoria sem ressalvas[551].

[550] "Veja-se que os documentos que instruem a contestação – notadamente os correios eletrônicos e as missivas trocadas pelas partes – comprovam que os contratantes pactuaram, em 24 de outubro de 2008, um aditivo contratual à 'proposta negociada para entrega do equipamento adquirido pela Petrópolis', de sorte que, evidentemente o prazo de entrega da máquina, outrora ajustado, prorrogou-se. Demais disso, é incontroverso nos autos que o equipamento foi recebido pela apelante, em 05 de dezembro de 2008, sem ressalvas, conforme comprova o canhoto de recebimento da mercadoria da nota fiscal (doc. de fls. 75). Nesse cenário, não prospera a tese que a mercadoria foi entregue fora do prazo ajustado, mesmo porque apenas o inadimplemento substancial do contrato – que, obviamente, não se caracteriza pela simples entrega do equipamento adquirido fora do prazo inicialmente estipulado – autoriza a resolução do ajuste." (TJSP, 11ª Câmara de Direito Privado, Ap. Cível nº 0255541-19.2009.8.26.0002, rel. Maria Cláudia Bedotti, j. 16.6.2016).

[551] "A apelante [vendedora] vendeu mercadorias à apelada [compradora], as quais foram entregues com quatro dias de atraso, ou seja, em 06/10/95. Não obstante o atraso, as mercadorias foram recebidas sem qualquer ressalva, não havendo notícia de reclamação posterior. Ao contrário, em 16/10/95, a apelada [compradora] chegou a emitir ao banco autorização para pagamento da duplicata em seu vencimento. Somente em 07/11/95, ou seja, mais de

Muito embora o julgamento tenha se fundado na irrelevância do inadimplemento, não há maiores detalhes sobre o programa contratual estabelecido pelas partes, tampouco qualquer consideração quanto à manutenção ou frustração do interesse do credor em razão de tal atraso.

A análise dos casos concretos apresentados acima permite concluir que a matéria não é tratada de forma particularmente sistemática na prática do Tribunal de Justiça. Em grande parte, isso parece se dever à falta de consideração de aspectos concretos das transações comerciais que pudessem revelar se o prazo de entrega ajustado pelas partes é ou não essencial para o cumprimento do programa contratual. De fato, considerações de tal ordem não foram feitas em nenhum dos precedentes analisados.

A despeito disso, é possível inferir que o Tribunal de Justiça tende a considerar, na análise do impacto do descumprimento do prazo de entrega, se (1) o atraso é reiterado e prolonga-se já por certo período de tempo[552]; (2) a imprescindibilidade da mercadoria para o comprador[553]; e (3) o comprador suscitou o descumprimento do prazo de entrega oportunamente ou se, diversamente, recebeu as mercadorias sem qualquer objeção inicial.

2.B. Descumprimento total ou parcial da obrigação de entrega

No que diz respeito ao descumprimento total da obrigação de entrega das mercadorias, o tema não apresenta maior complexidade e o Tribunal de Justiça tende a considerar a hipótese como inadimplemento definitivo e, via de consequência, autorizar o desfazimento do ajuste.

um mês após a entrega, a apelada [compradora] efetuou a devolução de parte das mercadorias e o fez em mãos de terceiro, a saber, a Empresa Brasileira de Armazéns Ltda., cujo nome e endereço estão indicados na própria nota de devolução (fls. 22). Diante desse quadro, não há como se admitir o pequeno atraso na entrega, inequivocamente aceito pela apelada [compradora], como justa causa para o desfazimento de parte do negócio." (ex-1º TAC, 2ª Câmara, Ap. Cível nº 779.480-9, rel. Cyro Bonilha, j. 29.9.1999).

552 Nesse particular, vale anotar que, nos dois primeiros casos, nos quais foi declarada a resolução dos contratos em questão, o período de tempo transcorrido entre a data de entrega fixada pelas partes ou a celebração do negócio e a alegação do descumprimento contratual foi de cerca de um mês.

553 No particular, pode relevar o fato de o comprador ter de adquirir a mercadoria através de uma operação de substituição, como ocorreu no caso da soda cáustica, endereçado acima.

Essa foi a solução adotada em casos envolvendo a compra e venda de sacas de soja[554]; maquinário industrial[555]; equipamento médico-hospitalar[556];

[554] "Além disso, o compromisso de compra e venda também estabeleceu a obrigação de entregar dez mil sacas de soja (60kg) até 28.02.2016 e/ou o pagamento de uma multa no percentual de 10% sobre o valor do preço de aquisição do produto não entregue (cláusula 4.4, fls. 27), passível de ser apurada mediante simples cálculos aritméticos. Em princípio, portanto, considerando que a exigibilidade da multa decorre do alegado inadimplemento absoluto da obrigação de entregar a mercadoria compromissada à venda, não é possível afastar a executividade do crédito reclamado, sendo descabida a determinação de emenda da petição inicial para alteração do rito processual adotado pelo credor." (TJSP, 30ª Câmara de Direito Privado, rel. Andrade Neto, j. 30.11.2016).

[555] "É incontestável, na presente demanda, que a empresa vendedora, ora apelante, não procedeu à entrega das mercadorias adquiridas pela apelada, além de também não ter empreendido a prestação de serviços de instalação de maquinário. Isto, aliás, foi expressamente confessado e reconhecido em contestação, restando comprovado, ademais, pela escrita aposta nas notas fiscais emitidas pela própria apelante (f. 14/15). (...) Interessante notar, nessa esteira de argumentação, que a apelante apresentou contestação em 15 de fevereiro de 2001 (f. 39/45), ao passo que as mercadorias deveriam ter sido entregues, segundo o prazo estimado na respectiva nota fiscal (f. 15), até o dia 21 de setembro de 2000. A apelante, portanto, teve quase cinco meses para entregar o maquinário solicitado pela apelada, considerando-se a data estimada de entrega (21/09/2000) e a data de protocolização da contestação (15/02/2001). Inexistindo entrega das mercadorias vendidas a prazo e não havendo prestação de serviços, o que inclusive restou confessado pela própria vendedora e prestadora de serviços, ora apelante, é direito da compradora e tomadora de serviços, ora apelada, pleitear o desfazimento contratual, pois patente o inadimplemento contratual voluntário." (TJSP, 19ª Câmara de Direito Privado, Ap. Cível nº 1.128.487-8, j. 27.5.2008).

[556] "No que tange ao mérito, igualmente sem razão a recorrente. Não prosperam os argumentos da apelante, pois reconhece que não adimpliu a obrigação de entregar o equipamento hospitalar ao apelado após receber o valor contratado de R$ 145.000,00. A despeito da alegação de existência de motivo de força maior, pois o aparelho é fabricado na Europa, havendo dificuldade em trazê-lo ao território nacional por conta da greve da ANVISA e da Receita Federal, não justifica a ausência de explicações mais detalhadas ou de não ter colocado à disposição da apelada a possibilidade de rescisão do negócio. E, como bem ressaltou a D. Magistrada a quo, 'nem se diga que há força maior ou caso fortuito no vertente caso a infirmar a responsabilidade da requerida, porquanto não trouxe à ré provas documentais do período em que ocorreu a greve dos funcionários do órgão regulador. A despeito de ser fato notório a greve de servidores integrantes da Administração Federal, incumbia à requerida delimitar o período em que tais servidores integraram o movimento paredista e que tal fato influiu substancialmente na entrega dos produtos ao autor. A justificativa apresentada pela ré, sem devida comprovação, não tem o condão de afastar sua responsabilidade no caso e de obstar a pretensão do requerente, considerando-se ainda que o comprador não estava

materiais elétricos[557], bem como em diversos outros precedentes do Tribunal de Justiça nos quais o vendedor descumpriu, por completo, a obrigação de entrega dos bens a cujo fornecimento se obrigou[558].

Já no que diz respeito ao descumprimento parcial da obrigação de entrega, com o fornecimento de mercadorias em quantidade aquém da contratada, os precedentes localizados apresentaram soluções variadas diante do problema.

Nesse passo, o primeiro caso analisado versa sobre a compra e venda de arroz por atacado por meio da celebração de diversos instrumentos contratuais entre as mesmas partes. A vendedora não entregou a quantidade total de arroz pactuada em tais negócios, o que, de acordo com o Tribunal de Justiça, caracterizou inadimplemento definitivo apto a ensejar a resolução do pactuado[559].

O julgado, entretanto, não declina as razões que levaram à conclusão de que havia, no caso concreto, inadimplemento definitivo. É dizer,

obrigado a aguardar a entrega da mercadoria além do prazo previsto.'" (TJSP, 31ª Câmara de Direito Privado, Ap. Cível nº 0004411-14.2013.8.26.0008, rel. Paulo Ayrosa, j. 11.11.2014).

557 "É incontroverso nos autos que a requerente comprou materiais elétricos da ré, porém esta não entregou os produtos, em que pese tenha recebido cheques pré datados a título de pagamento, apenas um deles apresentado em instituição bancária, porém devolvido sem provisão de fundos. Assim, diante da inexecução contratual por parte da apelada, correta a sentença ao rescindir o ajuste e determinar a devolução das cártulas." (TJSP, 29ª Câmara de Direito Privado, Ap. Cível nº 9198653-77.2009.8.26.0000, rel. Francisco Thomaz, j. 16.3.2011).

558 No mesmo sentido, dentre outros: TJSP, 26ª Câmara de Direito Privado, Ap. Cível nº 0108430-15.2006.8.26.0009, rel. Reinaldo Caldas, j. 24.10.2012; TJSP, 25ª Câmara de Direito Privado, Ap. Cível nº 1.150.066-0/3, rel. Sebastião Flavio, j. 9.9.2008; TJSP, 35ª Câmara de Direito Privado, Ap. Cível nº 0005440-14.2012.8.26.0565, j. 18.11.2013; TJSP, 36ª Câmara de Direito Privado, Ap. Cível nº 1004162-30.2014.8.26.0196, rel. Milton Carvalho, j. 17.12.2015.

559 "Compra e venda de arroz por atacado – Pretensões declaratória de nulidade de duplicata e condenatória ao pagamento de multa contratual julgadas parcialmente procedentes – Não entrega da totalidade da mercadoria – Inadimplemento absoluto da vendedora demonstrado – Previsão da incidência de multas moratória e compensatória que se tem por admissível (...) Portanto, de rigor reconhecer, como bem assinalado na sentença, que os contratos não foram cumpridos por culpa da ré, que não entregou a mercadoria no prazo estabelecido, dando causa à resolução do pactuado, a termo do disposto na cláusula 6, "b", dos contratos." (TJSP, 33ª Câmara de Direito Privado, Ap. Cível nº 1052269-05.2014.8.26.0100, rel. Sá Duarte, j. 22.5.2017).

não foram explicitados os motivos pelos quais se entendeu que a entrega da quantidade pendente de arroz, ainda que após o prazo inicialmente fixado para tanto, não era suficiente à preservação do interesse útil do credor, mesmo que tal medida fosse acompanhada do pagamento de perdas e danos.

A existência de inadimplemento definitivo também foi reconhecida em caso envolvendo o fornecimento de mercadorias não especificadas no acórdão e no qual mais da metade dos bens objeto do contrato deixou de ser entregue ao comprador[560].

O terceiro caso envolve a celebração de contrato de compra e venda por força do qual se ajustou o fornecimento de aproximadamente 176,470 m^3 de madeira mediante o pagamento do montante de R$ 15.000,00. O vendedor entregou apenas 68,439 m^3, o que fez com que a compradora se insurgisse mediante o ajuizamento de ação judicial.

Após rejeitar as justificativas invocadas pelo vendedor na tentativa de afastar as consequências de seu inadimplemento, o Tribunal de Justiça reconheceu o direito da compradora de ser indenizada com o equivalente pecuniário da prestação descumprida, além de receber o valor da multa fixada pelas partes para a hipótese[561].

560 "A autora ajuizou a presente ação a pretexto de que adquiriu produtos da apelante, tendo, para tanto, firmado um único pedido e sob nº 1280, cuja entrega deveria ocorrer durante a segunda quinzena de agosto, sendo que o pagamento seria feito através de três parcelas, ou seja, 30, 60 e 90 dias, com o desconto de 10%. Como relatado, menos da metade das mercadorias foram entregues, devidamente relacionadas no documento de fls. 18 e com inobservância do prazo ajustado. (...) Assim, diante da entrega parcial das mercadorias e recebimento, o contrato de venda e compra mercantil deixou de ser cumprido na sua integralidade, motivo pelo qual correto o entendimento da MMª Juíza ao decretar a rescisão contratual." (TJSP, 18ª Câmara de Direito Privado, Ap. Cível nº 7.322.584-8, rel. Carlos Alberto Lopes, j. 24.3.2009).

561 "Trata-se de apelação interposta contra sentença que julgou parcialmente procedente ação de indenização por perdas e danos cumulada com cobrança de multa por descumprimento de cláusula de contrato de compra e venda de madeira. (...) No cerne, não há dúvida de que apelante, de um lado, e apelado mais um terceiro, de outro, firmaram contrato pelo qual estes venderam àquele 'aproximadamente 176,470 m^3' de madeira por R$15.000,00, pagos antecipadamente (cláusula primeira fls. 09). O termo 'aproximadamente' não autorizava entender que bastava que os vendedores entregassem a madeira extraída de sua propriedade, 'aproximadamente 68,439 m^3', quantidade bem diversa da contratada. Faltaram 108,030 m^3. (...) O apelado, ao contrário, comprovou haver notificado extrajudicialmente o apelante, dando-lhe ciência da pendência (fls. 14/15). O teor da notificação que

Muito embora o julgado não trabalhe os conceitos de inadimplemento relativo ou definitivo, cumprimento pelo equivalente ou resolução, a partir da solução adotada é possível concluir que a situação foi caracterizada como inadimplemento definitivo[562].

Em ainda outro precedente, envolvendo a compra e venda de equipamentos para sabonete e no qual o vendedor também entregou apenas parte das mercadorias, o Tribunal de Justiça julgou procedente ação na qual o vendedor buscava a execução forçada da obrigação de dar mais o pagamento de indenização pelos prejuízos decorrentes do inadimplemento[563].

menciona o tanto faltante e a devolução de R$3.150,00 não foi impugnado. Ocorre que aquela quantia é insuficiente, por não corresponder proporcionalmente à mercadoria faltante; deve pagar mais R$6.032,68, além da multa pelo descumprimento do contrato, com juros e correção monetária." (TJSP, 36ª Câmara de Direito Privado, Ap. Cível nº 0004118-89.2008.8.26.0470, rel. Dyrceu Cintra, j. 12.4.2012).

[562] Solução semelhante, isto é, a indenização do comprador pelo equivalente pecuniário da prestação descumprida, foi adotada também em precedente envolvendo a compra e venda de sacas de soja e no qual o vendedor deixou de entregar a totalidade das mercadorias objeto do contrato: "Ação de rescisão contratual, cumulada com indenização, relacionada com venda e compra de soja, julgada procedente pela sentença de folhas 101/130, relatório adotado. (...) É fato incontroverso nos autos, a transação comercial entre as partes, através da qual restou ajustada a entrega de 120.000 quilos de soja à cooperativa autora, que pagaria o equivalente a US$ 19.600,00, no dia 30/04/2004 (fls. 18). Por isso, descabida a alegação do recorrente, no sentido do cumprimento de sua obrigação, visto que se comprometera a proceder à entrega de 2.000 sacas de soja, mas só apresentou 753,32 sacas, como ele mesmo admitiu e consoante confirmado pela testemunha de fls. 80. Logo, houve, efetivamente, o inadimplemento contratual do agricultor, de forma a ensejar o pagamento de indenização. Considero que o cálculo do débito deveria levar em conta somente o montante correspondente ao valor das sacas faltantes, nos termos pactuados. Entretanto, a autora alegou a ocorrência de lucros cessantes, consistentes na diferença entre o preço maior, pago pela aquisição do produto de terceiro, e aquele ajustado. Tal assertiva restou comprovada pelo documento de fls. 93, em que a empresa Multigrain Comércio Exportação e Importação confirma a realização de negócio de compra e venda de soja com a cooperativa, documento esse que, conquanto não tivesse mencionado o montante envolvido, não foi infirmado pela parte adversa, tornando-se incontroverso." (TJSP, 26ª Câmara de Direito Privado, Ap. Cível nº 990.10.005181-4, rel. Andreatta Rizzo, j. 24.2.2010).

[563] "Pelo que se observa dos autos, restou incontroverso que as partes celebraram negócio jurídico, tendo a autora adquirido máquinas da ré, consistentes em equipamentos para fabricação de sabonetes, na data de 15.05.2009, mediante o pagamento de R$ 2.060.000,00. Outrossim, como se vê, foi comprovado por meio de documentos que o equipamento foi

Também aqui o julgado não analisa as modalidades de descumprimento obrigacional, tampouco suas consequências, mas é possível concluir que o Tribunal de Justiça, ao deferir o pedido de execução específica formulado pelo comprador, considerou se tratar de uma hipótese de mora e não inadimplemento definitivo.

O estudo dos julgados relatados acima revela tendências relevantes. Quanto à hipótese de descumprimento total da obrigação de entrega, a questão não apresenta maiores dificuldades e, como regra, o Tribunal de Justiça enquadra a situação como inadimplemento definitivo suficiente a deflagrar a resolução do contrato e, quando cabível, o pagamento de indenização.

Já no que diz respeito aos casos envolvendo o descumprimento apenas parcial da obrigação de entrega, a verdade é que, como adiantado, a prática do Tribunal de Justiça revela-se em alguma medida errática, o que dificulta a investigação de critérios a partir dos quais se possa aferir se se está diante de caso de mora ou inadimplemento definitivo. Isso porque, como visto, em nenhum dos casos foi analisado, de modo expresso, o impacto do descumprimento sobre o interesse do credor, a partir do qual deveria se decidir a modalidade de inadimplemento, com a aplicação das respectivas consequências.

adquirido pela autora e o preço foi pago, tendo sido entregues quase todas as partes do equipamento, exceto o laminador. A ré admitiu que não procedeu à entrega do laminador à autora, mas alegou caso fortuito para justificar o descumprimento de sua obrigação, porquanto no desembaraço aduaneiro da máquina, teria havido cobrança do montante de R$ 73.639,00 por parte da Receita Federal, sendo que tal valor não havia sido previsto na oferta dirigida à compradora, não podendo ser atribuído à vendedora, ante a omissão na negociação. (...) Ademais, ainda que assim não fosse, tenho que a cobrança de taxa aduaneira não caracteriza caso fortuito ou força maior, porquanto não pode ser tomada como imprevisível e integra a obrigação da vendedora de entregar a mercadoria à compradora. (...) Assim, do conjunto probatório dos autos emerge a prova da não entrega da mercadoria pela vendedora à adquirente, como lhe competia, de modo que descumpriu sua obrigação contratual, já que a parte adversa havia efetuado o pagamento total do preço avençado. Diante desse quadro, forçoso é reconhecer que a autora comprovou os fatos constitutivos de seu direito, como reza o art. 333, I, do CPC, sendo acertada a determinação de entrega da máquina descrita na exordial." (TJSP, 33ª Câmara de Direito Privado, Ap. Cível nº 0001671-16.2012.8.26.0268, rel. Carlos Nunes, j. 2.3.2015).

2.C. Qualidade insatisfatória

No que toca à resolução do contrato de compra e venda devido a problemas com a qualidade das mercadorias, o primeiro caso analisado envolve o fornecimento de baterias para uso não especificado no julgado. Após a entrega das mercadorias, a compradora constatou a existência de uma série de defeitos nestas, os quais afetavam seu desempenho e, portanto, a destinação que aquela pretendia lhes dar, o que a levou a buscar a resolução do negócio. A prova pericial produzida no curso da demanda confirmou a existência dos vícios.

Ao julgar o caso, o Tribunal de Justiça reconheceu o direito da compradora ao desfazimento do negócio por acatar a conclusão da perícia no sentido de que os defeitos em questão prejudicavam a "*funcionalidade técnica*" dos produtos, que se tornavam inadequados para o fim pretendido pela compradora. Adicionalmente, o Tribunal apontou que esta também não poderia ser obrigada a seguir com a relação contratual, com novos fornecimentos[564], em razão da perda de confiança na capacidade da ven-

[564] "'(...) Quanto aos defeitos indicados na inicial, a prova pericial demonstrou, de forma cabal e induvidosa, que os produtos alienados pela ré [vendedora] à autora [compradora] possuíam vícios de fabricação, não passíveis de correção e que comprometem sua destinação. Os testes realizados pelo perito, feitos nos equipamentos que a ré [vendedora] alienou à autora [compradora] e acompanhados diretamente pelo Assistente Técnico da requerida [vendedora] (fls.151), demonstraram que 'no caso de corte do fio de alimentação da bateria o aparelho para seu funcionamento, mesmo não havendo corte, o simples ato de suspender por alguns instantes a alimentação pode inibir a atividade do aparelho. Os aparelhos testados não apresentaram alimentação interna ('backup') à inibição ou prevenção de tais acontecimentos' e concluiu o expert 'salienta-se que, o mencionado aparelho foi projetado para uso como sistema de segurança, mas do ponto de vista técnico tal elemento da análise exibe falhas funcionais simples, descaracterizando a sua funcionalidade técnica.' Aliás, foram exatamente estas as falhas apontadas pela autora [compradora] na inicial. Não bastassem as falhas de funcionamento, o perito apontou que o produto não tem proteção anti-chamas ou contra infiltrações, de forma que seus componentes ficam expostos a interferências externas, o que pode comprometer sua funcionalidade (fls.154/155). Constatou ainda indícios de alterações na corrente elétrica dos equipamentos, ocasionando deformações em sua caixa externa (fls.156) e provenientes de falha nos componentes utilizados e de adaptações rudimentares, inadequadas em produtos industrializados (fls.157). A minuciosa prova pericial demonstrou ainda detalhadamente inúmeros outros defeitos e falhas nos equipamentos produzidos pela ré [vendedora] (fls.158/170) que, portanto, não pode exigir da requerente o pagamento pela aquisição de tais produtos e tampouco exigir que a autora [compradora] dê continuidade ao contrato de fornecimento existente entre as partes

dedora em cumprir o pactuado, o que, como já mencionado, é um dos critérios elencados pela doutrina para aferir a preservação ou frustração do interesse do credor[565].

O segundo caso envolve o fornecimento de produtos farmacêuticos, especificamente soro glicosado, fisiológico, manitol e água para injeção. Após a entrega dos produtos, a compradora foi notificada pela Agência de Vigilância Sanitária (ANVISA) para que não utilizasse os produtos fornecidos pela vendedora, até segunda ordem, já que sobre eles pairava suspeita de contaminação.

Nesse cenário, a compradora passou a pleitear a resolução do negócio, sob a alegação de que, diante da interdição decretada pela ANVISA, estava impossibilitada de dar às mercadorias a destinação pretendida. Ao analisar o caso, o Tribunal de Justiça reconheceu estarem presentes os pressupostos necessários à resolução justamente por entender que os produtos fornecidos pela vendedora se revelavam impróprios para os fins a que se destinavam[566]. Ainda que a interdição decretada pela

porque justificada a quebra de confiança na qualidade dos equipamentos fornecidos. (...) As aprovações dadas pela autora [compradora] por ocasião da análise das primeiras peças produzidas não afastam o direito da requerente à rescisão contratual e ao reconhecimento da inexigibilidade do débito porque, embora as amostras e protótipos analisados fossem adequados às expectativas da requerente, os produtos recebidos não o foram, conforme comprovou a perícia. De mais a mais, eventual autorização para fabricação não exime a ré [vendedora] de responder pelos defeitos posteriormente apresentados nos equipamentos e que, conforme já destacado, tornaram os produtos alienados inadequados para o fim a que se destinavam, não logrando a requerida [vendedora], em momento algum, ainda que singelamente, demonstrar o contrário.'" (TJSP, 24ª Câmara de Direito Privado, Ap. Cível nº 0118409-04.2006.8.26.0008, rel. Salles Vieira, j. 5.9.2013).

565 Cf. C. S. Zanetti, *A perda de interesse do credor*, in G. Benetti – A. R. Corrêa – G. Nitschke *et al.* (orgs.), *Direito, Cultura, Método. Leituras da obra de Judith Martins-Costa*, Rio de Janeiro, GZ, 2019.

566 "Consta dos autos que a apelada adquiriu da apelante, em 14 de fevereiro de 2001, os produtos constantes da nota fiscal de fls. 21, quais sejam: soro glicosado, fisiológico, manitol e água para injeção. (...) Todavia, no dia 23 de fevereiro de 2001, a autora recebeu comunicação urgente da Vigilância Sanitária (fls. 25), para que não utilizasse os produtos adquiridos da ré, por medida cautelar até segunda ordem, vez que havia suspeita de contaminação, conforme se depreende das fls. 23/24. (...) Inicialmente, afasta-se a alegação da ré no sentido de que a interdição cautelar dos produtos, nos termos da lei 6.437/77, é de no máximo 90 dias, de modo que a autora poderia utilizá-los após o transcurso do prazo, devendo, assim,/efetuar o pagamento dos produtos. Isso porque, como bem ressaltou o

ANVISA viesse a ser revogada, a compradora, de acordo com o julgado, também não poderia ser compelida a seguir com a comercialização dos produtos, já que isto poderia representar prejuízo à sua imagem[567].

magistrado a quo na r. sentença de fls. 83/86, em relação à autora, não tem efeito o transcurso de eventual prazo de interdição, que vale apenas administrativamente. A autora não está obrigada a utilizar produtos, sobre os quais pairam sérias suspeitas de contaminação. Demais disso, conforme se depreende da notificação de fls. 25, os produtos adquiridos pela apelada não poderiam ser utilizados até segunda ordem da Secretaria de Estado da Saúde, sendo que não há nos autos prova de autorização para a utilização dos produtos adquiridos pela apelada, após o mencionado comunicado. (...) Com efeito, conforme se verifica dos autos, a apelante não cumpriu sua parte no pacto de compra e venda firmado com a apelada, pois entregou produtos impróprios para os fins que se destinavam, razão pela qual deveria abster-se de exigir o cumprimento da obrigação por parte da autora, consistente no pagamento de produtos que não poderiam ser utilizados." (TJSP, 30ª Câmara de Direito Privado, Ap. Cível nº 992.08.045318-9, rel. Edgard Rosa, j. 7.4.2010).

567 Considerações semelhantes foram feitas também em caso envolvendo a compra e venda de preservativos cuja comercialização foi proibida pelo INMETRO em razão da má qualidade dos produtos, o que levou a compradora a pleitear (e obter) a resolução da avença: "A autora [compradora] pretendeu vender preservativos importados da marca 'LifeStyle', os quais foram fornecidos pela ré [vendedora] OVS Consumo Ltda. O negócio se limitou a 2.580 grosas no valor de R$108.506,21, adquiridas entre 30 de outubro e 13 de novembro de 1996, representada a compra pelas faturas de nºs. 771, 776, 778, 779, 780, 781 e 783 (fls. 50/56, vol.1). Mas, os anseios comerciais da autora foram destruídos. Todos os preservativos da marca 'LifeStyle' foram apreendidos e retirados do comércio (fls. 780/782, vol.4), depois da divulgação, pela imprensa televisiva e escrita, dos resultados dos testes feitos pelo INT (Instituto Nacional de Tecnologia) e Inmetro, reprovando o produto que apresentou problema de resistência (fls. 527, 532, vol.3; fls. 66/69; fls. 65). Mesmo admitindo a ciência do problema pela autora antes da compra, já que as reportagens ocorreram desde meados de outubro de 1996 (antes da primeira nota fiscal – fls. 50), não significa tenha ela assumido o 'risco do negócio' eivado pela imprestabilidade do produto. Como a própria OVS admite, possuía na época registro dos preservativos no Ministério da Saúde e certificado emitido pelo Instituto Falcão Bauer de Qualidade, credenciado pelo Inmetro. O produto é fabricado por renomada empresa americana, Ansel Corp.. Durante toda a negociação o relacionamento entre as partes era bom e o representante da ré OVS, Sr. Renato Marson, comprometeu-se a regularizar a situação, sanar os erros e até se dispôs a substituir os lotes irregulares (fls. 903/905, vol.5; fls. 851/853, 858/859 vol.4). A expectativa de sucesso do negócio foi, à evidência, alimentada pela ré OVS. (...) De outra parte, a rescisão do contrato é a solução adequada, face a impossibilidade de comercialização dos preservativos e deteriorização da marca 'LifeStyle' por culpa do fabricante estrangeiro. Responsabilidade esta que cabe também à importadora." (ex-1º TAC, 12ª Câmara, Ap. Cível nº 819.473-8, rel. Andrade Marques, j. 8.5.2001).

O terceiro caso cuida da compra e venda de tomates de um agricultor para uma empresa distribuidora de alimentos. Nos termos do negócio celebrado entre as partes, a compradora fornecia ao agricultor as sementes necessárias ao plantio dos tomates e este, posteriormente, deveria fornecer os tomates. O valor da venda das sementas deveria ser compensado com o preço cobrado pelos tomates.

Ao final da safra, contudo, a compradora deixou de retirar os tomates produzidos pelo vendedor sob o argumento de que estes não apresentavam as características definidas no contrato. Segundo a comprador, o vendedor optou por fornecer a outras empresas os melhores frutos, reservando para ela tomates verdes e abaixo do padrão de qualidade contratual.

Ao analisar o caso, o Tribunal de Justiça entendeu existirem provas suficientes das alegações da compradora no processo, de maneira que a resolução do contrato pela compradora era legítima[568].

[568] "Trata-se de 'Ação de Cobrança', ajuizada por 'Alimentos Wilson Ltda.' em face e Aderaldo Gestal Paes, alegando para tanto que formalizou com o Requerido 03 (três) Contratos Agrícolas, de mesma natureza, nos quais cedia sementes de tomate e insumos de produção rural ao Réu Apelante, e este, em contrapartida, cultivava e lhe vendia sua produção, havendo a compensação entre os produtos cedidos e entregues ao final da safra. Todavia, tendo em vista que o Réu Apelante não atingiu a produção estimada, não houve compensação suficiente para o pagamento dos insumos e sementes anteriormente cedidos, culminando na apuração da diferença de R$ 231.123,18 (duzentos e trinta e hum mil, cento e vinte e três reais, e dezoito centavos) em favor da Empresa Apelada. (...) Todavia, alega o Requerido em sua defesa a exceção do Contrato não cumprido previsto no artigo 476 do Código Civil Brasileiro para justificar a sua inadimplência contratual, especificamente, que, as metas de produção não foram atingidas pelo descumprimento contratual da Empresa Autora por não se dirigir à sede do Apelante para a retirada da produção propícia de tomates. De outra banda, a Empresa Apelada alega que deixou de retirar os tomates produzidos pelo Autor porque estes não atingiram o padrão de qualidade exigido contratualmente, justificando assim a sua recusa, fato não controvertido satisfatoriamente pelo Réu. Ora, em que pese ser obrigação da Empresa Autora a retirada dos produtos agrícolas, o credor não esta compelido a receber obrigação diversa daquela pactuada, nos termos do artigo 313 do Código Civil Brasileiro. Não obstante, também restou consignado nos Autos que, em verdade, o Réu vendeu seus melhores produtos à Empresa diversa, que não faz parte dos Autos. Neste diapasão, asseverou o d. Juízo Sentenciante: '(...) todavia, a Indústria também produziu prova contrária a assertiva do Requerido, no sentido de que no início da colheita foi detectado que o Requerido estava vendendo os melhores frutos de tomate para terceiros e fornecendo à Indústria tomates verdes, que não atendiam ao padrão e grau de qua-

O descumprimento de especificações contratuais também foi considerado pelo Tribunal de Justiça como causa suficiente à resolução em caso envolvendo o fornecimento de alimentos em conserva. A compradora recebeu e colocou à venda as mercadorias objeto do negócio. Todavia, algum tempo depois, recebeu reclamação de consumidora quanto à cor e ao odor do produto, o que a levou a examinar os demais itens fornecidos pela vendedora, ocasião na qual foi constatada a disparidade destes com as especificações do contrato.

Pelo que se pode depreender do julgado, as mercadorias não eram impróprias para o consumo humano, mas, ainda assim, distanciavam-se do padrão definido pelas partes no contrato. Tal desconformidade bastou para que o direito à resolução do negócio fosse conferido à compradora, que não poderia ser obrigada a colocar em risco sua imagem e reputação com a revenda de produtos desconformes[569].

lidade exigidos pela Indústria, o que levou a indústria a notificar o agricultor'." (TJSP, 30ª Câmara de Direito Privado, Ap. Cível nº 0000378-19.2010.8.26.0482, rel. Penna Machado, j. 2.9.2015).

569 "A ré [compradora] rescindiu o contrato firmado com a falida [vendedora] em razão de fornecimento de produtos fora dos padrões de especificação. Foi produzido neste processo laudo pericial indireto, segundo o qual o produto fornecido estava fora das especificações estipuladas pelas partes (anexo 'c' copiado a fls. 23/24). Sendo assim, a rescisão do contrato não foi imotivada, mas, sim, por justa causa (ver fl. 30), não fazendo a autora [vendedora] jus ao recebimento de indenização, uma vez que descumprida a cláusula XII do contrato firmado entre as partes. No mesmo sentido, o parecer da douta Procuradoria Geral de Justiça (fls. 526/530). (...) 'Para elucidar a questão, importante transcrever a cláusula VIII, IX de fls. 18, que assim estabelecem: 'Reserva-se a contratante o direito de rejeitar quaisquer produtos acabados que não atendam à qualidade, padrões e demais condições por ela estabelecidos, como também pelas legislações decorrentes.' (...) Note-se que a cláusula contratual era bem clara a respeito da possibilidade de rejeição/aceitação do produto, bastando que eles estivessem 'fora dos padrões contratualmente estabelecidos'. Isso é o que basta para repelir um dos argumentos levantados a adequação ou não para o consumo. (...) É importante ressaltar que a questão somente veio à baila após reclamação de cliente da ré [compradora], reclamando da cor e odor do produto produzido pela autora [vendedora], fls. 97, o que serve como reforço de convicção à tese ventilada pela ré [compradora], no tocante à justa causa para suspender o fornecimento de produtos. Afinal, caberia à ré [compradora] cercar-se de todas as cautelas na exposição e venda e produtos de marca própria, evitando riscos na comercialização, incluindo contaminação aos usuários, perda de clientela, com prejuízos ao seu bom nome e conceito no mercado'." (TJSP, 30ª Câmara de Direito Privado, Ap. Cível nº 9092126-72.2007.8.26.0000, rel. Lino Machado, j. 26.10.2011).

A mesma linha de argumentação foi empregada em precedente envolvendo o fornecimento de exemplares de jogo de cartas inspirado no programa de televisão *Big Brother*.

A compradora transmitiu à vendedora as especificações gerais a partir das quais os jogos de cartas deveriam ser produzidos. No início da execução do contrato, a vendedora apresentou protótipos do produto que foram aprovados pela compradora. Os produtos finais foram entregues e, então, colocados no mercado pela compradora.

Passado algum tempo, diversos consumidores da compradora apresentaram reclamações quanto à qualidade do produto. Descobriu-se, então, que estes não coincidiam com os protótipos aprovados pela compradora e haviam sido produzidos fora das especificações constantes do contrato. De acordo com o Tribunal de Justiça, tais fatos seriam suficientes para ensejara resolução do negócio no caso em tela[570].

[570] "A autora-reconvinda [compradora], em meados de 2002, contratou a ré-reconvinte [vendedora] para que ela confeccionasse um jogo de cartas interativas inspirado no programa de televisão 'Big Brother Brasil' (fls. 2/3). Segundo constou da petição inicial, depois de alguns percalços com a entrega do produto (fl. 4), logo que iniciada a sua distribuição, a autora-reconvinda [compradora] começou a receber reclamações por parte das lojas, 'veiculando queixas formuladas pelos consumidores' acerca da qualidade do referido jogo de cartas (fl. 5). Essas queixas diziam respeito não só à baixa qualidade de determinadas peças do jogo, mais precisamente, das cartelas que se rasgavam quando destacadas de seu suporte, como também à embalagem do produto, a qual não resistia ao peso do jogo (fl. 5). Ante esses defeitos de qualidade do produto, a autora-reconvinda [compradora] ingressou com ação (fl. 2), visando à rescisão do contrato de venda e compra firmado pelas partes, com a conseqüente declaração de inexigibilidade da obrigação de pagar o preço ali ajustado, bem como à condenação da ré-reconvinte [vendedora] no pagamento de indenização por perdas e danos (fl. 9). 2.2. Ora, incontroversa a existência dos mencionados defeitos de qualidade do produto confeccionado pela ré-reconvinte [vendedora], conforme, aliás, ela mesma admitiu nas razões recursais (fl. 433). Tais defeitos restaram comprovados, cabalmente, na perícia realizada. Confira-se: 'De todas as amostras analisadas, podemos notar que de fato existe um problema quanto ao picote dos marcadores (fichas). As fichas vêm em uma cartela e devem ser destacadas uma a uma, o que é feito com dificuldade, devido a uma resistência do material e, com isso, rasgam-se facilmente pois existe uma imperfeição do recorte entre os picotes, pois não ultrapassa todo o papel da cartela, com isso possibilitando o dano às fichas, as quais contêm dados importantes para a desenvoltura do jogo e, em sendo estas danificadas, não se pode jogar. (...). Quando a embalagem é aberta, ela perde a resistência, tornando-se mais maleável. Ao abrir a tampa pela primeira vez, esta não oferece resistência, sendo fácil o acesso às peças do jogo. Ao colocar-se estas novamente dentro da

Em precedente envolvendo o fornecimento de rolos de aço para fabricação de grampos de trilho, a inobservância de especificações técnicas igualmente serviu de fundamento à resolução do negócio. No caso em tela, o vendedor produziu os rolos de aço com espessura maior do que aquela solicitada pelo comprador, o que tornava a mercadoria inútil para os fins pretendidos, já que lesionava as mãos das pessoas que a manuseassem.

Também nesse caso o Tribunal de Justiça reconheceu o direito da compradora de resolver o negócio em razão do descumprimento contratual praticado pelo vendedor[571]. Não há, contudo, maiores con-

caixa, nota-se que a aba superior não se encaixa direito ao corpo da caixa, e que algumas peças saem pela aba inferior, que também não têm resistência suficiente para segurarem as peças do jogo, pois estas são tanto pesadas (cartas), como pequenas (fichas). (...)' De acordo com a ré-reconvinte, ela não poderia ser responsabilizada por esses defeitos, tendo em vista que seguiu, estritamente, as especificações técnicas exigidas pela autora-reconvinda, tais como 'a diagramação, a forma e os desenhos e, mais importante, a forma das 'facas' que deveriam ser utilizadas para o corte das peças' (fls. 143, 429). Acrescentou a ré-reconvinte que, a partir dessas diretrizes, executou um produto piloto, uma amostra verificada e aprovada pela autora-reconvinda [compradora] (fls. 144, 430). Não assiste razão, todavia, à ré-reconvinte [vendedora]. Diversamente do que a ré-reconvinte [vendedora] afirmou nas razões recursais, não há comprovação de que o produto em questão foi por ela confeccionado 'nos termos solicitados' pela autora-reconvinda [compradora] (fl. 437). (...) Realmente, analisando-se os diversos documentos acostados aos autos (fls. 20/60, 165/215), verifica-se que as instruções fornecidas pela autora-reconvinda [compradora] à ré-reconvinte [vendedora] limitaram-se às ilustrações e informações que deveriam constar das peças do jogo, não havendo menção às especificações técnicas dos materiais que seriam utilizados em sua produção. Ademais, as amostras juntadas pela ré-reconvinte [vendedora] (fls. 213/215), supostamente aprovadas pela autora-reconvinda [compradora], não se revelam hábeis ao fim pretendido, porquanto foram confeccionadas com material visivelmente diferentes das mercadorias efetivamente produzidas (fls. 210/212)." (TJSP, 23ª Câmara de Direito Privado, Ap. Cível nº 0035362-47.2002.8.26.0114, rel. José Marcos Marrone, j. 20.2.2013).

571 "No mérito, a apelada (sic, apelante) [compradora] buscou a rescisão de ajuste de compra e venda de mercadoria, bem como a inexigibilidade dos débitos e a declaração de nulidade das duplicatas, para tanto alegando que a mercadoria foi entregue em desacordo com as especificações pactuadas, especialmente quanto à espessura dos rolos de aço, que causa lesão às pessoas ao manuseá-los. (...) Ora, reputando-se verdadeiras as afirmações da apelante [compradora], de que as mercadorias adquiridas eram impróprias para venda, por apresentarem defeitos e que a mesma tentou devolvê-las (matéria fática), resta forçoso reconhecer que era ônus da apelada [vendedora] comprovar a existência de fato impeditivo, modificativo ou extintivo do direito da autora [compradora] em rescindir o contrato verbal

siderações a propósito, tendo em vista que o vendedor foi revel na demanda[572].

Em contrapartida, o Tribunal de Justiça tende a afastar alegações quanto à existência de desconformidade nas mercadorias objeto de contrato de compra e venda quando o comprador delas não dá notícia ao vendedor oportunamente, seja notificando-o em período razoável[573], seja devolvendo os produtos[574]. O argumento também tende a ser afas-

e buscar a inexigibilidade dos referidos títulos." (TJSP, 37ª Câmara de Direito Privado, rel. Des. Moreira de Carvalho, j. 8.3.2012).

572 A mesma linha de argumentação foi empregada em precedente envolvendo o fornecimento de tijolos, cimento e concreto cujo fornecimento se deu sem observância às especificações do contrato: "Com efeito, a apelante vendeu em 15/12/1993 material refratário (tijolos, cimento e concreto) e amianto em pó para a apelada, nas especificações constantes do pedido, inclusive com certificado de análise (fls. 23/24), destinado a reforma de caldeiras, porém, depois de entrega parcial, segundo alega, e pagamento também de parte do preço em 14/01/94 (CR$ 3.559.300,00) e em 26/01/94 (CR$ 502.190,00), quando iniciado o serviço, a mercadoria se revelou inservível e submetida a análise química, constatou-se a total imprestabilidade em face dos níveis de óxido de alumínio completamente fora das especificações contratadas e muito aquém do compatível para aplicação nas caldeiras (fls. 24 e 30/34). (...) A apelante, com pleno conhecimento das especificações a serem atendidas e inclusive da necessidade de fazer acompanhar de competente certificado de analise, fez a entrega de mercadorias com características diversas, impróprias para o fim a que se destinava a aquisição, induzindo em erro a apelada que, confiando na fornecedora, acreditou terem sido atendidas as inequívocas especificações contratadas, de sorte que, ao invés de defeito aparente, verificou-se inadimplemento contratual" (ex-1º TAC, 1ª Câmara, Ap. Cível nº 732.767-1, rel. Correia Lima, j. 11.5.1998).

573 "Pois bem. A justificar o débito, alega a embargante que adquiriu da embargada compressores industriais que apresentaram defeitos técnicos que poderiam acarretar vazamentos de amônia ou a própria ruptura dos vasos sob pressão. (...) Ora, conforme constou da sentença, não há qualquer comprovação de que a embargante tenha cientificado a embargada dos supostos vícios existentes nos equipamentos ou solicitado reparos ou substituição, vez que não foram juntados documentos hábeis nesse sentido, tais como carta, notificação, e-mails, etc. Ademais, há nos autos afirmação expressa da ré, de que 'jamais foi notificada, quer verbal ou expressamente, quanto à supostas falhas técnicas dos citados compressores' (fls. último parágrafo de 136). Assim sendo, ainda que a prova técnica viesse a constatar defeitos (existente quando da entrega), restaria inócua na medida em que a apelada não tendo ciência da falha, não teve como supri-la." (TJSP, 20ª Câmara de Direito Privado, Ap. Cível nº 9171773-82.2008.8.26.0000, rel. Miguel Petroni Neto, j. 26.9.2011).

574 "A prova de entrega de mercadoria diversa daquela que deveria se efetivar competia ao autor, que, entretanto, nada requereu a esse respeito. Ao autor se impõe o ônus da prova de fato constitutivo de seu direito (art. 333,1 CPC), o que significa dizer que deve demonstrar

tado se o comprador é incapaz de demonstrar a alegada imprestabilidade dos bens[575].

Na mesma toada, entende-se não haver justificativa legítima para a resolução da avença quando a alegada desconformidade, em verdade, relaciona-se com a preferência do comprador por uma marca ou outro

em Juízo a existência do fato descrito na inicial, no qual repousa a tutela pretendida. (...) Dessume-se de ambos os dispositivos que não tendo contestado a existência do contrato, nem tampouco demonstrado que a entrega das mercadorias se deu de forma defeituosa, deixou o autor de provar a existência de fato liberatório do pagamento a que se comprometera. E, ao omitir-se, responde pela inércia. Reafirme-se: o autor não trouxe qualquer demonstração dos fatos alegados, o que poderia ser feito com a simples juntada de nota de devolução do produto ou declaração firmada junto à requerida naquela oportunidade, entregue por cópia ao transportador." (ex-1º TAC, 10ª Câmara, Ap. Cível nº 857.454-7, rel. Ricardo Negrão, j. 6.4.2004).

[575] "Os pedidos eram de declaração de inexigibilidade do título, em decorrência de imprestabilidade da mercadoria adquirida (ração para porcos que provocou a morte dos animais ao ser consumida), e indenização pelos prejuízos resultantes. O negócio subjacente, a compra e venda, e a entrega da mercadoria, veio afirmada na própria inicial. Nenhum documento foi apresentado comprovando eventual reclamação do adquirente quanto à qualidade da ração. Igualmente, não trouxe a autora prova alguma da morte dos animais. A ré, por seu lado, ao contestar, apresentou várias declarações de outros compradores atestando que nenhum problema tiveram com rações adquiridas junto à primeira (fls. 56/58 e 66/67)." (TJSP, 21ª Câmara de Direito Privado, Ap. Cível nº 957.426-5, rel. Ademir Benedito, j. 4.5.2005).

"Com efeito, a demanda tem como causa de pedir remota o descumprimento de contrato verbal de compra e venda de equipamentos usados destinados a aparelhar a academia de ginástica dos autores, negócio não instrumentalizado apesar do vultoso valor da compra: R$93.600,00 (fls. 02). Como constatou a r. sentença, de forma escorreita, não há prova das condições de uso das mercadorias adquiridas. Contrariamente ao aduzido na apelação, os documentos de fls. 37/39 não comprovam de forma inconteste a quantidade ou a qualidade dos produtos. Trata-se de simples listagem genérica. Além disso, apesar de o documento apresentar logotipo com o nome "Garagem do Esporte", está intitulado com o nome de outra empresa, inclusive com CNPJ diverso (Maria Natalina Montresol Araçatuba Ltda). Ressalta-se que não há nesses documentos qualquer menção ao estado das mercadorias adquiridas. Nas fls. 40/41, as fotos mostram equipamentos visivelmente danificados, mas nada há nos autos que comprove que se tratam dos equipamentos entregues pela vendedora. A propósito, impende mencionar que causa estranheza, considerando-se o comportamento esperado do homem médio, a falta de notícia que qualquer intenção dos apelantes de recusar o recebimento de mercadorias, já que, segundo alegam nesta sede judicial, estavam em desacordo com o que fora contratado." (TJSP, 38ª Câmara de Direito Privado, Ap. Cível nº 1001573-28.2016.8.26.0218, rel. Flávio Cunha da Silva, j. 14.6.2017).

e não de fato com vícios apresentados pelas mercadorias objeto do contrato[576].

Da análise dos julgados ora estudados é possível depreender que a resolução do contrato devido ao descumprimento de aspectos atinentes à qualidade da mercadoria é aceita pelo Tribunal de Justiça, normalmente, quando o inadimplemento (1) torna os produtos imprestáveis para os fins pretendidos pelo comprador; ou, simplesmente, (2) viola as especificações contratuais pactuadas pelas partes.

2.D. Inadimplemento do preço

Por fim, o último grupo de casos a ser analisado refere-se ao inadimplemento do preço pactuado pela compra das mercadorias e, também aqui, a extração de critérios é dificultada pelo caráter lacônico das decisões.

Nesse passo, no primeiro caso analisado, envolvendo a compra e venda futura de soja, o inadimplemento do preço, ajustado para ocorrer antes do embarque das mercadorias, foi reputado suficiente para acarretar a resolução do negócio. Não consta do julgado, entretanto, se o inadimplemento foi total ou parcial, por quanto tempo se estendeu o atraso, tampouco por qual razão se entendeu que o interesse do credor restou irremediavelmente comprometido, de modo a não comportar emenda pelo devedor[577].

[576] "Vício do produto. O que houve foi a insatisfação de terceiro quanto ao rendimento da tinta, o que naturalmente varia entre produtos de fornecedores diversos, assim como mudam os preços. A experiência comum mostra que algumas tintas de marcas nacionalmente conhecidas têm maior rendimento e durabilidade, sendo proporcionalmente mais caras do que as outras marcas. (...) O paradigma do produto para análise do vício não pode ser outros produtos de fornecedores diversos que, sendo úteis aos seus fins, tenham maior ou menor eficiência do que aquele. Neste caso estar-se-ia apurando o padrão de qualidade do produto, não sua utilidade. Essa comparação deve ser feita pelo comprador no momento de sopesar o custo e o beneficio e não pode ensejar vício do produto, senão arrependimento, quando for possível." (TJSP, 14ª Câmara de Direito Privado, Ap. Cível nº 9179334-94.2007.8.26.0000, rel. Thiago de Siqueira, j. 26.10.2011).

[577] "Compra e venda – Soja para exportação futura – Obrigação contratual de pagamento do preço, anterior ao embarque da mercadoria – Descumprimento pelo comprador – Culpa configurada – Resolução contratual – Direito do vendedor à cláusula penal, sem cumulação de perdas e danos – Preliminar de nulidade rejeitada – Elevação dos juros legais, a partir do novo Código Civil – Apelação da autora em parte provida para esse fim, indeferido o pedido de assistência judiciária gratuita – Agravo retido conhecido e improvido – Despro-

Na mesma linha, o segundo precedente envolve a compra e venda de máquinas importadas para peletização de madeira, no valor total de € 745.000,00. O primeiro lote de equipamentos foi entregue e devidamente pago. Entretanto, quando a vendedora informou que o restante do maquinário estava pronto para embarcar para o porto designado pelo comprador, este passou a se negar a efetuar o pagamento do valor em aberto. Diante dessa situação, a vendedora ainda incorreu em despesas com o transporte dos equipamentos do porto de volta para a fábrica.

Ao julgar o caso, o Tribunal de Justiça entendeu que a ausência de pagamento do saldo do preço no valor de R$ 333.684,84 era suficiente a ensejar a resolução do negócio e, portanto, caracterizava inadimplemento definitivo. No julgado, entretanto, não foram expostas as razões que fundamentaram tal conclusão, tampouco reveladas informações úteis para esse fim, como, por exemplo, há quanto tempo se arrastava a mora do comprador ou se as mercadorias objeto do contrato estavam sujeitas a flutuações relevantes de valor, de modo a justificar a resolução do negócio. Aparentemente, o fato de a compradora ter permanecido revel no processo foi o dado mais relevante na análise do Tribunal de Justiça[578].

vimento da apelação da ré. A sentença declarou a resolução de contratos de venda e compra de soja no mercado interno para exportação futura. (...) A sentença bem dirimiu a controvérsia. As partes contrataram venda e compra de soja para exportação, por meio de pactos coligados entre si. É suficiente ler as cláusulas contratuais, porque insusceptíveis de gerar sentido ambíguo, duvidoso ou obscuro, quanto à real intenção das partes. (...) Posto que fungível, a soja em grão ou farelo está caracterizada no contrato por elementos identificadores, quer quanto à qualidade, quer quanto à quantidade. Cuida-se de venda de gênero, cuja definição final ocorrerá no momento de execução do contrato. Assim também o preço, passível de determinação pelo preço unitário da taxa vigorante no dia do registro de exportação (Código Civil/1916, artigo 1.124), cuja incumbência é exclusiva do comprador, a ser multiplicado pela quantidade efetivamente embarcada, daí a necessidade da denominada cláusula de flutuação (5%), que nada tem de potestativa, dadas as peculiaridades de mercadoria destinada a exportação, atuando-lhe como parâmetro o preço total." (ex-1º TAC, 12ª Câmara, Ap. Cível nº 879.371-7, j. 23.11.2004).

578 "É fato incontroverso que as partes pactuaram a entrega a importação e venda das mercadorias noticiadas na inicial, conforme proposta técnica e quotação realizada em 08 de agosto de 2007, indicadas no documento de fl. 34/42. Ainda, restou incontroverso que o valor do negócio foi entabulado em EUR 745.000,00, a ser pago em parcelas, a saber: como sinal a quantia de EUR 74.500,00; a quantia de EUR 65.500,00 em 11 de outubro de 2009, ou quando do embarque do primeiro lote de equipamentos; e de EUR 605.000,00 em 30

Por fim, o Tribunal de Justiça também reputou haver inadimplemento definitivo em caso envolvendo a compra e venda de safra de laranja e no qual a compradora deixou de pagar o preço referente à totalidade das 92.632,60 caixas de frutas fornecidas pela vendedora, inobstante notificada judicialmente a fazê-lo.

A resolução do negócio foi decretada, porém o julgado não analisa, em detalhes, a preservação ou frustração do interesse da credora, tampouco traz informações sobre a duração do inadimplemento. Ao que tudo indica, o dado de maior relevância foi o fato de a vendedora haver notificado judicialmente a compradora para efetuar o pagamento do preço e esta ter permanecido inerte[579].

3. Síntese

A análise dos precedentes a partir dos grupos de casos expostos acima revela que a aplicação prática da disciplina da resolução por inadimplemento ocorre, muitas vezes, de maneira errática.

de janeiro de 2008, ou quando fosse notificada a ré de que o restante dos equipamentos já estivesse pronto para embarque (fl. 36/37). (...) A autora cumpriu com a obrigação acertada quanto à entrega do primeiro lote de maquinários, no importe total de R$ 705.258,15, conforme nota fiscal de nº 000498, datada de 26/11/2008, e nota fiscal complementar, no valor total de R$ 333.684,84, e nota fiscal de nº 000026, datada de 29/11/2007, no valor de R$ 371.573,31, juntadas aos autos (fl. 43 e 46). (...) Ora, ante à revelia da ré, não há como afastar a veracidade dos fatos afirmados na inicial, a teor do art. 319 do Código de Processo Civil." (TJSP, 27ª Câmara de Direito Privado, Ap. Cível nº 0009625-78.2010.8.26.0270, rel. Claudio Hamilton, j. 10.12.2013).

[579] "Objetiva a autora rescindir contrato de compra e venda de laranjas, cancelar cédula de produto rural (cláusula 18) e condenar a empresa ré a pagar, a título de indenização, o saldo devedor referente ao fornecimento de frutas no valor de R$ 101.318,99, da safra de 1996/1997. (...) No tocante à safra de 1996/1997, alega a autora que forneceu 92.632,60 caixas de frutas e que a ré realizou pagamentos, mas não correspondentes à totalidade das frutas fornecidas. Diante disso, a apelada interpelou judicialmente a ré apelante, para que ela cumprisse sua obrigação, mas não houve pagamento do saldo remanescente. (...) De se ver que a ré não nega o recebimento da safra de 1996/1997 nem serem indevidos os valores referidos na inicial, que somam R$ 101.318,99 (fl. 3). Sendo assim e não tendo havido pagamento do saldo devido, o acolhimento dos pedidos de rescisão contratual, cancelamento da cédula rural, a respeito da qual não houve nenhuma manifestação e, por fim, de condenação ao pagamento do saldo devido era inevitável." (TJSP, 29ª Câmara de Direito Privado, Ap. Cível nº 9270678-25.2008.8.26.0000, rel. Silvia Rocha, j. 20.2.2013).

Embora seja possível extrair alguns critérios na apreciação de casos envolvendo atraso na entrega das mercadorias ou desconformidades de ordem qualitativa destas, os precedentes envolvendo o descumprimento total ou parcial da obrigação de entrega, bem como de pagamento do preço não apresentavam uniformidade ou lógica comum, de maneira que não é possível deles extrair um padrão na aplicação do direito.

De fato, para decidir ou não pela resolução dos contratos, a maioria expressiva das decisões passa ao largo da análise técnica quanto à existência de mora ou inadimplemento definitivo. Tampouco são endereçadas, ao menos de forma sistemática, as consequências previstas no ordenamento jurídico para cada uma dessas modalidades de inadimplemento. Ainda mais marcante, o conceito de "*interesse de credor*" sequer é mencionado (muito menos analisado) em nenhuma dessas decisões. A opção pela resolução ou não dos negócios parece se dar, assim, tendo em vista muito mais razões de conveniência de cada caso concreto do que critérios pré-estabelecidos. A nosso ver, tal situação faz com que a análise da matéria pelo Tribunal de Justiça seja dotada de indesejável imprevisibilidade.

CONCLUSÕES

O estudo comparativo do regime aplicável à *fundamental breach* e da disciplina do inadimplemento definitivo existente no Código Civil permite concluir que, embora não sejam frontalmente opostos, tampouco há identidade perfeita entre eles.

À partida, é preciso reconhecer que o próprio conceito de *fundamental breach* não se conforma exatamente à noção de inadimplemento definitivo, já que uma e outra figura possuem pressupostos distintos.

Os pressupostos da *fundamental breach* decorrem do próprio texto do artigo 25 da CISG. Conforme se depreende de sua redação, o inadimplemento imputável ao devedor, capaz de privar o credor daquilo que almejou com a contratação e cujas consequências não se poderia prever, são os elementos configuradores da *fundamental breach*.

No direito brasileiro, por sua vez, a noção de inadimplemento definitivo é construída a partir dos contornos abertos dos artigos 395, parágrafo único, e 475 do Código Civil. Diferente da proposição verdadeiramente descritiva da CISG, o Código Civil não elenca os pressupostos do inadimplemento definitivo. A leitura combinada dos referidos artigos, contudo, permite concluir que tais pressupostos são a existência de inadimplemento imputável ao devedor e a inutilidade do cumprimento da prestação ao credor, em razão do descumprimento praticado.

O cotejo dos pressupostos da *fundamental breach* com os do inadimplemento definitivo permitem extrair, simultaneamente, uma diferença e um ponto de contato entre os dois regimes sob estudo.

A diferença reside no peso atribuído à imprevisibilidade das consequências do inadimplemento. Enquanto no direito brasileiro tal consideração não integra a disciplina aplicável ao inadimplemento definitivo, na CISG, como visto, a imprevisibilidade do resultado do descumprimento opera como espécie de limitador à configuração da *fundamental breach*.

O ponto de contato, por sua vez, é o emprego do interesse do credor como o fiel da balança para aferir a essencialidade do descumprimento contratual e a possibilidade de resolução do negócio. Tanto a CISG, quanto o direito brasileiro, acabam por enxergar o inadimplemento em graus, reservando o término da relação contratual apenas para aquelas hipóteses mais severas.

A despeito disso, até mesmo em razão das peculiaridades das relações contratuais que regula, a CISG parece exigir um grau maior de severidade do inadimplemento para autorizar a resolução do negócio. De fato, esta terá lugar apenas diante da *essencialidade* do descumprimento. Daí talvez a razão de a CISG traçar pressupostos tão claros para a *fundamental breach*.

Já no direito brasileiro, parece-nos vigorar o raciocínio inverso: é o inadimplemento de escassa relevância que opera como limite do direito de resolver, na medida em que não frustra o interesse do credor e, portanto, não lhe permite a recusa da prestação.

Trata-se de diferença sutil, mas que pode impactar a solução de casos práticos sob o regime da CISG, de um lado, e o do Código Civil, de outro. Essa constatação também impede a afirmação de que à *fundamental breach* corresponde perfeitamente a noção de inadimplemento definitivo extraída da interpretação do Código Civil.

O estudo dos casos práticos relatados ao longo do texto serve ao propósito de destacar as semelhanças e diferenças entre os dois regimes.

Nesse sentido, constata-se haver identidade entre a disciplina da CISG e a do Código Civil quando a parte inadimplente viola termo essencial, seja no que diz respeito à obrigação de entrega das mercadorias, seja no que toca à obrigação de recebê-las pontualmente, seja, ainda, no que se refere à obrigação de pagar o preço. O estudo dos grupos de casos revelou ser frequente a existência de *fundamental breach* quando a essencialidade do termo é objeto das negociações entre as partes; quando a mercadoria se reveste de natureza sazonal; e quando seu valor é volátil. A nosso ver, todos esses critérios são válidos para aferir a essencialidade do termo e, portanto, o caráter definitivo do inadimplemento à luz do regime do Código Civil.

De modo semelhante, há identidade entre as soluções propostas por ambos os regimes quando o vendedor nada entrega, descumprindo em absoluto a obrigação assumida; quando o comprador permanece inadimplente com a obrigação de receber as mercadorias por tempo prolongado, sem uma definição sobre quando irá purgar sua mora, a despeito de instado a tanto; quando o comprador declara que não irá receber as mercadorias em definitivo; quando o comprador descumprir reiteradamente sua obrigação de pagamento, indicando ao vendedor que deixará de honrar o compromisso assumido. Em todos esses casos, nos quais, sob a égide da CISG, usualmente se reconhece a existência de *fundamental breach*, são conformes à perda do interesse do credor na execução da prestação pelo devedor em razão de sua recusa reiterada em prestar.

Aqui, outro ponto de contato entre os regimes surge. Tanto na CISG, como no regime do Código Civil, a fixação de prazo adicional para purgação da mora – ou *Nachfrist*, no texto internacional – assume relevância na caracterização da definitividade da recusa do devedor em prestar.

Ainda, constatou-se haver identidade de soluções quando o comprador recebe apenas parcela ínfima dos bens, sem precisar quando receberá as mercadorias remanescentes; quando existirem indícios concretos da incapacidade financeira do comprador; quando o comportamento do vendedor inspira no comprador fundado receio de que este não cumprirá prestações futuras do contrato, tampouco remediará o inadimplemento praticado; e quando o comportamento do vendedor revela que a entrega ficará pendente por tempo indeterminado. A existência de *fundamental breach*, nesses casos, é compatível com a noção de frustração do interesse do credor em razão da perda da confiança no devedor.

É no grupo de casos relativos à desconformidade qualitativa das mercadorias que o afastamento entre os regimes estudados é percebido com mais ênfase. Enquanto as hipóteses de inobservância de qualidades reputadas essenciais no contrato e imprestabilidade das mercadorias não apresentem maiores dificuldades, amoldando-se tanto à noção de *fundamental breach*, quanto à de perda do interesse do credor na execução da prestação, os casos de entrega de mercadorias distintas daquelas que foram objeto do contrato apresentam soluções distintas sob um ou outro regime.

No âmbito da CISG, a entrega de mercadorias distintas daquelas descritas no contrato, seja sob o aspecto quantitativo, seja sob o qualitativo, não implica o descumprimento da obrigação de entrega, sendo a questão analisada sob a ótica da desconformidade apenas. Assim, reputa-se que a obrigação de entregar os bens objeto do contrato foi cumprida, porém de maneira desconforme ao pactuado pelas partes. Nesse sentido, como revelou o estudo dos grupos de casos, é frequente que o comprador seja compelido a revender as mercadorias desconformes e pleitear indenização pelos prejuízos sofridos, sem que lhe seja dada a possibilidade de resolver o negócio. Esse entendimentos justifica-se pelas peculiaridades que regem as relações no comércio internacional.

Está, contudo, não parece ser a solução adequada sob a disciplina do Código Civil, já que encontra óbice direto nas noções de exatidão e integralidade da prestação, previstas nos artigos 313 e 314 do Código Civil. Ao menos do ponto de vista teórico, portanto, as soluções nesse particular tendem a ser distintas.

O estudo desses regimes revela, portanto, ser equivocado pretender conformar a figura da *fundamental breach* a expressões genéricas como *descumprimento essencial* ou *inadimplemento fundamental*, sem maiores rigores técnicos e como se sua tradução para o vernáculo fosse o que bastasse para a internalização do conceito.

Fora do âmbito de aplicação da CISG, portanto, não há espaço para a incidência direta da *fundamental breach* e do regime a ela aplicável nas demais relações contratuais sujeitas ao regime do Código Civil. Por vezes, as soluções propostas por cada um desses regimes serão distintas. Sempre, partirão de pressupostos que não coincidem por completo.

REFERÊNCIAS

Adame Goddard, Jorge, *Estudios sobre la compraventa internacional de mercadorías,* 1991. Disponível em <http://www.bibliojuridica.org>.

Aguiar Dias, José de, *Da responsabilidade civil,* 11ª ed., Rio de Janeiro, Renovar, 2006.

Aguiar Júnior, Ruy Rosado de, *Extinção dos contratos por incumprimento do devedor – Resolução,* Rio de Janeiro, Aide, 1991.

–, *A Convenção de Viena e a resolução do contrato por incumprimento,* in *Revista de Informação Legislativa,* nº 31 (1994).

–, *Comentários ao novo Código Civil – da extinção do contrato,* in Teixeira, Sálvio de Figueiredo (coord.), *Comentários ao novo Código Civil,* v. VI, t. II, 2011.

–, *Extinção dos contratos,* in Fernandes, Wanderley, *Fundamentos e princípios dos contratos empresariais,* São Paulo, Saraiva, 2007, pp. 417-458.

Aguilar Vieira, Iacyr de – Lacerda da Silva, Mileny A. – Pereira Leão, Alexandre, *Direito uniforme sobre a compra e venda internacional de mercadorias: convergências e divergências em sua aplicação,* in *Revista de Direito Bancário e do Mercado de Capitais,* nº 33 (2006).

Almeida Costa, Mario Júlio, *Direito das obrigações,* 12ª ed., Coimbra, Almedina, 2009.

Alvim, Agostinho, *Da inexecução das obrigações e suas conseqüências,* 5ª ed., São Paulo, Saraiva, 1980.

Andrade, Darcy Bessone de Oliveira, *Do contrato – teoria geral,* 4ª ed., São Paulo, Saraiva, 1997.

Andrade, Ronaldo Alves de – Assis, Araken de – Alves, Francisco Glauber Pessoa, *Comentários ao código civil brasileiro – arts. 421 a 578,* in Alvim, Arruda – Alvim, Thereza (coords.), *Comentários ao código civil brasileiro,* v. 5, 1ª ed., Rio de Janeiro, Forense, 2007.

Araújo, Nádia de, *Contratos internacionais,* 3ª ed., Rio de Janeiro, Renovar, 2004.

Assis, Araken de, *Resolução do contrato por inadimplemento,* 5ª ed., São Paulo, RT, 2013.

–, *Dano positivo e dano negativo na dissolução do contrato,* in *Revista do Advogado* 44 (1994).

AZEVEDO, Antonio Junqueira de, *Negócio jurídico – existência, validade e eficácia*, 4ª ed., São Paulo, Saraiva, 2008.

BABIAK, Andrew, *Defining 'fundamental breach' under the United Nations Convention on Contracts for the International Sale of Goods*, in *Temple International and Comparative Law Journal* nº 6 (1992).

BAPTISTA, Luiz Olavo, *Contratos internacionais*, São Paulo, Lex, 2010.

BASILIO, Ana Tereza, *Aplicação e interpretação da Convenção de Viena sob a perspectiva do direito brasileiro*, in *Revista de Arbitragem e Mediação* nº 37 (2013).

BASSO, Maristela, *Contratos internacionais do comércio – negociação, conclusão e prática*, 2ª ed., Porto Alegre, Livraria do Advogado, 1998.

BIANCA, Cesare Massimo, *Bianca-Bonell Commentary on the International Sales Law*, Giuffrè, Milão, 1987.

BIJL, Maartje, *Fundamental breach in documentary sales contracts: the doctrine of strict compliance with the underlying sales contract*, in *European Journal of Commercial Contract Law* nº 1/2009 (2009).

CARVALHO SANTOS, João Manoel de, *Código Civil brasileiro interpretado*, v. III, 10ª ed., Rio de Janeiro, Freitas Bastos, sem data.

–, *Código Civil brasileiro interpretado*, v. XII, 10ª ed., Rio de Janeiro, Freitas Bastos, 1977.

COUTO E SILVA, Clóvis Veríssimo do, *A obrigação como processo*, São Paulo, FGV, 2006.

DINIZ, Maria Helena, *Curso de direito civil brasileiro – teoria das obrigações contratuais e extracontratuais*, v. 3, 25ª ed., 2ª tir., São Paulo, Saraiva, 2009.

DIREITO, Carlos Alberto Menezes – Cavalieri Filho, Sérgio, *Comentários ao novo código civil – arts. 927 a 965*, in Teixeira, Sálvio de Figueiredo (coord.), *Comentários ao novo código civil*, v. 13, 2ª ed., Rio de Janeiro, Forense, 2007.

ESPÍNOLA, Eduardo, *Dos contratos nominados no direito civil brasileiro*, Rio de Janeiro: Gazeta Judiciária, 195.

FERRARI, Franco, *Fundamental breach of contract under the UN Sales Convention – 25 years of article 25 CISG*, in *Journal of Law and Commerce* nº 25 (2006).

–, FLECHTNER, Harry – Brand, Ronald A., *The Draft UNCITRAL Digest and Beyond – Cases, Analysis and Unresolved Issues in the UN Sales Convention*, 1ª ed., European Law Publishers, 2003.

FERREIRA DA SILVA, Jorge Cesa, *Inadimplemento das obrigações – Comentários aos arts. 389 a 420 do Código Civil*, in Reale, Miguel – Martins-Costa, Judith Hofmeister (coords.), *Coleção biblioteca de direito civil – estudos em homenagem ao professor Miguel Reale*, v. 7, 1ª ed., São Paulo, RT, 2007.

FRADERA, Véra Jacob de, *O conceito de fundamental breach constante do art. 25 da CISG*, in *Revista de Arbitragem e Mediação* nº 37 (2013).

–, MOSER, Luiz Gustavo Meira, *A Compra e Venda Internacional de Mercadorias – estudos sobre a Convenção de Viena de 1980*, 1ª ed., São Paulo, Atlas, 2011.

–, *O conceito de inadimplemento fundamental no artigo 25 da lei international sobre vendas, da Convenção de Viena de*

1980, in *Revista da Faculdade de Direito da Universidade Federal do Rio Grande do Sul* 2 (1994).

Gagliano, Pablo Stolze – Pamplona Filho, Rodolfo, *Novo curso de direito civil – contratos*, v. IV, t. I, 5ª ed., São Paulo, Saraiva.

Gama, Lauro Jr., *A Convenção de Viena sobre compra e venda internacional de mercadorias – essa grande desconhecida*, in *Revista de Arbitragem e Mediação* 9 (2006).

–, *Contratos internacionais à luz dos Princípios do UNIDROIT 2004: soft Law, arbitragem e jurisdição*, Rio de Janeiro, Renovar, 2006.

–, *Exclusão da responsabilidade por inadimplemento na Convenção de Viena sobre Compra e Venda Internacional de Mercadorias*, in *Revista de Arbitragem e Mediação* 37 (2013).

Gazalle, Gustavo Kratz, *O conceito de mora no Código Civil de 2002*, Porto Alegre, Sergio Antonio Fabris, 2008.

Giffoni, Adriana de Oliveira, *A Convenção de Viena sobre compra e venda internacional de mercadorias e sua utilidade no Brasil*, in *Revista de Direito Mercantil, Industrial, Econômico e Financeiro* nº 116 (1997).

Gomes, Orlando, *Contratos*, 26ª ed., Rio de Janeiro, Forense, 2008.

–, *Obrigações*, 17ª ed., Rio de Janeiro, Forense, 2007.

Gonçalves, Carlos Roberto, *Comentários ao código civil – parte especial do direito das obrigações*, in Azevedo, Antonio Junqueira de (coord.), *Comentários ao código civil*, v. 11, 2ª ed., São Paulo, Saraiva, 2005.

–, *Direito das obrigações – parte geral*, 9ª ed., São Paulo, Saraiva, 2008.

–, *Direito civil brasileiro – contratos e atos unilaterais*, v. III, 7ª ed., São Paulo, Saraiva, 2010.

Graffi, Leonardo, *Case law on the concept of "fundamental breach" in the Vienna Sales Convention*, in *International Business Law Journal* nº 3 (2003).

–, *Divergences in the interpretation of the CISG – the concept of 'fundamental breach'*, in Ferrari, Franco, *The 1980 Uniform Sales Law – old issues revisited in the light of recent experiences*, Milano, Giuffrè, 2003.

Grebler, Eduardo, *Convenção das Nações Unidas sobre Contratos de Compra e Venda Internacional de Mercadorias*, in *Revista de Direito Mercantil, Industrial, Econômico e Financeiro* nº 88 (1992).

–, *The Convention on International Sale of Goods and Brazilian Law – are differences irreconcilable?*, in *Journal of Law and Commerce* 25 (2006).

Gruenbaum, Daniel, *Resolução do contrato – avoidance na CISG*, in *Revista de Arbitragem e Mediação* nº 37 (2013).

Haical, Gustavo Luís da Cruz, *O inadimplemento pelo descumprimento exclusivo de dever lateral advindo da boa-fé objetiva*, in *RT* 900 (2010).

Honnold, John, *Uniform Laws for International Trade – Early 'care and feeding' for uniform growth*, in *International Trade and Business Law Journal* 1 (1995).

–, *Uniform Law for International Sales under the 1980 United Nations Convention*, 3ª ed., Haia, Kluwer Law International, 1999.

–, *UNCITRAL documents – Research sources, style, citation*, in *American Journal of Comparative Law* 27 (1979).

–, *Documentary history of the Uniform Law for International Sales – The Studies, deliberations and decisions that led to the 1988 United Nations Convention*, Deventer, Kluwer, 1989.

KOCH, Robert, *The concept of fundamental breach of contract under the United Nations Convention on Contracts for the International Sale of Goods (CISG)*, in *Review of the Convention on Contracts for the International Sale of Goods (CISG)*, Kluwer Law International, 1999.

–, *Commentary on whether the UNIDROIT Principles of International Commercial Contracts may be used to interpret or supplement Article 25 CISG*.

KRITZER, Albert, *Guide to practical applications of the United Nations Convention on Contracts for the International Sales of Goods*, 1ª ed., Deventer, Kluwer Law and Taxation, 1989.

KRÖLL, Stefan – Mistelis, Loukas – Perales Viscasillas, María del Pilar, *UN Convention on the International Sales of Goods (CISG)*, 2ª ed., Munique, Beck/Hart, 2011.

KUYVEN, Fernando – Pignatta, Francisco Augusto, *Comentários à Convenção de Viena*, 1ª ed., São Paulo, Saraiva, 2015.

LAFER, Celso, *Comércio internacional – fórmulas jurídicas e realidades político-econômicas*, in *Revista de direito mercantil, industrial, econômico e financeiro* nº 13 (1974).

LEÃES, Luiz Gastão Paes de Barros, *A onerosidade excessiva no Código Civil*, in *Revista de Direito Bancário e do Mercado de Capitais* nº 31 (2006).

LOTUFO, Renan – Nanni, Giovanni Ettore (cords.), *Obrigações*, São Paulo, Atlas, 2011.

MARTINS-COSTA, Judith Hofmeister, *Comentários ao novo Código Civil – Do inadimplemento das obrigações*, in Teixeira, Sálvio de Figueiredo (coord.), *Comentários ao novo Código Civil*, v. V, t. II, 2ª ed., Rio de Janeiro, Forense, 2009.

–, *O adimplemento e o inadimplemento das obrigações no novo código civil e o seu sentido ético e solidarista*, in Franciulli Netto, Domingos – Mendes, Gilmar Ferreira – Martins Filho, Ives Gandra (coords.), *O novo código civil – estudos em homenagem ao Professor Miguel Reale*, São Paulo, LTr, 2003.

MARINO, Francisco Paulo De Crescenzo, *Revisão contratual. Onerosidade excessiva e modificação contratual equitativa*, São Paulo, Almedina, 2020.

MARTINS-COSTA, Judith Hofmeister – Costa e Silva, Paula, *Crise e Perturbações no Cumprimento da Prestação*, São Paulo, Quartier Latin, 2020.

–, *O contrato de compra e venda internacional: princípios informadores e o exercício do direito de resolução*, in *Revista da Faculdade de Direito da Universidade Federal do Rio Grande do Sul* nº 2 (1995).

MENEZES CORDEIRO, António, *Tratado de direito civil português – Direito das obrigações*, v. II, t. IV, Coimbra, Almedina, 2010.

MOTA PINTO, Paulo, *Interesse contratual negativo e interesse contratual positivo*, v. II, Coimbra, Almedina, 2008.

NALIN, Paulo – Steiner, Renata C. – Xavier, Luciana Pedroso (coords.), *Compra e venda internacional de mercadorias – vigência, aplicação e operação da CISG no Brasil*, Curitiba, Juruá, 2014.

NANNI, Giovanni Ettore, *Inadimplemento absoluto e resolução contratual: requisitos e efeitos*, São Paulo, RT, 2021.

PAULA, Carlos Alberto Reis de, *Do inadimplemento das obrigações*, in Franciulli Netto, Domingos – Mendes, Gilmar Ferreira – Martins Filho, Ives Gandra (coords.), *O novo código civil – estudos em homenagem ao Professor Miguel Reale*, São Paulo, LTr, 2003.

PELUSO, Cezar (coord.), *Código Civil comentado – doutrina e jurisprudência*, 4ª ed., Barueri, Manole, 2010.

PERALES VISCASILLAS, María del Pilar. *The Nachfrist Remedy*, in *Celebrating Success: 25 years United Nations Convention on Contracts for the International Sale of Goods – Collation of papers at UNCITRAL-SIAC Conference 22-23 September 2005*, Singapura, Singapore International Arbitration Centre, 2005.

PEREIRA, Caio Mário da Silva, *Instituições de Direito Civil – introdução ao direito civil*, v. I, 23ª ed., Rio de Janeiro, Forense, 2009.

–, *Instituições de Direito Civil – teoria geral das obrigações*, v. II, 22ª ed., Rio de Janeiro, Forense, 2009.

–, *Instituições de Direito Civil – contratos*, v. III, 13ª ed., Rio de Janeiro, Forense, 2009.

PONTES DE MIRANDA, Francisco Cavalcanti, *Tratado de direito privado*, t. XXII, 3ª ed., São Paulo, RT, 1984.

–, *Tratado de direito privado*, t. XXIII, 3ª ed., São Paulo, RT, 1984.

–, *Tratado de direito privado*, t. XXV, 3ª ed., São Paulo, RT, 1984.

–, *Tratado de direito privado*, t. XXVI, 3ª ed., São Paulo, RT, 1984.

RIGHI, Eduardo – Righi, Graziela M. V. Boabaid, *A complexidade obrigacional e a violação positiva do contrato no ordenamento jurídico brasileiro*, in *Revista Forense* nº 395 (2008).

RIZZARDO, Arnaldo, *Direito das obrigações – Lei n. 10.406, de 10.01.2002*, 5ª ed., Rio de Janeiro, Forense, 2009.

RODAS, João Grandino, *Contratos internacionais*, 2ª ed., São Paulo, RT, 1995.

ROPPO, Enzo, *O contrato*, Coimbra, Almedina, 2009.

SCHLECHTRIEM, Peter – SCHWENZER, Ingeborg, *Commentary on the UN Convention on the International Sale of Goods (CISG)*, 3ª ed., Nova Iorque, Oxford University Press, 2010.

–, *Interpretation, gap-filling and further development of the UN Sales Convention*. Disponível em <http://www.cisg.law.pace.edu/biblio/schlechtriem6.html>.

–, *Uniform Sales Law – The UN-Convention on Contracts for the International Sale of Goods*, Vienna, Manz, 1986.

SCHWENZER, Ingeborg – Pereira, Cesar A. Guimarães Pereira – Tripodi, Leandro, *A CISG e o Brasil*, 1ª ed., São Paulo, Marcial Pons, 2015.

SONO, Kazuaki, *The Vienna Sales Convention – History and perspective*, in P. Sarcevic – P. Volken (orgs.), *International Sales of Goods – Dubrovnik Lectures*, Oceana, 1986.

STOCO, Rui, *Tratado de responsabilidade civil – com comentários ao Código Civil de 2002*, 7ª ed., São Paulo, Revista dos Tribunais, 2007.

STEINER, Renata Carlos, *Descumprimento contratual – boa fé e violação positiva do contrato*, São Paulo, Quartier Latin, 2014.

–, *Reparação de Danos: interesse positivo e interesse negativo*, São Paulo, Quartier Latin, 2018.

STRENGER, Irineu, *Contratos internacionais do comércio*, 2ª ed., São Paulo, RT, 1992.

–, *Direito do comércio internacional e lex mercatoria*, São Paulo, LTr, 1996.

TEPEDINO, Gustavo – Schreiber, Anderson, *Código civil comentado – direito das obrigações – artigos 233 a 420*, in Azevedo, Álvaro Villaça (coord.), *Código civil comentado*, v. 4, São Paulo, Atlas, 2008.

TERRA, Aline, *Cláusula resolutiva expressa*, Belo Horizonte, Fórum, 2017.

TIBURCIO, Carmen, *Consequências do inadimplemento contratual na Convenção de Viena sobre Venda Internacional de Mercadorias (CISG)*, in *Revisa de Arbitragem e Mediação* nº 37 (2013).

VARELA, João de Matos Antunes, *Das obrigações em geral*, v. I, 8ª ed., Coimbra, Almedina, 2008.

–, *Das obrigações em geral*, v. II, 7ª ed., Coimbra, Almedina, 2007.

VILLELA, João Baptista, *Princípios UNIDROIT relativos aos contratos comerciais internacionais*, São Paulo, Quartier Latin, 2009.

ZANETTI, Ana Carolina Devito Dearo, *Contrato de distribuição – o inadimplemento recíproco*, São Paulo, Atlas, 2015.

ZANETTI, Cristiano de Sousa, *Direito contratual contemporâneo – a liberdade contratual e sua fragmentação*, São Paulo, Método, 2008.

–, *Aceitação modificativa, regra da imagem espelhada e formação do contrato*, in Baptista, Luiz Olavo – Ferraz Junior (coords.), *Novos caminhos do direito no século XXI – Uma homenagem a Celso Lafer*, Curitiba, Juruá, 2013.

–, *Responsabilidade pela ruptura das negociações*, 1ª ed., São Paulo, Juarez de Oliveira, 2005.

–, *A cláusula resolutiva expressa na lei e nos tribunais – o caso do termo de ocupação*, in Lotufo – Renan – Nanni, Giovanni Ettore – Martins, Fernando Rodrigues (coords.), *Temas relevantes do direito civil contemporâneo*, 1ª ed., São Paulo, Atlas, 2012.

–, *A transformação da mora em inadimplemento absoluto*, in *RT* 942 (2014).

–, *A perda do interesse do credor*, in Benetti, Giovanna – Corrêa, André Rodrigues – Nitschke, Guilherme *et al.* (orgs.), *Direito, Cultura, Métodos. Leituras da obra de Judith Martins-Costa*, Rio de Janeiro, GZ, 2019.

–, *Cumplimento forzado de las obligaciones contractuales de carácter no pecuniario – la experiencia brasileña*, artigo acadêmico pendente de publicação.

WALD, Arnoldo, *O impacto da Convenção de Viena sobre a Compra e Venda Internacional de Mercadorias no direito brasileiro – visão geral*, in *Revista de Arbitragem e Mediação* nº 37 (2013).

RELAÇÃO DE JULGADOS CONSULTADOS

CISG

1. Pretura di Parma-Fidenza 77/89, CISG-online nº 316, j. 24.11.1989.
2. AG Ludwigsburg 4 C 549/90, CISG-online nº 17, j. 21.12.1990.
3. OLG Frankfurt 5 U 164/90, CISG-online nº 28, j. 17.9.1991.
4. China International Economic and Trade Arbitration Commission – CIETAC CISG/1991/04, CISG-online nº 842, j. 30.10.1991.
5. ICC Court of Arbitration 7585/1992, CISG-online nº 105, sem data (ano 1992).
6. LG Heidelberg O 42/92 KfH I, CISG-online nº 38, j. 3.7.1992.
7. OLG Hamm 19 U 97/91, CISG-online nº 57, j. 22.9.1992.
8. LG Berlin 99 O 123/92, CISG-online nº 70, j. 30.9.1992.
9. China International Economic and Trade Arbitration Commission (CIETAC) CISG/1993/03, CISG-online nº 1029, j. 9.1.1993.
10. AG Nordhorn 3 C 75/94, CISG-online nº 259, j. 14.6.1994.
11. ICC International Court of Arbitration 8128/1995, CISG-online nº 526, j. 1º.1.1995.
12. CA Grenoble 93/3275, CISG-online nº 151, j. 22.2.1995.
13. Bundesgerichtshof VIII ZR 159/94, CISG-online nº 144, j. 8.3.1995.
14. LG Landshut 54 O 644/94, CISG-online nº 193, j. 5.4.1995.
15. China International Economic and Trade Arbitration Commission (CIETAC) CISG/1995/07, CISG-online nº 1031, j. 23.4.1995.
16. Federal Court, South Australian District, Adelaide SG 3076 of 1993, CISG-online nº 218, j. 28.4.1995.
17. LG Ellwangen 1 KfH O 32/95, CISG-online nº 279, j. 21.8.1995.
18. LG Trier 7 HO 78/95, CLOUT case nº 170, j. 12.10.1995.
19. United States Court of Appeals for the Second Circuit 95-7182, 95-7186, CISG-online nº 140, j. 6.12.1995.

20. Tribunal Arbitral da Câmara de Comércio e Indústria da Federação Russa 133/1994, j. 19.12.1995.
21. Cour de Cassation 173 P/B 93-16.542, CLOUT case nº 150, j. 23.1.1996.
22. China International Economic and Trade Arbitration Commission (CIETAC) CISG/1996/13, CISG-online nº 1245, j. 8.3.1996.
23. LG Oldenburg 12 O 2541/95, CISG-online nº 188, j. 27.3.1996.
24. Bundesgerichtshof VIII ZR 51/95, CISG-online nº 135, j. 3.4.1996.
25. China International Economic and Trade Arbitration Commission (CIETAC) CISG/1996/39, CISG-online nº 1111, j. 16.8.1996.
26. OLG Hamburg 1 U 167/95, CISG-online nº 395, j. 28.2.1997.
27. OLG Düsseldorf 6 U 87/96, CISG-online nº 385, j. 24.4.1997.
28. Tribunal Arbitral da Câmara de Comércio e Indústria da Federação Russa 3/1996, CISG-online nº 2121, j. 13.5.1997.
29. CA Milano, número do processo indisponível, CISG-online nº 348, j. 20.3.1998.
30. Bundesgericht 4C.179/1998/odi, CISG-online nº 413, j. 28.10.1998.
31. Randers Byret BS 9700016-4, CISG-online nº 1548, j. 4.11.1998.
32. Compromex (Comisión para la Protección del Comercio Exterior de México) M/115/97, CISG-online nº 504, j. 30.11.1998.
33. Schiedsgericht Hamburger Freundschaftliche Arbitrage RKS E 5a Nr. 19, CISG-online nº 638, j. 29.12.1998.
34. ICC Court of Arbitration 10274/1999, CISG-online nº 1159, j. 1º.1.1999.
35. CA Grenoble RG 98/02700, CISG-online nº 443, j. 4.2.1999.
36. ICC International Court of Arbitration 9978/1999, CISG-online nº 708, j. março/1999.
37. China International Economic and Trade Arbitration Commission (CIETAC) CISG/1999/21, CISG-online nº 1114, j. 8.4.1999.
38. China International Economic and Trade Arbitration Commission (CIETAC) CISG/1999/22, CISG-online nº 1670, j. 12.4.1999.
39. ICC International Court of Arbitration 9083, CISG-online nº 706, j. 1º.8.1999.
40. Corte Superior de Justiça de Ontario 98-CV-142493CM, CISG-online nº 433, j. 31.8.1999.
41. Corte de Apelação de Grenoble 97/03974, CISG-online nº 574, j. 21.10.1999.
42. Tribunal Arbitral da Câmara de Comércio e Indústria da Federação Russa 269/1998, j. 27.10.1999.
43. OLG Hamburg 1 U 31/99, CISG-online nº 515, j. 26.11.1999.
44. Audiencia Provincial de Granada 546/1999, CISG-online nº 756, j. 2.3.2000.
45. BGer Suíça 4C.105/2000, CISG-online nº 770, j. 15.9.2000.
46. OLG Stuttgart 5 U 216/99, CISG-online nº 841, j. 12.3.2001.
47. China International Economic and Trade Arbitration Commission (CIETAC) CISG/2001/02, CISG-online nº 1442, j. 22.3.2001.

48. OLG Hamm 13 U 102/01, CISG-online nº 1430, j. 12.11.2001.
49. US District Court, Western District of Michigan, Southern Division 1:01-CV-691, CISG-online nº 773, j. 17.12.2001.
50. LG München 5 HKO 3936/00, CISG-online nº 654, j. 27.2.2002.
51. OLG Köln 16 U 77/01, CISG-online nº 709, j. 14.10.2002.
52. Appellationsgericht Basel-Stadt 33/2002/SAS/so, CISG-online nº 943, j. 22.8.2003.
53. Supreme Court of Justice of Ontário 03-CV-23776 SR, CISG-online nº 1436, j. 6.10.2003.
54. OLG Düsseldorf 15 U 88/03, CISG-online 915, j. 21.4.2004.
55. OLG Düsseldorf 6 U 210/03, CISG-online nº 916, j. 22.7.2004.
56. Suprema Corte Federal da Alemanha VIII ZR 67/04, CISG-online nº 999, j. 2.3.2005.
57. OGH Áustria 5 Ob 45/05m, CISG-online nº 1047, j. 21.6.2005.
58. Suprema Corte da Áustria 7 Ob 302/05w, CISG-online nº 1223, j. 25.1.2006.
59. China International Economic and Trade Arbitration Commission (CIETAC) CISG/2006/21, CISG-online nº 2002, j. 1º.4.2006.
60. Corte Distrital de New Jersey Civ. 01-5254 (DRD), CISG-online nº 1216, j. 4.4.2006.
61. Corte de Apelação da Antuérpia 2002/AR/2087, CISG-online nº 1258, j. 24.4.2006.
62. China International Economic and Trade Arbitration Commission (CIETAC) CISG/2006/05, CISG-online nº 1928, j. 1º.12.2006.
63. Corte Distrital de Strasbourg 04/00925, CISG-online nº 1629, j. 22.12.2006.
64. Handelsgericht des Kantons Zürich HG 050430/U/ei, CISG-online nº 1564, j. 25.6.2007.
65. Foreign Trade Court of Arbitration to the Serbian Chamber of Commerce T-8/06, CISG-online nº 1793, j. 1.10.2007.
66. Corte Distrital de Copenhage BS 01-6B-2625/2005, CISG-online nº 2150, j. 19.10.2007.
67. AAA 50181T 0036406, CISG-online nº 1645, j. 23.10.2007.
68. OLG Koblenz 1 U 486/07, CISG-online nº 1733, j. 21.11.2007.
69. Tribunal de Forli 2280/2007, CISG-online nº 1729, j. 11.12.2008.
70. US District Court of the Southern District of New York 08 CIV. 1587, CISG--online nº 1892, j. 29.5.2009.
71. Corte de Apelação de Seoul 2008Na14857, CISG-online nº 2507, j. 23.7.2009.
72. LG Köln 88 O 57/11, CISG-online nº 2476, j. 29.5.2012.
73. Cour de Cassation 12-23998, CISG-online nº 2478, j. 17.12.2013.
74. Audiencia Provincial de Pontevedra 336058/2013, CISG-online nº 2576, j. 6.10.2014.

Direito Comum Brasileiro

75. STJ, 6ª Turma, REsp nº 33.057-2, 6ª T., rel. Vicente Cernicchiaro, j. 12.4.1993
76. ex-1º TAC, 8ª Câmara, Ap. Cível nº 507.951-0, rel. Des. Antonio Carlos Malheiros, j. 24.8.1994.
77. ex-1º TAC, 1ª Câmara, Ap. Cível nº 732.767-1, rel. Correia Lima, j. 11.5.1998.
78. ex-1º TAC, 2ª Câmara, Ap. Cível nº 779.480-9, rel. Cyro Bonilha, j. 29.9.1999.
79. ex-1º TAC, 12ª Câmara, Ap. Cível nº 819.473-8, rel. Andrade Marques, j. 8.5.2001.
80. ex-1º TAC, 10ª Câmara, Ap. Cível nº 857.454-7, rel. Ricardo Negrão, j. 6.4.2004.
81. ex-1º TAC, 12ª Câmara, Ap. Cível nº 879.371-7, j. 23.11.2004.
82. TJSP, 21ª Câmara de Direito Privado, Ap. Cível nº 957.426-5, rel. Ademir Benedito, j. 4.5.2005.
83. TJSP, 19ª Câmara de Direito Privado, Ap. Cível nº 1.128.487-8, j. 27.5.2008.
84. TJSP, 25ª Câmara de Direito Privado, Ap. Cível nº 1.150.066-0/3, rel. Sebastião Flavio, j. 9.9.2008.
85. TJSP, 18ª Câmara de Direito Privado, Ap. Cível nº 7.322.584-8, rel. Carlos Alberto Lopes, j. 24.3.2009.
86. TJSP, 26ª Câmara de Direito Privado, Ap. Cível nº 990.10.005181-4, rel. Andreatta Rizzo, j. 24.2.2010.
87. TJSP, 30ª Câmara de Direito Privado, Ap. Cível nº 992.08.045318-9, rel. Edgard Rosa, j. 7.4.2010.
88. TJSP, 29ª Câmara de Direito Privado, Ap. Cível nº 9198653-77.2009.8.26.0000, rel. Francisco Thomaz, j. 16.3.2011.
89. TJSP, 20ª Câmara de Direito Privado, Ap. Cível nº 9171773-82.2008.8.26.0000, rel. Miguel Petroni Neto, j. 26.9.2011.
90. TJSP, 30ª Câmara de Direito Privado, Ap. Cível nº 9092126-72.2007.8.26.0000, rel. Lino Machado, j. 26.10.2011.
91. TJSP, 14ª Câmara de Direito Privado, Ap. Cível nº 9179334-94.2007.8.26.0000, rel. Thiago de Siqueira, j. 26.10.2011.
92. TJSP, 37ª Câmara de Direito Privado, rel. Des. Moreira de Carvalho, j. 8.3.2012.
93. TJSP, 36ª Câmara de Direito Privado, Ap. Cível nº 0004118-89.2008.8.26.0470, rel. Dyrceu Cintra, j. 12.4.2012.
94. TJSP, 26ª Câmara de Direito Privado, Ap. Cível nº 0108430-15.2006.8.26.0009, rel. Reinaldo Caldas, j. 24.10.2012.
95. TJSP, 23ª Câmara de Direito Privado, Ap. Cível nº 0035362-47.2002.8.26.0114, rel. José Marcos Marrone, j. 20.2.2013.
96. TJSP, 29ª Câmara de Direito Privado, Ap. Cível nº 9270678-25.2008.8.26.0000, rel. Silvia Rocha, j. 20.2.2013.

97. TJSP, 25ª Câmara de Direito Privado, Ap. Cível nº 0106390-10.2008.8.26.0100, rel. Vanderci Álvares, j. 15.5.2013.
98. TJSP, 24ª Câmara de Direito Privado, Ap. Cível nº 0118409-04.2006.8.26.0008, rel. Salles Vieira, j. 5.9.2013.
99. TJSP, 35ª Câmara de Direito Privado, Ap. Cível nº 0005440-14.2012.8.26.0565, j. 18.11.2013.
100. TJSP, 27ª Câmara de Direito Privado, Ap. Cível nº 0009625-78.2010.8.26.0270, rel. Claudio Hamilton, j. 10.12.2013.
101. TJSP, 31ª Câmara de Direito Privado, Ap. Cível nº 0004411-14.2013.8.26.0008, rel. Paulo Ayrosa, j. 11.11.2014.
102. TJSP, 33ª Câmara de Direito Privado, Ap. Cível nº 0001671-16.2012.8.26.0268, rel. Carlos Nunes, j. 2.3.2015.
103. TJSP, 30ª Câmara de Direito Privado, Ap. Cível nº 0000378-19.2010.8.26.0482, rel. Penna Machado, j. 2.9.2015.
104. TJSP, 36ª Câmara de Direito Privado, Ap. Cível nº 1004162-30.2014.8.26.0196, rel. Milton Carvalho, j. 17.12.2015.
105. TJSP, 11ª Câmara de Direito Privado, Ap. Cível nº 0255541-19.2009.8.26.0002, rel. Maria Cláudia Bedotti, j. 16.6.2016.
106. TJSP, 30ª Câmara de Direito Privado, rel. Andrade Neto, j. 30.11.2016.
107. TJSP, 33ª Câmara de Direito Privado, Ap. Cível nº 1001133-04.2015.8.26.0271, rel. Sá Moreira de Oliveira, j. 8.5.2017.
108. TJSP, 33ª Câmara de Direito Privado, Ap. Cível nº 1052269-05.2014.8.26.0100, rel. Sá Duarte, j. 22.5.2017.
109. TJSP, 38ª Câmara de Direito Privado, Ap. Cível nº 1001573-28.2016.8.26.0218, rel. Flávio Cunha da Silva, j. 14.6.2017.